설문해자역주

제10편

이 병 관 撰
(공주대학교 교수)

목 차

설문해자 제10편 상

제370부【馬】부 3
제371부【廌】부 50
제372부【鹿】부 54
제373부【麤】부 67
제374부【怠】부 68
제375부【兔】부 70
제376부【莧】부 73
제377부【犬】부 74
제378부【狀】부 112
제379부【鼠】부 115
제380부【能】부 122
제381부【熊】부 124
제382부【火】부 125
제383부【炎】부 173
제384부【黑】부 178

설문해자 제10편 하

제385부【囪】부 195
제386부【焱】부 197
제387부【炙】부 199

제388부【赤】부 ·· 201
제389부【大】부 ·· 206
제390부【亦】부 ·· 216
제391부【矢】부 ·· 218
제392부【夭】부 ·· 221
제393부【交】부 ·· 224
제394부【尣】부 ·· 225
제395부【壺】부 ·· 229
제396부【壹】부 ·· 231
제397부【幸】부 ·· 233
제398부【奢】부 ·· 239
제399부【亢】부 ·· 241
제400부【夲】부 ·· 243
제401부【夰】부 ·· 248
제402부【亣】부 ·· 251
제403부【夫】부 ·· 256
제404부【立】부 ·· 258
제405부【竝】부 ·· 265
제406부【囟】부 ·· 267
제407부【思】부 ·· 270
제408부【心】부 ·· 272
제409부【惢】부 ·· 372

설문해자 제10편 음순 색인 ·· 373

찾아보기

( ) 안에 있는 글자는 중문(重文)을 나타내고, 약간 작은 글씨로 (=)라고 한 것은 통용 글자이며, [신]은 신부자(新附字)를 가리킨다.

설문해자 제10편 상

馬부

馬(影影)(3), 驚(4), 馬(5), 駒·馴(6), 騆·騏·驪(7), 駽·騮(8), 騮·駔(9), 騅·駱(10), 駰·騘·驕(11), 駓·駉(驃)·驃(12), 駁·驥·騈(13), 駒·駁(14), 騞·驒(15), 驦·駶(16), 韓·駛(17), 驁·驥(18), 驍·駐(駧)·驕(19), 駚(20), 驪·驗·駤·儁(21), 駮(22), 駥·駅·駧(23), 駹·駉·驤(24), 驀·騎·駕(駱)(25), 騑·騈(26), 驂·駟·駙(27), 騎·駛·駁·駋(28), 篤·駥·鶯(29), 駛(30), 馭·馮·騇·騌(31), 驟(32), 駒·飄·驅(駆)(33), 馳·驁·驁·騁(34), 駾·駚·駉·駧(35), 驚·駭·駴·驀(36), 駐·馴·駗(37), 驅·驁·驒(38), 騄·駪·騷(39), 馬(勢)(40), 駘·駔(41), 驑·驛·駐(42), 騰·騅(43), 駉·駓·駁(44), 駛·騠·贏(驢)(45), 驢·駼·驒(46), 騤·駒·駼·驫(47).
[신]駛·駴·駿(48), 駃·驛(=驛)(49)

廌부

廌(=廌)(50), 獬·薦(51), 灋(法金)(52)

鹿부

鹿·麚(54), 麟·麎(55), 麢·麚·麗·麒(56), 麞(57), 麋·麎(58), 麿(麂)·麛(麝)(59), 麖·麍·麕(麏)·麃(60), 麈·麎(61), 麊·麤·麈(62), 麑·麛·麗(而丌)(63), 麠(麠)(65)

麤부

麤·麤(麤士)(=塵)(67)

怠부

怠(兔)·毚·魯(68), 奐(69)

兔부

兔·逸(70), 冤·娩·毚(71). [신]兔(72)

莧부

莧(73)

vi 설문해자역주

犬부

犬(74), 狗·獀(75), 尨·狡(76), 獪·獚·猲(77), 獢·獫(78), 狌·獐·猗·昊·猎·獣(79), 猝·猩·獧(80), 獥·猥·獿(81), 獟·㺔(82), 㺍·㺜·㹽·狼(83), 㹨·㹭·犴(84), 猦·獷·狀(85), 獒·獘(86), 獳·猛·狎(87), 狃(88), 犯·猜(89), 猛·犺·狂(怯)·獜(90), 獌·倏(91), 狟·狏·猭(92), 犾·犮(93), 戾·獨(94), 狢·猩(祿)·獵(95), 獠·狩(96), 臭·獲(97), 獎(獘)·獻(98), 犴(99), 獟·狾·狂(悝)(100), 類·狄(101), 狡(102), 玃(103), 猶(104), 狙·猴(106), 㲋·狼(107), 狛·獌·狐(108), 獺(109), 猵(獱)·㹇(110).

[신]狄·㺍(110), 狷·猰(111)

犾부

犾·獄(112), 獄(113)

鼠부

鼠·鼨(115), 鼢·鼢(蚡)(116), 䶅·鼵·鼩·鼫(117), 鼤(鼢)·鼷(猻)·鼶·鼩(118), 鼬·鼢·鼬·鼧(119), 鼥·鼩·鼫(120), 鼰(121)

能부

能(122)

熊부

熊·羆(熊)(124)

火부

火·炟(125), 焜·燬(126), 燓·燧(127), 尞·然(蘸)(128), 爇(129), 燔(130), 燒·烈·灺(131), 燁·熭·烝(132), 烰·煦(133), 熯·炪·熮(134), 炅·煚(135), 熲·爓·熛(136), 熇·炥·炎(137), 燋·炭·羑(138), 敜·炊(139), 灰·炱·煨·熄(140), 烓·煁·燀(141), 炊·烘·齍(142), 熹·煎(143), 熬(鏊)·炮·袠(144), 奰·稦(䵸)(145), 爆·煬·爟(146), 爛(爤)·㸐(147), 叞(=熨)·黥(148), 灸·灼·煉(149), 燭·熜(150), 灺·㶳(151), 焠·燦(152), 燓(=焚)(153), 㷼·燎·爊(154), 漕·熊(焦)(155), 㢤(灾抁灾)(156), 煙(烟窒黢)·焆(157), 熅·炮(158), 燂·焞(159), 炳·焯·照·煒(160), 㶣·熠·煜(161), 燿·煇(162), 煌·焜·炯·爗(163), 爛·炫·光(癸芠)(164), 熱·熾(㦤)(165), 燠·煖·㷉·炅(166), 炕·燥·威(167), 烖(168), 熹·爌(烜)·燮·燜(169), 㷒·熙(170), [신]爁·焰·烙·爍·燦(171), 煥(172)

炎부

炎·餤·焙(173), 䓇·粘(174), 燅(㷟)·燮(175), 燊(176)

黑부

黑(178), 驢·黵·黯·黶(179), 黳·黚·黥·腸(180), 黲·黤·黝·黗·點(181), 黜·黔·黷·纂(182), 薰·點(183), 黔·默(184), 黨·黷(185), 黵·黴(186), 黜·豢·臘(187), 儵·黓(188), 䵮·黠·黟·鯨(劓)(189), 黻·黟(190)

설문해자 제10편 하

囪부

囪(窗囧)·悤(195)

焱부

焱·熒(197), 燊(198)

炙부

炙(鍊)·䔳(199), 䐿(200)

赤부

赤(烾)·𤆍(201), 榖·赨(202), 䞓(䞓䞧)·浾(泟)(203), 赭·䞓·赫(204), [신]赧·赦(205)

大부

大(206), 奎(207), 夾·奄(208), 夸(209), 查·夰·奊(210), 戟·夽·夳(211), 夵·夯·夵(212), 夼·奄·契(213), 夷(214)

亦부

亦·夾(216)

矢부

矢·奊·臭(218), 吳(矣)(219)

夭부

夭(221), 喬·奎(222), 奔(223)

交부

交·㚔·絞(224)

尣부

尣(𡯁)·𡯂(225), 𡯃·𡯄·𡯅·𡯆(226), 尬·𡯇·𡯈(227), 𡯉·尪·𡯊(228)

壺부

壺(229), 壼(230)

x 설문해자역주

壹부

壹·懿(231)

幸부

幸(233), 睪(234), 執(235), 圉·盩(236), 報(237), 鞫(歡)(238)

奢부

奢(奓)·奲(239)

亢부

亢(頏)·夽(241)

夲부

夲·森(243), 暴(244), 靴(245), 奏(屛敖)·皋(246)

夰부

夰·臩·臬(248), 昪·奰(249)

亣부

亣·奕·奘(251), 臭·奚(252), 夬·夐(253), 叕(254)

夫부

夫(256), 規·㚈(257)

立부

立·埭·竨(258), 端·竱(259), 竦·竫·靖·竢(妃)(260), 竘·竰·竭(261), 頡(竭)·竩·竣·䇞(262), 䇎(263), 竨·䇑(264)

竝부

竝·替(普替)(265)

囟부

囟(脾出)·甾(267), 砒(268)

思부

思(270), 慮(271)

xii 설문해자역주

心부

心(272), 息·情(273), 性·志(274), 意·恉(275), 憙(悥)·應(276), 愼(昚)(277), 忠·懃(278), 懇·快·愷(279), 愿·念·忩(280), 憲·憕·譀(281), 忻·憧·憳·惇(282), 忼·慨(283), 悃·愊·愿(284), 慧·憭·恔(285), 癒·恁·悰(286), 恬·恢·恭·憼(287), 恕(怒)·怡(288), 慈·恴·慊(289), 怪·恩·懿·憖(290), 廬·誠(291), 憘·慶(292), 愃(293), 悆·寒(294), 恂·忱·惟(295), 懷·惀·想·㥥(296), 惛·䔍(意)·悥(297), 懇·㥯(298), 㥔(299), 懼(惶)·怙·恃·懱(300), 悟(憲)·憮(301), 惢(慙)(302), 㥶·慰·憨·簒(303), 怵·惏(304), 忞·慔·恦(305), 悈·懋(忈)·慕(306), 悛·悈(307), 懇·愮·壓(308), 憺·怕·恤·忖(309), 懂(310), 愖·怒(311), 悀·憸·惕(312), 恁(313), 思(314), 急·㥯(315), 極·懁(316), 㥏·慈·慓·愞(317), 恬(318), 怠(319), 怚·悒·忞(320), 忒·憪(321), 愉·懱(322), 愚·戇·㥽(323), 惷·懝(324), 忮·悍·態·怪(325), 像·慢·怠(326), 懈·憜(憜媠)·㥦·佛(327), 忿·忽·忘(328), 懑·㥶(329), 惕·憧·悝(330), 憰·猆·悦·𢥁(331), 憸·㦎·憿(332), 㥻(聾)·忨(333), 㦆·㦊·㤅(寒暑)(334), 慊·惑(335), 恨·怋·惹(336), 惛·忥·悳·憒·忌(337), 忿·悁(愱)·憝(338), 恚·怨(㤪)·怒(339), 憞·慍(340), 惡·憎·怖(341), 忍·憐(342), 恨·懟·悔·愩(343), 怏·㦝·憤(344), 悶·惆·悵·愾(345), 燥·憸·怛(悬)(346), 憯·慘·悽·恫·悲(347), 惻·惜·愍·慇(348), 悠·簡(349), 㦗·感(350), 忧·怠·愼(351), 恘·㤿·羞(352), 喘·愁·恘(353), 惔·惙·傷·愁(354), 㥜·怕·悠·悴(355), 愿·慹·忏(356), 忡·悄·㦖·憂(357), 患(悶㥥)(358), 悝·㤖(359), 慴·憚·悼(360), 恐(忎)(361), 憎·怵·惕(愁)(362), 恭·㤉·惶·悑(怖), 慹·憨(363), 惴(瘠)·甚·恥·悔(364), 忝·慙·悪(365), 怍(366), 憐·懥·忍(367), 惆·㤅·懲·憬(368).

[신]慵·悱·怩·㥂(369), 懑·懇·忖·怊·慟·惹(370), 恰·悌·懌(371)

㣺부

㣺·鱉(372)

설문해자 제10편 상

설문해자 제10편 상

四十部, 八百一十文, 重八十七①, 凡萬四字. 文三十一 新附.
(「40부, 정문(正文) 810자, 중문(重文) 87자, 해설 10004자. 신부(新附) 31자.」)

　①≪주≫·≪구두≫·≪교록≫ 등에서는 정문은 '810자'이고 중문은 '88자'라고 하였다.
　그런데 실제 세어보면 정문은 '811자'이고 중문은 '87자'이다. 이것은 제10편 하 제388부 <적부(赤部)> (6556) '泟(정)'을 (6555) '經(벌걸 정)'의 혹체자(或體字)로 보느냐, 아니면 정문으로 보느냐의 차이 때문에 비롯된 것이다.

제370부【馬】부

1(6104) 馬 (말 마)

馬, 怒也; 武也.① 象馬頭·髦·尾·四足之形.② 凡馬之屬皆从馬. 影, 古文. 影, 籒文馬, 與影同有髦.③
(「馬, 말을 '마'라고 부르는 까닭은 성난 모양[怒(노)]을 하고, 굳세기[武(무)] 때문이다. 말의 머리, 갈기, 꼬리, 네 다리의 모양을 그렸다. 무릇 馬부에 속하는 글자들은 모두 馬를 의미부분으로 삼는다. (6104-1) 影는 고문(古文)이다. (6104-2) 影는 馬의 주문(籒文)으로 影와 같이 갈기가 있다.」)

　①단옥재는 "첩운(疊韻)으로써 뜻풀이를 하였다.(「以疊韵爲訓.」)"라고 하였다. (≪주≫)
　'馬'를 '怒'·'武' 등으로 풀이한 것은 당시 동한(東漢) 때 유행하던 성훈법(聲訓法)에 따른 것이지만, 형주(荊州)지방에서는 '화난 얼굴'을 '마기검(馬起臉)'이라고 하였고, 또 옛날 무력시위(武力示威)에는 말이 필수적인 요소였기 때문이 아닌가 하는 추측도 할 수 있다.
　한편 요형(饒炯)은 "'성내다'라고 한 것은 말의 성질을 풀이한 것이고, '굳세다'라고 한 것은 말의 쓰임새를 풀이한 것이다.(「云'怒也'者, 釋馬之情狀; 云'武也'者, 釋馬之用能.」)"라고 하였다.(≪설문해자부수정(說文解字部首訂)≫)

4　馬부 馬騭

'馬'자는 말을 그린 상형자이다. 갑골문과 상(商)나라 금문을 보면 잘 알 수 있다.

③≪주≫를 보면 고문은 대서본 ≪설문해자≫와 마찬가지로 '𢒈'로 썼지만, 주문은 '𢒈' 즉 '影'로 썼다.

이에 대해 단옥재는 "≪설문해자≫ 다른 책에서는 주문과 고문을 모두 影로 쓰고 있어서 차이가 없다. ≪옥편(玉篇)≫에 따르면 고문은 影로 썼고, 주문은 影로 썼다. 이것은 고문은 '𠂔'에 갈기를 더한 것이고, 주문은 '𠂔'에 갈기를 더한 것이다. 그래서 두 글자가 같이 갈기가 있다고 말한 것이다.(「≪說文≫各本籀文古文皆作影, 無別. 據≪玉篇≫古文作影, 籀文作影. 是古文从𠂔加髦, 籀从𠂔加髦. 故云二者同有髦也.」)"라고 주를 달았다.

2(6105) 騭 (숫말 즐)

騭, 牡馬也.① 从馬, 陟聲.② 讀若郅.③
(「騭은 숫말을 뜻한다. 馬는 의미부분이고, 陟(척)은 발음부분이다. 郅(질)처럼 읽는다.」)

①≪이아(爾雅)·석축(釋畜)≫을 보면 "숫말은 騭이라고 하고, 암말은 騇(사)라고 한다.(「牡曰騭, 牝曰騇.」)"라고 하였다.

②'騭'의 고음은 입성운(入聲韻) *tjiək / tśilk(직)과 *tjiet / tśilt(진→질→즐) 등 두 가지이고, '陟'의 고음은 입성운 *tiək / ţiek(덱→척)이다. 두 글자는 '騭'을

'직'으로 읽으면 발음이 거의 같고, '즐'로 읽을 경우에도 첫소리가 [t-]로 같고, 상고음(上古音)의 주모음(主母音)은 [e]와 [ə]로 발음 위치가 가깝다. 그래서 '驚'자에서 '陟'이 발음부분이 될 수 있는 것이다.

③≪계전≫과 ≪주≫에는 이 글귀가 없다.

이에 대해 단옥재는 "서현본(徐鉉本) ≪설문해자≫에는 이다음에 '讀若郅(독약질)'이라는 세 글자가 있는데, 이것은 틀림없이 후세 사람이 뒤섞어 집어넣은 것이지 허신의 원문이 아니다.(「鉉本此下有讀若郅三字, 此必後人羼入, 非許原文也.」)"라고 하였다.(≪주≫)

3(6106) 馬① (한 살 된 말 환)

馬, 馬一歲也. 从馬. 一, 絆其足.② 讀若弦.③ 一曰: 若環.④
(「馬은 말이 한 살이란 뜻이다. 馬는 의미부분이고, 一은 그 다리를 묶은 것을 나타낸다. 弦(현)처럼 읽는다. 일설에는 環(환)처럼 읽는다고도 한다.」)

①이 글자는 '馽'으로 쓰기도 한다.

②단옥재는 "'絆其足(반기족)' 세 글자는 아마 쓸데없이 덧붙여진 글자이고, 마땅히 '从馬‧一'이라고만 해야 할 것이다.(「'絆其足'三字葢衍文, 祇當云'从馬‧一'而已.」)"라고 하였다.(≪주≫)

한편 왕균은 "한 살 된 말은 곧 마땅히 길을 들일 때가 되어서, 그래서 (다리를) 묶는 것이다.(「一歲之馬, 卽當攻治調習, 故絆之.」)"라고 하였다.(≪설문석례(說文釋例)≫)

참고로 ≪고문자류편(古文字類編)≫(2010)에서는 전국(戰國)시대 후마맹서(侯馬盟書)의 '馬'자의 자형으로 '馽'과 '馽' 두 글자를 소개하고 있다. 두 글자 모두 말의 다리를 묶은 모습을 잘 나타내고 있다. 그런데 ≪한어고문자자형표(漢語古文字字形表)≫를 보면 전자는 뒤에 나오는 (6129) '馵(뒷발 흰 말 주)'자로 소개하고 있고, 후자만 '馬'자로 소개하고 있다.

③≪계전≫에서는 '弦'을 '絃(굉)'으로 썼다.

뉴수옥은 ≪계전≫에서 '弦'을 '絃(현)'으로 썼다고 하였는데(≪교록≫), 단옥재는 '絃'으로 썼다고 하였다. 이에 대해 왕균은 이러한 차이는 두 사람이 서로 참고한 판본이 달랐기 때문이라고 하였다(≪설문계전교록(說文繫傳校錄)≫).

또 단옥재는 '絃'이 틀린 글자이고 '弦'이 맞는 것 같다고 하였다.

④≪계전≫에는 '環'자 앞의 '若(약)'자가 없다.

4(6107) 駒 (망아지 구)

駒, 馬二歲曰駒, 三歲曰駣.① 从馬, 句聲.②
(「駒, 말이 두 살 된 것은 駒라고 하고, 세 살 된 것은 駣(조)라고 한다. 馬는 의미부분이고, 句(구)는 발음부분이다.」)

①≪계전≫에서는 '駣'를 '騑(곁마 비)'로 썼다.

그런데 ≪설문해자≫에는 '駣'자가 없다.

단옥재는 "허신의 해설 중 駣자는 아마 허신의 원문이 아니라 후세 사람이 ≪주례(周禮)≫에 의거하여 고친 것 같다.(「許解中駣字蓋非許君原文, 後人依≪周禮≫改之耳.」)"라고 하였고(≪주≫), 왕균은 "駣자는 정문(正文)에는 빠져 있지만 해설에는 남아 있기에, 쓴 사람이 駒자에 붙여 놓은 것이 아닌가 한다.(「蓋駣字篆失而說存, 寫者附之駒下也.」)"라고 하였다(≪구두≫).

참고로 ≪주례·하관(夏官)·사마(司馬)≫ 수인(廋人)조를 보면 "教駣, 攻駒(「駣를 가르치고, 駒를 거세한다」)"라는 구절이 있다.

② 금 문   소 전

갑골문에는 '駒'자가 보이지 않는다.

서주(西周) 금문과 소전의 자형은 모두 '馬'와 '句'로 이루어져 있다.

때로는 '馬'와 '句'의 위치가 바뀌었는데, 의미상의 차이는 없다. 고문자에서 구성 요소들의 위치는 비교적 자유로웠다.

5(6108) 馴 (여덟 살 된 말 팔)

馴, 馬八歲也. 从馬, 从八.①
(「馴은 말이 여덟 살이란 뜻이다. 馬와 八(팔)은 (모두) 의미부분이다.」)

①≪계전≫과 ≪구두≫에서는 "從馬, 八聲.(「馬는 의미부분이고, 八은 발음부분이다.」)"이라고 하였고, ≪주≫와 ≪통훈정성≫에서는 "从馬·八, 八亦聲.(「馬와 八은 (모두) 의미부분인데, 八은 발음부분이기도 하다.」)"이라고 하였다.

6(6109) 騆 (한 눈 흰 말 한)

騆, 馬一目白曰騆, 二目白曰魚.① 从馬, 間聲.②
(「騆, 말이 한 쪽 눈이 흰 것은 騆이라고 하고, 두 눈이 흰 것은 魚(어)라고 한다. 馬는 의미부분이고, 間(간)은 발음부분이다.」)

①≪이아(爾雅)·석축(釋畜)≫를 보면 "(말이) 한 쪽 눈이 흰 것은 瞯(엿볼 한·간)이라고 하고, 두 눈이 흰 것은 魚라고 한다.(「一目白, 瞯; 二目白, 魚.」)"라고 하였는데, '魚'에 대해 곽박(郭璞)은 "물고기의 눈과 비슷하다는 뜻이다.(「似魚目也.」)"라고 주를 하였고, 승배원(承培元)은 "뜻을 가지고 추론해보면, 물고기의 눈은 모두 희다.(「以義揣之, 魚目皆白.」)"라고 하였다.(≪설문인경증례(說文引經證例)≫)
한편 단옥재는 "魚는 ≪자림(字林)≫에서 䱂(어)로 썼는데, ≪설문해자≫에는 䱂자가 없어서, 비슷한 종류로 말을 한 것이다.(「魚≪字林≫作䱂, 許無䱂字, 類言之.」)"라고 하였고(≪주≫), 왕균은 ≪자림≫에서 '䑋(고리눈 말 어)'로 썼다고 하였다(≪구두≫). ≪집운(集韻)≫을 보면 '䱂'와 '䑋'는 같은 글자라고 하였다. 참고로 '고리눈'이란 주로 동물에서 눈동자의 둘레에 흰 테가 둘린 눈을 말한다.
②≪계전≫·≪주≫·≪의증≫·≪통훈정성≫·≪구두≫·≪교록≫ 등에서는 모두 '間(간)'을 '閒(한·간)'으로 썼다.(이하 같음) '間'은 '閒'의 속자(俗字)이다.
예로부터 '間'과 '閒'은 서로 통용하였으므로 둘 가운데 어떤 글자를 써도 문제가 될 것은 없지만, 소전을 보면 '閒'으로 써야 할 것이다.

7(6110) 騏 (천리마 기)

騏, 馬靑驪, 文如博棊也.① 从馬, 其聲.
(「騏는 말이 푸르고 검은 색을 띄는데, 무늬가 바둑판과 같다는 뜻이다. 馬는 의미부분이고, 其(기)는 발음부분이다.」)

①≪주≫와 ≪구두≫에서는 현응(玄應)의 ≪일체경음의(一切經音義)≫에 의거하여 '博(박)'자가 없고, '棊(바둑 기)'를 '綦(쑥빛 비단 기)'로 썼다.

8(6111) 驪 (검은 말 리·려)

驪, 馬深黑色.① 从馬, 麗聲.②
(「驪는 말이 짙은 검은 색이라는 뜻이다. 馬는 의미부분이고, 麗(려)는 발음부분이다.」)

①≪구두≫에는 '色(색)'자 다음에 '也(야)'자가 한 글자 더 있다.

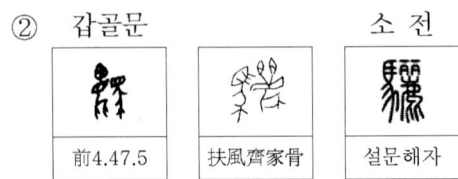

'驪'자는 은주(殷周) 갑골문과 소전이 모두 '馬'와 '麗'로 이루어져 있다.

9(6112) 騆 (철총마 현)

騆, 青驪馬.① 从馬, 肙聲.② ≪詩≫曰: "駜彼乘騆."③
(「騆은 검푸른 색의 말을 뜻한다. 馬는 의미부분이고, 肙(연)은 발음부분이다. ≪시경(詩經)≫에 이르기를 "건장하구나, 저 검푸른 네 필의 말이여."라고 하였다.」)

①≪이아(爾雅)·석축(釋畜)≫에 보인다.
≪통훈정성≫에는 '馬'자 다음에 '也(야)'자가 한 글자 더 있다.

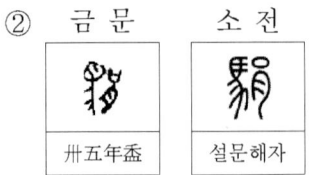

갑골문에는 '騆'자가 보이지 않고, 전국(戰國)시대 금문과 소전의 자형은 '騆'으로 같다.
③≪시경·노송(魯頌)·유필(有駜)≫에 나오는 글귀.

10(6113) 騩 (잿빛말 괴·귀)

騩, 馬淺黑色.① 从馬, 鬼聲.②
(「騩는 말이 옅은 검은 색이라는 뜻이다. 馬는 의미부분이고, 鬼(귀)는 발음부분이다.」)

①≪통훈정성≫과 ≪구두≫에는 '色(색)'자 다음에 '也(야)'자가 한 글자 더 있다.

②	갑골문		금 문	소 전
	花東191	花東191	大騩權	설문해자

'騩'자는 갑골문과 전국(戰國)시대 금문 그리고 소전이 모두 '馬'와 '鬼'로 이루어져 있다.

11(6114) 騮 (검은 갈기 절다말 류)

騮 ①, 赤馬黑毛尾也.② 从馬, 留聲.③
(「騮는 붉은 색 말이 검은 색 털과 꼬리를 하고 있다는 뜻이다. 馬는 의미부분이고, 留(류)는 발음부분이다.」)

①≪주≫에서는 이 글자를 '騮' 즉 '駵'로 썼다. 따라서 발음부분도 '留'가 아닌 '丣(유)'로 썼다.

이에 대해 단옥재는 "丣를 다른 책에서는 畱(류)로 쓰고, 소전체는 騮로 쓰고 있는데, (이는) 크게 잘못된 것이다. 이제 ≪오경문자(五經文字)≫·≪옥편(玉篇)≫·≪광운≫ 등에 의거하여 바로잡는다.(「丣各本作畱, 篆體作騮, 大誤. 今依≪五經文字≫·≪玉篇≫·≪廣韵≫正..」)"라고 하였다.

한편 ≪계전≫·≪의증≫·≪구두≫·≪교록≫ 등에서는 '騮'를 '駵'로 썼고, 발음부분도 '畱'로 썼다.

②≪계전≫에는 '尾(미)'자 다음의 '也(야)'자가 없다.

또 ≪주≫에서는 ≪광운(廣韻)≫에 의거하여 '毛(모)'를 '髦(모)'로 썼다.

계복(≪의증≫)과 왕균(≪구두≫)도 '毛'는 마땅히 '髦'로 써야 한다고 하였다.

이에 따르면 번역은 "붉은 색 말이 검은 색의 갈기와 꼬리를 하고 있다는 뜻이다"로 된다.

12(6115) 騢 (얼룩말 하)

騢, 馬赤白雜毛.① 从馬, 叚聲. 謂色似鰕魚也.
(「騢는 말이 붉은 색과 흰 색의 털이 섞여 있다는 뜻이다. 馬는 의미부분이고, 叚(가)는 발음부분이다. 색깔이 새우[鰕(하)]와 비슷하다고 일컫는 것이다.」)

①《주》에서는 '雜(잡)'을 '襍(잡)'으로 썼고(이하 같음), 《통훈정성》에서도 '襍'으로 썼다. '雜'은 '襍'의 속자(俗字)이다.

13(6116) 騅 (오추마 추)

騅, 馬蒼黑雜毛.① 从馬, 隹聲.②
(「騅는 말이 푸른 색과 검은 색의 털이 섞여 있다는 뜻이다. 馬는 의미부분이고, 隹(추)는 발음부분이다.」)

①《이아(爾雅)·석축(釋畜)》을 보면 "(말이) 푸른 색과 흰 색의 털이 섞여 있는 것을 騅라고 한다.(「蒼白雜毛, 騅.」)"라고 하였다.
단옥재는 《이아》와 《모전(毛傳)》 등에 의거하여 '黑(흑)'을 '白(백)'으로 써야 한다고 하였고(《주》), 계복은 대동(戴侗)의 주장을 따라 '오추마(烏騅馬)'라면 '黑'이 맞을 것 같다고 하였다(《의증》).

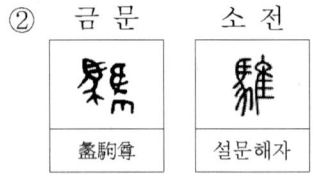

갑골문에는 '騅'자가 보이지 않는다.
서주(西周) 금문과 소전의 자형은 모두 '馬'와 '隹'로 이루어져 있다.

14(6117) 駱 (낙타 락)

駱, 馬白色黑鬣尾也.① 从馬, 各聲.②
(「駱은 말이 흰 색의 몸에 검은 색의 갈기와 꼬리를 하고 있다는 뜻이다. 馬는 의미부분이고, 各(각)은 발음부분이다.」)

①《이아(爾雅)·석축(釋畜)》을 보면 "백마(白馬)가 검은 갈기를 하고 있는 것을 駱이라고 한다.(「白馬黑鬣, 駱.」)"라고 하였다.

갑골문에는 '駱'자가 보이지 않는다.

서주(西周) 금문과 소전의 자형은 모두 '馬'와 '各'으로 이루어져 있다.

'各'은 두 가지 발음 계통을 갖는 낱말이다. 그 하나는 [k-] 계통 발음으로 '客(객)', '格(격)', '恪(각)' 등이 그러한 예이다. 다른 하나는 [l-] 계통 발음으로 '洛(락)', '烙(락)', '路(로)', '輅(로)' 등이 그러한 예이다. 따라서 '駱'은 '各'이 [l-] 계통 발음으로 쓰인 예에 해당한다.

15(6118) 駰 (준마 인)

駰, 馬陰白雜毛黑.① 从馬, 因聲. ≪詩≫曰: "有駰有騢."②
(「駰은 말이 거무스름한 색과 흰 색의 털이 섞여 있다는 뜻이다. 馬는 의미부분이고, 因(인)은 발음부분이다. ≪시경(詩經)≫에 이르기를 "흰 털이 섞인 거무스름한 말과 흰 털이 섞인 붉은 말이 있네."라고 하였다.」)

①≪계전≫에서는 "馬陰黑喙.(「말이 거무스레하고 주둥이가 검다는 뜻이다.」)"라고 하였고, ≪의증≫에서는 '黑(흑)'자 대신 '也(야)'자를 썼으며, ≪구두≫에서는 "馬陰白雜毛, 黑喙.(「말이 거무스름한 색과 흰 색의 털이 섞여 있고, 주둥이가 검다는 뜻이다.」)"라고 하였다.

참고로 ≪이아(爾雅)·석축(釋畜)≫을 보면 "(말이) 거무스름한 색과 흰 색의 털이 섞여 있는 것을 駰이라고 한다.(「陰白雜毛, 駰.」)"라고 하였다.

②≪시경·노송(魯頌)·경(駉)≫에 나오는 글귀.

16(6119) 驄 (푸른 말 총)

驄, 馬有白雜毛也.① 从馬, 悤聲.
(「驄은 말에 흰 털이 섞여 있다는 뜻이다. 馬는 의미부분이고, 悤(총)은 발음부분이다.」)

①≪계전≫·≪주≫·≪의증≫·≪구두≫·≪통훈정성≫ 등에서는 모두 "馬靑白雜毛也.(「말이 푸른 색과 흰 색의 털이 섞여 있다는 뜻이다.」)"라고 하였다.

17(6120) 驈 (사타구니 흰 검은 말 율)

驈, 驪馬白胯也.① 从馬, 矞聲. ≪詩≫曰: "有驈有騜."②

(「驈은 검은 색 말이 사타구니가 희다는 뜻이다. 馬는 의미부분이고, 矞(율)은 발음부분이다. ≪시경(詩經)≫에 이르기를 "사타구니가 흰 검은 말과 흰 털이 섞인 누런 말이 있네."라고 하였다.」)

①≪이아(爾雅)・석축(釋畜)≫을 보면 '胯(사타구니 과)'를 '跨(타넘을 과)'로 썼다. ≪계전≫・≪주≫・≪통훈정성≫・≪구두≫ 등에서도 '胯'를 '跨'로 썼다.

②현재 전해지는 ≪시경・노송(魯頌)・경(駉)≫에서는 '騜(누렇고 흰 말 황)'을 '皇(황)'으로 썼다. ≪설문해자≫에도 '騜'자가 없다.

뉴수옥은 '騜'자는 ≪자림(字林)≫에서부터 수록되기 시작한 글자가 아닌가 하였다.(≪교록≫)

18(6121) 駹 (찬간자 방)

駹, 馬面顙皆白也.① 从馬, 尨聲.

(「駹은 말이 얼굴과 이마가 모두 희다는 뜻이다. 馬는 의미부분이고, 尨(방)은 발음부분이다.」)

①≪이아(爾雅)・석축(釋畜)≫을 보면 "(말이) 얼굴과 이마가 모두 흰 것을 惟駹(유방)이라고 한다.(「面顙皆白, 惟駹.」)"라고 하였다.

19(6122) 騧 (주둥이 검고 누른 말 왜・과)(본음 괘)

騧, 黃馬黑喙. 从馬, 咼聲. 騧, 籒文騧.

(「騧는 누런 말이 검은 주둥이를 하고 있다는 뜻이다. 馬는 의미부분이고, 咼(괘)는 발음부분이다. (6122-1) 騧는 騧의 주문(籒文)이다.」)

20(6123) 驃 (누른 말 표)

驃, 黃馬發白色.① 一曰: 白髦尾也. 从馬, 㶯聲.②

(「驃는 누런 말이 흰 색을 띄고 있다는 뜻이다. 일설에는 (누런 말이) 흰 갈기와 꼬리를 하고 있다는 뜻이라고도 한다. 馬는 의미부분이고, 㶯(표)는 발음부분이다.」)

①단옥재는 "發白色(발백색)이라는 것은 백색을 띄는 반점이 있는 얼룩말을 뜻한다.(「發白色者, 起白點斑駁也.」)"라고 하였다.(≪주≫)

②≪통훈정성≫에서는 '㶯'를 '票(표)'로 썼다.

참고로 소전에서의 '覀'자는 예서에서는 일률적으로 '票'로 썼다. 예를 들어 '僄(가벼울 표)'·'剽(빼를 표)'·'勡(겁탈할 표)'·'嫖(가벼울 표)'·'漂(물에 뜰 표)'·'標(표시할 표)'·'鏢(칼끝 표)' 등에서의 '票' 부분은 모두 '覀'에서 온 것이다.

21(6124) 駓 (황부루 말 비)

駓, 黃馬白毛也.① 从馬, 丕聲.②
(「駓는 누런 말이 흰 털이 (섞여)있다는 뜻이다. 馬는 의미부분이고, 丕(비)는 발음부분이다.」)

①≪주≫에서는 대동(戴侗)의 ≪육서고(六書故)≫에 의거하여 이 글귀를 "黃白襍毛也.(「(말이) 누런 색과 흰 색의 털이 섞여 있다는 뜻이다.」)"라고 하였다.
≪이아(爾雅)·석축(釋畜)≫에서도 "(말이) 누런 색과 흰 색의 털이 섞여 있는 것을 駓라고 한다.(「黃白雜毛, 駓.」)"라고 하였다.
②≪주≫에서는 '丕'를 '㔻'로 썼다.

22(6125) 驖 (검붉은 말 철)

驖, 馬赤黑色. 从馬, 䗩聲. ≪詩≫曰: "四驖孔阜."①
(「驖은 말이 검붉은 색이라는 뜻이다. 馬는 의미부분이고, 䗩(질)은 발음부분이다. ≪시경(詩經)≫에 이르기를 "검붉은 네 마리 말 크기도 하네."라고 하였다.」)

①현재 전해지는 ≪시경·진풍(秦風)·사철(駟驖)≫에서는 '四(사)'를 '駟(사마 사)'로 썼다.
단옥재는 "駟는 1승(乘, 네 필의 말이 끄는 수레)이다. 그러므로 말 네 마리를 말할 경우에는 이를 일컬어 단지 四라고 하고, 말 네 마리를 수레에 얽었을 경우에는 곧 駟라고 한다.(「駟, 一乘也. 故言馬四則但謂之四, 言施乎四馬者, 乃謂之駟.」)"라고 하였다.(≪주≫)

23(6126) 騂 (맘이 가는 모양 안, 이마에서 입술까지 흰 말 안)

騂, 馬頭有發赤色者.① 从馬, 岸聲.
(「騂은 말이 머리에 붉은 색을 띄는 것을 뜻한다. 馬는 의미부분이고, 岸(안)은 발음부분이다.」)

①≪계전≫・≪주≫・≪구두≫ 등에서는 "馬頭有白發色.(「말이 머리에 흰 색을 띠는 반점이 있다는 뜻이다.」)"이라고 하였다.

단옥재(≪주≫)와 왕균(≪구두≫)은 ≪옥편(玉篇)≫과 ≪광운(廣韻)≫에서 모두 "말이 흰 색이 이마에서 입술까지 이르렀다는 뜻이다.(「馬白額至脣.」)"라고 하였다고 하였다.

24(6127) 馰 (별박이 적)

馰, 馬白額也. 从馬, 的省聲.① 一曰: 駿也. ≪易≫曰: "爲的顙."②
(「馰은 말이 흰 이마를 하고 있다는 뜻이다. 馬는 의미부분이고, 的(적)의 생략형은 발음부분이다. 일설에는 준마(駿馬)를 뜻한다고도 한다. ≪주역(周易)≫에 이르기를 "이마가 흰 말이다."이라고 하였다.」)

①≪계전≫・≪의증≫・≪통훈정성≫・≪구두≫ 등에서는 '的'을 '昀(밝을 적)'으로 썼다. 이에 따르면 발음부분에도 뜻이 있다고 할 수 있다.

뉴수옥도 '的'은 마땅히 '昀'으로 써야 한다고 하였고(≪교록≫), 왕균은 ≪고금운회(古今韻會)≫에 의거하였다고 고쳐 썼다고 하였다(≪구두≫).

한편 ≪주≫에서는 "勺聲.(「勺(작)은 발음부분이다.」)"이라고 하였다.
②≪주역・설괘전(說卦傳)≫에 나오는 글귀.

25(6128) 駁 (얼룩말 박)

駁, 馬色不純.① 从馬, 爻聲.②
(「駁은 말이 색깔이 순수하지 않다는 뜻이다. 馬는 의미부분이고, 爻(효)는 발음부분이다.」)

①≪이아(爾雅)・석축(釋畜)≫을 보면 "붉은 말이 흰 털이 섞여 있는 것을 駁이라고 한다.(「騢白, 駁.」)"라고 하였다.

②

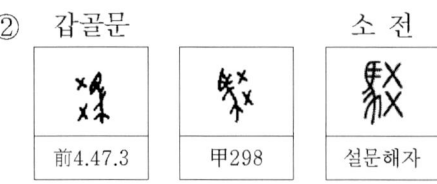

갑골문		소 전
前4.47.3	甲298	설문해자

'駁'자는 갑골문과 소전의 자형이 모두 '馬'와 '爻'로 이루어져 있다.

'駁'의 고음은 입성운(入聲韻) *prawk / pok(복→박)이고, '爻'의 고음은 음성운(陰聲韻) *graw / ɣau(가우→고→효)이다. 두 글자는 상고음(上古音)의 주모음(主母音)이 [aw]로 같다. 그래서 '駁'자에서 '爻'가 발음부분이 될 수 있는 것이다. 고대에는 음성운과 입성운이 협운을 하기도 하였다.

26(6129) 騥 (뒷발 흰 말 주)

騥, 馬後左足白也.① 从馬, 二其足.② 讀若注.③
(「騥는 말의 왼 쪽 뒷발이 희다는 뜻이다. 馬는 의미부분이고, 二는 그 발을 가리킨다. 注(주)처럼 읽는다.」)

①≪이아(爾雅)·석축(釋畜)≫을 보면 "오른 쪽 뒷발이 흰 말은 驤(양)이라고 하고, 왼 쪽 뒷발이 흰 말은 騥라고 한다.(「後右足白, 驤; 左白, 騥.」)"라고 하였다.

②단옥재는 "다리에 二를 가지고 표시를 했음을 일컫는 것이다. (이는) 馬(환)이 一로 표시를 한 것과 같다. (여기서의 一二는 숫자의) 一二가 아니다. 소전을 바꾸어 예서가 되면서, 馬은 馬으로 쓰고, 騥는 騥로 쓰니, 소전과 크게 어긋나게 되었다. 석경(石經)에서는 騥로 썼다.(「謂於足以二爲記識. 如馬於足以一爲記識也. 非一二字. 變篆爲隸, 馬旣作馬, 騥則作騥, 與篆大乖矣. 石經作騥.」)"라고 하였다.(≪주≫)

③≪계전≫과 ≪구두≫에는 이다음에 "≪易≫曰: '爲騥足.' 指事.(「≪주역·설괘전(說卦傳)≫에 이르기를 '뒷발이 흰 말이다'라고 하였다. 지사(指事)이다.」)"라는 글귀가 더 있다.

27(6130) 驔 (등 누르고 검은 말 담)

驔, 驪馬黃脊.① 从馬, 覃聲.② 讀若簟.
(「驔은 검은 말이 누런 등을 하고 있다는 뜻이다. 馬는 의미부분이고, 覃(담)은 발음부분이다. 簟(점)처럼 읽는다.」)

①≪통훈정성≫에서는 '脊(척)'을 '脊'으로 썼다.(이하 같음)
≪구두≫에는 '脊'자 다음에 '也(야)'자가 한 글자 더 있다.
단옥재는 ≪이아(爾雅)·석축(釋畜)≫과 ≪옥편(玉篇)≫의 '騽(습)'자 해설이 이와 똑같고, '驔'과 '騽'의 옛날 발음 역시 같다고 하면서, '驔'과 '騽'은 틀림없이 같은 글자라고 하였다.(≪주≫)(다음다음에 나오는 (6132) '騽'자 참조)

②≪주≫·≪의증≫·≪구두≫·≪교록≫ 등에서는 '覃'을 '覃'으로 썼다.

28(6131) 驠 (꽁무니 흰 말 연)

驠, 馬白州也.① 从馬, 燕聲.
(「驠은 말이 흰 꽁무니를 하고 있다는 뜻이다. 馬는 의미부분이고, 燕(연)은 발음부분이다.」)

①≪이아(爾雅)・석축(釋畜)≫을 보면 "(말이) 꽁무니가 흰 것을 驠이라고 한다.(「白州, 驠.」)"라고 하였다. 이에 대해 곽박(郭璞, 276~324)은 '州(주)'는 '竅(구멍 규)'라고 하였고(≪이아주(爾雅注)≫), 학의행(郝懿行, 1757~1825)은 "말이 흰 꽁무니를 하고 있는 것을 이름하여 驠이라고 함을 일컫는다.(「謂馬之白尻者名驠.」)"라고 하였다(≪이아의소(爾雅義疏)≫).

29(6132) 騽 (정강이뼈가 긴 말 습)

騽, 馬豪骭也.① 从馬, 習聲.②
(「騽은 말이 정강이에 긴 털이 나 있다는 뜻이다. 馬는 의미부분이고, 習(습)은 발음부분이다.」)

①단옥재는 "豪骭(호간)은 정강이 위에 긴 털이 있다는 것을 일컫는다(「豪骭謂骭上有脩豪也.」)"라고 하였다.(≪주≫)

한편 계복은 "'말이 정강이에 긴 털이 나 있다'라는 것은 본래 驔(담)자의 풀이이다. 이 글자는 마땅히 '검은 말이 누런 등을 하고 있다'라고 해야 한다. ≪옥편(玉篇)≫에 이르기를 '騽은 검은 말이 누런 등을 하고 있다는 뜻이다'라고 하였고, 또 (말하기를) '말이 정강이에 긴 털이 나 있다는 뜻이다'라고 하였다. 내 생각에 '또 말하기를'이라고 한 부분은 송(宋)나라 사람이 잘못된 판본에 근거해서 덧붙여 넣은 것이다.(「'馬豪骭也'者, 本驔字之訓. 此當云: '騽馬黃脊.' ≪玉篇≫: '騽, 驔馬黃脊', 又'馬豪骭.' 馥案: '又云'者, 乃宋人据誤本增入.」)"라고 하였다.(≪의증≫)

② 갑골문　　　　소 전

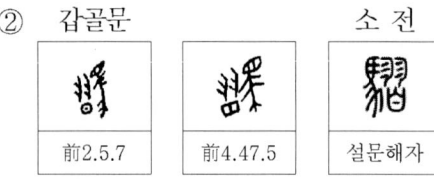

前2.5.7　　前4.47.5　　설문해자

'騽'자는 갑골문과 소전의 자형이 모두 '馬'와 '習'으로 이루어져 있다.
단옥재는 "내 생각에, 이 글자는 마땅히 없애야 한다. ≪옥편≫에 驔과 騽 두 글자가 서로 이어져 있는데, 아마 ≪설문해자≫의 옛 판본일 것이다.(「按: 此篆宜刪正. ≪玉篇≫騨·駽二篆相接, 蓋≪說文≫之舊.」)"라고 하였다.(≪주≫)(앞에 나온 (6130) '騨'자 주해 ①번 참조)

30(6133) 騚 (털이 긴 말 한)

騚, 馬毛長也.① 从馬, 軒聲.
(「騚은 말이 털이 길다는 뜻이다. 馬는 의미부분이고, 軒(간)은 발음부분이다.」)

①≪주≫에서는 이선(李善, 630~689)의 ≪문선주(文選注)≫ <장양부(長楊賦)>에 의거하여 '長(장)'자 다음에 '者(자)'자 한 글자를 보충하였다. 이는 '馬毛長(마모장)'을 명사구로 해석하라는 의미이므로, 이에 따르면 번역은 "말이 털이 긴 놈을 뜻한다"로 된다. 단옥재도 "이것은 말이 털이 긴 놈을 이름하여 騚이라고 한다는 것을 일컫는다.(「此謂馬毛長者名騚也.」)"라고 하였다.

≪통훈정성≫에서는 '也(야)'를 '者'로 썼다.

31(6134) 騛 (말 뛸 비)

騛, 馬逸足也.① 从馬, 从飛.② ≪司馬法≫曰: "飛衛斯輿."③
(「騛는 말이 날듯이 달린다는 뜻이다. 馬와 飛(비)는 (모두) 의미부분이다. ≪사마법(司馬法)≫에 이르기를 "날듯이 수레를 끌며 숙위(宿衛)를 선다."라고 하였다.」)

①≪주≫에는 '足(족)'자 다음에 '者(자)'자가 한 글자 더 있다. 이에 따르면 번역은 "말이 날듯이 달리는 놈을 뜻한다"로 된다.(바로 앞에 나온 (6133) '騚(한)'자 주해 ①번 참조)

단옥재는 "逸(달아날 일)은 마땅히 兔(토끼 토)로 써야 한다. ≪광운(廣韻)≫에 이르기를 '騛兔는 말인데 토끼처럼 달린다'라고 하였고, ≪옥편(玉篇)≫에 이르기를 '騛兔는 옛날의 준마(駿馬)이다'라고 하였다.(「逸當作兔. ≪廣韻≫曰: '騛兔, 馬而兔走.' ≪玉篇≫曰: '騛兔, 古之駿馬也.'」)"라고 하였다.(≪주≫)

장순휘(張舜徽, 1911~1992)는 '逸'에 대해 여기에서는 '疾(질)'과 같은 뜻이라고 하였다.(≪설문해자약주(說文解字約注)≫)

②≪계전≫·≪주≫·≪구두≫ 등에서는 "飛聲.(「飛는 발음부분이다.」)"이라고 하였고, ≪통훈정성≫에서는 "从馬, 从飛. 會意. 飛亦聲.(「馬와 飛는 (모두) 의미부분이다. 회의(會意)이다. 飛는 발음부분이기도 하다.」)"이라고 하였다.

단옥재 역시 "飛는 발음부분이기도 하다"라고 하였다.
　③계복은 ≪집운(集韻)≫과 ≪유편(類篇)≫에서 ≪설문해자≫의 ≪사마법≫ 인용을 보면 '飛'를 '騛'로 썼다고 하였다.(≪의증≫)

32(6135) 驁 (준마 오)

驁, 駿馬.① 以壬申日死, 乘馬忌之.② 从馬, 敖聲.
(「驁는 준마(駿馬)(의 이름)이다. 임신(壬申)일에 죽어서, (이 날은) 승마를 피한다. 馬는 의미부분이고, 敖(오)는 발음부분이다.」)

　①≪구두≫에는 '馬'자 다음에 '也(야)'자가 한 글자 더 있다.
　②≪구두≫에서는 ≪태평어람(太平御覽)≫에 의거하여 '乘馬(승마)' 다음에 '者(자)'자 한 글자를 보충하였다. 이는 '乘馬'를 명사구인 "승마하는 것"으로 해석하라는 의미이다.

33(6136) 驥 (천리마 기)

驥, 千里馬也, 孫陽所相者.① 从馬, 冀聲. 天水有驥縣.②
(「驥는 천리마로, 손양(孫陽)이 관상을 보았던 말이다. 馬는 의미부분이고, 冀(기)는 발음부분이다. 천수군(天水郡)에 기현(驥縣)이 있다.」)

　①손양은 자가 백락(伯樂)으로, 춘추(春秋)시대 진(秦)나라 목공(穆公) 때 사람이다. 말의 좋고 나쁨을 잘 평가했던 것으로 유명하다.
　②천수군 기현은 지금의 감숙성(甘肅省) 감곡현(甘谷縣) 남부에 있었다.

34(6137) 駿 (준마 준)

駿, 馬之良材者.① 从馬, 夋聲.
(「駿은 말 가운데 좋은 재질을 가진 말을 뜻한다. 馬는 의미부분이고, 夋(준)은 발음부분이다.」)

　①≪구두≫에는 '者(자)'자 다음에 '也(야)'자가 한 글자 더 있고, ≪통훈정성≫에서는 '者'를 '也'로 썼다.

35(6138) 驍 (좋은 말 효; 건장할 교)

驍, 良馬也. 从馬, 堯聲.①
(「驍는 좋은 말을 뜻한다. 馬는 의미부분이고, 堯(요)는 발음부분이다.」)

①≪주≫에는 이다음에 "≪詩≫曰: '驍驍牡馬.'(「≪시경(詩經)≫에 이르기를 '좋은 숫말'이라고 하였다.」)"라는 글귀가 더 있다.

그런데 이것은 육덕명(陸德明)이 ≪경전석문(經典釋文)·시경음의(詩經音義)≫에서 이 글귀를 ≪설문해자≫로부터 보았다고 한 것에 근거한 것이라고 하는데, 현재 전해지는 ≪시경≫에는 이 글귀는 없고, ≪시경·노송(魯頌)·경(駉)≫을 보면 "駉駉牡馬.(「살찌고 큰 숫말.」)"이라는 글귀가 있다.

이에 대해 단옥재는 "내 생각에, 堯와 同(경)은 발음의 차이가 너무 커서 서로 (발음상) 관계가 있을 수 없다. 오히려 ≪시경·대아(大雅)·숭고(崧高)≫를 보면 '四牡蹻蹻(「네 마리의 숫말은 건장(健壯)하고,」)'라는 구절이 있는데, 전(傳)에서는 '蹻蹻(교교)는 건장한 모습을 뜻한다'라고 하였고, <노송(魯頌)·반수(泮水)>의 전에서는 '蹻蹻는 강성(强盛)함을 말한다'라고 하였다. 아마 고본(古本) ≪설문해자≫에 '詩曰四牡驍驍'라고 한 6자는 <대아·숭고>의 이문(異文)이거나, 또는 옮겨 쓸 때 '四牡驍驍'로 잘못 옮겨 썼고, 그래서 육덕명이 駉을 ≪설문해자≫에서 驍로 썼다는 말이 있게 된 것이 아닌가 생각한다.(「按: 堯聲·同聲之類相去甚遠, 無由相涉. <大雅·崧高>: '四牡蹻蹻.' 傳云: '蹻蹻, 壯皃.' <魯頌·泮水>傳云: '蹻蹻, 言彊盛也.' 蓋古本≪說文≫堯聲下有'≪詩≫曰四牡驍驍'六字, 乃<崧高>之異文, 或轉寫譌作'驍驍牡馬'. 而陸氏乃有駉≪說文≫作驍之語矣.」)"라고 하였다.(≪주≫)

36(6139) 騅 (말이 작은 모양 취)

騅, 馬小皃. 从馬, 垂聲. 讀若箠. 𩥑①, 籒文从𡴂.
(「騅는 말이 작은 모습을 뜻한다. 馬는 의미부분이고, 垂(수)는 발음부분이다. 箠(추)처럼 읽는다. (6139-1) 𩥑는 주문(籒文)으로 (垂 대신) 𡴂(수)를 썼다.」)

①≪계전≫에서는 '𩥑'를 '𩥑'로 썼다

37(6140) 驕 (교만할 교, 키 큰 말 교)

驕, 馬高六尺爲驕.① 从馬, 喬聲.② ≪詩≫曰: "我馬唯驕."③ 一曰: 野馬.

(「驕, 말이 키가 6척인 것을 驕라고 한다. 馬는 의미부분이고, 喬(교)는 발음부분이다. ≪시경(詩經)≫에 이르기를 "내 말은 키 큰 말."이라고 하였다. 일설에는 야생마를 뜻한다고도 한다.」)

①≪계전≫에서는 '尺(척)'을 '赤(적)'으로 썼다.
참고로 현재의 길이 표준에 따르면 1척은 약 33cm에 해당하지만, 주(周)나라 때의 1척은 19.91cm였고, 한(漢)나라 때의 1척은 27.65cm였다.

② 갑골문   소 전

'驕'자는 갑골문과 소전이 모두 '馬'와 '喬'로 이루어져 있다.
③현재 전해지는 ≪시경·소아(小雅)·황황자화(皇皇者華)≫에서는 "我馬維駒.(「내 말은 망아지.」)"라고 하였다.
≪주≫·≪의증≫·≪통훈정성≫·≪구두≫·≪교록≫ 등에서는 '唯(유)'를 '維(유)'로 썼다.

38(6141) 騋 (큰 말 래)

騋, 馬七尺爲騋, 八尺爲龍.① 从馬, 來聲. ≪詩≫曰: "騋牝, 驪牡."②
(「騋, 키가 7척인 말은 騋라고 하고, 8척인 말은 龍(룡)이라고 한다. 馬는 의미부분이고, 來(래)는 발음부분이다. ≪시경(詩經)≫에 이르기를 "큰 말은 암컷, 검은 말은 수컷."이라고 하였다.」)

①≪계전≫에서는 '七尺(칠척)'을 '八赤(팔적)'으로, 그리고 '八尺'을 '七赤'으로 썼다.
≪이아(爾雅)·석축(釋畜)≫을 보면 "말의 키가 8척인 것을 駥(융)이라고 한다.(「馬八尺爲駥.」)"라고 하였다.
②현재 전해지는 ≪시경≫에는 이러한 글귀가 없다.
요문전(姚文田)과 엄가균(嚴可均)은 ≪詩≫는 마땅히 ≪爾雅≫로 써야 한다고 하였다.(≪설문교의(說文校議)≫)
≪주≫에서는 '牡(모)'를 '牝(빈)'으로 썼다.
참고로 ≪이아·석축≫을 보면 "騋: 암컷은 털이 짙은 검은 색이고, 수컷은 검붉은 색이다. 망아지는 裹驂(뇨참, 작은 말의 별칭)이라고 한다.(「駂: 牝, 驪; 牡, 玄. 駒, 裹驂.」)"라는 글귀가 있다. 그런데 이 글귀는 "駂牡, 驪牝" 또는 ≪주≫에서와 같이 "駂牝, 驪牝" 등 여러 가지 설이 있다.

39(6142) 驩 (말 이름 환)

驩, 馬名. 从馬, 雚聲.
(「驩은 말의 이름이다. 馬는 의미부분이고, 雚(관)은 발음부분이다.」)

40(6143) 驗 (증험할 험)

驗, 馬名.① 从馬, 僉聲.
(「驗은 말의 이름이다. 馬는 의미부분이고, 僉(첨)은 발음부분이다.」)

①≪옥편(玉篇)≫을 보면 "驗은 표징(標徵), 증험(證驗)의 뜻이다.(「驗, 徵也, 證也.」)"라고 하였다.
단옥재는 "지금은 譣(험)자를 써서 '증험'·'표징'·'효능' 등과 같은 뜻으로 쓴다. 언제부터 이렇게 쓰이게 되었는지는 알 수 없지만, 驗자가 널리 쓰이면서 譣자는 쓰이지 않게 되었다.(「今用爲譣字, 證也, 徵也, 效也. 不知其何自始, 驗行而譣廢矣.」)" 라고 하였다.(≪주≫)

41(6144) 㸿 (차)①

㸿, 馬名. 从馬, 此聲.
(「㸿는 말의 이름이다. 馬는 의미부분이고, 此(차)는 발음부분이다.」)

① '㸿'자는 ≪대한한사전(大漢韓辭典)≫에 보이지 않는다.
발음은 ≪광운(廣韻)≫에 따르면 '雌氏切(자씨절)' 즉 '지'→'차'이다.

42(6145) 㺃 (준마 휴)

㺃, 馬名. 从馬, 休聲.
(「㺃는 말의 이름이다. 馬는 의미부분이고, 休(휴)는 발음부분이다.」)

43(6146) 馼 (문)①

馼, 馬赤鬣縞身②, 目若黃金, 名曰馼.③ 吉皇之乘, 周文王時④, 犬戎獻之. 从馬, 从文, 文亦聲. ≪春秋傳≫曰: "馼馬百駟"⑤, 畫馬也.⑥ 西伯獻紂, 以全其身.⑦
(「馼은 말이 붉은 갈기에 몸은 희고, 눈은 황금색이며, 이름하여 馼(문)이라고 한다. 이 상서롭고 빛나는 말은 주(周) 문왕(文王) 때에 견융(犬戎)이 헌상하였다. 馬와 文(문)은 (모두) 의미부분인데, 文은 발음부분이기도 하다. ≪춘추전(春秋傳)≫에 이르기를 "馼馬 400필."이라고 하였는데, (馼馬는) 말을 화려하게 꾸몄다는 뜻이다. 서백(西伯)이 주왕(紂王)에게 헌상하여 그 몸을 보전하였다.」)

①'馼'자는 ≪대한한사전(大漢韓辭典)≫에 보이지 않는다.
발음은 ≪광운(廣韻)≫에 따르면 '無分切(무분절)' 즉 '문'이다.
한편 ≪계전≫과 ≪주≫에서는 이 글자를 '䮲' 즉 '䮲'으로 썼다.

②≪주≫에는 '馬'자 앞에 '馼'자가 한 글자 더 있다.

③≪주≫에는 '曰(왈)'자 뒤의 '馼'자가 없다.
이에 따르면 여기까지의 글귀는 "馼馬로, 붉은 갈기에 몸은 희고, 눈은 황금색이다. 이름하여 '상서롭고 빛나는 말'이라고 한다"로 번역된다.
참고로 '吉皇(길황)'은 신령스러운 말의 이름으로, '吉黃(길황)', '吉光(길광)', '吉量(길량)', '吉良(길량)', '飛黃(비황)', '騰黃(등황)' 등으로 여러 책에서 표현된다.

④≪주≫·≪통훈정성≫·≪구두≫ 등에서는 '文王(문왕)'을 '成王(성왕)'으로 썼다.
계복도 '文王'은 마땅히 '成王'으로 써야 한다고 하였다.(≪의증≫)

⑤현재 전해지는 ≪춘추좌전(春秋左傳)·선공(宣公) 2년≫에서는 '馼馬'를 '文馬'로 썼다.

⑥≪주≫에는 '畫馬' 앞에 '文馬' 두 글자가 더 있다.

⑦단옥재는 "이 여덟 글자는 아마 여기에서 ≪상서대전(尙書大傳)≫ 사전기(事箋記)를 취한 것인데, 결국에는 정문(正文)으로 잘못 들어갔다. 문리(文理)가 일관되지 않으니, 마땅히 없애야 한다. ≪춘추전≫ 이하는 모두 허신의 말이 아닌 것 같다.(「此八字葢或取≪尙書大傳≫事箋記於此, 遂致誤入正文. 文理不貫, 當刪. 要自≪春秋傳≫以下恐皆非許語.」)"라고 하였다.

44(6147) 馶 (말이 굳셀 기·지)

馶, 馬彊也. 从馬, 支聲.

(「馶는 말이 튼튼하다는 뜻이다. 馬는 의미부분이고, 支(지)는 발음부분이다.」)

45(6148) 駜 (살찐 말 필)

駜, 馬飽也.① 从馬, 必聲.② ≪詩≫曰: "有駜有駜."③

(「駜은 말이 살쪘다는 뜻이다. 馬는 의미부분이고, 必(필)은 발음부분이다. ≪시경(詩經)≫에 이르기를 "저렇게 살찐 말, 저렇게 살찐 말."이라고 하였다.」)

①≪구두≫에서는 '飽(포)'를 '肥(비)'로 썼다. 왕균은 ≪옥편(玉篇)≫·≪광운(廣韻)≫·≪오경문자(五經文字)≫ 등에도 이렇게 되어 있다고 하였다.

참고로 ≪옥편≫을 보면 "駜은 말이 살이 찌고 건장한 모습을 뜻한다.(「駜, 馬肥壯皃.」)"라고 하였다.

②

갑골문	소 전
後下18.8	설문해자

'駜'자는 갑골문을 보면 '馬'와 '必'로 이루어져 있다.

③≪시경·노송(魯頌)·유필(有駜)≫에 나오는 글귀.

46(6149) 駫 (살찌고 큰 말 경)①

駫, 馬盛肥也.② 从馬, 光聲. ≪詩≫曰: "四牡駫駫."③

(「駫은 말이 건장하고 살이 쪘다는 뜻이다. 馬는 의미부분이고, 光(광)은 발음부분이다. ≪시경(詩經)≫에 이르기를 "건장하고 살찐 네 마리의 숫말."이라고 하였다.」)

①≪대한한사전(大漢韓辭典)≫에서는 '駫'을 '駉(경)'과 같은 글자라고 하였다.

≪경전석문(經典釋文)≫을 보면 "駉의 발음은 古熒反(고형반, 즉 '경')이다. ≪설문해자≫에서는 驍(좋은 말 효; 건장할 교)로 썼다. 또 駫이라고 쓰기도 하는데, (駉과 駫 이 둘은) 같은 글자이다.(「駉, 古熒反. ≪說文≫作驍. 又作駫, 同.」)"라고 하였다.(앞에 나온 (6138) '驍'자 주해 ①번 참조)

≪옥편(玉篇)≫에서도 '駉'과 '駫'은 같은 글자라고 하였다.

②《주》에서는 《광운(廣韻)》에 의거하여 '盛肥(성비)'를 '肥盛'으로 고쳐 썼다.
③《주》에서는 이 글귀를 '駫駫牡馬(경경모마)'로 썼고, 《통훈정성》에서는 '四馬駫駫'으로 썼다.

그런데 현재 전해지는 《시경》에는 이러한 글귀가 없다. 이와 비슷한 글귀로는 《시경·노송(魯頌)·경(駉)》에 "駉駉牡馬.(「살찌고 큰 네 마리의 숫말.」)"이 있다.
단옥재(《주》)·계복(《의증》)·왕균(《구두》) 등도 이 구절이 아닐까 한다고 하였다.

47(6150) 駸 (말 떼 지어 갈 팽)

駸, 馬盛也.① 从馬, 旁聲.② 《詩》曰: "四牡駸駸."③

(「駸은 말이 크다는 뜻이다. 馬는 의미부분이고, 旁(방)은 발음부분이다. 《시경(詩經)》에 이르기를 "네 마리의 숫말 크기도 하지."라고 하였다.」)

①단옥재는 '야(也)'는 마땅히 '皃(모양 모)'로 써야 한다고 하였다.(《주》)
②《주》와 《통훈정성》에서는 '旁'을 '旁'으로 썼다.

단옥재는 "旁은 溥(넓을 부)이다. 이것은 형성(形聲)을 들어 회의(會意)를 품은 것이다.(「旁, 溥也. 此舉形聲包會意..」)"라고 하였다. 즉 발음부분인 '旁'에도 뜻이 있다는 것이다.

③현재 전해지는 《시경》에는 이러한 글귀가 없다. 이와 비슷한 글귀로는 《시경·소아(小雅)·북산(北山)》과 <대아(大雅)·증민(蒸民)>에 '四牡彭彭(사모팽팽)'이 있다.

48(6151) 馰 (천리마 앙, 말 성낼 앙)

馰, 馰馰, 馬怒兒. 从馬, 卬聲.

(「馰은 馰馰으로, 말이 성난 모습을 뜻한다. 馬는 의미부분이고, 卬(앙)은 발음부분이다.」)

49(6152) 驤 (말 뛸 양)

驤, 馬之低仰也. 从馬, 襄聲.

(「驤은 말의 숙였다 쳐들었다 함을 뜻한다. 馬는 의미부분이고, 襄(양)은 발음부분이다.」)

50(6153) 驀 (말 탈 맥)

驀, 上馬也. 从馬, 莫聲.
(「驀은 말에 올라탄다는 뜻이다. 馬는 의미부분이고, 莫(막)은 발음부분이다.」)

51(6154) 騎 (말 탈 기)

騎, 跨馬也.① 从馬, 奇聲.②
(「騎는 양 다리를 벌려서 말을 탄다는 뜻이다. 馬는 의미부분이고, 奇(기)는 발음부분이다.」)

①단옥재는 "두 넓적다리를 벌려서 말을 타는 것을 일컬어 騎라고 한다. 그래서 사람이 말 위에 있는 것을 일컬어 騎라고 한다.(「兩髀跨馬謂之騎. 因之人在馬上謂之騎.」)"라고 하였다.(≪주≫)

② 금 문   소 전

騎傳馬節   설문해자

갑골문에는 '騎'자가 보이지 않고, 전국(戰國)시대 금문과 소전의 자형은 '騎'로 같다.

52(6155) 駕 (임금 탄 수레 가, 멍에 맬 가)

駕, 馬在軛中.① 从馬, 加聲.② 犌, 籒文駕.
(「駕는 말이 멍에를 쓰고 있다는 뜻이다. 馬는 의미부분이고, 加(가)는 발음부분이다. (6155-1) 犌는 駕의 주문(籒文)이다.」)

①≪계전≫에서는 단지 '軛中(액중)'이라고만 하였고, ≪주≫에는 '中(중)'자 다음에 '也(야)'자가 한 글자 더 있다.

②단옥재는 "駕를 발음으로 뜻의 유래를 풀이하면 수레를 가지고 말에 '더한다[加]'는 뜻이다.(「駕之言以車加於馬也.」)"라고 하였다.(≪주≫) 즉 발음부분인 '加'에도 뜻이 있다는 의미이다.

53(6156) 騑 (곁 말 비)

騑, 驂, 旁馬.① 从馬, 非聲.
(「騑는 곁말로서, 옆에서 몰고 가는 말을 뜻한다. 馬는 의미부분이고, 非(비)는 발음부분이다.」)

①≪주≫에는 '驂(멍에 바깥 말 참)'자 뒤와 '旁馬(방마)' 뒤에 모두 '也(야)'자가 있다.
≪구두≫에도 '旁馬' 뒤에 '也'자가 한 글자 더 있다.
②단옥재는 "아래의 글(즉 (5138) '驂'자, 역주자)에서 말하기를 '말 세필을 모는 것이 驂이다'라고 하였다. 허신의 의도는 옛날에 세 필의 말을 몬다는 이름이라는 것인데, 뒤에 네 필을 몰거나 여섯 필을 몰거나 그 곁말은 모두 驂이라는 이름으로 불렸다. 그래서 또 인신하여 이르기를 旁馬라고 하였다. 旁은 위((6155) 駕(가)자)를 이어서 멍에를 쓰고 있음을 말하는 것이지, 수레 끌채의 가로막대에 묶여 있는 것을 일컬어 驂이라고 해서는 안 되며, 역시 騑라고 해서도 안 된다. 세 필을 몰거나 네 필을 몰거나 같다.(「下文云: '駕三馬曰驂.' 許意古爲駕三馬之名, 後乃駕四駕六, 其旁馬皆得驂名矣. 故又申之曰旁馬. 旁者, 冡上在軛中言之, 不當衡下者謂之驂, 亦謂之騑. 駕三駕四所同也.」)"라고 하였다.(≪주≫)

54(6157) 駢 (두 말 한 멍에에 맬 변)

駢, 駕二馬也. 從馬, 幷聲.①
(「駢은 말 두 필을 (한 멍에에 매어) 몬다는 뜻이다. 馬는 의미부분이고, 幷(병)은 발음부분이다.」)

①≪계전≫·≪의증≫·≪구두≫·≪교록≫ 등에서는 '幷'을 '羿'으로 썼고, ≪주≫에서는 '幷'으로 썼다.
단옥재는 "두 말을 모는 것을 일컬어 儷駕(려가)라고 하는데, 駢이라고도 한다. 倂(병)과 駢은 모두 幷을 썼는데, 두 말을 나란히 함을 일컫는다.(「倂馬謂之儷駕, 亦謂之駢. 倂·駢皆从幷, 謂並二馬也.」)"라고 하였다.(≪주≫) 즉 발음부분인 '幷'에도 뜻이 있다는 의미이다.

55(6158) 驂 (세 말 한 멍에에 맬 참, 멍에 바깥 말 참)

驂, 駕三馬也.① 从馬, 參聲.
(「驂은 말 세 필을 (한 멍에에 매어) 몬다는 뜻이다. 馬는 의미부분이고, 參(삼·참)은 발음부분이다.」)

①단옥재는 "하후씨(夏后氏)(시대에)는 말 두필을 몰았는데, 이를 일컬어 麗(려)라고 하였고, 은(殷)나라에서는 여기에 곁 말 한 마리를 더하였는데, 이를 驂이라고 하였다. 주(周)나라에서는 다시 곁 말 한 마리를 더하였는데, 이를 駟(사)라고 하였다.(「夏后氏駕兩, 謂之麗. 殷益以一騑, 謂之驂. 周人又益以一騑, 謂之駟.」)"라고 하였다.(≪주≫)(앞에 나온 (6156) '騑(비)'자 주해 ②번 참조)

56(6159) 駟 (사마(四馬) 사)

駟, 一乘也.① 从馬, 四聲.②
(「駟는 수레 한 량(을 끄는 네 마리)의 말을 뜻한다. 馬는 의미부분이고, 四(사)는 발음부분이다.」)

①단옥재는 "수레 멍에에 말을 묶는 것을 乘(승)이라고 한다. 말이 반드시 네 필이어야 하기 때문에, 그래서 네 마리의 말을 1乘이라고 하는 것이다.(「車軛駕乎馬上曰乘. 馬必四, 故四馬爲一乘.」)"라고 하였다.(≪주≫)

②

서주금문	춘추금문		소 전
伯駟父盤	庚 壺	魯宰駟父鬲	설문해자

갑골문에는 '駟'자가 보이지 않는다.
금문과 소전의 자형은 모두 '馬'와 '四'로 이루어져 있다.
≪통훈정성≫에서는 "从馬, 从四. 會意. 四亦聲.(「馬와 四은 (모두) 의미부분이다. 회의(會意)이다. 四는 발음부분이기도 하다.」)"이라고 하였다

57(6160) 駙 (곁 말 부, 가까울 부, 빠를 부, 부마(駙馬) 부)

駙, 副馬也.① 从馬, 付聲. 一曰: 近也.② 一曰: 疾也.

(「駙는 예비 말을 뜻한다. 馬는 의미부분이고, 付(부)는 발음부분이다. 일설에는 가깝다는 뜻이라고도 한다. 일설에는 빠르다는 뜻이라고도 한다.」)

①≪구두≫에서는 ≪후한서(後漢書)·노공전(魯恭傳)≫ 주에 의거하여 '副馬(부마)' 앞에 '駙馬(부마)' 두 글자를 보충하였다.
②단옥재는 "부근(附近)이라는 (의미의) 글자는 요즘 사람들은 附자를 쓴다.(「附近字, 今人作附.」)"라고 하였다.(≪주≫)

58(6161) 騛 (말이 길 들 해)

騛, 馬和也. 从馬, 皆聲.
(「騛는 말이 순하다는 뜻이다. 馬는 의미부분이고, 皆(개)는 발음부분이다.」)

59(6162) 騀 (말 머리 내두를 아)

騀, 馬搖頭也.① 从馬, 我聲.
(「騀는 말이 머리를 흔든다는 뜻이다. 馬는 의미부분이고, 我(아)는 발음부분이다.」)

①≪주≫에서는 ≪설문해자≫의 전체 통례와 ≪옥편(玉篇)≫에 의거하여 이 글귀를 '駊騀也.(파아야, 말이 머리를 흔든다는 뜻)'라고 고쳐 썼다.

60(6163) 駊 (말 머리 내두를 파)

駊, 駊騀也.① 从馬, 皮聲.
(「駊는 駊騀(파아, 말이 머리를 흔든다는 뜻)이다. 馬는 의미부분이고, 皮(피)는 발음부분이다.」)

①≪주≫에서는 "駊騀, 馬搖頭也.(「駊騀로, 말이 머리를 흔든다는 뜻이다.」)"라고 하였다.

61(6164) 騊 (말이 가는 모양 토)

騊, 馬行皃.① 从馬, 䫉聲.
(「騊는 말이 가는 모습을 뜻한다. 馬는 의미부분이고, 䫉(요)는 발음부분이다.」)

①단옥재는 "이 글귀는 마땅히 '騊騊로, 말이 가는 모습을 뜻한다.(「騊騊, 馬行

兒.」)'라고 해야 하는데, ('駋駋' 두 글자를) 잘 모르는 사람이 없앴다. 소가 천천히 가는 것은 牧牧(도도)라고 하고, 말이 천천히 가는 것은 駋駋라고 한다. 요즘 사람들의 속어도 이와 같다.(「此當曰: '駋駋, 馬行兒.' 淺人刪之也. 牛徐行曰牧牧. 馬徐行曰駋駋. 今人俗語如是矣.」)"라고 하였다.(≪주≫)

62(6165) 篤 (도타울 독)

篤, 馬行頓遲.① 从馬, 竹聲.
(「篤은 말이 가는데 머리를 땅에 닿을 만큼 늘어뜨리고 더디다는 뜻이다. 馬는 의미부분이고, 竹(죽)은 발음부분이다.」)

①≪주≫에는 '遲(지)'자 뒤에 '也(야)'자가 한 글자 더 있다.

단옥재는 "옛날에 篤을 빌려서 竺(축)자의 뜻으로 썼는데, 모두 竹(죽)을 발음부분으로 하였다. 竺은 두텁다는 뜻이다. 篤자가 널리 쓰이면서 竺자는 쓰이지 않게 되었다.(「古叚借篤爲竺字, 以皆竹聲也. 竺, 厚也. 篤行而竺廢矣.」)"라고 하였다.

63(6166) 騤 (말 끌밋할 규)

騤, 馬行威儀也. 从馬, 癸聲. ≪詩≫曰: "四牡騤騤."①
(「騤는 말이 가는데 위엄이 있고 당당하다는 뜻이다. 馬는 의미부분이고, 癸(계)는 발음부분이다. ≪시경(詩經)≫에 이르기를 "네 마리 숫말 위엄 있고 당당하기도 하지."라고 하였다.」)

①≪시경·소아(小雅)·채미(采薇)≫에 나오는 글귀.

64(6167) 鸒 (말 배 끓을 악)

鸒, 馬行徐而疾也. 从馬, 學省聲.①
(「鸒은 말이 가는데 (처음에는) 천천히 가다가 빨리 달린다는 뜻이다. 馬는 의미부분이고, 學(학)의 생략형은 발음부분이다.」)

①≪주≫에서는 이 글자의 해설을 "鸒, 鸒鸒, 馬行徐而疾也. 从馬, 與聲.(「鸒은 鸒鸒으로, 말이 가는데 천천히 가다가 빨리 달린다는 뜻이다. 馬는 의미부분이고, 與(여)는 발음부분이다.」)"이라고 하였다.

이에 대해 단옥재는 "이 글자를 다른 책에서는 鸒으로 쓰고, 해설도 '學의 생략형은 발음부분이다. 於角切(어각절, 즉 악)이다'라고 하고 있는데, 이제 바로 잡는다. ≪옥편(玉篇)≫에서는 䮕자의 발음을 弋魚切(익어절, 즉 어)와 弋庶切(익서절, 즉 어) 두 가지를 소개하면서 (그 뜻은) '말이 천천히 가다가 빨리 달린다는 뜻이다'라고 하였다. 배열순서도 駥(규)자의 다음이고 駸(침)자의 앞에 있는데, 이것은 ≪설문해자≫와 똑 같다. 그러므로 ≪설문해자≫의 옛날 판본과 ≪옥편≫이 같았음을 알 수 있다. … 현재의 ≪설문해자≫본은 글자는 䮕자를 쓰면서 해설은 䮕자의 해설을 쓰고 있다. … 아마 본래는 䮕자가 있었고, 그 해설도 '말의 배 아래에서 소리가 난다는 뜻이다'였으며, 마땅히 騫(말 배 앓을 건)과 한 조를 이루었을 것이다.('「此篆各本作䮕, 解云'學省聲, 於角切.' 今正. ≪玉篇≫: '䮕, 弋魚・弋庶, 二切. 馬行徐而疾.' 次駥下駸上, 正與≪說文≫同. 然則古本與≪玉篇≫同, 可知矣. … 今本≪說文≫篆用䮕, 解用䮕. … 葢本有䮕篆解'馬腹下聲', 當與騫篆爲伍耳.」')라고 주를 달았다.(실제로 ≪주≫에는 (6188) 騫자 다음에 䮕자가 추가되어 있다. 역주자)

그리고 이다음에 다시 ≪집운(集韻)≫・≪유편(類篇)≫ 등에 의거하여 "≪詩≫曰: '四牡䮕䮕.'"('≪시경(詩經)≫에 이르기를 '네 마리 숫말 건장하기도 하지.'라고 하였다.」)"이라는 글귀를 보충하였다.

그런데 현재 전해지는 ≪시경≫에는 위와 같은 글귀가 없다. 단옥재도 이것을 인정하고, 위의 시구는 <소아(小雅)・거공(車攻)>과 <대아(大雅)・한혁(韓奕)>에서의 '四牡奕奕(사모혁혁)'의 이문(異文)이 아닌가 한다고 하였다.

한편 계복은 ≪설문해자≫에 본래 '䮕'과 '䮕' 두 글자가 모두 있었는데, 옮겨 쓸 때 '䮕'자를 빠트리는 바람에, '䮕'자 해설에 '䮕'자의 풀이가 들어간 것이라고 하였고(≪의증≫), 주준성은 ≪설문해자≫에는 '䮕'자가 없으므로, 이 글자는 '䮕'자를 잘못 쓴 것이라고 하였다(≪통훈정성≫).

65(6168) 駸 (말 달릴 침)

駸, 馬行疾也.① 从馬, 侵省聲. ≪詩≫曰: "載驟駸駸."②
(「駸은 말이 빨리 달린다는 뜻이다. 馬는 의미부분이고, 侵(침)의 생략형은 발음부분이다. ≪시경(詩經)≫에 이르기를 "쏜살같이 달리네."라고 하였다.」)

①≪주≫에서는 ≪옥편(玉篇)≫과 ≪광운(廣韻)≫에 의거하여 '也(야)'를 '皃(모)'로 썼다.

②≪시경・소아(小雅)・사모(四牡)≫에 나오는 글귀.

66(6169) 馺 (달릴 삽)

馺, 馬行相及也. 从馬, 从及.① 讀若≪爾雅≫曰: "小山馺②, 大山峘.③"
(「馺은 말이 가는데 서로 따라 잡는다는 뜻이다. 馬와 及(급)은 (모두) 의미부분이다. ≪이아(爾雅)≫에서 "작은 산을 馺이라 하고, 큰 산을 峘(환)이라고 한다"라고 할 때의 馺자처럼 읽는다.」)

①≪계전≫과 ≪구두≫에서는 "從馬, 及聲.(「馬는 의미부분이고, 及은 발음부분이다.」)"이라고 하였고, ≪주≫와 ≪통훈정성≫에서는 "从馬·及, 及亦聲.(「馬와 及은 (모두) 의미부분인데, 及은 발음부분이기도 하다.」)"이라고 하였다.
②현재 전해지는 ≪이아·석구(釋丘)≫에서는 '馺'을 '岌(산 높을 급)'으로 썼다.
③≪계전≫과 ≪주≫에는 "大山峘(대산환)"이라는 구절이 없다.

67(6170) 馮 (탈 빙; 성(姓) 풍)

馮, 馬行疾也.① 从馬, 仌聲.
(「馮은 말이 가는 게 빠르다는 뜻이다. 馬는 의미부분이고, 仌(빙)은 발음부분이다.」)

①단옥재는 "내 생각에, 말이 가는 것이 질풍과 같은 모습, 이것이 馮의 본뜻이다. 이리저리 다른 뜻으로 쓰이다가 본뜻이 없어졌다. 馮은 말이 발굽을 땅에 딛는 것이 견실한 모습을 뜻한다. 이로 인해서 그 뜻이 인신(引申)하여 성대하다, 크다, 가득하다, 분개하다 등으로 되었다.(「按: 馬行疾馮馮然, 此馮之本義也. 展轉他用而馮之本義廢矣. 馮者, 馬蹹箸地堅實之皃. 因之引伸其義爲盛也, 大也, 滿也, 懣也.」)"라고 하였다.(≪주≫)

68(6171) 騷 (말 빨리 걸을 섭)(본음 엽)

騷, 馬步疾也. 从馬, 輒聲.
(「騷은 말의 걸음이 빠르다는 뜻이다. 馬는 의미부분이고, 耴(첩)은 발음부분이다.」)

69(6172) 騃 (어리석을 애)

騃, 馬行仡仡也.① 从馬, 矣聲.
(「騃는 말이 가는 게 용감하고 씩씩하다는 뜻이다. 馬는 의미부분이고, 矣(의)는 발음부분이다.」)

①《주》·《의증》·《구두》·《교록》 등에서는 '气(날랠 홀)'을 '气'로 썼다.

소전에서는 '气(기)'자와 '乞(걸)'자의 구분이 없었다. 예서에 이르러 그 구별을 위해 '气'자에서 가로획 하나를 뺀 '乞'자를 새로 만들어 오늘날까지 쓰이고 있다. 현재 '杚(편편할 골)'·'矻(수고로울 굴)'·'屹(산 우뚝 솟을 흘)'·'訖(이를 흘; 마칠 글)'·'忔(기쁠 흘)'·'汔(물 마를 흘)'·'迄(이를 흘)' 등에서의 '乞' 부분은 모두 소전의 '气'자에서 온 것이다.

참고로 제8편 상 <인부(人部)> (4976) '仺'자 해설을 보면, "仺, 勇壯也. 从人, 气聲. <周書>曰: '仺仺勇夫.'(「仺은 용감하고 씩씩하다는 뜻이다. 人은 의미부분이고, 气(기)는 발음부분이다. <주서(周書)>에 이르기를 '용감하고 씩씩한 무사들'이라고 하였다.」)"라고 하였다.

또한 단옥재는 "《방언(方言)》에 이르기를 '癡(어리석을 치)는 騃이다'라고 하였다. 발음은 오해절(五駭切, 즉 애)이다. 속어(俗語)에서는 이 글자(즉 騃)를 빌려서 (어리석다는 뜻으로) 쓴다.(「《方言》曰: '癡, 騃也.' 乃讀五駭切. 俗語借用之字耳.」)"라고 하였다.(《주》)

《방언》<권10>을 보면 "癡는 騃이다. 양주(揚州)와 월(越)지방의 경계지역에서는 무릇 사람이 욕하면서 무식하다고 할 때 이를 일컬어 眲(업신여길 액)이라고 한다. 眲은 눈과 귀가 서로 믿지 못한다는 뜻이다.(「癡, 騃也. 揚越之郊凡人相侮以為無知謂之眲. 眲, 耳目不相信也..」)"라고 하였다.

70(6173) 驟 (달릴 취)

驟, 馬疾步也.① 从馬, 聚聲.
(「驟는 말이 빠르게 걷는다는 뜻이다. 馬는 의미부분이고, 聚(취)는 발음부분이다.」)

①단옥재는 "步(보)에서는 '걷다'라고 하였고, 走(주)에서는 '뛰다'라고 하였고, 行(행)에서는 '사람의 걷고 뜀을 뜻한다'라고 하였다. 그러한즉 行은 걷는 것과 뛰는 것을 겸하고 있음을 말하는 것이다. 이것이 馬行, 馬步, 馬走의 차이이다.(「步下曰: '行也.' 走下曰: '趨也.' 行下曰: '人之步趨也.' 然則行兼步與趨言之. 此馬行, 馬步, 馬走之別也..」)"라고 하였다.(《주》)

71(6174) 駶 (말 빨리 달릴 갈)

駶, 馬疾走也. 从馬, 匄聲.

(「駶은 말이 빠르게 달린다는 뜻이다. 馬는 의미부분이고, 匄(개·갈)은 발음부분이다.」)

72(6175) 颿 (말 빨리 달릴 범)

颿, 馬疾步也. 从馬, 風聲.①

(「颿은 말이 빠르게 걷는다는 뜻이다. 馬는 의미부분이고, 風(풍)은 발음부분이다.」)

①단옥재는 "이 글자는 마땅히 '馬와 風은 (모두) 의미부분인데, 風은 발음부분이기도 하다'라고 해야 한다. 혹시 허신이 발음부분을 들어 의미부분은 품게 한 것인지, 또는 옮겨 쓸 때 빠졌는지 알 수 없다.(「此當云从馬風, 風亦聲. 或許擧聲包意, 或轉寫奪扇, 不可知也.」)"라고 하였다.(≪주≫)

참고로 '風'은 '虫(훼·충)'이 의미부분이고, '凡(범)'이 발음부분인 형성자이다.

73(6176) 驅 (몰 구)

驅, 馬馳也.① 从馬, 區聲. 敺, 古文驅, 从攴.②

(「驅는 말이 달린다는 뜻이다. 馬는 의미부분이고, 區(구)는 발음부분이다. (6176-1) 敺는 驅의 고문(古文)으로 (馬 대신) 攴(복)을 썼다.」)

①≪주≫에서는 "驅馬也.(「말을 달리게 한다는 뜻이다.」)"라고 하였다.

단옥재는 "驅馬는 상용어이니, 모든 사람이 다 아는 바이다. 그러므로 글자를 바꿔서 풀이할 필요가 없는 것이다. 驅馬는 사람이 말을 채찍질한다는 말이다. <혁부(革部)>에 이르기를 '鞭(편)은 말에게 채찍질을 하여 달리게 한다는 뜻이다'라고 하였는데, 이것이 그 뜻이다.(「驅馬常言耳, 盡人所知, 故不必易字以注之也. 驅馬, 自人策馬言之. <革部>曰: '鞭, 驅也.' 是其義也.」)"라고 하였다.

② | 금문 | | 소전 | 고문 |
|---|---|---|---|
| 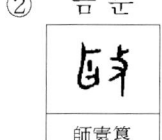 |  | 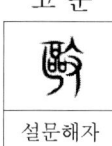 | |
| 師袁簋 | 多友鼎 | 설문해자 | 설문해자 |

갑골문에는 '驅'자가 보이지 않는다.
서주(西周) 금문의 자형은 《설문해자》에 실린 고문과 같이 '敺'로 썼다.

74(6177) 馳 (달릴 치)

馳, 大驅也.① 从馬, 也聲.②
(「馳는 (말이) 크게 달린다는 뜻이다. 馬는 의미부분이고, 也(야)는 발음부분이다.」)

①단옥재는 "馳 역시 驅(구)인데, 더 크고 빠르다는 뜻이다.(「馳亦驅也, 較大而疾耳.」)"라고 하였다.(《주》)

②'馳'의 고음은 *dia / ḍiI(디→치)이고, '也'의 고음은 *riaɣ / ia(야)와 *rieɣ / iI(이) 등 두 가지이다. 두 글자는 '也'를 어떻게 읽던 상관없이 상고음(上古音)의 주모음(主母音)이 [a]로 같다. 그래서 '馳'자에서 '也'가 발음부분이 될 수 있는 것이다.

75(6178) 騖 (달릴 무)

騖, 亂馳也. 从馬, 敄聲.
(「騖는 (말이) 함부로 달린다는 뜻이다. 馬는 의미부분이고, 敄(무)는 발음부분이다.」)

76(6179) 駴 (나란히 달릴 렬)

駴, 次第馳也. 从馬, 劉聲.①
(「駴은 (말이) 열을 맞춰 순서 있게 달린다는 뜻이다. 馬는 의미부분이고, 劉(렬)은 발음부분이다.」)

①《통훈정성》에서는 '劉'을 '列'로 썼다.

77(6180) 騁 (달릴 빙)

騁, 直馳也. 从馬, 甹聲.
(「騁은 (말이) 똑바로 달린다는 뜻이다. 馬는 의미부분이고, 甹(병)은 발음부분이다.」)

78(6181) 駾 (달릴 태)

駾, 馬行疾來皃.① 从馬, 兌聲. ≪詩≫曰: "昆夷駾矣."②
(「駾는 말이 빠르게 달려오는 모습을 뜻한다. 馬는 의미부분이고, 兌(태)는 발음부분이다. ≪시경(詩經)≫에 이르기를 "오랑캐들이 날뛰었네."라고 하였다.」)

①≪주≫에는 '皃(모)'자 다음에 '也(야)'자가 한 글자 더 있다.
②현재 전해지는 ≪시경·대아(大雅)·면(緜)≫에서는 '昆(곤)'을 '混(혼)'으로 썼다.
참고로 '곤이(昆夷)'는 당시 귀방(鬼方)으로 불리던 서북방 이민족을 가리킨다.

79(6182) 馶 (빨리 달아날 일)

馶, 馬有疾足.① 从馬, 失聲.
(「馶은 말이 빠른 발을 가졌다는 뜻이다. 馬는 의미부분이고, 失(실)은 발음부분이다.」)

①≪주≫와 ≪통훈정성≫에는 '足(족)'자 다음에 '也(야)'자가 한 글자 더 있다.

80(6183) 馯 (사나운 말 한)

馯, 馬突也. 从馬, 旱聲.
(「馯은 말이 사납다는 뜻이다. 馬는 의미부분이고, 旱(한)은 발음부분이다.」)

①단옥재는 "馯을 발음으로 뜻의 유래를 풀이하면 悍(사나울 한)이다.(「馯之言悍也.」)"라고 하였다.(≪주≫)

81(6184) 駧 (말 달릴 동)

駧, 馳馬洞去也.① 从馬, 同聲.
(「駧은 말을 달려 빠르게 떠나가게 한다는 뜻이다. 馬는 의미부분이고, 同(동)은 발음부분이다.」)

①단옥재는 "洞(동)은 빠르게 흐른다[疾流(질류)]는 뜻이다. 첩운(疊韻)으로 뜻풀이를 하였다.(「洞者, 疾流也. 以疊韵爲訓.」)"라고 하였다.(≪주≫)

82(6185) 驚 (놀랄 경)

驚, 馬駭也. 从馬, 敬聲.
(「驚은 말이 놀랐다는 뜻이다. 馬는 의미부분이고, 敬(경)은 발음부분이다.」)

83(6186) 駭 (놀랄 해)

駭, 驚也. 从馬, 亥聲.
(「駭는 (말이) 놀랐다는 뜻이다. 馬는 의미부분이고, 亥(해)는 발음부분이다.」)

84(6187) 駫 (말 달려갈 황)

駫, 馬奔也.① 从馬, 巟聲.
(「駫은 말이 달린다는 뜻이다. 馬는 의미부분이고, 巟(황)은 발음부분이다.」)

① 갑골문 　　소 전
　　周甲41　　설문해자

'駫'자는 갑골문과 소전이 모두 '馬'와 '巟'으로 이루어져 있다.

85(6188) 騫 (이지러질 건, 말 배 앓을 건)

騫, 馬腹縶也.① 从馬, 寒省聲.
(「騫은 말이 배탈이 났다는 뜻이다. 馬는 의미부분이고, 寒(한)의 생략형은 발음부분이다.」)

①≪계전≫에서는 '縶(맬 집)'을 '熱(열)'로 썼고, ≪주≫와 ≪통훈정성≫에서는 '墊(빠질 점)'으로 썼다.

※≪주≫에서는 '騫'자 다음에 아래와 같이 '鷽(말 배 끓을 악)'자를 한 글자 보충하였다.(앞에 나온 (6164) '鷽'자 주해 ①번 참조)
"鷽, 馬腹下聲也. 从馬, 學省聲.(「鷽은 말의 배 아래에서 소리가 난다는 뜻이다. 馬는 의미부분이고, 學(학)의 생략형은 발음부분이다.」)"

그리고 단옥재는 "내 생각에, 허신의 책(즉 ≪설문해자≫)에 이 글자가 반드시 있어야 하는 것은 아니지만, 임시로 여기에 보충한다.(「按: 許書不必有此字, 姑補於此.」)"라고 주를 하였다.

86(6189) 駐 (말 머무를 주)

駐, 馬立也. 从馬, 主聲.
(「駐는 말이 서 있다는 뜻이다. 馬는 의미부분이고, 主(주)는 발음부분이다.」)

87(6190) 馴 (길들일 순)

馴, 馬順也.① 从馬, 川聲.②
(「馴은 말이 순하다는 뜻이다. 馬는 의미부분이고, 川(천)은 발음부분이다.」)

①단옥재는 "옛날에 馴·訓(훈)·順(순) 세 글자는 서로 가차해서 썼고, 모두 川이 발음부분이다.(「古馴·訓·順三字互相叚借, 皆川聲也.」)"라고 하였다.(≪주≫)

②'馴'의 고음은 *rjiwən / ziuIn(췬→순)이고, '川'의 고음은 *t'jiwən / tś'iuIn(춴→천)이다. 두 글자는 상고음(上古音)의 주모음(主母音)과 운미(韻尾)가 [ən]으로 같다. 그래서 '馴'자에서 '川'이 발음부분이 될 수 있는 것이다.

88(6191) 駗 (말 짐 무거워 걷지 못할 진)

駗, 馬載重難也.① 从馬, 㐱聲.
(「駗은 말이 짐이 무거워서 힘들어한다는 뜻이다. 馬는 의미부분이고, 㐱(진)은 발음부분이다.」)

①≪주≫와 ≪구두≫에서는 ≪옥편(玉篇)≫에 의거하여 '馬'자 앞에 '駗驙(진단)' 두 글자를 보충하였다.('駗驙'은 바로 다음에 나오는 (6192) 驙(단)자 참조)

또 ≪의증≫과 ≪교록≫에는 '難(난)'자 뒤에 '行(행)'자가 한 글자 더 있다.

단옥재는 "세간의 책 중에는 難자 뒤에 行자가 있는데, 틀린 것이다. (駗은) 말이 실은 게 무거워서 힘들어 함을 일컫는다.(「俗本:重難下有行字, 非. 謂馬所負何者重難也.」)"라고 하였다.(≪주≫)

89(6192) 驙 (말 짐 무겁게 실을 단)

驙, 駗驙也. 从馬, 亶聲. ≪易≫曰: "乘馬驙如."①
(「驙은 駗驙(진단, 말이 짐이 무거워 힘들어한다는 뜻)이다. 馬는 의미부분이고, 亶(단)은 발음부분이다. ≪주역(周易)≫에 이르기를 "말을 탔는데 무거워 힘들어하다."라고 하였다.」)

①현재 전해지는 ≪주역·둔(屯)≫에는 "屯如, 邅如. 乘馬班如.(「멈칫멈칫 무거워 힘들어하다. 말을 탔는데 빙글빙글 돌 뿐.」)"라고 되어 있다.

90(6193) 驇① (말 짐 무거울 지)

驇, 馬重皃.② 从馬, 執聲.③
(「驇는 말이 (짐을) 무거워하는 모습을 뜻한다. 馬는 의미부분이고, 執(집)은 발음부분이다.」)

①≪주≫와 ≪통훈정성≫에서는 '驇'를 '驇' 즉 '驇'로 썼다.
②≪주≫에는 '皃(모)'자 다음에 '也(야)'자가 한 글자 더 있다.
③≪주≫와 ≪통훈정성≫에서는 '執'을 '埶(예)'로 썼다.
참고로 '驇'의 고음은 음성운(陰聲韻) *tiər / ṭiIi(디→지)이고, '執'의 고음은 입성운(入聲韻) *tjiəp / tśiIp(집)이다. 두 글자는 첫소리가 [t-]로 같고, 상고음(上古音)의 주모음(主母音) 역시 [ə]로 같다. 그래서 '驇'자에서 '執'이 발음부분이 될 수 있는 것이다. 고대에는 음성운과 입성운이 협운을 하기도 하였다.
또 '埶'의 고음은 음성운 *ngjiar / ngiæi(에이→예)와 st'jiar / śiæi(셰이→세) 등 두 가지이다. '驇'와 '埶' 두 글자는 상고음의 주모음이 [ə]와 [a]로 비슷하고, 운미(韻尾)는 [-r]로 같다. 이 정도라면 두 글자는 협운을 할 수 있다. 그러므로 ≪주≫와 ≪통훈정성≫에서 '埶'를 발음부분이라고 한 것은 타당성이 있다.

91(6194) 鞠 (새우등 말 국)

鞠, 馬曲脊也. 从馬, 鞠聲.
(「鞠은 말이 등이 굽었다는 뜻이다. 馬는 의미부분이고, 鞠(국)은 발음부분이다.」)

92(6195) 騬 (불알 친 말 승)

騬, 犗馬也.① 从馬, 乘聲.
(「騬은 거세(去勢)한 말을 뜻한다. 馬는 의미부분이고, 乘(승)은 발음부분이다.」)

①주준성은 "소는 犍(건) 또는 犗(개)라고 하고, 말은 騬, 양은 羠(갈), 돼지는 豶(분), 개는 猗(의)라고 하는데, 모두 거세의 일컬음이다.(「牛曰犍, 曰犗, 馬曰騬, 羊曰羠, 豕曰豶, 犬曰猗, 皆去勢之謂.」)"라고 하였다.(≪통훈정성≫)

93(6196) 䭿 (말 꼬리 잡아맬 개)

䭿, 系馬尾也.① 从馬, 介聲.
(「䭿는 말의 꼬리를 잡아맨다는 뜻이다. 馬는 의미부분이고, 介(개)는 발음부분이다.」)

①≪계전≫에는 '馬尾' 앞에 '系(계)'자가 없다. 아마 후대에 옮겨 쓸 때 빠트린 것이 아닌가 생각한다.
단옥재는 "이 글귀는 마땅히 ≪옥편(玉篇)≫에 의거하여 '말의 꼬리를 묶는다는 뜻이다'라고 해야 한다. ≪광운(廣韻)≫에서는 '말 꼬리의 매듭[結(결)]을 뜻한다'라고 하였다. (여기서의) 結은 지금의 髻(상투 계)자이다. … 먼 길을 갈 때는 반드시 그 말의 꼬리를 잡아맨다. 䭿와 髻(쪽질 개)는 발음과 뜻이 같다.(「此當依 ≪玉篇≫作結馬尾. ≪廣韵≫作馬尾結也. 結卽今之髻字. … 按: 遠行必髻其馬尾. 䭿與 髻音義同.」)"라고 하였다.(≪주≫)
또한 승배원(承培元)은 "䭿는 말의 꼬리를 묶는다는 뜻이다. (이는) 말의 꼬리를 엮어 땋은 머리처럼 만들어서, 걸려 넘어져 방해가 되지 않도록 함을 일컫는다.(「䭿, 馬尾結也. 謂編馬尾爲髻, 防躓礙也.」)"라고 하였다.(≪광잠연당설문답문소증(廣潛硏堂說文答問疏證)≫)

94(6197) 騷 (떠들 소)

騷, 擾也.① 一曰: 摩馬也.② 从馬, 蚤聲.
(「騷는 소란스럽다는 뜻이다. 일설에는 말을 문질러준다(→씻긴다)는 뜻이라고도 한다. 馬는 의미부분이고, 蚤(조)는 발음부분이다.」)

①왕균은 '擾(어지러울 요)'는 마땅히 '擾'로 써야 한다고 하였다.(≪구두≫)

뉴수옥은 '擾'는 '擾'의 속체(俗體)라고 하였다.(≪교록≫)
②≪주≫에는 '摩馬(마마)' 앞의 '擾也一曰(요야일왈)' 네 글자가 없다.
단옥재는 "다른 책에는 '摩馬' 위에 '擾也一曰' 네 글자가 있는데, (이것은) 잘 모르는 사람이 덧붙인 것이다. 이제 없애서 바로잡는다. 사람(을 긁는 것)은 搔(긁을 소)라고 하고, 말은 騷라고 하는데, 그 의미는 하나이다. 摩馬는 요즘 사람들의 刷馬(쇄마, 말을 씻긴다는 뜻)와 같다. 인신(引伸)된 뜻은 소동(騷動)이다.(「各本 '摩馬' 上有 '擾也一曰' 四字, 淺人所增也. 今刪正. 人曰搔, 馬曰騷, 其意一也. 摩馬如今人之刷馬. 引伸之義爲騷動.」)"라고 하였다.(≪주≫)

※ ≪주≫에서는 '騷'자 다음에 아래와 같이 '騸(말 땅에 구를 전)'자를 한 글자 보충하였다.
"騸, 馬轉臥土中也. 从馬, 展聲.(「騸은 말이 흙 안에서 구르고 눕고 한다는 뜻이다. 馬는 의미부분이고, 展(전)은 발음부분이다.」)"
그리고 단옥재는 "내 생각에, 각 판본에는 이 글자가 없는데, ≪예문류취(藝文類聚)≫에서 ≪설문해자≫를 인용한 부분에는 있다. 이제 ≪옥편(玉篇)≫의 배열 순서에 따라 여기에 보충한다.(「按: 各本無此篆, ≪藝文類聚≫引≪說文≫有之. 今依≪玉篇≫列字次弟, 補於此.」)"라고 주를 하였다.

95(6198) 馽 (잡아맬 칩)

馽①, 絆馬也.② 从馬口其足.③ ≪春秋傳≫曰: "韓厥執馽前."④ 讀若輒. 縶, 馽或从糸, 執聲.⑤
(「馽은 말을 잡아맸다는 뜻이다. 말의 다리를 잡아맨[口] 형태이다. ≪춘추전(春秋傳)≫에 이르기를 "한궐(韓厥)이 말고삐를 잡고 앞에 섰다."라고 하였다. 輒(첩)처럼 읽는다. (6198-1) 縶(집)은 馽의 혹체자(或體字)로, 糸(멱·사)는 의미부분이고 執(집)은 발음부분이다.」)

①≪의증≫·≪구두≫·≪교록≫ 등에서는 여기서의 '馽'자를 모두 '馵'으로 썼다. ≪대한한사전(大漢韓辭典)≫에서는 '馽'을 '馵'의 속자(俗字)라고 하였는데, 소전의 자형으로 보면 이 글자는 '馵'으로 쓰는 것이 오히려 맞을 것 같다. 단옥재는 '馵'을 '馽'의 예서체라고 하였다.(≪주≫)
②≪주≫와 ≪구두≫에서는 ≪고금운회(古今韻會)≫에 의거하여 '馬'자 다음에 '足(족)'자 한 글자를 보충하였다. 즉 말의 다리를 잡아맸다는 의미이다.

③《계전》·《주》·《통훈정성》·《구두》 등에서는 '口'를 'O'로 썼다.
이에 대해 단옥재는 "'O'는 묶은 모양을 그린 것으로 (이 글자를) 예서에서 '罒'으로 쓴 것은 그 본래의 의미를 잃어버린 것이다.(「O象絆之形. 隷書作罒, 失其意矣.」)"라고 하였고, 왕균은 'O'는 '圍(위)'자의 '囗(위)'로 읽고 'O'으로 써야하는데, 쓰기에 편하도록 '口'로 쓰기도 한다고 하였다(《구두》).
④현재 전해지는 《춘추좌전(春秋左傳)·성공(成公) 2년》에는 '韓厥執縶馬前(한궐집집마전)'으로 되어 있다.
⑤《주》에서는 '執'을 '軌'으로 썼다.
본래 혹체자는 본자(本字)와 발음과 뜻이 같고 형태만 다른 글자여야 하는데, 《설문해자》에는 드물지만 가끔씩 발음이 다른 혹체자가 등장하기도 한다. 때로는 후에 발음이 바뀐 경우도 있을 수 있다.

96(6199) 駘 (둔마 태)

駘, 馬銜脫也.① 从馬, 台聲.
(「駘는 말이 재갈을 벗었다는 뜻이다. 馬는 의미부분이고, 台(이·태)는 발음부분이다.」)

①단옥재는 "(말이) 재갈을 벗으면 행동이 느리고 둔해진다.(「銜脫則行遲鈍.」)"라고 하였다.(《주》)

97(6200) 駔 (준마 장)

駔, 牡馬也.① 从馬, 且聲.② 一曰: 馬蹲駔也.③
(「駔은 숫말을 뜻한다. 馬는 의미부분이고, 且(차)는 발음부분이다. 일설에는 말이 잘 달리지 않는디는 뜻이리고도 한다.」)

①《주》에서는 이선(李善)의 《문선주(文選注)》<위도부(魏都賦)>에 의거하여 '壯馬(장마)'라고 하였고, 《구두》에서는 대동(戴侗, 1200~1285)의 《육서고(六書故)》에서 인용한 당본(唐本) 《설문해자》에 의거하여 '奘馬(장마)'라고 하였다. 모두 '건장한 말'이라는 뜻이다.
②'駔'의 고음은 양성운(陽聲韻) *tsaŋ / tsaŋ(장)과 음성운(陰聲韻) *dzaɣ / dzuo(쥐→조) 두 가지이고, '且'의 고음은 음싱운 *tsjaɣ / tsio(죠→조); *ts'jiaɣ / ts'ia(챠→차); *ts'jaɣ / ts'io(쵸→초) 등 세 가지이다. 두 글자는 어느 경우에도 첫

소리는 [ts-] 계열로 같거나 비슷하고, 상고음(上古音)의 주모음(主母音)은 [a]로 같다. 그래서 '駔'자에서 '且'가 발음부분이 될 수 있는 것이다. 고대에 음성운과 양성운이 협운을 하는 것은 흔하지는 않지만 전혀 없는 일은 아니다.

③≪주≫에서는 ≪후한서(後漢書)・곽태전(郭太傳)≫의 주에서 인용한 ≪설문해자≫에 의거하여 이 부분을 "一曰: 駔, 會也.(「일설에 駔은 모인다는 뜻이라고도 한다.」)"라고 고쳐 썼다.

98(6201) 騶 (마부 추)

騶, 廐御也.① 从馬, 芻聲.
(「騶는 마구간에서 말을 부리는 사람을 뜻한다. 馬는 의미부분이고, 芻(추)는 발음부분이다.」)

①단옥재는 '騶'자는 형성(形聲)이 회의(會意)를 품고 있다고 하였다. 즉 발음부분인 '芻'에도 뜻이 있다는 것이다.(≪주≫)

서호(徐灝)는 "芻(꼴 추)를 가지고 말을 기르므로, 그래서 말을 돌보는 사람을 일컬어 騶라고 하는 것이다.(「以芻養馬, 故牧馬者謂之騶.」)"라고 하였다.(≪설문해자주전(說文解字注箋)≫)

99(6202) 驛 (역마(驛馬) 역)

驛, 置騎也.① 从馬, 睪聲.
(「驛은 역참(驛站)의 말을 뜻한다. 馬는 의미부분이고, 睪(역)은 발음부분이다.」)

①단옥재는 "騎(기)는 수레와 다르다는 것을 말하는 것이다. 馹(일)은 문서 전달용 수레를 뜻하고, 驛은 역참의 말을 뜻한다. (이것이) 두 글자의 차이이다.(「言騎以別於車也. 馹爲傳車, 驛爲置騎. 二字之別也.」)"라고 하였다.(≪주≫)

100(6203) 馹 (역마(驛馬) 일)

馹, 驛傳也.① 从馬, 日聲.
(「馹은 역참(驛站)의 (문서) 전달용 수레를 뜻한다. 馬는 의미부분이고, 日(일)은 발음부분이다.」)

①≪주≫에는 '傳(전)'자 앞의 '驛(역)'자가 없다.(바로 다음에 나오는 (6204) '騰

(오를 등)'자 주해 ①번 참조)
　단옥재는 "내 생각에, 馹은 높은 사람의 문서 전달용 수레이고, 遽(거)는 낮은 사람의 문서 전달용 말을 뜻한다.(「按: 馹爲尊者之傳用車, 則遽爲卑者之傳用騎.」)"라고 하였다.(≪주≫)

101(6204) 騰 (오를 등)

騰, 傳也.① 从馬, 朕聲.② 一曰: 騰, 犗馬.③
(「騰은 (문서) 전달용 수레를 뜻한다. 馬는 의미부분이고, 朕(짐)은 발음부분이다. 일설에 騰은 거세(去勢)한 말을 뜻한다고도 한다.」)

　①주준성은 (역참에서) 수레는 '馹(일)' 또는 '傳(전)'이라고 하고, 말은 '驛(역)' 또는 '遽(거)'라고 한다고 하였다.(≪통훈정성≫)
　②'騰'의 고음은 *dəng / dəng(덩→등)이고, '朕'의 고음은 *miəm / ɖiIm(딤→짐)과 *diən / ɖiIn(딘→진) 등 두 가지이다. 두 글자는 '朕'을 어떻게 읽던 상관없이 첫소리가 [d-]로 같고, 상고음(上古音)의 주모음(主母音) 역시 [ə]로 같으며, 운미(韻尾) 역시 모두 [-ng]·[-m]·[-n] 등 양성운(陽聲韻)으로 서로 가깝다. 그래서 '騰'자에서 '朕'이 발음부분이 될 수 있는 것이다.
　③≪구두≫에서는 ≪초학기(初學記)≫에 의거하여 '犗馬(개마)' 다음에 '騬馬也(승마야, 거세한 말이라는 뜻)'라는 세 글자를 보충하였다.

102(6205) 騅 (이마가 흰 말 학·각)

騅, 苑名.① 一曰: 馬白額. 从馬, 隺聲.
(「騅은 원(苑)의 이름이다. 일설에는 말이 이마가 흰 것을 뜻한다고도 한다. 馬는 의미부분이고, 隺(혹·각·획)은 발음부분이다.」)

　①≪주≫에는 '名(명)'자 다음에 '也(야)'자가 한 글자 더 있다.
　단옥재는 '騅苑(학원)'은 아마 한(漢)나라 때의 원 36곳 가운데 하나일 것이라고 하였다.
　참고로 '苑'이란 새와 짐승을 기르는 임야를 뜻하는데, 대부분 임금의 화원(花園)을 가리킨다.

103(6206) 駉 (목장 경)

駉, 牧馬苑也. 从馬, 冋聲.① ≪詩≫曰: "在駉之野."②
(「駉은 말을 키우는 원(苑)을 뜻한다. 馬는 의미부분이고, 冋(경)은 발음부분이다. ≪시경(詩經)≫에 이르기를 "목장의 야외에 있네."라고 하였다.」)

①≪주≫에서는 "从馬·冋.(「馬와 冋은 (모두) 의미부분이다.」)"이라고 하였다. 또 단옥재는 '冋'은 발음부분이기도 하다고 하였다.(≪주≫)
②≪주≫에서는 '駉'을 '冋'으로 썼다.
현재 전해지는 ≪시경·노송(魯頌)·경(駉)≫에서는 '駉'을 '坰(경)'으로 썼다. ≪모전(毛傳)≫에서는 "坰은 먼 들[遠野(원야)]을 뜻한다. 읍외(邑外)는 郊(교)라고 하고, 교외(郊外)는 野(야)라고 하고, 야외(野外)는 林(림)이라고 하고, 임외(林外)는 坰이라고 한다.(「坰, 遠野也. 邑外謂之郊, 郊外謂之野, 野外謂之林, 林外謂之冋.」)"라고 하였다.

104(6207) 駪 (말 많을 신)

駪, 馬眾多皃. 从馬, 先聲.
(「駪은 말[馬]이 많은 모습을 뜻한다. 馬는 의미부분이고, 先(선)은 발음부분이다.」)

105(6208) 駮 (짐승 이름 박)

駮, 獸.① 如馬, 倨牙②, 食虎豹.③ 从馬, 交聲.④
(「駮은 짐승(의 이름)이다. 말처럼 생겼는데, 톱 같은 어금니를 가졌으며, 호랑이나 표범을 잡아먹는다. 馬는 의미부분이고, 交(교)는 발음부분이다.」)

①≪주≫에는 '獸(수)'자 앞에 '駮'자가 한 글자 더 있다.
②≪계전≫에서는 '倨(거만할 거)'를 '鋸(톱 거)'로 썼다.
③≪이아(爾雅)·석수(釋獸)≫에 보인다.
④'駮'의 고음은 입성운(入聲韻) *prawk / pok(복→박)이고, '交'의 고음은 음성운(陰聲韻) *kraw / kau(가우→교)이다. 두 글자는 상고음(上古音)의 주모음(主母音)이 [aw]로 같다. 그래서 '駮'자에서 '交'가 발음부분이 될 수 있는 것이다. 고대에는 음성운과 입성운이 협운을 하기도 하였다.

馬부 駃騠驘   45

106(6209) 駃 (버새 결)

駃, 駃騠, 馬父驘子也.① 从馬, 夬聲.②

(「駃는 駃騠(결제)로, 말이 아버지인 잡종말을 뜻한다. 馬는 의미부분이고, 夬(쾌)는 발음부분이다.」)

①단옥재는 '馬父驘子(마부라자)'를 마땅히 '馬父驢母驘(마부려모라)'라고 써야 한다고 하였다.(≪주≫) 즉 "말이 아버지이고 나귀가 어머니인 잡종말(즉 버새)"이라는 의미이다.

또 단옥재는 요즘 사람들은 숫말과 암나귀 사이에서 난 것은 '馬㑩(마라)'라고 하고, 숫나귀와 암말 사이에서 난 것은 '驢㑩'라고 부른다고 하였다.

②'駃'의 고음은 입성운(入聲韻) *kewat / kiuɛt(퀜→결)이고, '夬'의 고음은 음성운(陰聲韻) *krwar / kuai(과이→쾌)와 입성운 *kewat / kiuɛt 등 두 가지이다. 두 글자는 '夬'를 입성운 '결'로 읽을 경우에는 발음이 완전히 같고, '夬'를 음성운 '쾌'로 읽을 경우에도 두 글자는 첫소리가 [k-]로 같고, 상고음(上古音)의 주모음(主母音) 역시 [a]로 같으며, 운미(韻尾)는 혀 끝 가운데 소리[설첨중음(舌尖中音)]인 [-t]와 [-r]로 발음 부위가 같다. 그래서 '駃'자에서 '夬'가 발음부분이 될 수 있는 것이다. 고대에는 음성운과 입성운이 협운을 하기도 하였다.

107(6210) 騠 (양마(良馬) 이름 제)

騠, 駃騠也. 从馬, 是聲.①

(「騠는 駃騠(결제, 말이 아버지이고 나귀가 어머니인 잡종말)이다. 馬는 의미부분이고, 是(시)는 발음부분이다.」)

①'騠'의 고음은 *teɣ / tiɛi(데이→제)이고, '是'의 고음은 *djieɣ / dźiI(지→시)이다. 두 글자는 첫소리가 [t-] 계열로 비슷하고, 상고음(上古音)의 수모음(主母音)과 운미(韻尾)는 [eɣ]로 같다. 그래서 '騠'자에서 '是'가 발음부분이 될 수 있는 것이다.

108(6211) 驘① (노새 라)

驘, 驢父馬母.② 从馬, 驘聲. 㒓, 或从驘.③

(「驘는 나귀가 아버지이고 말이 어머니인 말(즉 노새)을 뜻한다. 馬는 의미부분이고,

贏(라)는 발음부분이다. (6211-1) 驢는 혹체자(或體字)로 (贏 대신) 嬴(리)를 썼다.」)

①오늘날 이 글자는 '騾(노새 라)'로 쓴다.
　주준성(≪통훈정성≫)과 뉴수옥(≪교록≫)은 '騾'는 '贏'의 속자(俗字)라고 하였다.
②≪주≫에는 '馬母(마모)' 다음에 '者也(자야)' 두 글자가 더 있다. 이렇게 해서 명사구를 만들면 의미가 좀 더 분명해진다.
③≪계전≫에서는 "或不省.(「혹체자로 생략하지 않은 형태이다.」)"이라고 하였다.

109(6212) 驢 (나귀 려)

驢, 似馬, 長耳.① 从馬, 盧聲.②
(「驢는 말과 비슷한데, 귀가 길다. 馬는 의미부분이고, 盧(로)는 발음부분이다.」)

①≪주≫에는 '似馬(사마)' 앞에 '驢獸(려수)' 두 글자가 더 있다. 즉 "驢는 驢獸로, 말과 비슷한데"라는 의미이다.
②단옥재는 "내 생각에, 驢・騾(라)・駃騠(결제)・駒駼(도도)・驒騱(탄혜) 등은, 태사공(太史公)은 모두 흉노(匈奴)의 독특한 가축이라고 하면서, 본래 중국에서는 사용하지 않는 가축들이라고 하였다. 그래서 이 글자들은 모두 경전(經傳)에 보이지 않는다. 아마 진(秦)나라 사람들이 만들었을 것이다.(「按: 驢・騾・駃騠・駒駼・驒騱, 大史公皆謂爲匈奴奇畜, 本中國所不用. 故字皆不見經傳. 葢秦人造之耳.」)"라고 하였다.(≪주≫)

110(6213) 駥 (트기 몽)

駥, 驢子也. 从馬, 冡聲.
(「駥은 나귀의 새끼를 뜻한다. 馬는 의미부분이고, 冡(몽)은 발음부분이다.」)

111(6214) 驒 (야생마 탄)

驒, 驒騱, 野馬也.① 从馬, 單聲. 一曰②: 靑驪白鱗, 文如鼉魚.③
(「驒은 驒騱(탄혜)로, 야생마를 뜻한다. 馬는 의미부분이고, 單(단)은 발음부분이다. 일설에는 검푸른 말이 흰 비늘이 있고, 무늬가 악어와 같다고도 한다.」)

①≪주≫에서는 ≪태평어람(太平御覽)≫에 근거하여 '也(야)'자를 '屬(속)'으로 썼다. 이렇게 되면 번역은 "야생마의 일종이다"로 된다.

또 단옥재는 '野馬(야마)'에 대하여 "말과 같은데 좀 작다(「如馬而小」)"라고 하였다.
②《주》에는 '一曰(일왈)' 다음에 '驒馬(탄마)' 두 글자가 더 있다.
③《주》와 《구두》에는 '魚(어)'자 다음에 '也'자가 한 글자 더 있다.

112(6215) 騱 (야생마 해)

騱, 驒騱馬也.① 从馬, 奚聲.
(「騱는 驒騱馬(탄해마, 야생마라는 뜻)이다. 馬는 의미부분이고, 奚(해)는 발음부분이다.」)

　①《주》와 《구두》에서는 《고금운회(古今韻會)》에 의거하여 '馬'자 한 글자를 없앴다.

113(6216) 駒 (양마(良馬) 도)

駒, 駒騟, 北野之良馬.① 从馬, 匋聲.
(「駒는 駒騟(도도)로, 북쪽 평원에서 나는 좋은 말을 뜻한다. 馬는 의미부분이고, 匋(도)는 발음부분이다.」)

　①《계전》·《주》·《구두》·《교록》 등에는 '馬'자 다음에 '也(야)'자가 한 글자 더 있다.

114(6217) 騟 (양마(良馬) 도)

騟, 駒騟也. 从馬, 余聲.
(「騟는 駒騟(도도, 북쪽 평원에서 나는 좋은 말)이다. 馬는 의미부분이고, 余(여)는 발음부분이다.①」)

　①'騟'의 고음은 *daɣ / duo(돠→도)이고, '余'의 고음은 *riaɣ / io(요→여)이다. 두 글자는 상고음(上古音)의 주모음(主母音)과 운미(韻尾)가 [aɣ]로 같다. 그래서 '騟'자에서 '余'가 발음부분이 될 수 있는 것이다.

115(6218) 驫 (말 몰려 달아날 표)

驫, 衆馬也.① 从三馬.②
(「驫는 여러 마리의 말을 뜻한다. 馬자 셋으로 이루어졌다.」)

馬부 驫 駛駥駿

①≪광운(廣韻)·소운(宵韻)≫을 보면 "驫는 여러 마리의 말이 달리는 모습을 뜻한다.(「驫, 衆馬走兒.」)"라고 하였다.

② 서주 금문   전국 금문   소 전

驫姒簋   鷹氏鐘   설문해자

갑골문에는 '驫'자가 보이지 않는다.

금문과 소전의 자형은 모두 '馬'자 셋으로 이루어져 있다. 전국(戰國)시대 금문에서는 '厂(엄·한)'이 더해져 '鷹'로 쓰기도 하였다.

용경(容庚)은 "鷹자는 ≪설문해자≫에 없는데, 혹시 驫자의 번체자(繁體字)가 아닌가 한다.(「鷹字≪說文≫所無, 疑即驫之繁文.」)"라고 하였다.(≪선재이기도록(善齋彝器圖錄)≫)

文一百一十五, 重八.
(「정문(正文) 115자, 중문(重文) 8자.」)

新1(6219) 駛 (빠를 시)

駛, 疾也. 从馬, 吏聲.
(「駛는 (말이) 빠르다는 뜻이다. 馬는 의미부분이고, 吏(리)는 발음부분이다.」)

新2(6220) 駥 (크고 세찬 말 융)

駥, 馬高八尺. 从馬, 戎聲.
(「駥은 말이 키가 8척인 것을 뜻한다. 馬는 의미부분이고, 戎(융)은 발음부분이다.」)

新3(6221) 騣 (말갈기 종)

騣, 馬鬣也. 从馬, 㚇聲.
(「騣은 말의 갈기를 뜻한다. 馬는 의미부분이고, 㚇(종)은 발음부분이다.」)

新4(6222) 馱 (짐 실을 타)

馱, 負物也. 从馬, 大聲.
(「馱는 짐을 싣는다는 뜻이다. 馬는 의미부분이고, 大(대)는 발음부분이다.」)

新5(6223) 騂 (붉은 소 성, 누른 말 성)①

騂, 馬赤色也. 从馬, 鮮省聲.②
(「騂은 말이 붉은 색이라는 뜻이다. 馬는 의미부분이고, 鮮(선)의 생략형은 발음부분이다.」)

①오늘날 이 뜻으로는 '騂'자를 많이 쓴다.
≪자휘(字彙)·마부(馬部)≫를 보면 '騂'은 '騂'의 속자(俗字)라고 하였다.

②≪한어고문자자형표(漢語古文字字形表)≫에서는 '騂'자의 갑골문으로 '𝍶'(<갑(甲) 2091>)·'𝍷'(<일(佚) 928>), 서주(西周) 금문으로 '𝍸'(<대작대중궤(大作大仲簋)>) 등과 같이 '馬'가 생략된 글자를 수록하고 있다.

文五. 新附
(「정문(正文) 5자. 신부자(新附字)」)

제371부 【廌】 부

1(6224) 廌 (해태 치)(고음 태)

廌, 解廌獸也.① 似山牛②, 一角. 古者決訟, 令觸不直.③ 象形④, 从豸省.⑤ 凡廌之屬皆从廌.
(「廌는 해치(解廌)라는 짐승을 뜻한다. 들소와 비슷한데, 뿔이 하나이다. 옛날 송사(訟事)에서 판결을 할 때, 이것으로 하여금 정직하지 않은 자를 들이받도록 하였다. (╯ 부분은 머리와 뿔을 그린) 상형이고, (나머지 부분 ◉은) 豸(치)의 생략형이다. 무릇 廌부에 속하는 글자들은 모두 廌를 의미부분으로 삼는다.」)

①《구두》에서는 '解廌, 獸也.(해치, 수야)'라고 구두점을 찍었다. 이에 따르면 번역은 "해치로, 짐승(의 이름)이다"로 된다.
'解廌'는 '獬廌(해치)'·'獬豸(해치)' 등으로도 쓴다.
②《주》에서는 《옥편(玉篇)》·《광운(広韻)》·《태평어람(太平御覧)》 등에서 인용한 《설문해자》에 의거하여 '似(사)'자 다음의 '山(산)'자 한 글자를 없앴다.
③《주》와 《구두》에서는 《옥편》에 의거하여 '直(직)'자 다음에 '者(자)'자 한 글자를 보충하였다.

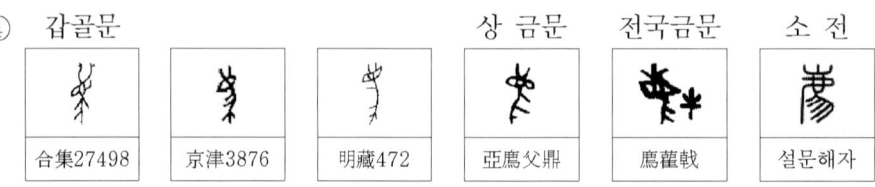

④ 갑골문 / 상 금문 / 전국금문 / 소 전
合集27498 / 京津3876 / 明藏472 / 亞廌父鼎 / 廌葦戟 / 설문해자

'廌'는 갑골문과 상(商)나라 금문을 보면 뿔이 둘 달린 짐승을 그린 상형자임을 알 수 있다.
서중서(徐中舒)는 머리에 뿔이 두 개 나 있고, 꼬리에 털이 많은 것으로 볼 때 '廌'는 고대 들소의 일종이 아닌가 추측하였다.(《갑골문자전(甲骨文字典)》)
⑤단옥재(《주》)·주준성(《통훈정성》)·왕균(《구두》) 등은 '省(생)'자 다음에 '聲(성)'자가 있어야 한다고 하였다. 즉 이미 상형자라고 하였는데 그 뒤에 다시 '豸의 생략형' 운운하는 것은 이치에 맞지 않으므로, "(◉ 부분은) 豸의 생략형으로 발음부분이다"라고 해야 한다는 것이다. 그러나 갑골문의 자형을 볼 때 이 분석 역시 따르기가 어렵다.

2(6225) 斆 (교)①

斆, 解廌屬.② 从廌, 孝聲.③ 闕.④
(「斆는 해치(獬廌)의 일종이다. 廌는 의미부분이고, 孝(효)는 발음부분이다. (이 이상은 알 수 없어 해설란을) 비워둠.」)

① '斆'자는 ≪대한한사전(大漢韓辭典)≫에 보이지 않는다.

발음은 ≪광운(廣韻)≫에 따르면 '呼教切(호교절)' 즉 '효'와 '敎(교)' 등 두 가지이다.

한편 대서본 ≪설문해자≫·≪주≫·≪의증≫·≪구두≫·≪교록≫ 등에서는 모두 '古孝切(고효절)' 즉 '교'라고 하였다. 여기에서는 공통된 발음인 '교'로 부르겠다.

② ≪계전≫·≪주≫·≪구두≫ 등에는 '屬(속)'자 다음에 '也(야)'자가 한 글자 더 있다.

③

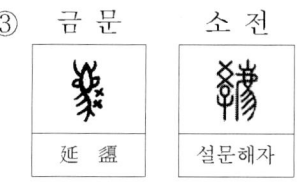

갑골문에는 '斆'자가 보이지 않고, 서주(西周) 금문의 자형은 '斆'로, '廌'와 '爻(효)'로 이루어져 있다.

단옥재는 "내 생각에, ≪광운(廣韻)≫에서는 斆로 썼고, ≪옥편(玉篇)≫에서는 斅로 썼는데, 모두 孝를 (발음부분으로) 썼다.(「按: ≪廣韵≫作斆, ≪玉篇≫作斅, 皆从孝.」)"라고 하였다.(≪주≫)

④ ≪계전≫과 ≪주≫에는 '闕(궐)'자가 없다.

3(6226) 薦 (천거할 천)①

薦, 獸之所食艸. 从廌, 从艸.② 古者神人以遺黃帝, 帝曰: "何食? 何處?" 曰: "食薦③, 夏處水澤, 冬處松柏."
(「薦은 짐승들이 먹는 풀을 뜻한다. 廌와 艸(초)는 (모두) 의미부분이다. 옛날 신인(神人)이 황제(黃帝)에게 외뿔짐승[廌]을 선물하였다. 황제가 "무엇을 먹고 어디에 삽니까?"라고 묻자, 신인은 "薦을 먹고, 여름에는 물가에서 살고, 겨울에는 송

백(松栢)나무에서 삽니다."라고 대답하였다.」)

①오늘날 이 뜻으로는 '荐(돗자리 천)'자를 쓰기도 하는데, 이것은 가차(假借)이다.

② 금 문   소 전

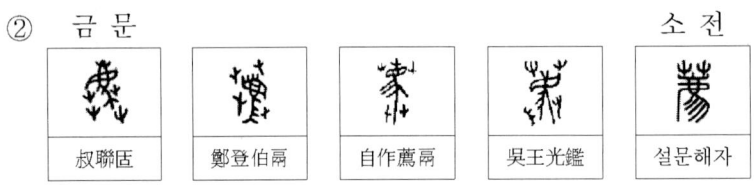

| 叔聯臣 | 鄭登伯扇 | 自作薦扇 | 吳王光鑑 | 설문해자 |

갑골문에는 '薦'자가 보이지 않는다.

춘추(春秋)시대 금문의 자형은 어떤 짐승[廌]이 수풀[茻(망)] 사이에 있는 모양이다. 소전에서는 '茻'을 '艸'로 줄여 썼다.

③단옥재는 여기서의 '薦'은 '艸'로 써야 한다고 하였다.(≪주≫)

4(6227) 灋(法) (법 법)

灋, 刑也.① 平之如水, 从水. 廌所以觸不直者去之. 从去.② 佱, 今文省.③ 仝, 古文.
(「灋은 벌을 내린다는 뜻이다. 공평함이 물과 같아야 하므로, 水(수)가 의미부분이 되는 것이다. 외뿔소[廌]는 정직하지 않은 사람을 머리로 들이받아 쫓아낸다. (그래서) 去(거)는 의미부분이다. (6227-1) 法은 금문(今文)으로 생략형이다. (6227-2) 仝은 고문(古文)이다.」)

①≪주≫와 ≪통훈정성≫에서는 '刑(형)'을 '荆(형)'으로 썼다.

참고로 제5편 하 <정부(井部)> (3176) '荆'자 해설을 보면, "荆, 罰辠也. 从井, 从刀. ≪易≫曰: '井, 法也.' 井亦聲.(「荆은 죄를 벌한다는 뜻이다. 井과 刀(도)는 (모두) 의미부분이다. ≪주역(周易)≫에 이르기를 '井은 법(法)이다.'라고 하였다. 井은 발음부분이기도 하다.」)"라고 하였는데, 단옥재는 "내 생각에, 이 글자가 '벌을 준다'는 뜻의 정자(正字)이다. 오늘날에는 刑자로 바꾸어서 쓴다. 刑은 목을 벤다는 뜻이다. <도부(刀部)>에 보인다. (荆과 刑은) 그 뜻과 발음이 모두 다르다.(「按: 此荆罰正字也. 今字改用刑. 刑者, 剄也. 見<刀部>. 其義其音皆殊異.」)"라고 하였다.(≪주≫)

② 서주 금문   전국 금문

갑골문에는 '灋' 즉 '法'자가 보이지 않는다.

금문과 소전의 자형은 모두 '水'와 '去' 그리고 '廌'로 이루어져 있다.

오늘날의 표준 자형인 '法'은 ≪설문해자≫에 수록된 금문(今文) 즉 예서체이다.

한편 ≪주≫와 ≪구두≫에서는 ≪고금운회(古今韻會)≫에 의거하여 '去'자 앞에 '廌'자 한 글자를 보충하였다. 즉 "廌와 去는 (모두) 의미부분이다"라는 의미이다.

③단옥재는 "≪설문해자≫에는 '今文'이라고 말한 경우가 없다. 이 글자는 아마 예서의 생략형 글자일 것이다. 본래 ≪설문해자≫에 없었는데, (나중에) 첨가한 것 같다.(「許書無言'今文'者. 此蓋隸省之字. 許書本無, 或增之也.」)"라고 하였다. (≪주≫)

文四, 重二.
(「정문(正文) 4자, 중문(重文) 2자.」)

제372부 【鹿】부

1(6228) 鹿 (사슴 록)

麤, 獸也.① 象頭角四足之形.② 鳥鹿足相似. 从匕.③ 凡鹿之屬皆从鹿.
(「鹿은 짐승(의 이름)이다. 머리의 뿔과 네 다리를 그린 모양이다. 새와 사슴은 다리 모양이 비슷하다. 匕(비, 즉 比)는 의미부분이다. 무릇 鹿부에 속하는 글자들은 모두 鹿을 의미부분으로 삼는다.」)

①≪주≫에는 '獸(수)'자 앞에 '鹿'자가 한 글자 더 있고, ≪통훈정성≫에는 '山(산)'자가 한 글자 더 있다.

단옥재는 ≪고금운회(古今韻會)≫에서는 '山獸'라고 하였다고 하였다.(≪주≫)

'鹿'자는 사슴을 그린 상형자이다. 갑골문과 금문을 보면 잘 알 수 있다.

③≪주≫에서는 ≪고금운회≫에 의거하여 '相似(상사)'를 '相比(상비)'로, 그 다음에 있는 '从匕'를 '从比'로 고쳐 썼다. 즉 '比' 부분을 설명한 대목이라는 것이다.

단옥재는 "새와 사슴은 모두 두 다리가 서로 가까이 붙어 있는데, 다른 짐승들은 (다리가) 떨어져 있는 것과 다르다. 그래서 鳥(조)자는 匕를 쓰고, 鹿자는 比를 쓰는 것이다. 比는 조밀하다는 뜻이다. 옛날에 匕와 比는 통용하였다.(「鳥鹿皆二足相距密, 不同他獸相距寬. 故鳥从匕, 鹿从比. 比, 密也. 古匕與比通用.」)"라고 하였다.

2(6229) 麚 (숫사슴 가)

麚, 牡鹿.① 从鹿, 叚聲. 以夏至解角.②
(「麚는 숫사슴을 뜻한다. 鹿은 의미부분이고, 叚(가)는 발음부분이다. 하지(夏至)

때 뿔이 떨어진다.」)

①≪주≫와 ≪구두≫에는 '鹿'자 다음에 '也(야)'자가 한 글자 더 있다.

≪이아(爾雅)·석수(釋獸)≫를 보면 "사슴: 수컷은 麚라고 하고, 암컷은 麀(우)라고 하며, 그 새끼는 麛(미)라고 한다.(「鹿: 牡, 麚; 牝, 麀; 其子, 麛.」)"라고 하였다.

참고로 ≪고문자류편(古文字類編)≫(2010)에서는 '麚'자의 갑골문으로 '𩦿'(<전(前) 7.17.4>)와 같은 글자를 수록하고 있다. 사슴 아랫부분의 '⊥'는 '수컷'을 상징하는 표시이다.

②≪계전≫과 ≪구두≫에는 '角(각)'자 앞에 '其(기)'자가 한 글자 더 있다.

3(6230) 麟 (기린 린)

麟, 大牝鹿也.① 从鹿, 㷠聲.
(「麟은 큰 암사슴을 뜻한다. 鹿은 의미부분이고, 㷠(린)은 발음부분이다.」)

①≪계전≫·≪주≫·≪통훈정성≫ 등에서는 "大牡鹿也.(「큰 숫사슴을 뜻한다.」)"라고 하였다.

왕균은 "≪계전≫에서는 牝(암컷 빈)을 牡(수컷 모)로 썼다. ≪옥편(玉篇)≫에서는 '麟은 큰 숫사슴이다.(「麟, 大麚也.」)'라고 하였다. 내 생각에, ≪옥편≫과 ≪광운(廣韻)≫에서는 모두 麟과 麐(린)은 같은 글자라고 하였다. 麐이 암기린이므로 麟 역시 당연히 암사슴이어야 한다. 그래서 감히 고치지 않은 것이다.(「牝, 小徐作牡. ≪玉篇≫: '麟, 大麚也.' 均案: ≪玉篇≫·≪廣韻≫皆麟·麐爲一字. 麐旣是牝, 麟則當是牝鹿. 故未敢改之.」)"라고 하였다.(≪구두≫)

※≪주≫에는 '麟'자 다음에 (6253) '麀(암사슴 우)'자가 있다.

단옥재는 "내 생각에, 이 두 글사(麀와 혹체자 麜)는 서현본(徐鉉本)에는 이 부의 맨 끝에 있고, 서개본(徐鍇本, 즉 ≪계전≫)에는 이 글자가 없다. 옛날 판본에는 이 자리에 있었는데, 서개본에서는 빠트리고 보충을 안 한 것이고, 서현본에서는 보충은 하였지만 맨 뒤에 붙여놓았다. 이제 바로 잡는다.(「按: 上二篆鉉本在部末, 鍇本無. 知古本次此. 鍇本奪而未補, 鉉本則補而綴於後也. 今更正.」)"라고 주를 하였다.

4(6231) 麇 (난)①

麇, 鹿麋也.② 从鹿, 耎聲. 讀若偄弱之偄.③

(「麇은 사슴의 새끼를 뜻한다. 鹿은 의미부분이고, 耎(연)은 발음부분이다. 난약(偄弱)하다라고 할 때의 偄자처럼 읽는다.」)

①'麇'자는 ≪대한한사전(大漢韓辭典)≫에 보이지 않는다.
발음은 ≪광운(廣韻)≫에 따르면 '奴亂切(노란절)' 즉 '난'이다.
②≪주≫에서는 ≪문선(文選)≫ <오도부(吳都賦)> 이선(李善)의 주에 의거하여 '麛(미)'자 앞에 '鹿'자를 없앴다.
③'偄弱'은 '유약(柔弱)'의 뜻이다.

5(6232) 鹿 (사슴 발자국 속)

鹿, 鹿迹也. 从鹿, 速聲.
(「鹿은 사슴의 발자국을 뜻한다. 鹿은 의미부분이고, 速(속)은 발음부분이다.」)

6(6233) 麛 (사슴 새끼 미)

麛, 鹿子也.① 从鹿, 弭聲.
(「麛는 사슴의 새끼를 뜻한다. 鹿은 의미부분이고, 弭(미)는 발음부분이다.」)

①≪이아(爾雅)·석수(釋獸)≫를 보면 "사슴: 수컷은 麚(가)라고 하고, 암컷은 麀(우)라고 하며, 그 새끼는 麛라고 한다.(「鹿: 牡, 麚; 牝, 麀; 其子, 麛.」)"라고 하였다.

7(6234) 麉 (힘 센 사슴 견)

麉, 鹿之絶有力者.① 从鹿, 幵聲.
(「麉은 사슴 가운데 힘이 아주 센 놈을 뜻한다. 鹿은 의미부분이고, 幵(견)은 발음부분이다.」)

①≪이아(爾雅)·석수(釋獸)≫에 보인다.

8(6235) 麒 (기린 기)

麒, 仁獸也.① 麋身②, 牛尾, 一角.③ 从鹿, 其聲.
(「麒는 어진 짐승이다. 고라니의 몸에, 소의 꼬리를 하였고, 뿔이 하나이다. 鹿은 의미부분이고, 其(기)는 발음부분이다.」)

①《주》에서는 《초학기(初學記)》에 의거하여 '仁獸(인수)' 앞에 '麒麟(기린)' 두 글자를 보충하였다.

또 단옥재는 "여기에서 '仁獸'라고 한 것은 《공양전(公羊傳)》의 설을 따른 것으로, 이 짐승은 뿔끝에 살이 붙어 있고, 살아 있는 벌레를 밟지 않으며, 살아 있는 풀을 꺾지 않는다.(「此云仁獸, 用公羊說, 以其角端戴肉, 不履生蟲, 不折生艸也.」)"라고 하였다.

②《계전》·《주》·《통훈정성》 등에서는 '麋(고라니 미)'를 '麇(노루 균)'으로 썼고, 《구두》에서는 '麕(노루 균)'으로 썼다.

③《이아(爾雅)·석수(釋獸)》를 보면 "麐(린)은 노루의 몸에 소의 꼬리를 하였고, 뿔이 하나이다.(「麐, 麕身, 牛尾, 一角.」)"라고 하였다.

9(6236) 麐 (암기린 린)

麐, 牝麒也.① 从鹿, 吝聲.②
(「麐은 암기린을 뜻한다. 鹿은 의미부분이고, 吝(린)은 발음부분이다.」)

①단옥재는 "경전(經典)에서 기린(麒麟)을 麐으로 쓴 경우는 없고, 《이아(爾雅)·석수(釋獸)》에서만 吝을 썼다. 그렇지만 또 말하기를 '본래 麟으로도 썼다'라고 하였다. 《설문해자》에서는 麟과 麐을 둘로 구분하였고, 또 麒와 麟을 수컷과 암컷으로 구별하였는데, 《설문해자》의 옛날 판본이 이렇게 되어 있었는지는 알지 못한다. 《옥편(玉篇)》과 《광운(廣韻)》에서는 모두 麟과 麐은 한 글자라고 하였다. 아마 《설문해자》에는 본래 麐자가 없었는데, 잘 모르는 사람이 더한 것 같다.(「經典麒麟無作麐者, 惟《爾雅》从吝, 而亦云: 本又作麟. 許書別麟麐爲二, 又別麒麟之牡牝, 未知許書古本固如此不. 《玉篇》·《廣韵》皆麟麐爲一字. 許書蓋本無麐字, 淺人所增.」)"라고 하였다.(《주》)

참고로 현세 전해지는 《이아》에는 "본래 麟으로도 썼다"라는 구절은 없을 뿐만 아니라 '麟'자 자체가 없다.

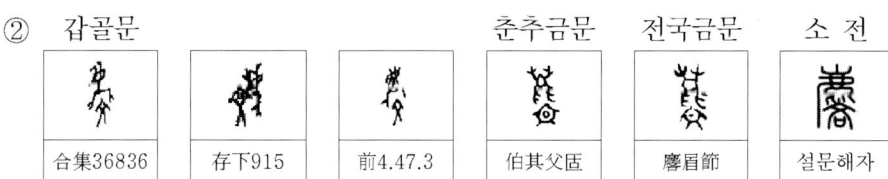

'麐'자는 갑골문과 춘추전국(春秋戰國)시대 금문 모두가 '鹿'과 '文(문)'으로 이루어져 있다.

나진옥(羅振玉)은 '文'은 '吝'의 생략형으로 발음부분이라고 하였고(≪증정은허서계고석(增訂殷虛書契考釋)≫), 서중서(徐中舒)는 사슴의 몸에 나 있는 무늬를 나타낸 것이라고 하였다(≪갑골문자전(甲骨文字典)≫).

10(6237) 麋 (고라니 미)

麋, 鹿屬.① 从鹿, 米聲.② 麋, 冬至解其角.③
(「麋는 사슴의 일종이다. 鹿은 의미부분이고, 米(미)는 발음부분이다. 麋는 동지(冬至) 때 그 뿔이 떨어진다.」)

①≪계전≫과 ≪구두≫에는 '屬(속)'자 다음에 '也(야)'자가 한 글자 더 있다.

② 갑골문　　　　　금문　　　　　소전

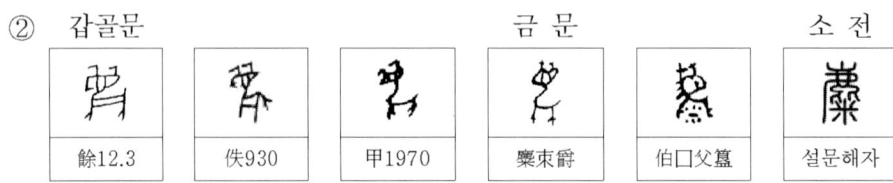

餘12.3　　佚930　　甲1970　　麋束爵　　伯□父簋　　설문해자

'麋'자는 갑골문을 보면 '鹿' 위에 'ㄲ'을 그린 모양이다. 서주(西周) 금문에서는 '米'자가 더해져 형성자가 된 자형(<백□부궤(伯□父簋)>)도 있다.

'ㄲ' 부분에 대하여 손해파(孫海波, ≪갑골문편(甲骨文編)≫)와 서중서(徐中舒, 갑골문자전(甲骨文字典)≫)는 눈썹을 그린 것이라고 하였다.

이효정(李孝定)선생은 "≪급취편(急就篇)≫에서 '살쾡이·토끼·날다람쥐·이리·큰사슴·사슴새끼(「貍·兎·飛鼯·狼·麋·麛」)'라고 한 것에 대하여 안사고(顔師古)는 '麋는 사슴과 비슷한데 좀 더 크다. 동지(冬至)가 되면 뿔을 간다. 눈 위에 눈썹[眉(미)]이 있어서, 그래서 그렇게 ('미'라고) 부르는 것이다'라고 주를 하였다.(「≪急就篇≫: '貍·兎·飛鼯·狼·麋·麛.' 顔注: '麋似鹿而大. 冬至則解角. 目上有眉, 因以爲名也.'」)"라고 하였다.(≪갑골문자집석(甲骨文字集釋)≫)

③≪구두≫에서는 현응(玄應)의 ≪일체경음의(一切經音義)≫에 의거하여 '冬至' 앞에 '以(이)'자 한 글자를 보충하였다.

11(6238) 麎 (암고라니 신)

麎, 牝麋也.① 从鹿, 辰聲.
(「麎은 암고라니를 뜻한다. 鹿은 의미부분이고, 辰(신·진)은 발음부분이다.」)

①≪계전≫에서는 '牝(암컷 빈)'을 '牡(수컷 모)'로 썼다.
　참고로 ≪이아(爾雅)·석수(釋獸)≫를 보면 "고라니는 수컷은 麌(구)라고 하고, 암컷은 麎이라고 한다.(「麋: 牡, 麌; 牝, 麎.」)"라고 하였다.

※≪주≫에는 '麎'자 다음에 (6242) '麌(숫고라니 구)'자가 있다.

12(6239) 麒 (큰 노루 기)

麒, 大麋也.① 狗足.② 从鹿, 旨聲. 麂, 或从几.
(「麒는 큰 고라니를 뜻한다. 개의 다리를 하였다. 鹿은 의미부분이고, 旨(지)는 발음부분이다. (6239-1) 麂(궤)는 혹체자(或體字)로 (旨 대신) 几(궤)를 썼다.」)

①≪주≫에서는 '麋(고라니 미)'를 '麇(노루 균)'으로 썼다.
②≪이아(爾雅)·석수(釋獸)≫를 보면 "麒는 큰 노루로, 긴 털에, 개의 다리를 하였다.(「麒, 大麕, 旄毛, 狗足.」)"라고 하였다.

13(6240) 麇 (노루 균)

麇, 麞也. 从鹿, 囷省聲.① 麕, 籒文不省.
(「麇은 노루를 뜻한다. 鹿은 의미부분이고, 囷(균)의 생략형은 발음부분이다. (6240-1) 麕은 주문(籒文)으로 생략하지 않은 형태이다.」)

① 　갑골문　　　　　금문　　소전　　주문

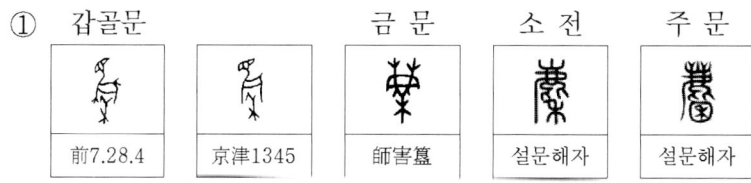

'麇'자는 갑골문, 서주(西周) 금문 그리고 소전 등의 자형이 모두 '鹿'과 '禾(화)'로 이루어져 있다.

나진옥(羅振玉)은 '麇'은 사슴과 비슷하지만 뿔이 없는 짐승이 아닌가 하였고 (≪승정은허서계고석(增訂殷虛書契考釋)≫), 서중서(徐中舒)는 갑골문의 사슴 부분을 볼 때 아직 뿔이 나지 않았는데, 이것은 '麛(사슴 새끼 미)'와 모양은 같지만 의미하는 것은 다르다고 하였다(≪갑골문자전(甲骨文字典)≫).

14(6241) 麞① (노루 장)

麞, 麇屬.② 从鹿, 章聲.
(「麞은 고라니의 일종이다. 鹿은 의미부분이고, 章(장)은 발음부분이다.」)

①≪옥편(玉篇)·록부(鹿部)≫를 보면 "麞은 獐으로도 쓴다.(「麞, 亦作獐.」)"라고 하였다.
②≪계전≫·≪주≫·≪구두≫ 등에는 '屬(속)'자 다음에 '也(야)'자가 한 글자 더 있다.
또 왕균은 '麋(고라니 미)'는 마땅히 '麇(노루 균)'으로 써야 한다고 하였다.(≪구두≫)

15(6242) 麔 (숫고라니 구)

麔, 麇牡者.① 从鹿, 咎聲.
(「麔는 고라니 숫놈을 뜻한다. 鹿은 의미부분이고, 咎(구)는 발음부분이다.」)

①≪계전≫·≪의증≫·≪교록≫ 등에서는 '牡(수컷 모)'를 '牝(암컷 빈)'으로 썼다. 계복은 '牝'은 마땅히 '牡'로 써야 한다고 하였다.(≪의증≫)
≪이아(爾雅)·석수(釋獸)≫를 보면 "고라니는 수컷은 麔라고 하고, 암컷은 麎(신)이라고 한다.(「麇: 牡, 麔; 牝, 麎.」)"라고 하였다.

16(6243) 麠 (큰 사슴 경)

麠, 大鹿也.① 牛尾, 一角.② 从鹿, 畺聲. 麖, 或从京.
(「麠은 큰 사슴을 뜻한다. 소의 꼬리를 하였고, 뿔이 하나이다. 鹿은 의미부분이고, 畺(강)은 발음부분이다. (6243-1) 麖은 혹체자(或體字)로 (畺 대신) 京(경)을 썼다.」)

①≪주≫에서는 '鹿'을 '麃(노루 포)'로 썼다.
②≪이아(爾雅)·석수(釋獸)≫를 보면 "麠, 大麃, 牛尾, 一角.(「麠은 큰 노루로, 소의 꼬리를 하였고, 뿔이 하나이다.」)"라고 하였다.

17(6244) 麃 (위엄스러울 표; 큰 사슴 포)

麃, 麠屬.① 从鹿, 麃省聲.②
(「麃는 큰 사슴의 일종이다. 鹿은 의미부분이고, 麃(표)의 생략형은 발음부분이다.」)

①≪주≫에서는 '麔(큰 사슴 경)'을 '麞(노루 장)'으로 썼다.

단옥재는 "서현본(徐鉉本)에서는 麔의 일종이라고 하였고, 서개본(徐鍇本, 즉 ≪계전≫)에서는 麋의 일종이라고 하였다. 이제 ≪고금운회(古今韻會)≫본에 의거한다. 麎는 麔의 일종이고, 麔은 麋(큰 사슴 미)의 일종이다.(「鉉本作麔屬, 鍇本作麋屬. 今依≪韵會≫本. 麎者, 麔屬也; 麔者, 麋屬也..」)"라고 하였다.(≪주≫)

그런데 현재 전하는 ≪계전≫에는 '麔'으로 되어 있는데, 왕헌(汪憲)의 ≪설문계전고이(說文繫傳攷異)≫와 왕균의 ≪설문계전교록(說文繫傳校錄)≫에는 모두 ≪계전≫에 '麔'으로 되어 있다고 하였다.

②

갑골문에는 '麎'자가 보이지 않는다.

서주(西周)금문과 소전의 자형은 모두 '鹿'과 '火(화)'로 이루어져 있다.

'粟'는 예서에서 '票'로 쓴다.

18(6245) 麈 (사슴 주)

麈, 麋屬.① 从鹿, 主聲.

(「麈는 고라니의 일종이다. 鹿은 의미부분이고, 主(주)는 발음부분이다.」)

①≪계전≫과 ≪구두≫에는 '屬(속)'자 다음에 '也(야)'자가 한 글자 더 있다.

또한 ≪구두≫에서는 '麋(고라니 미)'를 '鹿'으로 썼고, 그 다음에 ≪태평어람(太平御覽)≫에 의거하여 "大而一角.(「(좀 더) 크고 뿔이 하나이다.」)"라는 글귀를 보충하였다.

단옥재는 "≪설문해자≫에서는 麋(6237)에서 麈까지 모두 麋의 일종을 말하고 있다.(「≪說文≫自麋至麈皆說麋屬.」)"라고 하였다.(≪주≫)

19(6246) 麑 (사슴 새끼 예, 사자 예)

麑, 狻麑①, 獸也.② 从鹿, 兒聲.

(「麑는 狻麑(산예, 즉 사자)로, 짐승(의 이름)이다. 鹿은 의미부분이고, 兒(아)는

발음부분이다.」)

①≪계전≫에서는 '麑'를 '猊(사자 예)'로 썼다.
≪이아(爾雅)·석수(釋獸)≫를 보면 "狻麑는 虦貓(잔묘, 털이 몽근 고양이)와 같은데, 호랑이와 표범 등을 잡아먹는다.(「狻麑如虦貓, 食虎豹.」)"라고 하였다.

② 갑골문   소 전

前4.47.7   合集10392   甲2418   合集37460   설문해자

'麑'자는 갑골문을 보면 사슴과 비슷하지만 뿔이 없는 동물을 그린 상형자이다. 후세 발음부분인 '兒'는 쓰지 않았다.

20(6247) 羷 (염소 암)

羷, 山羊而大者①, 細角. 从鹿, 咸聲.
(「羷은 산양(山羊)인데 큰 놈이며, 가느다란 뿔을 가졌다. 鹿은 의미부분이고, 咸(함)은 발음부분이다.」)

①≪이아(爾雅)·석수(釋獸)≫를 보면 "양이 6척인 것을 羬(큰 양 겸)이라고 한다.(「羊六尺爲羬.」)"라고 하였다.

21(6248) 麢 (영양(羚羊) 령)①

麢, 大羊而細角. 从鹿, 霝聲.
(「麢은 큰 양(羊)으로 가느다란 뿔을 가졌다. 鹿은 의미부분이고, 霝(령)은 발음부분이다.」)

①오늘날 이 뜻으로는 '羚(령)'자를 쓴다.

22(6249) 麌 (사슴 규)

麌, 鹿屬.① 从鹿, 圭聲.
(「麌는 사슴의 일종이다. 鹿은 의미부분이고, 圭(규)는 발음부분이다.」)

①≪계전≫과 ≪구두≫에는 '屬(속)'자 다음에 '也(야)'자가 한 글자 더 있다.

23(6250) 麝 (사향노루 사)

麝, ①如小麋②, 臍有香. 从鹿, 射聲.③
(「麝는 작은 고라니와 비슷한데, 배꼽에서 향기가 난다. 鹿은 의미부분이고, 射(사)는 발음부분이다.」)

①《구두》에서는 《태평어람(太平御覽)》에 의거하여 '如(여)'자 앞에 "黑色麞.(「검은 색의 노루를 뜻한다.」)"이라는 글귀를 보충하였다.
②계복은 '麋(고라니 미)'는 마땅히 '麇(노루 균)'으로 써야 한다고 하였다. (《의증》)
③오늘날 '射'자는 '射'로 많이 쓴다. '射'는 '射'의 전문(篆文) 즉 소전체이다.
참고로 《용감수감(龍龕手鑑)·록부(鹿部)》와 《자휘보(字彙補)·鹿部》를 보면 '麝'자는 '麞'자와 같다고 하였다.

24(6251) 麜 (여)①

麜, 似鹿而大也. 从鹿, 與聲.
(「麜는 사슴과 비슷한데, 더 크다. 鹿은 의미부분이고, 與(여)는 발음부분이다.」)

①'麜'자는 《대한한사전(大漢韓辭典)》에 보이지 않는다.
발음은 《광운(廣韻)》에 따르면 평성(平聲) '以諸切(이제절)' 즉 '여'와 거성(去聲) '羊洳切(양여절)' 즉 '여' 또는 '예' 등 세 가지이다.
한편 대서본 《설문해자》·《주》·《의증》·《구두》·《교록》 등에서는 모두 '羊茹切(양여절)' 즉 '여'라고 하였다. 여기에서는 공통된 발음인 '여'로 부르겠다.

25(6252) 麗 (고울 려)

麗, 旅行也.① 鹿之性, 見食急則必旅行. 从鹿, 丽聲.② 《禮》: "麗皮納聘"③, 蓋鹿皮也. 叺, 古文.④ 丽, 篆文麗字.⑤
(「麗는 짝을 지어 간다는 뜻이다. 사슴의 본성은 먹을 것을 보면 마음이 급해져서 반드시 짝을 지어 간다. 鹿은 의미부분이고, 丽(려)는 발음부분이다. 《예기(禮記)》에 이르기를 "여피(麗皮)를 결혼 예물로 보낸다"라는 글귀가 있는데, 여기에서 麗皮란 아마 녹피(鹿皮, 사슴의 가죽)일 것이다. (6252-1) 丽는 고문(古文)이다.

(6252-2) 丽는 전문(篆文)의 麗자이다.」)

①단옥재는 "이것이 麗의 본뜻이다. 그 글자는 본래 丽로 썼으며, 짝을 지어 가는 모양이다. 뒤에 鹿이 더해졌다.(「此麗之本義. 其字本作丽, 旅行之象也. 後乃加鹿耳.」)"라고 하였다.(《주》)

왕균은 "(旅를) 세간에서는 侶(짝 려)로 쓴다.(「俗作侶.」)"라고 하였다.(《구두》)

'麗'자는 갑골문과 금문을 보면 '🦌'(<녹(錄) 379>) 또는 그 아래에 '鹿'자가 더해진 것(<사사궤(師旂簋)>) 등 두 가지 종류이다.

이에 대해 노실선(魯實先)은 '🦌'에서 'ㅁㅁ'는 두 집이 나란히 이웃하고 있고 그 아래에 다시 두 사람이 나란히 있는 모양으로 '항려(伉儷)' 즉 '짝'을 뜻한다고 하였고(《은계신전지일(殷契新詮之一)》), 이효정(李孝定)선생은 '丽'는 '丽'의 고문(古文)으로 '짝'을 의미하고 여기에 '鹿'이 더해져 '사슴이 짝을 지어 가다'라는 뜻으로 쓰이게 되었다고 하였다(《갑골문자집석(甲骨文字集釋)》).

《설문해자》에 수록된 고문과 전문의 자형은 갑골문 <녹 379>의 자형과 비슷하다.

③《예기·빙례(聘禮)》에 나오는 글귀.

④《주》에서는 고문 '㸚'를 '丽' 즉 '丽'로 썼다.

⑤《계전》·《의증》·《통훈정성》·《구두》·《교록》 등에서는 '篆文'을 '籀文(주문)'으로 썼다.

단옥재는 "옛날 판본에서는 모두 篆文이라고 하였고, 급고각(汲古閣) 모씨(毛氏) 본에서는 籀文이라고 하였다. 《집운(集韻)》과 《유편(類篇)》에 이르기를 '고문에서는 丽와 丽로 썼다'고 하였고, 《옥편(玉篇)》은 또 이와 다르며, 《광운(廣韻)》에서는 丽와 丽는 각각의 글자라고 하였다. 혹시 丽는 고문이고, 麗는 주문이며, 丽

는 소전이 아닌가 한다.(「古本皆作篆文, 毛刻作籒文, ≪集韵≫·≪類篇≫曰: '古作丽丽.' ≪玉篇≫又乖異不同, ≪廣韵≫則丽丽各字. 疑丽者古文, 麗者籒文, 丽者小篆也.」)"라고 하였다.(≪주≫)

또한 ≪계전≫에는 '麗字(려자)' 두 글자가 없다.

26(6253) 麀 (암사슴 우)

麀, 牝鹿也.① 从鹿, 从牝省.② 麜, 或从幽聲.③
(「麀는 암사슴을 뜻한다. 鹿과 牝(빈)의 생략형은 (모두) 의미부분이다. (6253-1) 麜는 혹체자(或體字)로 (匕 대신) 幽(유)를 발음부분으로 썼다.」)

① ≪이아(爾雅)·석수(釋獸)≫를 보면 "사슴은, 수컷은 麚(가)라고 하고, 암컷은 麀라고 하며, 그 새끼는 麛(미)라고 한다.(「鹿: 牡, 麚; 牝, 麀; 其子, 麛.」)"라고 하였다.

② 서주금문　전국금문　　　　　　소 전　　혹 체

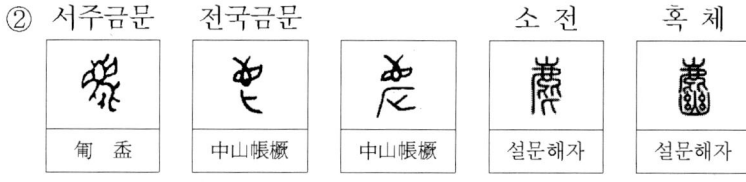

匍盂　　　中山帳櫨　　中山帳櫨　　설문해자　　설문해자

갑골문에는 '麀'자가 보이지 않고, 금문과 소전은 '鹿'과 암컷의 표시인 '匕'로 이루어져 있다.

≪계전≫에는 '省(생)'자 다음에 '聲(성)'자가 한 글자 더 있다. 즉 "匕(비)는 牝의 생략형으로 발음부분이다"라는 의미이다. 그러나 '牝'이 '麀'자의 발음부분이 되기에는 발음의 차이가 너무 크다.

단옥재는 "내 생각에, 牝은 본래 匕가 발음부분이다. (匕의) 발음은 부사반(扶死反, 즉 바→비)으로, 麀의 발음과 본래 같았을 것이다. 후세 사람이 사슴의 울음소리인 '유유'로 그 발음을 고치고, 더불어 그 글자도 麜로 고친 것이다.(「按: 牝本从匕聲, 讀扶死反, 麀音葢本同. 後人以鹿聲呦呦改其音, 並改其字作麜耳.」)"라고 하였다.(≪주≫)

③ ≪계전≫에는 '幽'자 다음의 '聲'자가 없다.

≪주≫에는 '麀'자가 (6230) '麟(린)'자 다음에 있다.

단옥재는 "내 생각에, 이 두 글자(즉 麀과 麜, 역주자)는 서현본(徐鉉本)에는 鹿 부의 맨 끝에 있고, 서개본(徐鍇本, 즉 ≪계전≫)에는 없으니, 옛날 판본에는 이곳에 위치했음을 알 수 있다. 서개본에서는 빠졌는데 보충을 안 했고, 서현본에서는 보충을 했지만 맨 끝에 붙여놓았다. 이제 고쳐서 바로잡는다.(「按: 上二篆鉉本在部末, 鍇本無, 知古本次此. 鍇本奪而未補, 鉉本則補而綴於後也. 今更正.」)"라고 하였다.

그런데 현재 전해지는 ≪계전≫에는 이 두 글자가 모두 있다. 단옥재의 주장에서 가끔씩 이런 경우가 있는데, 아마 단옥재가 참고한 ≪계전≫의 판본이 현재 전해지는 판본과 서로 다르지 않았나 생각된다.

文二十六, 重六.
(「정문(正文) 26자, 중문(重文) 6자.」)

제373부 【麤麗麗】 부

1(6254) 麤 (클 추, 거칠 추)

麤, 行超遠也.① 从三鹿.② 凡麤之屬皆从麤.
(「麤는 (사슴이) 가면서 아주 멀리 도약한다는 뜻이다. 세 개의 鹿(록)자로 이루어졌다. 무릇 麤부에 속하는 글자들은 모두 麤를 의미부분으로 삼는다.」)

①단옥재는 "사슴은 놀라서 펄쩍 뛰기를 잘한다. 그래서 鹿자 셋을 쓴 것이다. 인신(引伸)하여 '경솔하다'라는 칭호가 되었다. ≪옥편(玉篇)≫과 ≪광운(廣韻)≫에서는 '정밀하지 않다', '크다', '듬성듬성하다'라고 하였는데, 모두 오늘날의 뜻이다. 속자로는 麁로 쓴다. 요즘 사람들이 (거칠다는 뜻으로) 粗(조)자를 쓰면서, 麤자는 쓰이지 않게 되었다.(「鹿善驚躍, 故从三鹿. 引伸之爲鹵莽之偁. ≪篇≫·≪韵≫云: '不精也', '大也', '疏也', 皆今義也. 俗作麁. 今人槩用粗, 粗行而麤廢矣.」)"라고 하였다.(≪주≫)

② 갑골문　　　　　소 전

前8.10.1　林2.26.9　설문해자

'麤'자는 갑골문을 보면 '鹿'자 둘로 이루어져 있다.
상승조(商承祚)는 사슴이 둘이거나 셋이거나 뜻은 같다고 하였다.(≪은허문자류편(殷虛文字類編)≫)

2(6255) 塵 (먼지 진)①

塵, 鹿行揚土也. 从麤, 从土. 𡔺, 籒文.②
(「塵은 사슴이 (무리지어) 가니 흙먼지가 인다는 뜻이다. 麤와 土(토)는 (모두) 의미부분이다. (6255-1) 𡔺는 주문(籒文)이다.」)

①오늘날 '먼지'라는 뜻으로 쓰는 '塵'자는 이 글자의 예서체로, 사슴 세 마리를 한 마리로 줄였다.
②수분의 '𡔺'자는 여러 마리의 사슴이 달려가니 먼지가 앞뒤로 일어나서 사슴들의 다리가 안 보이는 상태를 표현한 것이다.

文二, 重一.
(「정문(正文) 2자, 중문(重文) 1자.」)

제374부 【兔】 부

1(6256) 兔 (짐승 이름 착)

兔, 獸也.① 似兔, 靑色而大.② 象形. 頭與兔同, 足與鹿同. 凡兔之屬皆从兔. 兔, 篆文.③

(「兔은 짐승(의 이름)이다. 토끼와 비슷한데, 푸른 색을 띄고 있으며 좀 더 크다. 상형이다. 머리는 토끼와 같고, 다리는 사슴과 같다. 무릇 兔부에 속하는 글자들은 모두 兔을 의미부분으로 삼는다. (6256-1) 兔은 전문(篆文)이다.」)

①《주》와《통훈정성》에는 '獸(수)'자 앞에 '兔'자가 한 글자 더 있다.

②단옥재는 "내 생각에, 臭(착)은 兔의 속체(俗體)이다.《집운(集韻)》에서는 구별해서 두 글자로 하였는데, 틀린 것이다.(「按: 臭乃兔之俗體耳.《集韵》別爲兩字, 非也.」)"라고 하였다.(《주》)

③《계전》·《주》·《의증》·《구두》·《교록》 등에서는 '籒文(주문)'이라고 하였다.

2(6257) 毚 (약은 토끼 참)

毚, 狡兔也.① 兔之駿者.② 从兔·兔.

(「毚은 젊고 튼튼한 토끼를 뜻한다. 토끼 중에서도 좋은 놈이다. 兔과 兔(토)는 (모두) 의미부분이다.」)

①단옥재는 "내 생각에, 狡(교)는 젊고 튼튼하다는 뜻이다.(「按: 狡者, 少壯之意.」)"라고 하였다.(《주》)

②단옥재는 "駿(준)은 좋은 재질을 (가지고 있는 것을) 뜻한다.(「駿者, 良才者也.」)"라고 하였다.

3(6258) 鲁 (사)①

鲁, 獸名. 从兔, 吾聲.② 讀若寫.

(「鲁는 짐승의 이름이다. 兔은 의미부분이고, 吾(오)는 발음부분이다. 寫(사)처럼 읽는다.」)

①'鲁'자는《대한한사전(大漢韓辭典)》에 보이지 않는다.

발음은 ≪광운(廣韻)≫에 따르면 '悉姐切(실자절)' 즉 '사'이다.(참고로 姐(누이 저)의 발음은 ≪광운≫에 따르면 玆野切(자야절) 즉 '자'이다.)

② 갑골문   상 금문   서주금문   소 전

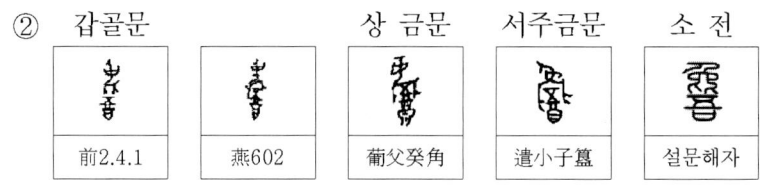

'魯'자는 갑골문과 금문을 보면 '卥'과 '五(오)' 또는 '酉(유)'로 이루어져 있다.

4(6259) 夐 (담비 결)

夐, 獸也.① 似狌狌.② 从卥, 夬聲.③
(「夐은 짐승(의 이름)이다. 성성(猩猩)이와 비슷하다. 卥은 의미부분이고, 夬(쾌)는 발음부분이다.」)

①≪주≫와 ≪통훈정성≫에는 '獸(수)'자 앞에 '夐'자가 한 글자 더 있다.
오대징(吳大澂)은 "≪설문해자≫의 夐자는 석고문(石鼓文)의 '𪏑'자인데, 후세 사람이 잘못 옮겨 쓴 것이 아닌가 한다.(「許書'夐'字疑即石鼓'𪏑'字, 後人傳寫之誤.」)"라고 하였다.(≪설문고주보(說文古籒補)≫)
②왕균은 ≪설문해자≫에는 '狌'자가 없으므로, '狌'은 '猩'으로 써야 한다고 하였다.(≪구두≫)
③참고로 '夬'의 고음은 음성운(陰聲韻) *krwar / kuai(콰이→쾌)와 입성운(入聲韻) *kewat / kiuɛt(퀟→결) 등 두 가지이다.

文四, 重一.
(「정문(正文) 4자, 중문(重文) 1자.」)

제375부 【兔】부

1(6260) 兔 (토끼 토)

兔, 獸名.① 象踞②, 後其尾形.③ 兔頭與㲋頭同. 凡兔之屬皆从兔.
(「兔는 짐승의 이름이다. (토끼가) 앉아 있는 모양을 그린 것으로, 뒷부분은 그것의 꼬리이다. 토끼의 머리는 㲋(착)의 머리와 같다. 무릇 兔부에 속하는 글자들은 모두 兔를 의미부분으로 삼는다.」)

①≪주≫에서는 "兔獸也.(「토끼이다.」)"라고 하였다.
②≪주≫에는 '踞(걸터앉을 거)'자 앞에 '兔'자가 한 글자 더 있다.
단옥재는 "兔자는 이제 보충한다. 踞는 속자(俗字)이다. 마땅히 居(거)로 써야 한다.(「兔字今補. 踞俗字也. 當作居.」)"라고 하였다.

③

갑골문		상 금문	서주금문	소 전
甲270	合集237	兔 戈	函皇父鼎	설문해자

'兔'는 토끼를 그린 상형자이다. 갑골문과 상(商)나라 금문을 보면 잘 나타나 있다. 나진옥(羅振玉)은 "긴 귀에 없다고 할 정도의 꼬리(를 한 모양으)로, 토끼를 그린 것이다.(「長耳而厥尾, 象兔形.」)"라고 하였다.(≪증정은허서계고석(增訂殷虛書契考釋)≫)

2(6261) 逸 (달아날 일, 없어질 일)

逸, 失也.① 从辵·兔.② 兔謾訑善逃也.
(「逸은 잃어버렸다는 뜻이다. 辵(착)과 兔는 (모두) 의미부분이다. 토끼는 속이면서 잘 도망친다.」)

①왕균은 여기서의 '失(실)'은 '佚(도망할 일)'의 뜻이라고 하였다.(≪구두≫)

②

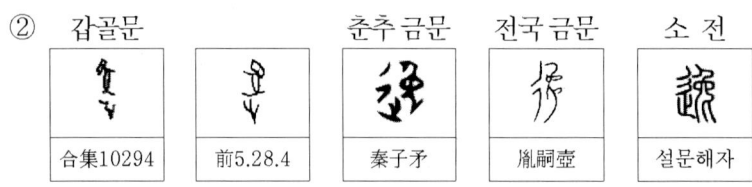

갑골문		춘추 금문	전국 금문	소 전
合集10294	前5.28.4	秦子矛	胤嗣壺	설문해자

'逸'자는 갑골문을 보면 '兔'와 '⿱' 즉 '止(지)'로 이루어져 있다.
춘추(春秋)시대 금문에서는 '逸'(<진자모(秦子矛)>)로 썼고, 전국(戰國)시대 금문 <윤사호(胤嗣壺)>에서는 '彳(척)'과 '兔'로 이루어져 있다.
'彳'은 '行(행)'자의 왼쪽 부분이고, '辵(착)'은 '彳'과 '止'의 결합이다. 따라서 모두 '가다'·'이동하다'라는 뜻을 나타내며, 의미상의 차이는 없다. 고문자에서 '彳'·'辵'·'行'·'止' 등은 서로 통용하였다.

3(6262) 冤 (원통할 원)

冤, 屈也. 从兔, 从冖. 兔在冖下, 不得走, 益屈折也.①
(「冤은 구부렸다는 뜻이다. 兔와 冖(멱)은 (모두) 의미부분이다. 토끼는 덮개 안에서는 도망을 못 치므로, 더욱 웅크린다.」)

①≪구두≫에서는 ≪구경자양(九經字樣)≫에 의거하여 '益(익)'을 '善(선)'으로 고쳐 썼다.

4(6263) 娩 (토끼 새끼 반)

娩, 兔子也. 娩, 疾也.① 从女·兔.
(「娩은 토끼의 새끼를 뜻한다. 娩은 빠르다는 뜻이다. 女(녀)와 兔는 (모두) 의미부분이다.」)

①단옥재(≪주≫)와 왕균(≪구두≫)은 '娩'자 앞에 '一曰(일왈, 일설에는)' 두 글자가 있어야 한다고 하였다.

5(6264) 毚 (빠를 부)

毚, 疾也.① 从三兔. 闕.②
(「毚는 빠르다는 뜻이다. 세 개의 兔자로 이루어졌다. (이 이상은 알 수 없어 해설란을) 비워둠.」)

①단옥재는 "≪옥편(玉篇)≫과 ≪광운(廣韻)≫에서는 모두 '매우 빠르다는 뜻이다'라고 하였다. 요즘은 趕(빠를 부)로 쓴다.(「≪玉篇≫·≪廣韵≫皆曰: '急疾也.' 今作趕.」)"라고 하였다.(≪주≫)

②≪계전≫에는 '闕(궐)'자가 없다.

兔부 兔 兔

단옥재는 발음을 모른다는 뜻인데, 그렇지만 그 발음은 확실히 전해지고 있다고 하였다.(《주》)

《주》에는 이 글자 다음에 '免(면)'자가 한 글자 더 있다. 그 내용을 소개하면 아래와 같다.

"兔, 兔逸也. 从兔不見足會意.(「免은 토끼가 달아난다는 뜻이다. 토끼가 다리가 안 보이는 (형태의) 회의자이다.」)"

그리고 단옥재는 이 글자에 대해 "허신의 책에서는 이 글자를 빠트렸다. 그런데 (이 글자는) 형성자에서 구성요소로 많이 쓰이기 때문에 없어서는 안 된다. 이제 보충한다. … 전대흔(錢大昕)은 '兔와 免은 마땅히 한 글자이다. 한(漢)나라 사람들이 예서에서 잘못 나누었는데, 그래서는 안 될 것 같다'라고 하였다.(「許書失此字. 而形聲多用爲偏旁, 不可闕也. 今補. … 錢氏大昕云: '兔免當是一字. 漢人作隸誤分之, 似未然.'」)"라고 주를 달았다.

文五.
(「정문(正文) 5자.」)

新1(6265) 兔 (토끼 준)

兔, 狡兔也. 从兔, 夋聲.
(「兔은 젊고 튼튼한 토끼를 뜻한다. 兔는 의미부분이고, 夋(준)은 발음부분이다.」)

文一. 新附
(「정문(正文) 1자. 신부자(新附字)」)

제376부 【莧】 부

1(6266) 莧 (환)①

莧, 山羊細角者. 从兔足②, 苜聲.③ 凡莧之屬皆从莧. 讀若丸. 寬字从此.④
(「莧은 산양(山羊)으로 뿔이 가는 놈이다. 토끼의 다리 부분은 의미부분이고, 苜(말)은 발음부분이다. 무릇 莧부에 속하는 글자는 모두 莧을 의미부분으로 삼는다. 丸(환)처럼 읽는다. 寬(관)자(의 宀(면) 아랫부분)는 이것을 따른 것이다.」)

①'莧'자는 ≪대한한사전(大漢韓辭典)≫에 보이지 않는다.
발음은 ≪광운(廣韻)≫에 따르면 '胡官切(호관절)' 즉 '환'이다.
②왕균은 "丷는 그 뿔이고, 目는 머리이며, 兆는 다리와 꼬리이다. 전체 상형인 듯하다.(「丷, 其角也. 目, 其首也. 兆則足與尾也. 似通體象形.」)"라고 하였다. (≪구두≫)
참고로 ≪한어고문자자형표(漢語古文字字形表)≫에서는 '莧'자의 전국(戰國)시대 금문으로 '莧'(<수춘정(壽春鼎)>)과 같은 글자를 수록하고 있다.
③서현 등은 "苜은 徒結切(도결절, 즉 뎔→절)이므로, 발음부분이 될 수 없다. 상형이 아닌가 한다.(「苜, 徒結切, 非聲. 疑象形.」)"라고 하였다.(대서본 ≪설문해자≫)
그런데 '苜'의 발음은 ≪광운≫에 따르면 '莫撥切(막발절)' 즉 '말'이다.('苜'자는 '苜(거여목 목)'자와 혼동하지 말아야 한다. 역주자)
참고로 제4편 상 제113부 <말부(苜部)> (2317) '苜'자 해설을 보면 "苜, 目不正也. 从丱, 从目. 莧从此. 讀若末.(「苜은 눈이 비뚤어졌다는 뜻이다. 丱(개·과)와 目(목)은 (모두) 의미부분이다. 莧자(의 윗부분)는 이것을 따른 것이다. 末(말)처럼 읽는다.」)"라고 하였다.
④≪주≫와 ≪의증≫에서는 '寬'을 '寬'으로 썼다.

文一.
(「정문(正文) 1자.」)

제377부 【犬】부

1(6267) 犬 (개 견)

犬, 狗之有縣蹏者也.① 象形.② 孔子曰: "視犬之字如畫狗."③ 凡犬之屬皆从犬.
(「犬은 개 중에서 발을 들어 올리는 종류를 가리킨다. 상형이다. 공자(孔子)는 "犬자를 보면 개를 그린 것 같다."라고 하였다. 무릇 犬부에 속하는 글자들은 모두 犬을 의미부분으로 삼는다.」)

①서호(徐灝)는 "犬은 보통 개와 사냥개의 통칭으로, 작은 것은 狗(구)라고 한다. 합해서 말할 때는 狗도 개의 통칭으로 쓰인다. 縣蹏(현제)는 대체로 사냥개를 가리키는 말일 것이다. 사냥개는 다리 가운데 하나는 땅에 대지 않는다.(「犬爲凡犬・獵犬之通名, 小者謂之狗. 渾言則狗亦爲通名矣. 縣蹏, 蓋指獵犬言, 惟獵犬足上有一趾不履地.」)"라고 하였다.(≪설문해자주전(說文解字注箋)≫)(바로 다음에 나오는 (6268) '狗'자 주해 ②번 참조)

'犬'자는 개를 그린 상형자이다. 갑골문과 금문을 보면 '犬'자는 배가 들어가고 꼬리가 올라 간 형태로 개의 특징을 잘 나타내고 있다.

소전의 자형은 간단하게 선으로만 그려서, 글자만을 보고는 이미 그 모양을 알아 볼 수 없게 되었다.

③공자가 이 말을 어디에서 했는지 알 수 없다. ≪설문해자≫에는 가끔씩 이렇게 공자가 말했다고 소개하는 글귀가 나오는데, 그 출처를 알 수 없는 것이 대부분이다.

2(6268) 狗 (개 구)

狗, 孔子曰: "狗, 叩也. 叩气吠以守."① 从犬, 句聲.②

(「狗, 공자(孔子)는 "狗란 叩(두드릴 고)와 같다. (개는) 두드리는 것 같은 소리를 내어 짖음으로써 (집을) 지킨다."라고 하였다. 犬은 의미부분이고, 句(구)는 발음부분이다.」)

①공자가 이 말을 어디에서 했는지 알 수 없다.
≪구두≫에는 '守(수)'자 다음에 '也(야)'자가 한 글자 더 있다.

②   금 문   후마맹서   소 전

갑골문에는 '狗'자가 보이지 않는다.

서주(西周) 금문과 전국(戰國)시대 후마맹서(侯馬盟書)에서의 자형 그리고 소전은 모두 '犬'과 '句'의 결합으로 이루어져 있다.

계복(≪의증≫)과 주준성(≪통훈정성≫)은 '犬'은 큰 개를 가리키고 '狗'는 작은 개를 가리킨다고 하는 ≪곡례(曲禮)≫의 소(疏)를 소개하고 있는데, '鳥(조)'와 '隹(추)'를 새의 꼬리가 길고 짧음으로 구분하는 경우와 마찬가지로, 사실상 이 둘의 차이점은 없다고 할 수 있다. 오히려 Jerry Norman이 ≪Chinese≫에서 말한 것처럼 "犬과 狗는 뜻의 차이가 있는 낱말이 아니라 각각 다른 지역에서 차용(借用)되어 온 낱말로서, 처음에는 같이 쓰이다가 세월이 지나면서 狗가 경쟁에서 승리하여, 오늘날 중국에서는 일부 지역(복건성(福建省) 북동 지역)을 제외하고는 狗가 널리 쓰이게 되었다"라는 주장이 좀 더 설득력이 있어 보인다.(전광진역, ≪중국언어학총론≫, 서울 동문선 1996, pp.34~35 참조)

3(6269) 獀 (가을에 사냥할 수, 수캐 수)

獀, 南越名犬獿獀.① 从犬, 叟聲.

(「獀는 남월(南越) 지방에서는 개를 뇨수(獿獀)라고 부른다. 犬은 의미부분이고, 叟(수)는 발음부분이다.」)

①≪계전≫과 ≪구두≫에는 '南越' 다음에 '人(인)'자가 한 글자 더 있다.

또한 ≪주≫에는 '玃獀' 다음에 '也(야)'자가 한 글자 더 있다. '玃獀'는 첩운(疊韻) 연면사(連綿詞)이다.

≪계전≫·≪의증≫·≪구두≫ 등에서는 '玃獀'를 '玃獀'로 썼다.

참고로 남월은 지금의 광동성(廣東省)과 광서성(廣西省) 일대를 가리킨다.

4(6270) 尨 (삽살개 방, 클 방)

尨, 犬之多毛者.① 从犬, 从彡. ≪詩≫曰: "無使尨也吠."②
(「尨은 개 가운데 털이 많은 놈을 뜻한다. 犬과 彡(삼)은 (모두) 의미부분이다. ≪시경(詩經)≫에 이르기를 "삽살개가 짖지 않도록 하세요."라고 하였다.」)

① 갑골문   소전

前4.52.3   佚946   설문해자

'尨'자는 갑골문과 소전 등의 자형이 모두 '犬'과 '彡'으로 이루어져 있다. 다만 갑골문에서는 배 부분의 털이 늘어져 있는 모양인데, 소전에서는 등 뒤에 털이 나 있는 모양이다.

이에 대해 이효정(李孝定)선생은 소전은 글자의 균형미를 고려한 것이 아닌가 생각한다고 하였다.(≪갑골문자전(甲骨文字典)≫)

②≪시경·소남(召南)·야유사균(野有死麕)≫에 나오는 글귀.

≪계전≫과 ≪구두≫에는 이다음에 "或曰: 尨, 狗也.(「일설에 尨은 개를 뜻한다고도 한다.」)"라는 글귀가 더 있다.

5(6271) 狡 (작은 개 교, 교활할 교)

狡, 少狗也.① 从犬, 交聲. 匈奴地有狡犬, 巨口而黑身.②
(「狡는 젊은 개를 뜻한다. 犬은 의미부분이고, 交(교)는 발음부분이다. 흉노(匈奴)지역에 狡犬이라는 개가 있는데, 큰 입에 검은 몸을 하고 있다.」)

①≪주≫와 ≪구두≫에서는 안사고(顔師古, 581~645)의 ≪급취편주(急就篇注)≫와 오숙(吳淑, 947~1002)의 ≪사류부주(事類賦注)≫ 등에 의거하여 '狗(구)'를 '犬'으로 썼다.

②단옥재는 "안사고는 ≪급취편≫주에서 이르기를: '狡犬은 흉노의 개 중에서 큰 개다. 큰 입에 붉은 몸을 하고 있다'라고 하였다.(「顔注≪急就篇≫曰: '狡犬, 匈奴中大犬也. 鉅口而赤身.'」)"라고 하였다.(≪주≫)

6(6272) 獪 (교활할 회·쾌)(고음 괴)

獪, 狡獪也.① 从犬, 會聲.②
(「獪는 교활(狡猾)하다는 뜻이다. 犬은 의미부분이고, 會(회)는 발음부분이다.」)

①주준성은 "본래 훈은 마땅히 '개가 약다'라고 해야 하는데, (뜻이) 옮겨 와서 사람을 말하게 되었다.(「本訓當謂犬黠, 移以言人.」)"라고 하였다.(≪통훈정성≫)

②≪주≫에서는 이 글자가 (6306) '狃(뉴)'자 다음에 있다. 이에 대해 단옥재는 "대서본(大徐本)에는 (이 글자가) 狡(교)와 獿(노) 두 글자 사이에 있는데, (이는) 옳지 않다. 이제 소서본(小徐本, 즉 ≪계전≫)과 ≪옥편(玉篇)≫에 의거하여 이 글자(즉 狃자) 다음에 놓는다.(「大徐本在狡獿二篆間, 非是. 今依小徐及≪玉篇≫次於此.」)"라고 하였다.

또 ≪주≫에는 "从犬, 會聲" 부분이 한 번 더 있다. 후대 편집상의 실수가 아닌가 한다.

7(6273) 獿 (사자개 노)

獿, 犬惡毛也.① 从犬, 農聲.②
(「獿는 개가 털이 숱이 많고 어지럽다는 뜻이다. 犬은 의미부분이고, 農(농)은 발음부분이다.」)

①서개는 "(惡(악)은) 숱이 많고 어지럽다는 뜻이다.(「濃而亂也.」)"라고 하였다.(≪계전≫)

②≪계전≫·≪의증≫·≪구두≫·≪교록≫ 등에서는 '農'을 '𧟰'으로 썼다.

참고로 '獿'의 고음은 음성운(陰聲韻) *nəw / nɑu(나우→노)와 양성운(陽聲韻) *nəwng / nuong(누옹→농) 등 두 가지이다.

8(6274) 猲 (사냥개 갈·헐; 으를 갑)(고음 할)

猲, ①短喙犬也. 从犬, 曷聲. ≪詩≫曰: "載獫猲獢."② ≪爾雅≫曰: "短喙犬謂之猲獢."③

(「猲은 주둥이가 짧은 개를 뜻한다. 犬은 의미부분이고, 曷(갈)은 발음부분이다. ≪시경(詩經)≫에서는 "주둥이가 긴 (사냥)개와 주둥이가 짧은 (사냥)개를 실었네"라고 하였고, ≪이아(爾雅)≫에서는 "주둥이가 짧은 개를 猲獢(헐효)라고 한다"라고 하였다.」)

①≪주≫에서는 ≪설문해자≫ 해설의 통례에 의거하여 '短(단)'자 앞에 '猲獢(헐효)' 두 글자를 보충하였다. 즉 "猲은 猲獢로, 주둥이가 짧은 개를 뜻한다"라고 풀이해야 한다는 의미이다.

≪구두≫에도 '短'자 앞에 '猲獢' 두 글자가 더 있다.

②현재 전해지는 ≪시경·진풍(秦風)·사철(四驖)≫에는 '載獫歇驕(재렴헐교)'로 되어 있다. '歇驕'는 '猲獢'와 같다. 쌍성(雙聲) 연면사(連綿詞)이면서, 단독으로도 쓰인다.

③≪이아·석수(釋獸)≫에 나오는 글귀.

9(6275) 獢 (주둥이 짧은 개 효)

獢, 猲獢也.① 从犬, 喬聲.

(「獢는 猲獢(헐효, 주둥이가 짧은 개)이다. 犬은 의미부분이고, 喬(교)는 발음부분이다.」)

①≪이아(爾雅)·석수(釋獸)≫를 보면 "주둥이가 긴 개는 獫(험·렴)이라고 하고, 주둥이가 짧은 개는 猲獢라고 한다.(「長喙, 獫; 短喙, 猲獢.」)"라고 하였다.

10(6276) 獫 (오랑캐 이름 험; 주둥이 긴 개 렴)

獫, 長喙犬.① 一曰: 黑犬, 黃頭. 从犬, 僉聲.

(「獫은 주둥이가 긴 개를 뜻한다. 일설에는 누런 머리의 검은 개를 가리킨다고도 한다. 犬은 의미부분이고, 僉(첨)은 발음부분이다.」)

①≪주≫와 ≪통훈정성≫에는 '犬'자 다음에 '也(야)'자가 한 글자 더 있다.

≪이아(爾雅)·석수(釋獸)≫를 보면 "주둥이가 긴 개는 獫이라고 하고, 주둥이가 짧은 개는 猲獢(헐효)라고 한다.(「長喙, 獫; 端喙, 猲獢.」)"라고 하였다.

11(6277) 狣 (검은 머리 누런 개 주)

狣, 黃犬, 黑頭.① 从犬, 主聲. 讀若注.

(「狣는 누런 개인데, 검은 머리를 하고 있다. 犬은 의미부분이고, 主(주)는 발음부분이다. 注(주)처럼 읽는다.」)

①≪통훈정성≫에는 '頭(두)'자 다음에 '也(야)'자가 한 글자 더 있다.

12(6278) 猈 (발바리 패)

猈, 短脛狗.① 从犬, 卑聲.

(「猈는 다리가 짧은 개를 뜻한다. 犬은 의미부분이고, 卑(비)는 발음부분이다.」)

①≪주≫에서는 '狗(구)'를 '犬'으로 썼다.

13(6279) 猗 (불알 깐 개 의; 부드러울 아)

猗, 犗犬也.① 从犬, 奇聲.

(「猗는 거세(去勢)한 개를 뜻한다. 犬은 의미부분이고, 奇(기)는 발음부분이다.」)

①단옥재는 "(거세한) 개를 猗라고 하는 것은, 말은 騬(승), 소는 犗(개), 양은 羠(이)라고 하는 것과 같다.(「犬曰猗, 如馬曰騬, 牛曰犗, 羊曰羠.」)"라고 하였다.(≪주≫)

14(6280) 臭 (개 노리고 볼 격)

臭, 犬視皃. 从犬, 从目.

(「臭은 개가 응시(凝視)하는 모습을 뜻한다. 犬과 目(목)은 (모두) 의미부분이다.」)

15(6281) 猪 (개 짖을 암)

猪, 竇中犬聲. 从犬, 从音, 音亦聲.

(「猪은 구멍에서 개가 짖는 소리이다. 犬과 音(음)은 (모두) 의미부분인데, 音은 발음부분이기도 하다.」)

16(6282) 默 (고요할 묵)

默, 犬暫逐人也.① 从犬, 黑聲. 讀若墨.

(「默은 개가 조용히 사람을 쫓아낸다는 뜻이다. 犬은 의미부분이고, 黑(흑)은 발음부분이다. 墨(묵)처럼 읽는다.」)

①계복은 송(宋) 대동(戴侗)의 ≪육서고(六書故)≫에서 인용한 당본(唐本) ≪설문해자≫에서 '暫(잠시 잠)'을 '潛(잠길 잠)'으로 쓴 것으로 볼 때, 오늘날의 판본에서의 '暫'은 '潛'을 잘못 쓴 것이라고 하였다.(≪의증≫)

서개는 "개가 조용히 소리 없이 사람을 쫓아낸다는 뜻이다.(「犬默無聲逐人.」)"라고 하였다.(≪계전≫)

17(6283) 猝 (갑자기 졸)

猝, 犬从艸暴出逐人也.① 从犬, 卒聲.
(「猝은 개가 풀에서 갑자기 뛰쳐나와 사람을 쫓아낸다는 뜻이다. 犬은 의미부분이고, 卒(졸)은 발음부분이다.」)

①≪구두≫에서는 대동(戴侗)의 ≪육서고(六書故)≫에 의거하여 '艸(초)'자 다음에 '中(중)'자 한 글자를 보충하였다.

18(6284) 猩 (성성이 성)

猩, 猩猩①, 犬吠聲. 从犬, 星聲.
(「猩은 '성성'으로, 개가 짖는 소리이다. 犬은 의미부분이고, 星(성)은 발음부분이다.」)

①단옥재는 "멀리서 개가 짖는 소리를 들으면, '성성'이라고 하는 것 같다.(「遠聞犬吠聲, 猩猩然也.」)"라고 하였다.(≪주≫)
참고로 현재 '猩猩이'라고 하면 원숭이과의 오랑우탄을 가리킨다.

19(6285) 獫 (개 연속 짖을 혐)

獫, 犬吠不止也.① 从犬, 兼聲. 讀若檻. 一曰: 兩犬爭也.
(「獫은 개 짖는 소리가 그치지 않는다는 뜻이다. 犬은 의미부분이고, 兼(겸)은 발음부분이다. 檻(함)처럼 읽는다. 일설에는 개 두 마리가 싸운다는 뜻이라고도 한다.」)

①≪계전≫에서는 '止(지)'를 '正(정)'으로 썼다.

20(6286) 猒 (개 소리 함)(속음 감)

猒, 小犬吠. 从犬, 敢聲. 南陽新亭有猒鄉.①
(「猒은 작은 개가 짖는다는 뜻이다. 犬은 의미부분이고, 敢(감)은 발음부분이다. 남양군(南陽郡) 신정현(新亭縣)에 함향(猒鄉)이 있다.」)

①≪주≫에서는 ≪한서(漢書)·지리지(地理志)≫에 의거하여 '新亭(신정)'을 '新野(신야)'로 고쳐 썼다. 지금의 하남성(河南省) 신야현을 가리킨다.

21(6287) 猥 (더러울 외, 함부로 외)

猥, 犬吠聲.① 从犬, 畏聲.
(「猥는 개가 짖는 소리이다. 犬은 의미부분이고, 畏(외)는 발음부분이다.」)

①단옥재는 "이것은 본래의 뜻이다. ≪광운(廣韻)≫에 이르기를 '비루(鄙陋)하다'라고 하였는데, (이것은) 현재의 뜻이다.(「此本義也. ≪廣韻≫曰: '鄙也.' 今義也.」)"라고 하였다.(≪주≫)

22(6288) 獿 (원숭이 노)①

獿, 獿獿也.② 从犬, 夒聲.③
(「獿는 개가 놀라 요란하게 짖는다는 뜻이다. 犬은 의미부분이고, 夒(노)는 발음부분이다.」)

①오늘날 이 뜻으로는 '猱(노)'자를 많이 쓴다. ≪대한한사전(大漢韓辭典)≫에서는 '獿'와 '猱'를 같은 글자라고 하였다.
단옥재는 "<치부(夂部)>에서 夒(원숭이 노)를 지금은 獶(개 이름 우; 원숭이 노)로 쓰기도 하고, 또 猱로 쓰기도 한다고 한 바 있다. 獿는 (이들과) 다른 글자에다가 뜻도 다르다.(「<夂部>夒, 今作獶, 作猱. 獿則別一字, 別一義.」)"라고 하였다.(≪주≫)

②단옥재는 '獥(요란할 교)'자 앞의 '獿'자는 정문(正文)을 다시 쓴 것으로, 없어도 된다고 하였다.
한편 왕균은 이 글귀는 마땅히 "獿獥로, 개가 요란하게 짖는 소리이다.(「獿獥, 犬駭吠也.」)"라고 해야 한다고 하였다.(≪구두≫)

위의 갑골문과 상(商)나라 금문을 보면 원숭이를 그린 모양의 상형자임을 알 수 있다. ≪고문자류편(古文字類編)≫(2010)에서는 이러한 자형을 '夒'자로 소개하고 있다.

23(6289) 獿 (요란할 교)

獿, 犬獿獿咳吠也.① 从犬, 翏聲.②

(「獿는 개가 놀라 요란하게 짖는다는 뜻이다. 犬은 의미부분이고, 翏(료)는 발음부분이다.」)

①≪통훈정성≫에서는 '獿獿(노노)'를 '獿'로 한 글자만 썼다.
또한 계복은 '咳(어린아이 웃을 해)'는 마땅히 '駭(놀랄 해)'로 써야 한다고 하였다.(≪의증≫)
②'翏'는 두 가지 발음 계통을 갖는 낱말이다.
그 하나는 [l-] 계통 발음으로 '憀(원망할 료)', '藜(여뀌 료)', '醪(막걸리 료)', '謬(그릇될 류)', '鎦(순금 류)' 등이 그러한 예이다.
다른 하나는 [k-] 계통 발음으로 '嶚(우뚝 솟을 교·료)', '膠(아교 교)', '嘐(시끄러울 교)', '摎(묶을 규; 흔들 류)' 등이 그러한 예이다. 따라서 '獿'는 '翏'가 [k-] 계통 발음으로 쓰인 예에 해당한다.

24(6290) 獖 (미워할 삼, 개가 구멍에 머리 내밀 삼)

獖, 犬容頭進也.① 从犬, 參聲. 一曰: 賊疾也.②

(「獖은 개가 (구멍에) 머리를 들이민다는 뜻이다. 犬은 의미부분이고, 參(삼·참)은 발음부분이다. 일설에는 해친다는 뜻이라고도 한다.」)

①단옥재는 '也(야)'자는 마땅히 '皃(모)'로 써야 한다고 하였다.(≪주≫)
②왕균은 '賊疾(적질)'에서 '疾'자는 쓸데없이 덧붙여진 글자라고 하였다.(≪구두≫) 이렇게 되면 '賊'자 한 글자만 풀이하면 되므로, 번역은 위와 같이 "일설에는 해친다는 뜻이라고도 한다"로 된다.

단옥재도 이 부분 '賊疾'은 오류가 있는 것 같다고 하였다.

25(6291) 㹣 (개를 부추길 장)

㹣, 嗾犬厲之也.① 从犬, 將省聲.②
(「㹣은 개를 짖도록 부추긴다는 뜻이다. 犬은 의미부분이고, 將(장)의 생략형은 발음부분이다.」)

①여기서의 '厲(숫돌에 갈 려)'자는 '勵(힘쓸 려, 권장할 려)'의 뜻이다.
②단옥재는 이 글자는 속자(俗字)로 '奬(권면할 장)'으로 쓴다고 하였다.(≪주≫)

26(6292) 㺇 (개 물 찬)

㺇, 齧也.① 从犬, 戔聲.
(「㺇은 (개가) 문다는 뜻이다. 犬은 의미부분이고, 戔(전·잔)은 발음부분이다.」)

①≪주≫에는 '齧(물 설)'자 앞에 '犬'자가 한 글자 더 있다.

27(6293) 狦 (사나운 개 산)

狦, 惡健犬也. 从犬, 刪省聲.
(「狦은 사납고 건장한 개를 뜻한다. 犬은 의미부분이고, 刪(산)의 생략형은 발음부분이다.」)

28(6294) 狠 (사나울 한, 개 싸우는 소리 한)

狠, 吠鬭聲.① 从犬, 艮聲.
(「狠은 (개가) 짖으면서 싸우는 소리이다. 犬은 의미부분이고, 艮(간)은 발음부분이다.」)

①≪주≫에서는 송본(宋本) ≪설문해자≫와 ≪집운(集韻)≫에 의거하여 '吠(짖을 폐)'를 '犬'으로 고쳐 썼다. 이렇게 되면 번역은 "개가 싸우는 소리이다"로 된다.

또한 계복(≪의증≫)과 왕균(≪구두≫)은 ≪옥편(玉篇)≫과 ≪집운≫에는 '吠'가 '犬'으로 되어 있다고 하였다.

또 ≪계전≫과 ≪주≫에서는 '鬭(싸울 투)'를 '鬥(각·투)'로 썼다.(이하 같음)

29(6295) 獞 (개 싸우는 소리 번·변)

獞, 犬鬭聲.① 从犬, 番聲.
(「獞은 개가 싸우는 소리이다. 犬은 의미부분이고, 番(번)은 발음부분이다.」)

　①≪계전≫에는 '聲(성)'자 다음에 '也(야)'자가 한 글자 더 있다.

30(6296) 狋 (개 으르렁거릴 의·최; 고을 이름 권)

狋, 犬怒皃. 从犬, 示聲. 一曰: 犬難得.① 代郡有狋氏縣.② 讀又若銀.③
(「狋는 개가 화난 모습을 뜻한다. 犬은 의미부분이고, 示(시)는 발음부분이다. 일설에는 개가 가까이 하기 어렵다는 뜻이라고도 한다. 대군(代郡)에 권씨현(狋氏縣)이 있다. 발음은 또 銀(은)처럼 읽는다.」)

　①≪주≫와 ≪구두≫에서는 ≪유편(類篇)≫과 ≪집운(集韻)≫에 의거하여 '得(득)'을 '附(붙을 부)'로 고쳐 썼다.
　②권씨현은 지금의 산서성(山西省) 혼원현(渾源縣) 동부에 있었다.
　③≪계전≫에는 '讀(독)'자 다음의 '又(우)'자가 없다.
　단옥재는 이 글귀는 바로 다음에 나오는 (6297) '狺(은)'자 끝 부분에 있어야 한다는 주장을 소개하고 있다.(≪주≫)

31(6297) 狺 (개 짖는 소리 은)

狺, 犬吠聲. 从犬, 斤聲.①
(「狺은 개가 짖는 소리이다. 犬은 의미부분이고, 斤(근)은 발음부분이다.」)

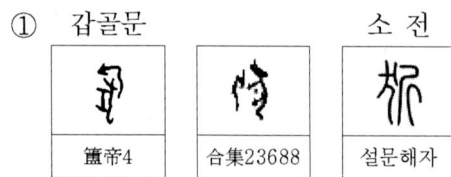

　①　　갑골문　　　　　　소 전

　　　　簠帝4　　合集23688　　설문해자

'狺'자는 갑골문과 소전의 자형이 모두 '犬'과 '斤'으로 이루어져 있다.

32(6298) 猣 (개가 사람 따를 삭)

猣, 犬猣猣不附人也.① 从犬, 舄聲. 南楚謂相驚曰猣.② 讀若愬

(「獡은 개가 잘 놀라고 사람을 잘 따르지 않는다는 뜻이다. 犬은 의미부분이고, 舃(석)은 발음부분이다. 초(楚) 지방 남부에서는 서로 놀라는 것을 獡이라고 한다. 愬(소·색)처럼 읽는다.」)

①'獡'은 ≪설문해자≫를 비롯하여 ≪주≫·≪의증≫·≪통훈정성≫·≪구두≫·≪교록≫ 등 각종 주석서 그리고 ≪옥편(玉篇)≫ 등에서는 모두 "사람을 잘 따르지 않는다(「不附人」)"라는 뜻으로 풀이하고 있다.

그런데 ≪대한한사전(大漢韓辭典)≫에서는 '獡'의 훈을 '개가 사람 따를 삭'이라고 하고 있는데, 그 근거가 무엇인지 알 수 없다.

②≪계전≫에서는 "讀若南楚相驚曰獡.(「발음은 남초(南楚) 지방에서 서로 놀라는 것을 獡이라고 할 때의 獡자처럼 읽는다.」)"이라고 하였는데, 아마 이것은 후대 편집상의 실수일 것이다.

참고로 ≪방언(方言)≫<권2>를 보면 "송(宋)·위(衛)·초(楚) 남부 지역 등에서는 서로 놀라는 것을 獡이라고 하기도 하고, 또는 透(투)라고도 한다.(「宋·衛·南楚凡相驚曰獡, 或曰透.」)"라고 하였다.

33(6299) 獷 (개 광)

獷, 犬獷獷不可附也. 从犬, 廣聲. 漁陽有獷平縣.①
(「獷은 개가 사나워 가까이 할 수 없다는 뜻이다. 犬은 의미부분이고, 廣(광)은 발음부분이다. 어양군(漁陽郡)에 광평현(獷平縣)이 있다.」)

①광평현은 지금의 하북성(河北省) 밀운현(密雲縣) 동북부에 있었다.

34(6300) 狀 (형상 상·장)

狀, 犬形也.① 从犬, 爿聲.②
(「狀은 개의 형상(形狀)을 뜻한다. 犬은 의미부분이고, 爿(장)은 발음부분이다.」)

①단옥재는 "(개의 형상에서) 인신(引伸)하여 (일반적인) 형상이 된 것은, (개가 비슷하다는 뜻의) 類(류)의 인신이 '같은 종류'라는 뜻이 된 것과 같다.(「引伸爲形狀, 如類之引伸爲同類也.」)"라고 하였다.(≪주≫)

② 금문　　　　소전

갑골문에는 '狀'자가 보이지 않고, 전국(戰國)시대 금문과 소전의 자형은 '狀'으로 같다.

35(6301) 戕 (장)①

戕, 妄彊犬也.② 从犬, 从壯, 壯亦聲.③
(「戕은 미친 듯이 힘이 센 개를 뜻한다. 犬과 壯(장)은 (모두) 의미부분인데, 壯은 발음부분이기도 하다.」)

①'戕'자는 ≪대한한사전(大漢韓辭典)≫에 보이지 않는다.
발음은 ≪광운(廣韻)≫에 따르면 평성(平聲) '在良切(재량절)' 즉 '장'과 상성(上聲) '徂朗切(조랑절)' 즉 '장' 등 두 가지이다.
한편 대서본 ≪설문해자≫·≪주≫·≪의증≫·≪구두≫·≪교록≫ 등에서는 모두 '徂朗切'이라고 하였다.
②≪계전≫에서는 '彊(강)'을 '强(강)'으로 썼다.
③≪계전≫에서는 "從犬, 壯聲.(「犬은 의미부분이고, 壯은 발음부분이다.」)"이라고 하였다.

36(6302) 獒 (개 오)

獒, 犬如人心可使者.① 从犬, 敖聲. ≪春秋傳≫曰: "公嗾夫獒."②
(「獒는 개가 사람의 마음과 같아 가히 부릴 수 있는 놈을 뜻한다. 犬은 의미부분이고, 敖(오)는 발음부분이다. ≪춘추전(春秋傳)≫에 이르기를 "진(晉) 영공(靈公)이 그 사나운 개를 불렀다."라고 하였다.」)

①≪주≫에서는 '如(여)'를 '知(지)'로 썼다. 이에 따르면 번역은 "개가 사람의 마음을 알아…"로 된다.
단옥재는 "知는 한편으로 如로 쓰기도 한다.(「知一作如.」)"라고 하였다.
②≪춘추좌전(春秋左傳)·선공(宣公) 2년≫에 나오는 글귀.

37(6303) 獳 (개 으르렁거릴 누)

獳, 怒犬皃. 从犬, 需聲. 讀若槈.

(「獳는 사나운 개의 모습을 뜻한다. 犬은 의미부분이고, 需(수)는 발음부분이다. 槈(누)처럼 읽는다.」)

38(6304) 猎 (핥을 시; 탐낼 탑)

猎, 犬食也.① 从犬, 从舌.② 讀若比目魚鰈之鰈③

(「猎은 개가 먹는다는 뜻이다. 犬과 舌(설)은 (모두) 의미부분이다. 발음은 비목어(比目魚, 눈이 나란히 있는 물고기)인 鰈(가자미 접·탑)자처럼 읽는다.」)

①≪이아(爾雅)·석수(釋獸)≫를 보면 "(먹는다는 뜻으로) 소는 齝(치)라고 하고, 양은 齥(세), 사슴은 齸(익), 새는 嗉(소) 그리고 집에 사는 쥐는 嗛(겸)이라고 한다.(「牛曰齝, 羊曰齥, 麋鹿曰齸, 鳥曰嗉, 寓鼠曰嗛.」)"라고 하였는데, 단옥재는 마땅히 '犬曰猎'를 보충해야 한다고 하였다.(≪주≫)

②≪계전≫에서는 "舌聲.(「舌은 발음부분이다.」)"이라고 하였고, ≪구두≫에서는 "從犬, 從舌, 舌亦聲.(「犬과 舌은 (모두) 의미부분인데, 舌은 발음부분이기도 하다.」)"이라고 하였다.

주준성은 '舌'은 '甜(첨)'의 생략형으로 발음부분이라고 하였다.(≪통훈정성≫)

참고로 '猎'의 고음은 입성운(入聲韻) *t'ɑp / t'ɑp(탑)이고, '舌'의 고음은 역시 입성운 *zdjiat / źiæt(잳→설)이다. 두 글자는 상고음(上古音)의 주모음(主母音)이 [ɑ]로 같고, 운미(韻尾)는 입술소리 [-p]과 혀 끝 가운데 소리[설첨중음(舌尖中音)] [-t]으로 발음 부위가 가깝다. 따라서 약간 멀기는 하지만 '猎'자에서 '舌'은 발음부분이 될 수 있다. 고대에 서로 다른 운미를 가진 입성운끼리 협운을 하는 것은 흔하지는 않지만 전혀 없는 일은 아니다. 그러므로 ≪계전≫과 ≪구두≫에서 '猎'자에서 '舌'이 발음부분이라는 풀이는 어느 정도 근거가 있는 것이다.

③≪이아(爾雅)·석지(釋地)≫를 보면 "동방에 비목어가 사는데, 서로 어울리지도 않고 돌아다니지도 않는다. 그 이름을 일컬어 鰈이라고 한다.(「東方有比目魚焉, 不比不行, 其名謂之鰈.」)"라고 하였다.

39(6305) 狎 (익숙할 압)

狎, 犬可習也. 从犬, 甲聲.

(「狎은 개는 가히 훈련을 시킬만하다는 뜻이다. 犬은 의미부분이고, 甲(갑)은 발음부분이다.」)

40(6306) 狃 (개 버르장머리 사나울 뉴, 익숙할 뉴)

狃, 犬性驕也.① 从犬, 丑聲.②
(「狃는 개가 성질이 못되었다는 뜻이다. 犬은 의미부분이고, 丑(축·추)는 발음부분이다.」)

①《계전》·《주》·《구두》 등에서는 '驕(교만할 교)'를 '忕(사치할 태, 익숙할 태)'로 썼다.

이에 대해 뉴수옥은 《설문해자》에는 '忕'자가 없으므로 이는 틀린 것이라고 하면서, '忕'는 '泰(태)'의 속체(俗體)라고 하였다.(《교록》)

그런데 서개는 '忕'는 '慣習(관습)'이라는 뜻이라고 하였고(《계전》), 단옥재는 '習' 즉 '익숙하다'라는 뜻이라고 하면서 발음은 여제절(余制切, 즉 '예')이라고 하였다(《주》).

② 서주금문   춘추금문   소 전

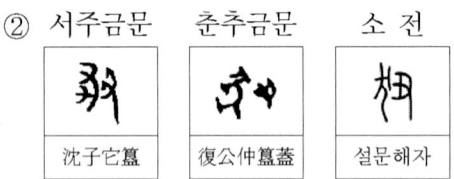

| 沈子它簋 | 復公仲簋蓋 | 설문해자 |

갑골문에는 '狃'자가 보이지 않고, 금문과 소전의 자형은 '狃'로 같다.

'狃'의 고음은 음성운(陰聲韻) *njəw / ńiəu(녀우→뉴)와 *niəw / ṇiəu(녀우→뉴) 그리고 입성운(入聲韻) *niəwk / ṇiuk(뉵) 등 세 가지이고, '丑'의 고음은 음성운 *t'niəw / ţ'iəu(텨우→추)이다. 두 글자는 '狃'를 어떻게 읽던 상관없이 상고음(上古音)의 주모음(主母音)이 [əw]로 같다. 그래서 '狃'자에서 '丑'가 발음부분이 될 수 있는 것이다.

위에서 보듯이 '丑'의 발음은 본래 '추'로서, '축'으로 읽는 것은 속음(俗音)이다.

또한 '丑'은 상고 시대에는 첫소리가 [t'-]와 [n-] 두 개를 가지는 복성모(複聲母) 글자였다. 예를 들어 '啾(소리 추)'·'榴(고을 이름 추)' 등은 [t'-] 계열 글자들이고, '妞(성 뉴)'·'忸(익을 뉴; 부끄러워 할 뉵)'·'扭(비빌 뉴)'·'炄(반쯤 말릴 뉴)'·'紐(끈 뉴)'·'鈕(단추 뉴)'·'衄(코피 뉵)'·'蚒(그리마 뉵)' 등은 [n-] 계열 글자들이며, '杻(싸리 뉴; 수갑 추)'자는 두 가지 발음 계열을 모두 가진 글자이다.

'狃'는 '표'이 [n-] 계통 발음으로 쓰인 예에 해당한다.

41(6307) 犯 (범할 범)

犯, 侵也.① 从犬, 㔾聲.②
(「犯은 침범한다는 뜻이다. 犬은 의미부분이고, 㔾(절)은 발음부분이다.」)

①≪계전≫·≪주≫·≪구두≫ 등에서는 '侵(침)'을 '傻'으로 썼다.
단옥재는 "본래는 개(가 침범함)를 일컬었는데, 가차(假借)하여 사람(이 침범함)을 일컫는다.(「本謂犬, 叚借之謂人.」)"라고 하였다.(≪주≫)

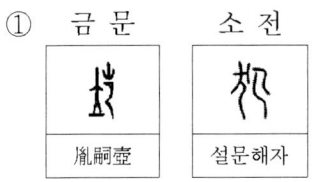

갑골문에는 '犯'자가 보이지 않고, 전국(戰國)시대 금문은 '犬' 대신, '立(립)'과 '卝'을 썼다.

②'犯'의 고음은 양성운(陽聲韻) *bjwam / biuɑm(뷔암→범)이고, '㔾'의 고음은 입성운(入聲韻) *tset / tsiɛt(젣→절)이다. 두 글자는 상고음(上古音)과 중고음(中古音)이 모두 다르기 때문에 협운을 할 수 없는데, '㔾'이 어떻게 해서 '犯'자의 발음부분이 되는지 알 수 없다.

뉴수옥은 ≪오경문자(五經文字)≫에서 '㔾'은 '己(기)'자를 잘못 쓴 것이라고 하였다고 하였다.(≪교록≫)

한편 ≪통훈정성≫에서는 "从犬, 弓聲.(「犬은 의미부분이고, 弓(궁)은 발음부분이다.」)"이라고 하였다.

42(6308) 猜 (시기할 시)

猜, 恨賊也.① 从犬, 靑聲.②
(「猜는 미움이 (다른 사람을) 해친다는 뜻이다. 犬은 의미부분이고, 靑(청)은 발음부분이다.」)

①단옥재는 "본래는 개(가 시기함)를 일컬었는데, 가차(假借)하여 사람(이 시기함)을 일컫는다.(「本謂犬, 叚借之謂人.」)"라고 하였다.(≪주≫)

②'猜'의 고음은 음성운(陰聲韻) *ts'əɣ / ts'əi(처이→시)이고, '青'의 고음은 양성운(陽聲韻) *ts'eng / ts'iɛng(쳉→청)과 *tseng / tsiɛng(젱→청) 등 두 가지이다. 두 글자는 첫소리가 모두 [ts-] 계열로서 쌍성(雙聲) 관계이고, 상고음(上古音)의 주모음(主母音)은 [ə]와 [e]로 발음 위치가 가까우며, 운미(韻尾)는 혀뿌리소리 [설근음(舌根音)]인 [-ɣ]과 [-ng]으로 발음 부위가 같다. 그래서 약간 멀기는 하지만 '猜'자에서 '青'이 발음부분이 될 수 있는 것이다. 고대에 음성운과 양성운이 협운을 하는 것은 흔하지는 않지만 전혀 없는 일은 아니다.

43(6309) 猛 (사나울 맹)

猛, 健犬也. 从犬, 孟聲.
(「猛은 건장(健壯)한 개를 뜻한다. 犬은 의미부분이고, 孟(맹)은 발음부분이다.」)

44(6310) 犺 (건장한 개 강)

犺, 健犬也. 从犬, 亢聲.
(「犺은 건장(健壯)한 개를 뜻한다. 犬은 의미부분이고, 亢(항)은 발음부분이다.」)

45(6311) 狜 (겁낼 겁)

狜, 多畏也.① 从犬, 去聲.② 怯, 杜林說: "狜从心."
(「狜은 (개가) 많이 무서워한다는 뜻이다. 犬은 의미부분이고, 去(거)는 발음부분이다. (6311-1) 怯, 두림(杜林)은 狜은 (犬 대신) 心(심)을 쓴다고 주장하였다.」)

①단옥재는 "본래는 개(가 무서워함)를 일컬었는데, 가차(假借)하여 사람(이 무서워함)을 일컫는다.(「本謂犬, 叚借謂人..」)"라고 하였다.(≪주≫)
②'狜'의 고음은 입성운(入聲韻) *k'jap / k'iɑp(캅→겁)이고, '去'의 고음은 음성운(陰聲韻) *k'jaɣ / k'io(쿄→거)이다. 두 글자는 첫소리가 [k'-]로 같고, 상고음(上古音)의 주모음(主母音) 역시 [a]로 같다. 그래서 '狜'자에서 '去'가 발음부분이 될 수 있는 것이다. 고대에는 음성운과 입성운이 협운을 하기도 하였다.

46(6312) 獜 (건장할 린)

獜, 健也.① 从犬, 粦聲. ≪詩≫曰: "盧獜獜."②
(「獜은 (개가) 건장(健壯)하다는 뜻이다. 犬은 의미부분이고, 粦(린)은 발음부분이

다. ≪시경(詩經)≫에 이르기를 "검은 사냥개 건장하기도 하지."라고 하였다.」)

①≪구두≫에서는 ≪광운(廣韻)≫에 의거하여 이 글귀를 "獜獜, 犬健也.(「獜獜으로, 개가 건장하다는 뜻이다.」)"로 고쳐 썼다.

②현재 전해지는 ≪시경・제풍(齊風)・노령(盧令)≫에는 '盧令令(로령령)'으로 되어 있다.

47(6313) 獧 (급할 현, 뛸 현; 패려궂을 견)

獧, 疾跳也. 一曰: 急也. 从犬, 瞏聲.①
(「獧은 빠르게 뛰어오른다는 뜻이다. 일설에는 급하다는 뜻이라고도 한다. 犬은 의미부분이고, 瞏(경)은 발음부분이다.」)

①'獧'의 고음은 *kewan / kiuɛn(귀엔→견)이고, '瞏'의 고음은 *gjiweng / giuæng(귀앵→경)이다. 두 글자는 첫소리가 [k-] 계열로 비슷하고, 상고음(上古音)의 주모음(主母音)은 각각 [a]와 [e]로 발음 부위가 가까우며, 운미(韻尾) 역시 콧소리[비음(鼻音)]인 [-n]과 [-ng]으로 비슷하다. 그래서 '獧'자에서 '瞏'이 발음부분이 될 수 있는 것이다.

참고로 '瞏'자와 통용되는 '睘(경)'자의 고음을 알아보면 *ɣrjiwan / ziuæn(쥐앤→선)과 *gjiweng / giuæng 등 두 가지이다.

48(6314) 倏 (잠깐 숙)

倏, 走也.① 从犬, 攸聲.② 讀若叔.
(「倏은 (개가) 달린다는 뜻이다. 犬은 의미부분이고, 攸(유)는 발음부분이다. 叔(숙)처럼 읽는다.」)

①≪주≫와 ≪구두≫에서는 ≪고금운회(古今韻會)≫에 의거하여 이 글귀를 "犬疾走也.(「개가 질주(疾走)한다는 뜻이다.」)"라고 고쳐 썼다.

②'倏'의 고음은 입성운(入聲韻) *stʰjəwk / śiuk(쉭→숙)이고, '攸'의 고음은 음성운(陰聲韻) *riəw / iəu(어우→유)이다. 두 글자는 상고음(上古音)의 주모음(主母音)이 [əw]로 같다. 그래서 '倏'자에서 '攸'가 발음부분이 될 수 있는 것이다. 고대에는 음성운과 입성운이 협운을 하기도 하였다.

49(6315) 狟 (오소리 훤; 개 다닐 환)

狟, 犬行也. 从犬, 亘聲. <周書>曰: "尚狟狟."①
(「狟은 개가 다닌다는 뜻이다. 犬은 의미부분이고, 亘(선·환)은 발음부분이다. <주서(周書)>에 이르기를 "바라건대 용맹하라."라고 하였다.」)

①현재 전해지는 ≪서경(書経)·주서·목서(牧誓)≫에는 '尙桓桓(상환환)'으로 되어 있다.

50(6316) 狒 (개 성낼 패)

狒, 過弗取也.① 从犬, 市聲.② 讀若孛.
(「狒는 (개가) 지나가도 취하지 않는다는 뜻이다. 犬은 의미부분이고, 市(불)은 발음부분이다. 孛(패)처럼 읽는다.」)

①단옥재는 "이 대목은 오자(誤字)가 있다. ≪옥편(玉篇)≫에서는 단순히 '개가 지나간다는 뜻이다.(「犬過.」)'라고 하였고, ≪광운(廣韻)≫에서는 '취하지 않는다는 뜻이다.(「拂取.」)'라고만 하였으므로, 당연히 둘을 합하여 '개가 지나가도 취하지 않는다는 뜻이다.(「犬過拂取.」)'라고 해야 하지 않을까 생각한다.(「此有誤字. ≪玉篇≫但云: '犬過.' ≪廣韵≫但云: '拂取.' 疑當合之曰: '犬過拂取.'」)"라고 하였다.(≪주≫)
장순휘(張舜徽)는 "대체로 狒를 발음으로 뜻을 풀이하면 暴(폭)으로, 목적한 곳으로 질주하니, 근처에 있는 것을 취할 겨를이 없다는 뜻이다.(「蓋狒之言暴也, 謂疾有所趣, 不暇旁顧有所取也.」)"라고 하였다.(≪설문해자약주(說文解字約注)≫)
②'狒'의 고음은 음성운(陰聲韻) *p'war / p'uɑi(퐈이→패)이고, '市'의 고음은 입성운(入聲韻) *p'wat / p'uɑt(퐌→불)이다. 두 글자는 첫소리가 [p'-]로 같고, 상고음(上古音)의 주모음(主母音) 역시 [a]로 같으며, 운미(韻尾)는 혀 끝 가운데 소리[설첨중음(舌尖中音)]인 [-r]와 [-t]으로 발음 부위가 같다. 그래서 '狒'자에서 '市'이 발음부분이 될 수 있는 것이다. 고대에는 음성운과 입성운이 협운을 하기도 하였다.

51(6317) 猭 (개가 성나 귀를 벌죽거릴 적)

猭, 犬張耳兒.① 从犬, 昜聲.
(「猭은 개가 귀를 벌린 모습을 뜻한다. 犬은 의미부분이고, 昜(역)은 발음부분이다.」)

①≪계전≫과 ≪구두≫에는 '犬'자 다음에 '開(개)'자가 한 글자 더 있다.

52(6318) 㹞 (개 성낼 은)

㹞, 犬張齗怒也. 从犬, 來聲.① 讀又若銀.②
(「㹞은 개가 잇몸을 들어내며 성을 낸다는 뜻이다. 犬은 의미부분이고, 來(래)는 발음부분이다. 또 銀(은)이라고도 읽는다.」)

①단옥재는 "이 글자는 犬과 來가 (모두) 의미부분인 회의자이다. 聲(성)자는 쓸 데없이 덧붙여진 것이므로 마땅히 없애야 한다.(「此从犬·來, 會意. 聲字衍, 當刪.」)"라고 하였다.(≪주≫)

그렇지만 '㹞'의 고음은 양성운(陽聲韻) *ngliən / ngien(옌→은)이고, '來'의 고음은 음성운(陰聲韻) *lə/ ləi(러이→래)이다. 두 글자는 상고음(上古音)의 주모음(主母音)이 [ə]로 같다. 따라서 '㹞'자에서 '來'가 발음부분이라는 풀이는 근거가 아주 없는 것은 아니다. 또한 고대에 음성운과 양성운이 협운을 하는 것은 흔한 일은 아니지만 전혀 없는 것도 아니다.

참고로 ≪고문자류편(古文字類編)≫(2010)에서는 '㹞'자의 서주(西周) 금문으로 '臼(구)'가 더해진 '𩰫'(<은유(㹞卣)>)·'𩰫'(<은정(㹞鼎)>) 등과 같은 글자를 수록하고 있다.

②단옥재는 '又(우)'자는 쓸데없이 덧붙여진 것이라고 하였다.

53(6319) 犮 (개 달아날 발)

犮, 走犬皃.① 从犬而ノ之也. 其足則剌犮也.②
(「犮은 개를 달리게 하는 모습을 뜻한다. 犬에서 (하나를) 줄였다. 그 다리를 (잡아당겨) 사도록 한다는 뜻이다.」)

①≪주≫와 ≪구두≫에서는 ≪옥편(玉篇)≫과 ≪광운(廣韻)≫에 의거하여 '走犬(주견)'을 '犬走'로 고쳐 썼다. 이에 다르면 번역은 "개가 달리는 모습을 뜻한다"로 된다.

②≪계전≫·≪주≫·≪의증≫·≪통훈정성≫·≪구두≫·≪교록≫ 등에서는 모두 이 글귀를 "从犬而ノ之. 曳其足則剌犮也.(「犬자에 ノ을 친 형태이다. 다리를 잡아당기면 즉 가게 된다는 뜻이다.」)"라고 하였다.

단옥재는 "剌犮(랄발)은 가는 모습을 뜻한다. 剌은 발음이 辣(랄)이고, 犮은 址

(발)과 발음과 뜻이 같다. (제2편 상 <발부(癶部)> (1077)) 址자에서 이르기를: '발이 (서로) 등지고 있다는 뜻이다'라고 하였다.(「剌㐱, 行皃. 剌音辣, 㐱與址音義同. 址下曰: '足剌址也.'」)"라고 하였다.(≪주≫)

54(6320) 戾 (어그러질 려·렬)

戾, 曲也. 从犬出戶下.① 戾者, 身曲戾也.
(「戾는 굽었다는 뜻이다. 개[犬]가 문[戶(호)] 아래에서 나오는 형태(의 회의자)이다. 戾은 몸이 굽었다는 뜻이다.」)

①≪주≫에서는 이다음에 "犬出戶下爲(「개가 문 아래로 나오려고」)"라는 글귀를 더하였다. 즉 "개가 문 아래로 나오려고 굽었다는 것은 몸을 굽히고 비틀었다"라는 의미이다.

55(6321) 獨 (홀로 독)

獨, 犬相得而鬬也.① 从犬, 蜀聲. 羊爲羣, 犬爲獨也.② 一曰: 北嚻山有獨㹿獸, 如虎, 白身, 豕鬣, 尾如馬.③
(「獨은 개가 서로 만나 싸운다는 뜻이다. 犬은 의미부분이고, 蜀(촉)은 발음부분이다. 양(羊)은 무리를 짓지만 개는 혼자 다닌다. 일설에는 북효산(北嚻山)에 독욕(獨㹿)이라는 짐승이 있는데, 호랑이 같은 모양에, 몸은 희고, 갈기는 돼지와 같고, 꼬리는 말과 같다고 한다.」)

①≪계전≫·≪주≫·≪통훈정성≫ 등에서는 '鬬(싸울 투)'를 '鬥(싸울 각·투)'로 썼다.
단옥재는 "鬥를 다른 책에서는 鬬로 쓰고 있는데, 이제 바로잡는다. 무릇 '싸운다'는 뜻의 글자는 허신은 鬥를 쓴다. 鬬는 '만나다'라는 뜻이다. 그 뜻이 각각 다르다. 오늘날 사람들은 鬬를 정자(正字)라고 하고, 鬥는 속자(俗字)라고 일컫는데, 틀린 것이다.(「鬥各本作鬬, 今正. 凡爭鬥字許作鬥. 鬬者, 遇也. 其義各殊. 今人乃謂鬬正, 鬥俗, 非也..」)"라고 하였다.(≪주≫)
②≪주≫에는 '獨'자 다음의 '也(야)'자가 없다.
③≪산해경(山海經)·북산경(北山經)≫에 보인다.

56(6322) 狢 (짐승 이름 욕)

狢, 獨狢, 獸也.① 从犬, 谷聲.
(「狢은 獨狢(독욕)으로, 짐승(의 이름)이다. 犬은 의미부분이고, 谷(곡)은 발음부분이다.」)

　①≪계전≫에는 '獸(수)'자 다음의 '也(야)'자가 없다.

57(6323) 獮 (가을 사냥 선)

獮, 秋田也.① 从犬, 璽聲.② 祢, 獮或从豕.③ 宗廟之田也, 故从豕・示.
(「獮은 가을에 하는 사냥을 뜻한다. 犬은 의미부분이고, 璽(새)는 발음부분이다. (6323-1) 祢은 獮의 혹체자(或體字)로 (犬 대신) 豕(시)를 썼다. 종묘(宗廟)를 위한 사냥이므로, 그래서 豕와 示(시)를 쓴 것이다.」)

　①현재 이 뜻으로는 '獮(선)'자를 쓴다.
　≪주≫에서는 '秋(추)'를 '秌'로 썼다.
　②'獮'의 고음은 양성운(陽聲韻) *snjian / siæn(샌→선)이고, '璽'의 고음은 음성운(陰聲韻) *sjier / siI(시→새)이다. 두 글자는 첫소리가 [s-]로 같고, 상고음(上古音)의 주모음(主母音)은 각각 [a]와 [e]로 비슷하며, 운미(韻尾)는 혀 끝 가운데 소리[설첨중음(舌尖中音)]인 [-n]와 [-r]로 발음 부위가 같다. 그래서 '獮'자에서 '璽'가 발음부분이 될 수 있는 것이다. 고대에 음성운과 양성운이 협운을 하는 것이 흔한 일은 아니지만 전혀 없는 것은 아니다.
　③≪계전≫과 ≪구두≫에는 '豕'자 다음에 '作(작)'자가 한 글자 더 있다.

58(6324) 獵 (사냥 렵)

獵, 放獵, 逐禽也.① 从犬, 巤聲.②
(「獵은 放獵(방렵)으로, 짐승을 쫓는다는 뜻이다. 犬은 의미부분이고, 巤(렵)은 발음부분이다.」)

　①≪계전≫에서는 '放'을 '畋(사냥할 전)'으로 썼다. 이에 따르면 번역은 "사냥하며 짐승을 쫓는다는 뜻이다"로 된다.
　또한 ≪구두≫에서는 ≪유편(類篇)≫에 의거하여 '放'을 '校(교)'로 고쳐 썼다. '校獵(교렵)'이란 사냥을 뜻하는 한(漢)나라 때의 말이다.

犬부 獵獠狩

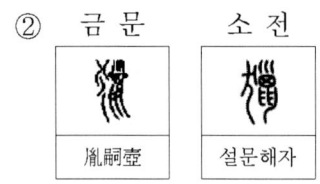
② 금문　소전
胤嗣壺　설문해자

갑골문에는 '獵'자가 보이지 않고, 전국(戰國)시대 금문과 소전의 자형은 '獵'으로 같다.

59(6325) 獠 (밤사냥 료)

獠, 獵也. 从犬, 尞聲.
(「獠는 사냥한다는 뜻이다. 犬은 의미부분이고, 尞(료)는 발음부분이다.」)

60(6326) 狩 (겨울 사냥 수)

狩, 犬田也.① 从犬, 守聲.② ≪易≫曰: "明夷于南狩."③
(「狩는 개를 풀어 사냥한다는 뜻이다. 犬은 의미부분이고, 守(수)는 발음부분이다. ≪주역(周易)≫에 이르기를 "우는 사다새[鵜鶘鳥(제호조)]를 남쪽에서 사냥하다."라고 하였다.」)

①≪주≫와 ≪구두≫에서는 ≪고금운회(古今韻會)≫에 의거하여 '犬'을 '火(화)'로 고쳐 썼다. 즉 "불을 놓아 사냥한다"는 의미이다.
'火田'은 겨울에 한다. 단옥재는 "허신이 '겨울에 하는 사냥'이라고 하지 않고, 火田이라고 설명한 것은 火田은 반드시 겨울에 하기 때문이다.(「許不偁冬獵而偁火田者, 火田必於冬.」)"라고 하였다.(≪주≫)
②고홍진(高鴻縉)은 '獸(수)'가 본래 '사냥하다'라는 뜻의 동사였는데 뒤에 '짐승'이라는 명사로 쓰이게 되자, 주(周)나라 말기에 새로 '狩'라는 형성자를 만들어 동사로 '사냥하다'의 자리를 보충하였다고 하였다.(≪중국자례(中國字例)≫)
주방포(朱芳圃) 역시 '獸'는 '狩'의 초문(初文)이라고 하였다.(≪은주문자석총(殷周文字釋叢)≫)
참고로 '獸'자는 갑골문과 금문을 보면 '𤝞'(<전(前) 6.49.5>)·'𤠔'(<갑(甲) 1656>)·'𤠔'(<재보궤(宰甫簋)>)·'𤠔'(<사수정(史獸鼎)>) 등과 같은 자형으로, '干(간)' 또는 '單(단)'과 '犬'으로 이루어져 있다. '干'과 '單'은 모두 사냥 도구이고,

개 역시 사냥할 때 짐승을 모는 역할을 하므로, '獸'는 '사냥하다'라는 뜻을 나타내는 회의자임을 알 수 있다.(제14편 하 제512부 <휴부(嘼部)> (9689) '獸'자 참조)

③≪주역·명이(明夷)≫에 나오는 글귀. '明夷(명이)'는 '鳴鶂(명제)'를 가차(假借)해서 쓴 글자이다.

61(6327) 臭 (냄새 취)

臭, 禽走, 臭而知其迹者, 犬也. 从犬, 从自.①
(「臭, 짐승이 달아나면, 냄새를 맡아 그 자취를 아는 놈이 개이다. 犬과 自(비)는 (모두) 의미부분이다.」)

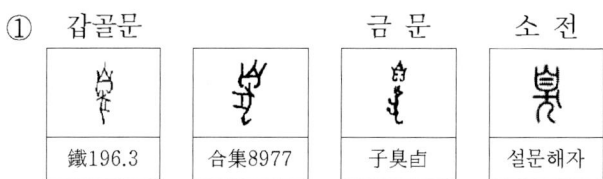

'臭'자는 갑골문과 서주(西周) 금문을 보면 코를 그린 상형자인 '自'와 '犬'으로 이루어져 있다. 소전도 이와 같다. 즉 개가 냄새를 맡는다는 뜻을 나타내는 회의자임을 알 수 있다.

≪계전≫에는 '从'(즉 從)자 앞에 '故(고)'자가 한 글자 더 있다. "그러므로 …"라는 의미이다.

참고로 '自'는 본래 '코'를 그린 상형자였다. 그런데 후에 '스스로'라는 뜻으로 가차(假借)되어 가자, 다시 '鼻(비)'자를 만들어 그 자리를 보충하였다.

62(6328) 獲 (얻을 획)

獲, 獵所獲也. 从犬, 蒦聲.①
(「獲은 사냥을 해서 얻은 것을 뜻한다. 犬은 의미부분이고, 蒦(약)은 발음부분이다.」)

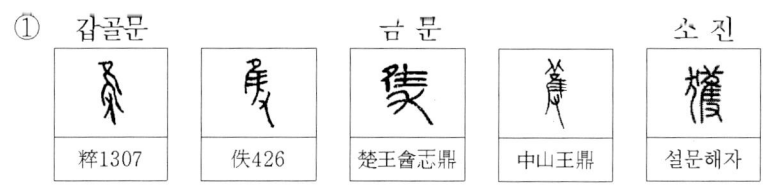

'獲'자는 갑골문과 전국(戰國)시대 금문에서는 단지 '隻(척)' 또는 '蒦'(<중산왕정(中山王鼎)>)으로 썼다.

서중서(徐中舒)는 '隻'은 손[又(우)]으로 새[隹(추)]를 잡고 있는 의미를 나타내는 것으로 '獲'의 초문(初文)이라고 하였다.(≪갑골문자전(甲骨文字典)≫ '隻'자 참조)

소전에서 '獲'자가 '犬'이 더해진 형태로 쓰이자, 허신은 이 형태에 의거해서 '사냥을 해서 얻은 것'이라고 해석을 한 것 같다. 옛날에 사냥을 할 때는 개를 많이 이용하였다.

63(6329) 獘 (곤할 폐, 엎드러질 폐)

獘, 頓仆也. 从犬, 敝聲.① ≪春秋傳≫曰: "與犬, 犬獘." ② 斃, 獘或从死.
(「獘는 (개가) 머리를 찧듯이 앞으로 넘어졌다는 뜻이다. 犬은 의미부분이고, 敝(폐)는 발음부분이다. ≪춘추전(春秋傳)≫에 이르기를 "개에게 주었더니, 개가 쓰러져 죽었다."라고 하였다. (6329-1) 斃는 獘의 혹체자(或體字)로 (犬 대신) 死(사)를 썼다.」)

갑골문에는 '獘'자가 보이지 않고, 서주(西周) 금문과 소전의 자형은 '獘'로 같다.
②현재 전해지는 ≪춘추좌전(春秋左傳)·희공(僖公) 4년≫에서는 '獘'를 '斃'로 썼다.

64(6330) 獻 (바칠 헌)

獻, 宗廟犬名羹獻. 犬肥者以獻之.① 从犬, 鬳聲.②
(「獻, 종묘에 제사를 지낼 때 쓰이는 개를 갱헌(羹獻)이라고 부른다. 개가 살찐 것을 바친다. 犬은 의미부분이고, 鬳(권)은 발음부분이다.」)

①≪계전≫과 ≪주≫에는 '獻'자 다음의 '之(지)'자가 없다.

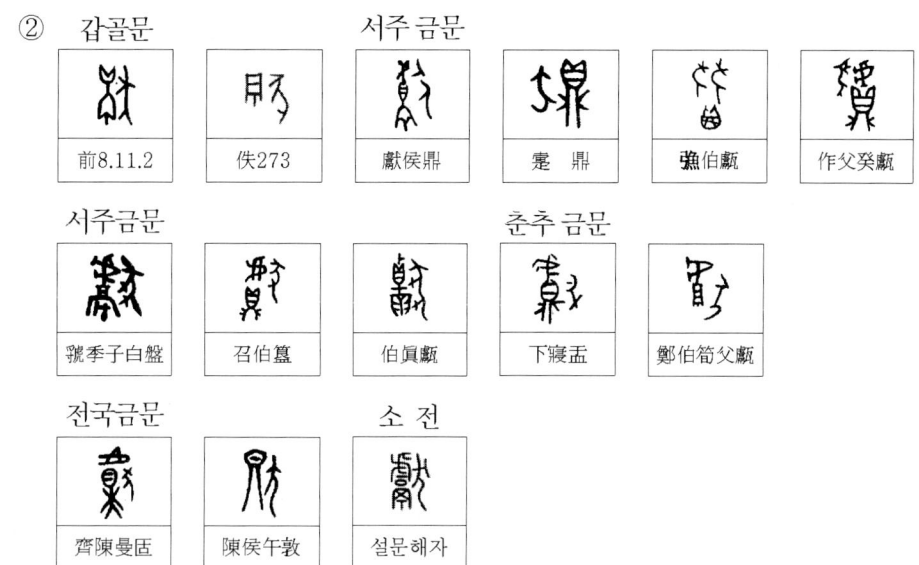

'獻'자는 갑골문을 보면 '鬲(력)'과 '犬'으로 이루어진 것(<전(前) 8.11.2>) 또는 '鼎(정)'의 생략형과 '犬'으로 이루어진 것(<일(佚) 273>) 등 두 종류이다. '鬲'과 '鼎'은 같은 솥 종류이므로 통용한 것이다.

금문에서는 '鬲' 또는 '鼎' 부분에 '虍(호)'를 더하여 발음부분인 '虜(권)'자를 만들고, 이것과 '犬'이 결합하여 '獻'(<괵계자백반(虢季子白盤)>)이 되었다.

상승조(商承祚)는 "獻은 본래 ![img] 또는 ![img]으로 써서, 虎(호)와 鼎으로 이루어졌거나 虎와 鬲으로 이루어졌다. 뒤에 구조를 쉽게 하기 위해 虎의 윗부분인 虍를 鼎이나 鬲의 위로 이동시키고, 글자의 아래에는 개의 형태를 써서 마침내 獻과 獻자가 된 것이다. 전해지는 옛 시루를 가지고 증명하면, 세 발의 넓적다리 부분에 모두 호랑이의 눈을 써넣었는데, (이것이) 곧 이 글자의 의미를 취한 것이다. … 뒤에 글자를 獻으로 잘못 쓰게 되었고, 이에 '바친다'는 뜻이 되었다.(「獻本作![img]或![img], 從虎從鼎, 或從虎從鬲, 後求其便于結構, 將虍移于鼎或鬲之以虎上而字之下體寫為犬形, 遂成![img]與獻矣. 以傳世古甗證之, 三足之股皆作虎目, 即此字之取義. … 後寫誤作獻, 乃用為進獻字.」)"라고 하였다.(≪은계일존(殷契佚存)≫)

65(6331) 狿 (사나운 개 연, 호박개 연)

狿, 獟犬也. 从犬, 开聲. 一曰: 逐虎犬也.
(「狿은 사나운 개를 뜻한다. 犬은 의미부분이고, 开(견)은 발음부분이다. 일설에는 호랑이를 쫓는 개(즉 호박개)를 뜻한다고도 한다.」)

66(6332) 獟 (날랠 교; 미친 개 요)

獟, 狋犬也.① 从犬, 堯聲.
(「獟는 사나운 개를 뜻한다. 犬은 의미부분이고, 堯(요)는 발음부분이다.」)

①단옥재는 '獟'와 (6332) '狋(연)'은 전주(轉注)라고 하였다.(≪주≫)

67(6333) 狾 (미친 개 제)

狾, 狂犬也. 从犬, 折聲.① ≪春秋傳≫曰: "狾犬入華臣氏之門."②
(「狾는 미친개를 뜻한다. 犬은 의미부분이고, 折(절)은 발음부분이다. ≪춘추전(春秋傳)≫에 이르기를 "미친개가 화신씨(華臣氏) 집 안으로 들어갔다."라고 하였다.」)

①≪주≫와 ≪의증≫에서는 '狂(광)'을 '猚'으로 썼다.

②'狾'의 고음은 음성운(陰聲韻) *tjiar / tśiæi(재이→제)이고, '折'의 고음은 입성운(入聲韻) *tjiat / tśiæt(잰→절)과 *djiat / dźiæt(잰→절) 그리고 음성운 *dear / diɛi(데이→제) 등 세 가지이다. 두 글자는 '折'을 어떻게 읽던 상관없이 첫소리는 [t-] 계열로 같거나 비슷하고, 상고음(上古音)의 주모음(主母音)이 [a]로 같으며, 운미(韻尾)는 혀 끝 가운데 소리[설첨중음(舌尖中音)]인 [-r]와 [-t]으로 발음 부위가 같다. 그래서 '狾'자에서 '折'이 발음부분이 될 수 있는 것이다. 고대에는 음성운과 입성운이 협운을 하기도 하였다.

②현재 전해지는 ≪춘추좌전(春秋左傳)·양공(襄公) 17년≫에는 '瘈狗入於華臣氏(계구입어화신씨)'라고 되어 있다.

68(6334) 狂 (미칠 광)

狂, 狾犬也.① 从犬, 㞷聲.② 恛, 古文, 从心.
(「狂은 미친개를 뜻한다. 犬은 의미부분이고, 㞷(황)은 발음부분이다. (6334-1) 恛은 고문(古文)으로 (犬 대신) 心(심)을 썼다.」)

①단옥재는 '狂'과 (6333) '狾(제)'는 전주(轉注)라고 하였다.

② | 갑골문 | | 금문 | 소전 | 고문 |
|---|---|---|---|---|
| 甲615 | 合集29234 | 孟狂父鼎 | 설문해자 | 설문해자 |

'𤝵' 즉 '狂'자는 갑골문과 서주(西周) 금문 그리고 소전 등의 자형이 모두 '犬'과 '㞷'으로 이루어져 있다.

소전의 '㞷'자를 예서에서는 일률적으로 '王(왕)'으로 썼다. 예를 들어 '尢(절름발이 왕)'·'迋(속일 광; 갈 왕)' 등에서의 '王' 부분은 모두 '㞷'자에서 온 것이다.

69(6335) 類 (무리 류)

類, 種類相似①, 惟犬爲甚.② 从犬, 頪聲.
(「類, 같은 종류끼리는 서로 비슷하기 마련인데, 개가 특히 더 그렇다. 犬은 의미부분이고, 頪(뢰)는 발음부분이다.」)

①≪주≫에서는 '種(종)'을 '穜(늦벼 동)'으로 썼다.

계복(≪의증≫)과 왕균(≪구두≫)도 '種'은 마땅히 '穜'으로 써야 한다고 하였다.

참고로 제7편 상 제253부 <화부(禾部)> (4355) '種'과 (4357) '穜'자 해설을 살펴보면 다음과 같다.

"種, 埶也. 从禾, 童聲.(「種은 심는다는 뜻이다. 禾(화)는 의미부분이고, 童(동)은 발음부분이다.」)"

"穜, 先種後孰也. 从禾, 重聲.(「穜은 먼저 씨를 뿌리고 후에 자라게 한다는 뜻이다. 禾는 의미부분이고, 重(중)은 발음부분이다.」)"

위에서 보는 바와 같이 ≪설문해자≫의 해설에 따르면, '심다'→'심는 것'→'종류' 등과 같은 뜻으로는 '種'자를 쓰는 것이 맞을 것이다. 그래서 ≪주≫에서 오늘날 많이 쓰는 '種'자 대신 '穜'자를 쓴 것으로 생각된다.(이하 같음)

②≪계전≫·≪주≫·≪의증≫·≪구두≫·≪교록≫ 등에서는 '惟(유)'를 '唯(유)'로 썼다. 옛날 경전에서 '惟'와 '唯'는 통용하였다.

또 ≪계전≫과 ≪구두≫에는 '甚(심)'자 다음에 '故(고)'자가 한 글자 더 있다. 문장의 뜻에는 변함이 없다.

70(6336) 狄 (오랑캐 적)

狄, 赤狄①, 本犬種.② 狄之爲言淫辟也.③ 从犬, 亦省聲.④
(「狄은 적적(赤狄)으로, 본래 개의 종족이다. 狄을 발음을 가지고 뜻풀이를 하면 음란(淫亂)하고 편벽(偏僻)되다는 뜻이다. 犬은 의미부분이고, 亦(역)의 생략형은 발음부분이다.」)

①≪주≫에서는 "北狄也.(「북방의 이민족을 뜻한다.」)"라고 하였다.

≪이아(爾雅)·석지(釋地)≫를 보면 "구이(九夷), 팔적(八狄), 칠융(七戎), 육만(六蠻)을 일컬어 사해(四海)라고 한다.(「九夷, 八狄, 七戎, 六蠻謂之四海.」)"라고 하였는데, 단옥재는 "팔만(八蠻)은 남방에 있고, 육융(六戎)은 서방에 있고, 오적(五狄)은 북방에 있다. 이순(李巡)은 '오적은 하나는 월지(月支)요, 둘은 예맥(穢貊)이요, 셋은 흉노(匈奴)요, 넷은 비우(箄于), 다섯은 백옥(白屋)이다'라고 하였다. (≪예기(禮記)≫) <왕제(王制)>와 <명당위(明堂位)>에서는 모두 동이(東夷), 남만(南蠻), 서융(西戎), 북적(北狄)이라고 하였다.(「八蠻在南方, 六戎在西方, 五狄在北方. 李巡云: '五狄者, 一曰月支, 二曰穢貊, 三曰匈奴, 四曰箄于, 五曰白屋.' <王制>·<明堂位>皆言東夷, 南蠻, 西戎, 北狄.」)"라고 하였다(≪주≫).

한편 ≪구두≫에서는 ≪초학기(初學記)≫에 의거하여 '赤狄' 앞에 "赤犬也.(「붉은 개를 뜻한다.」)"라는 글귀를 보충하였다.

②심도(沈濤)는 "犬種(견종)은 모두 犬戎種(견융종)의 잘못이다.(「犬種皆犬戎種之誤.」)"라고 하였다.(≪설문고본고(說文古本考)≫)

③단옥재는 "辟과 狄은 모두 첩운(皆疊)으로 뜻풀이를 한 것이다.(「辟與狄皆疊韵爲訓.」)"라고 하였다.

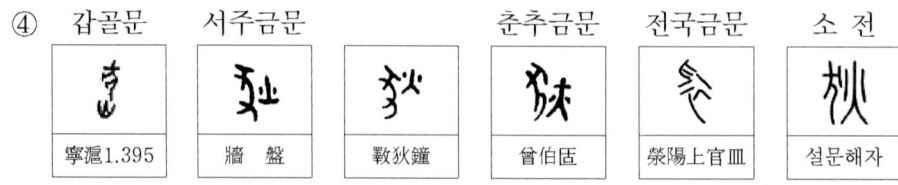

'狄'자는 갑골문과 서주(西周) 금문을 보면 '犬'과 '火(화)'로 이루어져 있고, 춘추(春秋)시대 금문 <증백고(曾伯簠)>에서는 '犬'과 '亦'으로 이루어져 있다.

이에 대해 이효정(李孝定)선생은 금문과 소전에서의 '火'는 '大'의 변형이라고 하였고(≪갑골문자집석(甲骨文字集釋)≫), 서중서(徐中舒)는 '大'와 '亦'은 모두 사람의 정면을 그린 것이고 또 고음 역시 비슷하기 때문에 '大'와 '亦'은 서로 통해 쓸 수 있다고 하였다(≪갑골문자전(甲骨文字典)≫).

71(6337) 狻 (사자 산)

䘏, ①狻麑, 如虦貓②, 食虎豹者. 从犬, 夋聲. 見≪爾雅≫.③
(「狻은 狻麑(산예)로, 털이 성긴 호랑이처럼 생겼으며, 호랑이와 표범을 잡아먹는

다. 犬은 의미부분이고, 夋(준)은 발음부분이다. ≪이아(爾雅)≫에 보인다.」)

①≪구두≫에서는 ≪태평어람(太平御覽)≫에 의거하여 '狻麑' 앞에 "小狗也.(「작은 개를 뜻한다.」)"라는 글귀를 보충하였다.

그리고 그 다음에 다시 '一曰(일왈)' 두 글자를 더하였다.

②≪주≫에서는 제5편 상 <호부(虎部)>에 근거하여 '猫(묘)'를 '苗(묘)'로 썼다.

참고로 (3105) '虦(잔)'자 해설을 보면, "虥, 虎竊毛謂之虥苗. 从虎, 戔聲. 竊, 淺也.(「虥, 호랑이가 털이 듬성듬성한 것을 일컬어 잔묘(虥苗)라고 한다. 虎는 의미부분이고, 戔(잔·전)은 발음부분이다. 竊(절)은 얕다는 뜻이다.」)"라고 하였다.

③≪이아·석수(釋獸)≫에 보인다.

그런데 계복은 "('≪이아≫에 보인다'라는) 글귀는 후대 사람이 덧붙인 것이고, ≪설문해자≫에는 이러한 글귀를 쓴 예가 없다.(「後人加之, 本書無此文例.」)"라고 하였다.(≪의증≫)

72(6338) 玃 (어미 원숭이 확)

玃, 母猴也.① 从犬, 矍聲. ≪爾雅≫云: "玃父善顧."② 攫持人也.③
(「玃은 큰 원숭이를 뜻한다. 犬은 의미부분이고, 矍(확)은 발음부분이다. ≪이아(爾雅)≫에 이르기를 "확부(玃父)는 돌아보기를 잘한다."라고 하였다. 사람을 잘 붙잡는다.」)

①≪주≫와 ≪구두≫에서는 ≪경전석문(經典釋文)·이아음의(爾雅音義)≫, 현응(玄應)의 ≪일체경음의(一切經音義)≫, ≪광운(廣韻)≫ 등에 의거하여 '母(모)'자 앞에 '大(대)'자 한 글자를 보충하였다.

승배원(承培元)은 '母猴(모후)'는 '獼猴(미후)'(=獼猴, 큰 원숭이라는 뜻)로 '母'는 '獼'의 발음이 변한 것이라고 하였다.(≪설문인경증례(說文引經證例)≫)

또한 ≪구두≫에서는 현응의 ≪일체경음의≫에 의거하여 이다음에 "色蒼黑, 善攫持人, 好顧盼.(「색깔은 검푸른 색이고, 사람을 잘 붙잡으며, 돌아보기를 좋아한다.」)"라는 글귀를 보충하였다.

②≪이아·석수(釋獸)≫에 나오는 글귀.

③≪주≫에는 이 글귀가 없다. 이에 대해 단옥재는 "바로 윗 글자에서 빠져서 여기에 덧붙인 것이다. 이제 없앴다.(「正由上奪而衍於此. 今刪.」)"라고 하였다.(≪주≫)

73(6339) 猶 (어미 원숭이 유, 같을 유, 오히려 유, 머뭇거릴 유)

猶, 玃屬.① 从犬, 酋聲.② 一曰: 隴西謂犬子爲獀.③
(「猶는 큰 원숭이의 일종이다. 犬은 의미부분이고, 酋(추)는 발음부분이다. 일설에 농서(隴西) 지방에서는 강아지를 獀(유)라고 한다고 한다.」)

①단옥재는 "(≪이아(爾雅)≫)<석고(釋詁)>에서는 '猷는 꾀한다는 뜻이다'라고 하였고, <석언(釋言)>에서는 '猷는 (지도를) 그린다는 뜻이다'라고 하였으며, (≪시경(詩經)≫)<소남(召南)>전(傳)에서는 '猶는 같다는 뜻이다'라고 하였다. ≪설문해자≫에서는 '圖는 그린다는 뜻이다; 계산이 어렵다는 뜻이다'라고 하였고, '謀는 생각이 어렵다는 뜻이다'라고 하였다. (무슨 일을) 도모하려면 반드시 그 일을 정확하게 그려낸 후에야 성과가 있다. 그러므로 그린다거나 꾀한다거나 같다거나 하는 것은 한 가지의 뜻이다.(「<釋詁>曰: '猷, 謀也.' <釋言>曰: '猷, 圖也.' <召南>傳曰: '猶, 若也.' ≪說文≫: '圖者, 畫也; 計難也.' 謀者, 慮難也.' 圖謀必酷肖其事而後有濟, 故圖也, 謀也, 若也爲一義..」)라고 하였다.(≪주≫)

참고로 왕념손(王念孫)은 '머뭇거린다'는 뜻의 '유예(猶豫)'에 대하여 ≪광아소증(廣雅疏證)≫에서 다음과 같이 말하였다.

≪광아·권6·상≫: 躊躇(주저)는 猶豫이다.(「躊躇, 猶豫也..」)

≪광아소증≫: 이것은 쌍성(雙聲)으로서 발음이 서로 비슷하다. 躊와 猶, 躇와 豫는 첩운(疊韻)이고, 躊와 躇, 猶와 豫는 쌍성이다. ≪설문해자≫에 "籌(주)는 머뭇거린다는 뜻이다.(「籌, 籌箸也..」)라고 하였고, ≪초사(楚辭)·구변(九辯)≫에는 "오랫동안 머물면서 머뭇거린다.(「蹇淹留而躊躇..」)고 하였으며, ≪칠간(七諫)≫의 주에는 "躊躇는 가지 않는 모양이다.(「躊躇, 不行貌..」)라고 하였는데, 모두 躊躇와 같다.

猶豫는 글자를 간혹 猶與(유여)라고 쓰기도 한다. 홀로 쓸 때는 猶라고 하기도 하고 豫라고 하기도 한다. ≪초사·구장(九章)≫에는 "한 마음으로 머뭇거리지 않았네.(「壹心而不豫兮..」)라고 하였는데, 왕일(王逸)의 주에는 "豫는 猶豫이다.(「豫, 猶豫也..」)라고 하였다. ≪노자(老子)≫에서는 "머뭇거리기는 마치 겨울에 시내를 건너는 듯하고, 주저하기는 마치 사방의 이웃을 두려워하는 듯하네.(「與兮若冬涉川, 猶兮若畏四鄰..」)라고 하였고, ≪회남자(淮南子)·병략훈(兵略訓)≫에서는 "주저할 때를 치고, 머뭇거릴 때를 탄다.(「擊其猶猶, 陵其與與..」)라고 하였다.

합해서 쓸 때는 猶豫라고 하고, 변형되어 夷猶(이유) 또는 容與(용여)라고 한다. ≪초사·구가(九歌)≫에서 "그대는 떠나지 않고 머뭇거리네.(「君不行兮夷猶..」)라고 하였는데, 왕일의 주에는 "夷猶는 猶豫이다.(「夷猶, 猶豫也..」)라고 하였다. ≪구장(九章)≫에서는 "그러나 머뭇거리면서 의심에 젖어 있네.(「然容與而狐疑..」)라고 하였는데, 容與도 또한 猶豫이다.

내 생각에, ≪곡례(曲禮)≫에서 "점을 치는 것은 옛날의 어진 임금이 백성으로 하여금 의문점을 해결하고 머뭇거리는 일에 결정을 내리게 하는 수단이다.(「卜筮者, 先聖王之所以使民決嫌疑, 定猶與也.」)"라고 하였고, ≪이소(離騷)≫에서는 "마음은 머뭇거리면서 의심하네.(「心猶豫而狐疑兮.」)"라고 하였으며, ≪사기(史記)·회음후전(淮陰侯傳)≫에서는 "사나운 호랑이가 머뭇거린다면 벌과 독충이 쏘는 것만 못하고, 천리마가 주저한다면 둔한 말이 느긋하게 걷는 것만 못하며, (상고 시대의 용사인) 맹분(孟賁)이 의심에 젖어 있다면 평범한 사람이 틀림없이 이르는 것만 못합니다.(「猛虎之猶豫, 不若蜂蠆之致螫, 騏驥之躊躅, 不如駑馬之安步, 孟賁之狐疑, 不如庸夫之必至也.」)"라고 하였다.

嫌疑(혐의)·狐疑(호의)·猶豫·躊躅(척촉)은 모두 쌍성자이다. 狐疑와 嫌疑는 같은 발음에서 약간 변화된 것인데, 후인들은 狐疑 두 글자를 잘못 읽어서 여우[狐]는 성질이 의심[疑]이 많기 때문에 狐疑라고 한다고 하였다. 또 ≪이소(離騷)≫에서 猶豫와 狐疑가 서로 대구가 되어 쓰이고 있는 까닭에, 猶는 개의 이름으로, 개는 사람을 따라다니면서 언제나 미리[豫] 앞에 가서 사람을 기다리다가 오지 않으면 다시 맞으러 오기 때문에 猶豫라고 한다고 하였다. 또 猶는 짐승의 이름으로, 사람의 소리를 들을 때마다 곧 미리[豫] 나무에 올라갔다가 오랜 뒤에 다시 내려오므로 猶豫라고 한다고 하였다. 혹은 또 豫자가 코끼리[象(상)]를 의미부분으로 쓰고 있으므로, 猶와 豫는 모두 의심이 많은 짐승이라고 하였다.

위의 여러 가지 설은 ≪수경주(水經注)≫·≪안씨가훈(顔氏家訓)≫·≪예기정의(禮記正義)≫ 및 ≪한서주(漢書注)≫·≪문선주(文選注)≫·≪사기색은(史記索隱)≫ 등에 모두 보인다. 무릇 쌍성자는 본래 발음을 따라 뜻을 나타내는 것인데, 뜻을 발음에서 찾지 않고 글자에서 찾았으니, 그 주장에 억측이 많은 것은 지극히 당연하다.
(「此雙聲之相近者也. '躊'·'猶', '躅'·'豫'爲疊韻, '躊'·'躅', '猶'·'豫'爲雙聲. ≪說文≫: "籌, 籌箸也." ≪楚辭·九辯≫: "塞淹留而躊躅." ≪七諫≫注云: "躊躅, 不行貌." 竝與'躊躅'同. '猶豫', 字或'猶與', 單言之則曰'猶'·曰'豫'. ≪楚辭·九章≫: "壹心而不豫兮", 王注云: "豫, 猶豫也." ≪老子≫云: "與兮若冬涉川, 猶兮若畏四鄰." ≪淮南子·兵略訓≫云: "擊其猶猶, 陵其與與." 合言之則曰'猶豫', 轉之則曰'夷猶'·曰'容與'. ≪楚辭·九歌≫: "君不行兮夷猶." 王注云: "夷猶, 猶豫也." ≪九章≫云: "然容與而狐疑." '容與', 亦'猶豫'. 案: ≪曲禮≫云: "卜筮者, 先聖王之所以使民決嫌疑, 定猶與也." ≪離騷≫云: "心猶豫而狐疑兮." ≪史記·淮陰侯傳≫云: "猛虎之猶豫, 不若蜂蠆之致螫, 騏驥之躊躅, 騏驥之躊躅, 不如駑馬之安步, 孟賁之狐疑, 不如庸夫之必至也." '嫌疑'·'狐疑'·'猶豫'·'躊躅', 皆雙聲字. '狐疑'與'嫌疑', 一聲之轉耳, 後人誤讀'狐疑'二字, 以爲狐性多疑, 故曰'狐疑'. 又因≪離騷≫'猶豫'·'狐疑'相對成文, 而謂'猶'是犬名, 犬隨人行, 每豫在前, 待人不得, 又來迎候, 故曰'猶豫'. 或又謂'猶'是獸名, 每聞人聲, 卽豫上樹, 久之復下, 故曰'猶豫'. 或又以'豫'字從'象', 而謂'猶'·'豫'俱是多疑之獸. 以上諸說, 具見於≪水經注≫·≪顔氏家訓≫·≪禮記正義≫及≪漢書注≫·≪文選注≫·≪史記索隱≫等書. 夫雙聲之字, 本因聲以見義, 不求諸聲而求諸字, 固宜其說之多鑿也..」)

'猶'자는 갑골문을 보면 '猶'(<합집(合集) 39929>)·'猷'(<합집 39928>) 등으로 썼고, 금문에서도 '猷'(<장반(牆盤)>·<왕손종(王孫鐘)>)·'猶'(<진유부(陳猶釜)>) 등으로 썼다. 모두 '犬'이 의미부분이고, '酋'가 발음부분인 형성자들이다.

③농서 지방은 지금의 감숙성(甘肅省) 동남부 일대를 가리킨다.

74(6340) 狙① (원숭이 저, 엿볼 저; 어미 원숭이 처)

狙, 玃屬. 从犬, 且聲. 一曰: 狙, 犬也②, 暫齧人者. 一曰: 犬不齧人也.③
(「狙는 큰 원숭이의 일종이다. 犬은 의미부분이고, 且(차)는 발음부분이다. 일설에 狙는 개로, 갑자기 뛰쳐나와 사람을 무는 놈이라고도 한다. 일설에는 개가 사람을 물지 않는다는 뜻이라고도 한다.」)

①≪장자(莊子)·제물론(齊物論)≫에 조삼모사(朝三暮四)의 이야기가 나오는데, 여기에서는 원숭이를 모두 '狙'로 썼다.

②≪주≫에서는 ≪문선(文選)·극진미신(劇秦美新)≫에 대한 이선(李善)의 주에 의거하여 '犬'자 다음의 '也(야)'자를 없앴다.

③≪주≫에서는 '也'를 '者(자)'로 썼다. 즉 "개가 사람을 물지 않는 놈을 뜻한다고도 한다"라는 의미이다.

75(6341) 猴 (원숭이 후)

猴, 夒也.① 从犬②, 侯聲.
(「猴는 원숭이를 뜻한다. 犬(미)는 의미부분이고, 侯(후)는 발음부분이다.」)

①주준성은 "일명 爲(위)라고도 하고, 일명 母猴(모후)라고도 하며, 발음이 바뀌

어 沐猴(목후)라고도 하고, 獼猴(미후)라고도 한다. 큰 놈은 玃(확)이라고 하고, 우둔한 놈은 禹(우)라고 하며, 조용한 놈은 蝯(원)이라고 하는데, 猨(원) 또는 猿(원)으로도 쓴다.(「一名爲, 一名母猴, 聲轉曰沐猴, 曰獼猴. 其大者曰玃, 其愚者曰禹, 其靜者蝯曰, 亦作猨, 作猿.」)"라고 하였다.(≪통훈정성≫)

②'米'는 '犬'을 잘못 쓴 것일 것이다.
≪계전≫·≪주≫·≪의증≫·≪통훈정성≫·≪구두≫ 등에서도 모두 '犬'으로 썼다.

76(6342) 㺉 (개 혹·구)

㺉, 犬屬.① 膺已上黃, 膺已下黑②, 食母猴. 从犬, 殸聲. 讀若構. 或曰: 㺉似牂羊, 出蜀北嚻山中, 犬首而馬尾.③
(「㺉는 개의 일종이다. 허리 위는 누렇고, 허리 아래는 검으며, 큰 원숭이를 잡아먹는다. 犬은 의미부분이고, 殸(각)은 발음부분이다. 構(구)처럼 읽는다. 일설에 㺉는 암양(羊)처럼 생겼는데, 촉(蜀)지방 북효산(北嚻山)에 살고, 개의 머리에 말의 꼬리를 하고 있다고 한다.」)

①≪계전≫에서는 '屬(속)'을 '類(류)'로 썼다.
②≪의증≫에서는 '膺(요)'(즉 腰)를 '要(요)'로 썼다.
③≪주≫에는 이 글귀가 없다.

77(6343) 狼 (이리 랑)

狼, 似犬, 銳頭, 白頰, 高前①, 廣後. 从犬, 良聲.②
(「狼은 개처럼 생겼는데, 빼족한 머리, 흰 뺨, 높은 앞, 넓은 뒤를 하고 있다. 犬은 의미부분이고, 良(량)은 발음부분이다.」)

①≪주≫에서는 '前(전)'을 '𦘔'으로 썼다. '前'은 '𦘔'의 예서체이다.(이하 같음)

② 갑골문 　 소 전
　　　　前6.48.4 　 설문해자

'狼'자는 갑골문과 소전의 자형이 모두 '犬'과 '良'으로 이루어져 있다.
갑골문의 자형은 '犬'과 '良'의 위치가 바뀌었는데, 의미상의 차이는 없다. 고문자에서 구성 요소들의 위치는 비교적 자유로웠다.

78(6344) 狛 (짐승 이름 박)

狛, 如狼, 善驅羊. 从犬, 白聲. 讀若蘗.① 甯嚴讀之若淺泊.②
(「狛은 이리처럼 생겼는데, 양(羊)을 잘 몬다. 犬은 의미부분이고, 白(백)은 발음부분이다. 蘗(벽)처럼 읽는다. 영엄(甯嚴)은 천박(淺泊, 물이 앝은 모양)이라고 할 때의 泊자처럼 읽는다고 하였다.」)

①≪계전≫·≪주≫·≪구두≫ 등에서는 '蘗(황경나무 벽)'을 '檗(황벽나무 벽)'으로 썼다.
②≪주≫에서는 '淺泊'을 '淺洦(천백)'으로 썼다.

79(6345) 獌 (짐승 이름 만)

獌, 狼屬. 从犬, 曼聲. ≪爾雅≫曰: "貙獌似貍."①
(「獌은 이리의 일종이다. 犬은 의미부분이고, 曼(만)은 발음부분이다. ≪이아(爾雅)≫에 이르기를 "貙獌(추만)은 살쾡이와 비슷하다."라고 하였다.」)

①≪이아·석수(釋獸)≫에 나오는 글귀.

80(6346) 狐 (여우 호)

狐, 祅獸也.① 鬼所乘之, 有三德. 其色中和, 小前大後②, 死則丘首. 从犬, 瓜聲.③
(「狐는 요사(妖邪)스러운 짐승이다. 귀신이 타고 다니며, 3가지 덕(德)을 가지고 있다. 그 털 색깔은 황색이고, 작은 앞에 큰 뒤, 죽을 때는 머리를 언덕으로 향한다. 犬은 의미부분이고, 瓜(과)는 발음부분이다.」)

①≪계전≫에서는 '祅(재앙 요)'를 '夭(요)'로 썼다.
②계복은 "그 색깔은 황색이다. 그래서 '中和(중화)'라고 한 것이다. (여우는) 코가 빼족하고 꼬리는 넓다. 그래서 '小前大後(소전대후)'라고 한 것이다.(「其色黃, 故曰: '中和'. 鼻尖尾大, 故曰: '小前大後'.」)"라고 하였다.(≪의증≫)

참고로 동한(東漢) 때 유행하였던 음양오행설에 따르면, '中'은 '土(토)'에 속하고, 황색이다. 그래서 계복도 '中和'를 '황색'으로 풀이한 것이다.

갑골문		서주금문		전국금문	소 전
存下359	前2.27.5	芇伯簋	詢簋	陽狐戈	설문해자

'狐'자는 갑골문을 보면 '㹜'으로, '犬'과 '亡(망)'으로 이루어져 있다. 이에 대해 서중서(徐中舒)는 "亡은 옛날에는 無(무)로 읽었다. 無와 瓜는 고음(古音)이 둘 다 어부(魚部)에 속했었다. … 亡의 발음이 양부(陽部)로 변해가자 후세에 亡 대신 瓜를 발음부분으로 쓰게 된 것이 아닌가 한다.(「亡音古讀無, 無字與瓜字古音同在魚部, … 蓋亡音漸入陽部, 故後世以瓜代亡爲聲符.」)"라고 하였다.(≪갑골문자전(甲骨文字典)≫)

금문과 소전은 '犬'과 '瓜'로 이루어져 있다.

81(6347) 獺 (수달 달)

獺, 如小狗也.① 水居②, 食魚.③ 从犬, 賴聲.④
(「獺은 작은 개처럼 생겼다. 물에 살며, 물고기를 잡아먹는다. 犬은 의미부분이고, 賴(뢰)는 발음부분이다.」)

①≪계전≫에는 '小(소)'자 앞의 '如(여)'자가 없고, ≪통훈정성≫에는 '狗'자 뒤의 '也(야)'자가 없다.
  ≪주≫에서는 ≪광운(廣韻)≫에 의거하여 '水狗也(수구야)'라고 하였다.
②≪계전≫과 ≪주≫에는 '水居(수거)' 두 글자가 없다.
③≪구두≫에서는 현응(玄應)의 ≪일체경음의(一切經音義)≫에 의거하여 여기까지의 글귀를 "形如小犬. 水居食魚者也.(「모양은 작은 개와 같다. 물에 살며 물고기를 잡아먹는 놈이다.」)"라고 고쳐 썼다.
④'獺'의 고음은 입성운(入聲韻) *t'at / t'at(탇→달)과 *t'rat / t'at(탇→달) 등 두 가지이고, '賴'의 고음은 음성운(陰聲韻) *lar / lɑi(라이→뢰)이다. 두 글자는 상고음(上古音)의 주모음(主母音)이 [a]로 같고, 운미(韻尾)는 혀 끝 가운데 소리 [설첨중음(舌尖中音)]인 [-t]와 [-r]로 발음 부위가 같다. 그래서 '獺'자에서 '賴'가 발음부분이 될 수 있는 것이다. 고대에는 음성운과 입성운이 협운을 하기도 하였다.

82(6348) 猵 (수달 편)

, 獺屬. 从犬, 扁聲. , 或从賓.
(「猵은 수달의 일종이다. 犬은 의미부분이고, 扁(편)은 발음부분이다. 獱은 혹체자(或體字)로 (扁 대신) 賓(빈)을 썼다.」)

83(6349) 猋 (개 달리는 모양 표)

, 犬走皃. 从三犬.①
(「猋는 개가 달리는 모습을 뜻한다. 犬자 셋으로 이루어졌다.」)

① 금 문 소 전

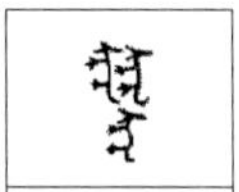
王古尊

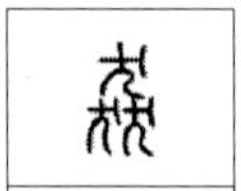
설문해자

갑골문에는 '猋'자가 보이지 않고, 서주(西周) 금문과 소전의 자형은 모두 '犬'자 셋으로 이루어졌다.

文八十三, 重五.
(「정문(正文) 83자, 중문(重文) 5자.」)

新1(6350) 狘 (짐승 놀라 달아날 월)(고음 헐)

, 獸走皃. 从犬, 戉聲.
(「狘은 짐승이 달리는 모습을 뜻한다. 犬은 의미부분이고, 戉(월)은 발음부분이다.」)

新2(6351) 𤞤 (짐승 이름 휘)

, 獸名. 从犬, 軍聲.①
(「𤞤는 짐승의 이름이다. 犬은 의미부분이고, 軍(군)은 발음부분이다.」)

①'𤞤'의 고음은 음성운(陰聲韻) *xjiwər / xiuəi(휘어이→휘)이고, '軍'의 고음은 양성운(陽聲韻) *kjwən / kiuən(귀언→군)이다. 두 글자는 첫소리가 [k-] 계열로 비슷하고, 상고음(上古音)의 주모음(主母音)은 [əw]로 같으며, 운미(韻尾)는 혀

끝 가운데 소리[설첨중음(舌尖中音)]인 [-r]와 [-n]으로 발음 부위가 같다. 그래서 '獋'자에서 '軍'이 발음부분이 될 수 있는 것이다. 고대에 음성운과 양성운이 협운을 하는 것이 흔한 일은 아니지만 전혀 없는 것은 아니다.

新3(6352) 狷 (편협할 견)

狷, 褊急也. 从犬, 肙聲.
(「狷은 편협하다는 뜻이다. 犬은 의미부분이고, 肙(연)은 발음부분이다.」)

新4(6353) 猰 (얼룩개 알, 짐승 이름 알)

猰, 猰貐, 獸名. 从犬, 契聲.
(「猰은 猰貐(알유)로, 짐승의 이름이다. 犬은 의미부분이고, 契(계·글·결·설)은 발음부분이다.」)

文四. 新附
(「정문(正文) 4자. 신부자(新附字)」)

제378부 【㹜】 부

1(6354) 㹜 (개 서로 물 은)

㹜, 兩犬相齧也.① 从二犬.② 凡㹜之屬皆从㹜.
(「㹜은 두 마리의 개가 서로 문다는 뜻이다. 犬(견)자 둘로 이루어졌다. 무릇 㹜부에 속하는 글자들은 모두 㹜을 의미부분으로 삼는다.」)

①≪주≫에서는 '兩(량)'을 '两(량)'으로 썼다.(이하 같음)
단옥재는 본래 '兩'은 도량형 단위였고 둘[2]을 나타낼 때는 '两'을 썼는데, 지금은 '兩'자가 널리 쓰이면서 '两'자는 쓰이지 않게 되었다고 하였다.(≪주≫)

②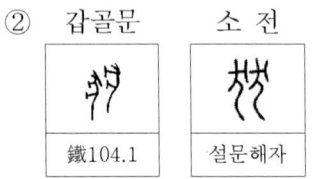

'㹜'자는 갑골문과 소전의 자형이 모두 '犬'자 둘로 이루어져 있다.

2(6355) 獄 (사)①

獄, 司空也.② 从㹜, 臣聲.③ 復說: 獄司空.④
(「獄는 사공(司空)을 뜻한다. 㹜(은)은 의미부분이고, 臣(이·애)는 발음부분이다. 복(復)은 (獄는) 옥사공(獄司空)을 뜻한다고 하였다.」)

①'獄'자는 ≪대한한사전(大漢韓辭典)≫에 보이지 않는다.
발음은 ≪광운(廣韻)≫에 따르면 '息玆切(식자절)' 즉 '사'이다.
②'司空'은 이름에도 있다시피 공간(空間)을 관장[司(사)]한다는 뜻이다. 중국 고대에 토목 공사나 건축을 담당했던 벼슬이름이다. 한(漢)나라 때는 죄인을 다스리는 업무를 담당했다.
단옥재는 "여기서의 空자는 쓸데없이 덧붙여진 글자이다. 司는 오늘날의 伺(엿볼 사)자이다. 司를 가지고 獄를 풀이한 것은 첩운(疊韻)으로 뜻풀이를 한 것이다. ≪설문해자≫에는 伺자가 없으므로, 司자를 쓴 것이다. ≪옥편(玉篇)≫ 獄자 주(注)에서 말하기를 '살핀다는 뜻이다. 오늘날에는 伺·覗(엿볼 사) 등으로 쓴다'라고 하였다. 내 생각에, 희풍직(希馮直)은 獄를 伺·覗 등의 고자(古字)라고 여겼는데,

(이것은) 아마 허신의 주장을 사용한 것일 것이다. 그 글자가 㹜을 의미부분으로 쓴 것은 아마 두 마리의 개가 짖으면서 지키고 잘 살핀다는 의미일 것이다.(「此空字衍. 司者今之伺字. 以司釋獄, 以疊韵爲訓也. 許書無伺字, 以司爲之. ≪玉篇≫獄注云: '察也. 今作伺·覗.' 按: 希馮直以獄爲伺·覗之古字, 蓋用許說也. 其字从㹜, 蓋謂兩犬吠守, 伺察之意..」)라고 하였다.(≪주≫)

③ 갑골문   금문   소 전

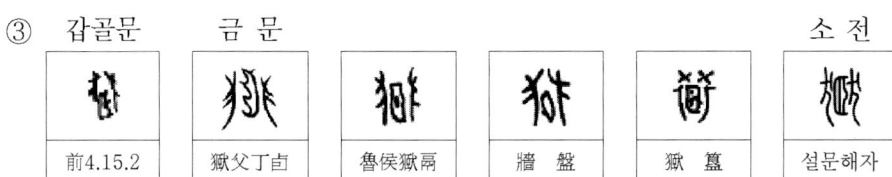

'獄'자는 갑골문과 서주(西周) 금문 그리고 소전의 자형이 모두 '獄'로 같다.

'獄'자는 명문(銘文)에서는 사람의 이름으로 쓰였다.

④단옥재(≪주≫)·계복(≪의증≫)·왕균(≪구두≫) 등은 '復'은 사람의 이름으로, '復'자 앞에 성씨가 빠진 것 같다고 하였다.

또 단옥재는 한나라 때는 도(都)사공도 있었고 옥사공도 있었는데, 모두 죄인을 다스리거나 감옥 관리 업무를 담당하였다고 하였다.

3(6356) 獄 (우리 옥)

獄, 确也. 从㹜, 从言.① 二犬所以守也.
(「獄은 견고하다는 뜻이다. 㹜과 言(언)은 (모두) 의미부분이다. 두 마리의 개가 지킨다는 뜻이다.」)

① 금 문   소 전

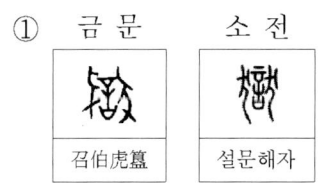

갑골문에는 '獄'자가 보이지 않는다.

서주(西周) 금문과 소전의 자형은 모두 '㹜'과 '言'으로 이루어져 있다.

임의광(林義光)은 "言은 사실 辛(신)이 잘못 변한 것이다. 辛은 죄인을 뜻한다.(「言實辛之譌變. 辛, 罪人也..」)"라고 하였다.(≪문원(文源)≫)

'言'은 '辛(건)'과 '口(구)'로 구성되었는데, '辛'은 본래 옛날 죄인의 얼굴에 죄명을 표시하는 날카로운 칼을 그린 상형자이다. 그래서 '辛'이 쓰인 글자에는 '죄'와

관련된 뜻이 많다. 그러므로 '獄'은 두 마리의 개가 죄인을 지킨다는 뜻의 회의자임을 알 수 있다. 고문자에서 '䇂'과 '辛'은 통용되었다.

한편 ≪계전≫에는 '䇂'자 다음에 '聲(성)'자가 한 글자 더 있다. 즉 '䇂'이 발음 부분이라는 의미인데, '獄'과 '䇂'은 발음상 차이가 너무 커서 '䇂'이 발음부분으로 쓰이기는 어렵다. 혹시 '聲'자는 후대에 편집할 때 잘못 덧붙여진 것이 아닌가 생각된다.

文三.
(「정문(正文) 3자.」)

제379부【鼠】부

1(6357) 鼠 (쥐 서)

鼠, 穴蟲之總名也.① 象形.② 凡鼠之屬皆从鼠.
(「鼠는 구멍을 뚫고 사는 동물의 총칭이다. 상형이다. 무릇 鼠부에 속하는 글자들은 모두 鼠를 의미부분으로 삼는다.」)

①≪계전≫·≪주≫·≪의증≫·≪통훈정성≫·≪구두≫·≪교록≫ 등에서는 '緫(총)'을 '總(총)'으로 썼다.
≪대한한사전(大漢韓辭典)≫에서는 '忽'을 '悤'의 속자(俗字)라고도 하였다.

② 갑골문   소 전

| 合集2804 | 合集2807 | 合集14020 | 合集14116 | 설문해자 |

'鼠'자는 갑골문을 보면 어떤 동물과 많은 점으로 이루어졌다. 쥐가 무엇을 갉아대는 모양을 그린 것으로 보인다.
서개는 "위는 이빨을 그린 것이고, 아래는 배·발톱·꼬리를 그린 것이다.(「上象齒, 下象腹爪尾.」)"라고 하였고(≪계전≫), 단옥재는 "위는 머리를 그린 것이고, 아래는 다리와 꼬리를 그린 것이다.(「上象首, 下象足尾.」)"라고 하였다(≪주≫).

2(6358) 鼢 (쥐며느리 번)

鼢, 鼠也.① 从鼠, 番聲. 讀若樊. 或曰鼠婦.
(「鼢은 쥐(의 이름)이다. 鼠는 의미부분이고, 番(번)은 빌음부분이다. 樊(빈)처럼 읽는다. 일설에는 쥐며느리라고도 한다.」)

①≪주≫와 ≪통훈정성≫에는 '鼠'자 앞에 '鼢'자가 한 글자 더 있다.
단옥재는 "세 글자가 한 문장이다. 다른 책에서는 모두 (鼢자) 한 글자를 없앴는데, (이는) 잘 모르는 사람의 소행이다. 이하 모두 같다.(「三字爲句. 各本皆刪一字, 淺人所爲也. 以下皆同.」)"라고 하였다.(≪주≫)

116 鼠부 鼦鼢

3(6359) 鼦 (변방에 있는 쥐 학·락)

鼦, 鼠①, 出胡地②, 皮可作裘. 从鼠, 各聲.③
(「鼦은 쥐(의 이름으)로, 호(胡) 지역에서 난다. 가죽은 옷을 만들 수 있다. 鼠는 의미부분이고, 各(각)은 발음부분이다.」)

①《주》와 《통훈정성》에는 '鼠'자 앞에 '鼦'자가 한 글자 더 있다.
②호 지역은 중국의 서북부 이민족이 사는 지역을 통칭한다. 진(秦)·한(漢)시대에는 대부분 흉노(匈奴)를 지칭하였다.
③

금문	소전
鄭슝戈	설문해자

갑골문에는 '鼦'자가 보이지 않고, 전국(戰國)시대 금문과 소전의 자형은 '鼦'으로 같다.

4(6360) 鼢 (두더쥐 분)

鼢, 地行鼠①, 伯勞所作也.② 一曰: 偃鼠.③ 从鼠, 各聲. 蚡, 或从虫·分.
(「鼢은 땅(속)으로 다니는 쥐(즉 두더쥐)로, 백로(伯勞)새가 변한 것이다. 일설에는 언서(偃鼠)라고도 한다. 鼠는 의미부분이고, 分(분)은 발음부분이다. (6360-1) 蚡은 혹체자(或體字)로 虫(충)과 分으로 이루어졌다.」)

①《주》와 《구두》에서는 《경전석문(經典釋文)·이아음의(爾雅音義)》에 의거하여 '地(지)'자 다음에 '中(중)'자 한 글자를 보충하였다.
②《주》와 《구두》에서는 《광운(廣韻)》에서 인용한 《자림(字林)》에 의거하여 '作(작)'을 '化(화)'로 고쳐 썼다.
《계전》과 《통훈정성》에서도 '作'을 '化'로 썼다. 여기에서도 이에 따라 번역하였다.
또 《구두》에는 '伯勞' 다음에 '之(지)'자가 한 글자 더 있다.
③단옥재는 여기서의 '一曰(일왈)'은 '一名(일명)'과 같다고 하였다.(《주》)

5(6361) 鼱 (쥐 새끼 병, 얼룩쥐 병)

鼱, 鼱令鼠.① 从鼠, 平聲.
(「鼱은 얼룩쥐를 뜻한다. 鼠는 의미부분이고, 平(평)은 발음부분이다.」)

　①≪계전≫·≪주≫·≪의증≫·≪통훈정성≫·≪구두≫·≪교록≫ 등에서는 모두 '鼫(석쥐 석)'을 '鼱'으로 썼다.
　또 ≪주≫와 ≪통훈정성≫에는 '鼠'자 다음에 '也(야)'자가 한 글자 더 있다.

6(6362) 鼶 (족제비 사)

鼶, 鼠也.① 从鼠, 虒聲.
(「鼶는 쥐(의 이름)이다. 鼠는 의미부분이고, 虒(사)는 발음부분이다.」)

　①≪주≫와 ≪통훈정성≫에는 '鼠'자 앞에 '鼶'자가 한 글자 더 있다.

7(6363) 鼩 (대나무쥐 류)

鼩, 竹鼠也. 如犬. 从鼠, 留省聲.①
(「鼩는 대나무쥐를 뜻한다. 개처럼 생겼다. 鼠는 의미부분이고, 留(류)의 생략형은 발음부분이다.」)

　①≪계전≫·≪주≫·≪구두≫ 등에서는 "卯聲.(「卯(유)는 발음부분이다.」)"이라고 하였다.
　또한 ≪의증≫·≪통훈정성≫·≪교록≫ 등에서는 '留'를 '畱'로 썼다.

8(6364) 鼫 (석쥐 석)

鼫, 五技鼠也. 能飛, 不能過屋; 能緣, 不能窮木; 能游, 不能渡谷①; 能穴, 不能掩身; 能走, 不能先人.② 从鼠, 石聲.
(「鼫은 5가지의 재주를 가진 쥐[五技鼠(오기서), 다람쥐과의 작은 동물]를 뜻한다. 날 수는 있어도 지붕은 못 넘고, 기어오르기는 잘해도 나무는 못타고, 헤엄은 칠 줄 알아도 계곡은 못 건너고, 구멍은 잘 파도 몸은 숨길 줄 모르며, 잘 달려도 사람보다 빠르지는 않다. 鼠는 의미부분이고, 石(석)은 발음부분이다.」)

　①단옥재는 (能飛(능비)에서) 여기까지의 세 구절은 하나의 운(韻)이라고 하였다.(≪주≫)

②단옥재는 (能穴(능혈)에서) 여기까지의 두 구절은 하나의 운이라고 하였다.
《주》에서는 이다음에 《시경정의(詩經正義)·석서(碩鼠)》에 근거하여 "此之謂五技.(「이것을 일컬어 오기(五技)라고 한다.」)"라는 글귀를 보충하였다.

9(6365) 鼨 (다람쥐 종)

鼨, ①豹文鼠也. 从鼠, 冬聲. 鼨, 籒文省.②
(「鼨은 표범 무늬의 쥐(즉 다람쥐)를 뜻한다. 鼠는 의미부분이고, 冬(동)은 발음부분이다. (6365-1) 鼨은 주문(籒文)으로 생략형이다.」)

①《구두》에는 '豹(표)'자 앞에 '卽(즉)'자가 한 글자 더 있다.
②《계전》과 《구두》에서는 "籒文從夂作.(「주문으로 (冬 대신) 夂(종, 즉 終)을 썼다.」)"이라고 하였다.

10(6366) 鼬 (쥐 이름 익)

鼬, 鼠屬.① 从鼠, 益聲. 貖, 或从豸.②
(「鼬은 쥐의 일종이다. 鼠는 의미부분이고, 益(익)은 발음부분이다. (6366-1) 貖은 혹체자(或體字)로 (鼠 대신) 豸(치)를 썼다.」)

①《계전》과 《구두》에서는 '鼠之屬也(서지속야)'라고 하였다. 뜻은 같다.
②《계전》·《주》·《구두》 등에는 '豸'자 다음에 '作(작)'자가 한 글자 더 있다.

11(6367) 鼷 (생쥐 혜)

鼷, 小鼠也. 从鼠, 奚聲.
(「鼷는 생쥐를 뜻한다. 鼠는 의미부분이고, 奚(해)는 발음부분이다.」)

12(6368) 鼩 (생쥐 구)

鼩, 精鼩鼠也. 从鼠, 句聲.①
(「鼩는 생쥐를 뜻한다. 鼠는 의미부분이고, 句(구)는 발음부분이다.」)

①왕균은 "《경전석문(經典釋文)》에 이르기를 '《자림(字林)》에서 鼱鼩(정구)라고 하였다. 그러나 옛날에는 한 글자로 鼩라고 불렀고, 후한(後漢) 때는 精鼩(정구)라고 이름하였으며, 진(晉)에서는 또 鼱자를 만들어 전용 글자로 썼다'라고 하

였다.(「≪經典釋文≫曰: '≪字林≫云鼱鼩. 然則古單名鼩, 後漢則名鼱鼩, 晉又作鼱爲專字.'」)"라고 하였다.(≪구두≫보정(補正))

13(6369) 鼸 (두더지 혐)

鼸, 鼶也. 从鼠, 兼聲.
(「鼸은 쥐의 일종이다. 鼠는 의미부분이고, 兼(겸)은 발음부분이다.」)

14(6370) 鼶 (도롱뇽 감, 도마뱀 감)

鼶, 鼠屬.① 从鼠, 今聲. 讀若含.
(「鼶은 쥐의 일종이다. 鼠는 의미부분이고, 今(금)은 발음부분이다. 含(함)처럼 읽는다.」)

①≪계전≫과 ≪구두≫에서는 '鼠'를 '鼸(두더지 혐)'으로 썼다.

15(6371) 鼬 (족제비 유)

鼬, 如鼠①, 赤黃而大.② 食鼠者. 从鼠, 由聲.
(「鼬는 쥐와 비슷하게 생겼는데, 적황색에 (몸집이) 더 크다. 쥐를 잡아먹고 사는 놈이다. 鼠는 의미부분이고, 由(유)는 발음부분이다.」)

①≪계전≫과 ≪구두≫에서는 '鼠'를 '鼦(담비 초)'로 썼다.
뉴수옥은 '鼦'는 '貂(담비 초)'의 속체(俗體)라고 하였다.(≪교록≫)
②≪계전≫·≪주≫·≪구두≫ 등에서는 "赤黃色, 尾大.(「적황색이고, 꼬리가 크다.」)"라고 하였다.

16(6372) 鼩 (범 잡는 쥐 표)①

鼩, 胡地風鼠.② 从鼠, 勺聲.
(「鼩는 호(胡) 지역에 사는 바람을 탈 줄 아는 쥐를 뜻한다. 鼠는 의미부분이고, 勺(작)은 발음부분이다.」)

①≪대한한사전(大漢韓辭典)≫에서는 '鼩'의 발음을 '표'라고 하였는데, ≪광운(廣韻)≫에 따르면 '北敎切(북교절)' 즉 '표', '之若切(지약절)' 즉 '작', '卽略切(즉략절)' 즉 '작' 그리고 '都歷切(도력절)' 즉 '적' 등 네 가지이다.

대서본 ≪설문해자≫·≪주≫·≪의증≫·≪구두≫·≪교록≫ 등에서는 모두 '之若切' 즉 '작'이라고 하였다.
②≪광운≫을 보면 "쥐의 일종이다. 날아다니기도 한다. 호랑이나 표범을 잡아먹는다. 호 지역에서 난다.(「鼠屬. 能飛. 食虎豹. 出胡地..」)"라고 하였다.
참고로 호 지역은 중국의 서북부 이민족이 사는 지역을 통칭한다. 진(秦)·한(漢)시대에는 대부분 흉노(匈奴)를 지칭하였다.

17(6373) 鮩 (쥐 용)

鮩, 鼠屬.① 从鼠, 冗聲.
(「鮩은 쥐의 일종이다. 鼠는 의미부분이고, 冗(용)은 발음부분이다.」)

①≪계전≫과 ≪구두≫에는 '屬(속)'자 다음에 '也(야)'자가 한 글자 더 있다.

18(6374) 鼪 (쥐 자)

鼪, 鼠①, 似雞, 鼠尾. 从鼠, 此聲.
(「鼪는 쥐(의 이름으)로, 닭과 비슷하게 생겼는데, 쥐의 꼬리를 하고 있다. 鼠는 의미부분이고, 此(차)는 발음부분이다.」)

①≪주≫와 ≪통훈정성≫에는 '鼠'자 앞에 '鼪'자가 한 글자 더 있다.
또 ≪통훈정성≫에는 '鼠'자 다음에 '也(야)'자가 한 글자 더 있다.

19(6375) 鼲 (다람쥐 혼)

鼲, 鼠.① 出丁零胡②, 皮可作裘.③ 从鼠, 軍聲.
(「鼲은 쥐(의 이름)이다. 정령국(丁零國)에서 나는데, 가죽은 옷을 만들어 입을 수 있다. 鼠는 의미부분이고, 軍(군)은 발음부분이다.」)

①≪주≫와 ≪통훈정성≫에는 '鼠'자 앞에 '鼲'자가 한 글자 더 있다.
②≪계전≫에서는 '丁'을 '先(선)'으로 썼다.
그런데 엄가균(嚴可均)은 이것은 잘못된 것이라고 하였다.(≪설문교의(說文校議)≫)
참고로 정령국은 한(漢)나라 때 흉노의 속국이었다.
③≪계전≫에서는 '裘(가죽옷 구)'를 '袋(자루 대)'로 썼다.
그런데 뉴수옥은 이는 틀린 것이라고 하였다.(≪교록≫)

20(6376) 鼳 (흰 원숭이 호)

鼳, 斬鼳鼠①, 黑身, 白腰若帶②, 手有長白毛, 似握版之狀. 類蝯蜼之屬. 从鼠, 胡聲.

(「鼳는 참호서(獑鼳鼠)로, 검은 몸에 띠를 두른 듯한 흰 허리, 손에는 길고 흰 털이 나 있는데, 마치 나무판을 잡고 있는 모양을 하고 있다. 원숭이와 비슷한 종류이다. 鼠는 의미부분이고, 胡(호)는 발음부분이다.」)

①≪계전≫에서는 '斬(벨 참)'을 '獑(흰 원숭이 같은 짐승 참)'으로 썼다.
②≪계전≫·≪주≫·≪구두≫·≪교록≫ 등에서는 '腰(요)'를 '䏬'로 썼고, ≪의증≫에서는 '要(요)'로 썼다.

文二十, 重三.
(「정문(正文) 20자, 중문(重文) 3자.」)

제380부【能】부

1(6377) 能 (능할 능)

🐾, 熊屬.① 足似鹿. 从肉, 㠯聲.② 能獸堅中, 故稱賢能. 而彊壯稱能傑也.③ 凡能之屬皆从能.
(「能은 곰의 일종이다. 발은 사슴과 비슷하다. 肉(육)은 의미부분이고, 㠯(이)는 발음부분이다. 能이라는 짐승은 속이 건실(堅實)하기 때문에 그래서 '현명하고 능력이 있다'라는 뜻으로도 쓰인다. 그리고 '튼튼하다'라고 할 때 능걸(能傑)이라고 칭한다. 무릇 能부에 속하는 글자는 모두 能을 의미부분으로 삼는다.」)

① 서주금문

| 沈子它盨 | 能匋尊 | 瓚比盨 | 縣改盨 | 毛公鼎 | 番生盨 |

춘추금문 | 전국금문 | 소 전 | 예 서

| 哀成叔鼎 | 中山王鼎 | 설문해자 | 華山廟碑 |

《고문자류편(古文字類編)》(2010)에서는 '能'자의 갑골문으로 '🐾'(<합집(合集) 19703>)과 같은 글자를 수록하고 있다.

금문을 보면 '能'은 곰[熊(웅)]을 그린 상형자임을 알 수 있다.(바로 다음 부에 나오는 제381부 <웅부(熊部)> (6378) '熊'자 참조)

소전의 자형은 금문과 거의 같다.

② '能'의 고음은 양성운(陽聲韻) *nəng / nəng(넝→능)과 음성운(陰聲韻) *nəɤ / nəi(내) 등 두 가지이고, '㠯'의 고음은 음성운 *riəɤ / i(이)이다.

두 글자는 '能'을 음성운 '내'로 읽을 경우에는 상고음(上古音)의 주모음(主母音)과 운미가 [əɤ]로 같고, 양성운 '능'으로 읽을 경우에도 상고음의 주모음이 [ə]로 같고, 운미(韻尾)는 혀뿌리소리[설근음(舌根音)]인 [-ng]과 [-ɤ]으로 발음 부위가 같다. 그래서 '能'자에서 '㠯'가 발음부분이 될 수 있는 것이다. 고대에 음성운과 양성운이 협운을 하는 것이 흔한 일은 아니지만 전혀 없는 것은 아니다.

③서호(徐灝)는 '能'은 '熊'의 고문(古文)으로, '현능(賢能)'이라는 뜻으로 가차(假借)되어 쓰이면서 '곰'이라는 본뜻은 알 수 없게 되었다고 하였다.(≪설문해자주전(說文解字注箋)≫)

文一.
(「정문(正文) 1자.」)

제381부【熊】부

1(6378) 熊 (곰 웅)

𤠗, 獸. 似豕, 山居①, 冬蟄. 从能②, 炎省聲. 凡熊之屬皆从熊.
(「熊은 짐승(의 이름)이다. 돼지와 비슷하고, 산에 살며, 겨울잠을 잔다. 能(능)은 의미부분이고, 炎(염)의 생략형은 발음부분이다. 무릇 熊부에 속하는 글자들은 모두 熊을 의미부분으로 삼는다.」)

①≪주≫에서는 '居(거)'를 '凥'로 썼다.
②'熊'은 '能'자와 같다. '能'은 본래 곰을 그린 상형자였는데, 뒤에 '능력(能力)'·'할 수 있다' 등과 같은 뜻으로 가차(假借)되어 쓰였다. 그러자 '곰'이라는 뜻의 글자는 '灬'를 더한 '熊'자를 만들어 보충한 것이다.(바로 앞 부에 나온 제380부 <능부(能部)> (6377) '能'자 참조)

2(6379) 羆 (큰 곰 비)

羆, 如熊, 黃白文. 从熊, 罷省聲.① 䏿, 古文, 从皮.②
(「羆는 곰과 비슷한데, 황백색의 무늬가 있다. 熊은 의미부분이고, 罷(파)의 생략형은 발음부분이다. (6379-1) 䏿는 고문(古文)으로 (罒과 灬 대신) 皮(피)를 썼다.」)

①임의광(林義光)은 "(옛 熊자는) 能(능)과 火(화)로 이루어질 수가 없다. 이 글자(즉 羆자)는 나중에 나온 글자로, 혹시 본자(本字)가 없어서 罷자를 빌려서 썼고, 뒤에 火를 덧붙인 것이 아닌가 한다.(「(古熊)不从能·火, 此後出字, 疑無本字, 借罷字爲之, 後因加火耳.」)"라고 하였다.(≪문원(文源)≫)

②

금 문	소 전	고 문
牆盤	설문해자	설문해자

갑골문에는 '羆'자가 보이지 않고, 서주(西周) 금문은 '能(능)'과 '攴(복)'으로 이루어졌다. ≪설문해자≫에 수록된 고문은 이 자형을 따른 것이 아닌가 한다.

文二, 重一.
(「정문(正文) 2자, 중문(重文) 1자.」)

제382부 【火】부

1(6380) 火 (불 화)

火, 燬也.① 南方之行.② 炎而上. 象形.③ 凡火之屬皆从火.
(「火는 燬(불 훼)이다. 남방(南方)에 속한다. 불길이 타올라 위로 올라간다. 상형이다. 무릇 火부에 속하는 글자들은 모두 火를 의미부분으로 삼는다.」)

①≪주≫에서는 '燬'를 '烜(훼)'로 썼다.

단옥재는 "烜를 다른 책에서는 燬로 썼다. 이제 바로잡는다. 다음 글에서 '烜는 火이다'라고 하였으니, (이 둘은) 전주(轉注)이다.(「烜各本作燬. 今正. 下文曰: '烜, 火也.' 爲轉注.」)"라고 하였다.(다음다음에 나오는 (6382) '烜'자와 (6383) '燬'자 주해 ①번 참조)

≪통훈정성≫에는 이 글귀가 없다.

②≪통훈정성≫에는 '行(행)'자 다음에 '也(야)'자가 한 글자 더 있다.

'火'가 남방에 속한다는 것은 음양오행설(陰陽五行說)에 의한 해석이다.

참고로 '木(목)'은 동방, '金(금)'은 서방, '水(수)'는 북방에 속한다.

③ 갑골문   소 전

| 後下9.1 | 明599 | 甲1074 | 甲2316 | 合集34168 | 설문해자 |

'火'는 갑골문을 보면 불길이 위로 솟으며 타오르는 모양을 그린 상형자임을 알 수 있다.

이효정(李孝定)선생은 고문자에서 '火'와 '山(산)'은 모양이 비슷해서 쉽게 혼동되므로, (그때그때) 그 문장의 뜻에 맞추어서 해석해야 한다고 하였다.(≪갑골문자집석(甲骨文字集釋)≫)

2(6381) 炟 (불 일어날 달)

炟, 上諱.①
(「炟은 황상(皇上)의 피휘(避諱)자이다.」)

①'炟'은 한(漢)나라 장제(章帝, 76~88 재위)의 이름이다. 그래서 허신이 해설을 하

지 않은 것이다. 또한 이 글자를 부수자 바로 다음에 놓은 것 역시 존중의 의미이다.

단옥재는 "내 생각에, 허신의 책(즉 ≪설문해자≫)에는 본래 이 글자를 수록하지 않았다. 단지 '上諱(상휘)'라고 했는데, (이것은) 후세 사람이 보충해 쓴 것이다.(「按: 許書本不書其篆. 但曰'上諱', 後人補書之.」)"라고 하였다.(≪주≫)

≪계전≫에서는 "後漢章帝名也.(「후한 장제의 이름이다.」)"라고 하였고, 서개는 그 아래에 "炟은 불길이 왕성하다는 뜻이다. 火는 의미부분이고, 旦(단)은 발음부분이다.(「炟, 火盛也. 從火, 旦聲.」)"라고 해설하였다.

뉴수옥은 ≪당운(唐韻)≫을 인용하여 "炟은 불이 일어난다는 뜻이다. 火는 의미부분이고, 旦은 발음부분이다.(「炟, 火起也. 从火, 旦聲.」)"라고 하였다.(≪교록≫)

3(6382) 烜 (불 활활 붙을 훼)

烜, 火也.① 从火, 尾聲.② ≪詩≫曰: "王室如烜."③

(「烜는 불을 뜻한다. 火는 의미부분이고, 尾(미)는 발음부분이다. ≪시경(詩經)≫에 이르기를 "왕실(王室)이 타는 듯하네."라고 하였다.」)

①≪경전석문(經典釋文)·모시음의(毛詩音義)≫를 보면 "초(楚) 지방 사람들은 불을 燥(조)라고 하고, 제(齊) 지방 사람들은 燬(훼), 오(吳) 지방 사람들은 烜라고 한다.(「楚人火曰燥, 齊人曰燬, 吳人曰烜.」)"라고 하였다.

단옥재는 "燬와 烜는 실은 한 글자이다. ≪방언(方言)≫(<권10>)에서 '제 지방 사람들은 烜라고 한다'라고 한 것은 바로 ≪이아(爾雅)≫ 곽박(郭璞)의 주에서 '제 지방 사람들은 燬라고 한다'라고 한 것이다. 세간에서 억지로 두 개의 글자와 두 가지 발음으로 나누었다.(「燬·烜實一字. ≪方言≫'齊曰烜', 卽≪爾雅≫郭注之'齊曰燬也.' 俗乃強分爲二字二音.」)"라고 하였다.(≪주≫)

②'烜'의 고음은 *xmjwər / xiuəi(휘어이→훼)이고, '尾'의 고음은 *mjwər / miuəi(뮈어이→미)이다. '烜'는 상고 시대 첫소리가 [x-] 계열과 [m-] 계열 두 가지 계통을 갖는 글자였다. 두 글자는 첫소리는 뺀 나머지 부분 즉 개음(介音), 주모음(主母音), 운미(韻尾) 등이 모두 같다.

③현재 전해지는 ≪시경·주남(周南)·여분(汝墳)≫에서는 '烜'를 '燬'로 썼다.

4(6383) 燬 (불 훼)

燬, 火也.① 从火, 毀聲. ≪春秋傳≫曰: "衛侯燬."②

(「燬는 火(불 화)이다. 火는 의미부분이고, 毀(훼)는 발음부분이다. ≪춘추전(春秋傳)≫에 이르기를 "위후(衛侯, 즉 위 문공) 燬"라고 하였다.」)

①'燬'와 (6380) '火'는 전주(轉注) 관계이다.
단옥재는 "내 생각에, 이 글자(즉 燬)는 허신의 책에 본래 없는 것이니, 마땅히 없애야 한다.(「按: 此篆許所本無, 當刪.」)"라고 하였다.(≪주≫)
②현재 전해지는 ≪춘추좌전(春秋左傳)·희공(僖公) 25년≫ 경문(經文)에는 "衛侯燬滅邢.(「위후 燬가 형(邢)나라를 멸(滅)하였다.」)"이라고 하였다.

5(6384) 燹 (들불 선)

燹, 火也. 从火, 豩聲.①
(「燹은 불을 뜻한다. 火는 의미부분이고, 豩(빈)은 발음부분이다.」)

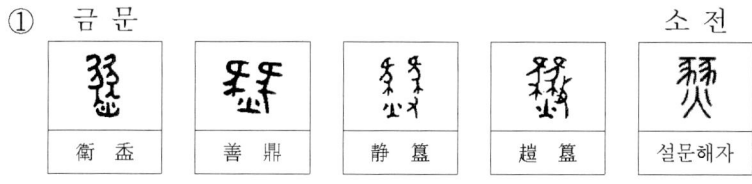

갑골문에는 '燹'자가 보이지 않는다.
서주(西周) 금문의 자형은 '豕(시)'자 둘 대신 '希(제)'자 둘과 '火'로 이루어진 '燹'(<위화(衛盉)> 등), 이 자형에 'ㄑ' 즉 '又(우)'(<정궤(靜簋)>)가 더해지거나 '攴(복)'(해궤<趙簋>)이 더해진 '燹'으로 썼다. '豕'나 '希'는 모두 돼지를 그린 상형자이다.
양수달(楊樹達, ≪적미거금문설(積微居金文說)≫)과 정산(丁山, ≪설문궐의전(說文闕義箋)≫)은 '豕'과 '豨(돼지 시)'는 본래 같은 글자라고 하였다.

6(6385) 焌 (불 땔 준)

焌, 然火也.① 从火, 夋聲. ≪周禮≫曰: "遂籥其焌."② 焌火在前, 以焞焯龜.
(「焌은 불태운다는 뜻이다. 火는 의미부분이고, 夋(준)은 발음부분이다. ≪주례(周禮)≫에 이르기를 "불어서 불을 지폈다."라고 하였다. 타는 불이 앞에 있어서, 거북이 등껍질을 태워 점을 쳤다는 뜻이다.」)

①단옥재는 "불로 물건을 태우는 것이 然이다.(「以火燒物曰然.」)"라고 하였다.(≪주≫)

②현재 전해지는 ≪주례·춘관(春官)≫ 수씨(䄏氏)조에서는 '龠(악기를 불 취)'를 '龡(불 취)'로 썼고, '焌'자 다음에 '契(맺을 계)'자가 한 글자 더 있다.

'契'는 거북점을 칠 때 쓰이는 나무이다. 즉 "거북점을 칠 때 쓰이는 나무를 불어서 태웠다"는 뜻이다.

한편 ≪계전≫에서는 '龠'를 '炊(취)'로 썼는데, 뉴수옥은 이는 틀린 것이라고 하였다.(≪교록≫)

7(6386) 尞 (천제(天祭) 지낼 료)

尞, 柴祭天也.① 从火, 从昚.② 昚, 古文愼字. 祭天所以愼也.
(「尞는 나무를 태워 하늘에 제사를 지낸다는 뜻이다. 火(화)와 昚은 (모두) 의미부분이다. 昚은 고문(古文)의 愼(신)자이다. 하늘에 제사를 지내려면 신중해야 하기 때문이다.」)

①≪계전≫·≪주≫·≪의증≫·≪통훈정성≫·≪구두≫·≪교록≫ 등에서는 모두 '柴(섶 시)'를 '祡(섶을 태워 하늘에 제사지낼 시)'로 썼다.

②

갑골문			금문		소전
後上24.10	後上24.7	合集32302	保員簋	鄘伯取簋	설문해자

'尞'자는 갑골문을 보면 즉 '木(목)'과 몇 개의 점들로 이루어져 있거나, 여기에 '火'가 더해진 자형 등 두 가지이다. 서주(西周) 금문은 후자와 같다.

나진옥(羅振玉)은 나무가 불 위에 있는 형태로, 나무 옆의 점들은 불꽃이 솟아오르는 것을 나타낸다고 하였다.(≪증정은허서계고석(增訂殷虛書契考釋)≫) 이 설은 대부분의 학자들이 따르고 있다.

이효정(李孝定)선생은 갑골문의 '尞'자는 섶나무를 태우는 모양을 그린 것으로, 제사의 이름으로 쓰였다고 하였다.(≪갑골문자집석(甲骨文字集釋)≫)

소전은 자형이 많이 바뀌어서 글자만을 보고는 무슨 뜻인지 알기가 어려워졌다.

8(6387) 然 (불사를 연, 그럴 연)

然, 燒也.① 从火, 肰聲.② 𦓥, 或从艸·難.③

(「然은 불사른다는 뜻이다. 火는 의미부분이고, 肰(연)은 발음부분이다. (6387-1) 蘭은 혹체자(或體字)로 艸(초)와 難(난)으로 이루어졌다.」)

①오늘날 이 뜻으로는 '燃(연)'자를 쓴다.

'然'은 본래 '불사르다'라는 뜻의 동사였는데, 뒤에 '그러하다'라는 뜻으로 가차(假借)되어 쓰이자, '然'자에 다시 '火'를 덧붙인 '燃'자를 만들어 그 자리를 보충하였다.

② 춘추금문　　　　　　　　　전국금문　　소 전　　혹 체

갑골문에는 '然'자가 보이지 않는다.

금문에서는 '蘭'(<자감종(者減鐘)>) 또는 '然'(<중산왕정(中山王鼎)>)으로 썼다. <중산왕정>의 형태는 소전과 같고, <자감종>의 형태는 ≪설문해자≫에 수록된 혹체자의 자형과 비슷한데, 다만 '蘭'자 아래의 '火'가 없어지고 대신 '艸'를 쓴 것이 다르다.

③단옥재(≪주≫)·계복(≪의증≫)·왕균(≪구두≫)·엄가균(嚴可均, ≪설문교의(說文校議)≫) 등은 '蘭'은 마땅히 '蘭'으로 써야 한다고 하였다.

단옥재는 "내 생각에, 이 글자는 마땅히 蘭으로 써야 한다. 혹은 옛날 판본에는 蘭으로 썼는데, 옮겨 쓰면서 火를 빼트린 것일 것이다.(「按: 篆當作蘭. 或古本作蘭, 轉寫奪火耳.」)"라고 하였다.(≪주≫)

9(6388) 爇 (불사를 설)(본음 열)

爇, 燒也. 从火, 蓺聲.① ≪春秋傳≫曰: "爇僖負羈."②

(「爇은 燒(불사를 소)이다. 火는 의미부분이고, 蓺(예)는 발음부분이다. ≪춘추전(春秋傳)≫에 이르기를 "희부기(僖負羈)의 집을 불살라 버렸다."라고 하였다.」)

①서현 등은 "≪설문해자≫에는 蓺자가 없다. 마땅히 '火와 艸(초)는 의미부분이고, 熱의 생략형은 발음부분이다'라고 해야 할 것이다.(「≪說文≫無蓺字. 當从火, 从艸, 熱省聲.」)"라고 하였다.(대서본 ≪설문해자≫)

이에 대해 단옥재는 "내 생각에, 蓺(예)는 곧 발음부분이다. 굳이 '熱의 생략형은

발음부분이다'라고 할 필요는 없다.(「按: 埶卽聲. 不必云爇省.」)"라고 하였다.(《주》)

참고로 '爇'의 고음은 입성운(入聲韻) *njiwat / niuæt(뉘앤→녈→열)이고, '埶'의 고음은 음성운(陰聲韻) *ngjiar / ngiæi(애이→예)이다. 두 글자는 첫소리가 [n-]으로 같고, 상고음(上古音)의 주모음(主母音) 역시 [a]로 같으며, 운미(韻尾)는 혀 끝 가운데 소리[설첨중음(舌尖中音)]인 [-t]와 [-r]로 발음 부위가 같다. 그래서 '爇'자에서 '埶'가 발음부분이 될 수 있는 것이다. 고대에는 음성운과 입성운이 협운을 하기도 하였다.

한편 《갑골문자집석(甲骨文字集釋)》과 《갑골문자전(甲骨文字典)》에서는 '爇'자의 갑골문으로 ' '(<후하(後下) 37.5>)·' '(<을(乙) 233>)·' '(<갑(甲) 788>) 등과 같은 자형을 소개하고 있다. 이 자형들에 대해 서중서(徐中舒)는 사람이 손으로 횃불을 쥐고 있는 형태로, 불사른다는 뜻의 회의자라고 하였다.(《갑골문자전》) 그런데 《고문자류편(古文字類編)》·《갑금전례대자전(甲金篆隸大字典)》·《한어대자전(漢語大字典)》·《한어고문자자형표(漢語古文字字形表)》 등에서는 이러한 글자를 수록하고 있지 않다.

②《춘추좌전(春秋左傳)·희공(僖公) 28년》에 나오는 글귀.

10(6389) 燔 (불사를 번)

燔, 爇也.① 从火, 番聲.②
(「燔은 불사른다는 뜻이다. 火는 의미부분이고, 番(번)은 발음부분이다.」)

①단옥재는 "허신은 膰(제사에 쓰는 고기 번)과 燔자를 구별하였다. 膰은 종묘(宗廟)에서 불로 고기를 굽는다는 뜻이다. 그래서 하나는 火를 의미부분으로 쓰고, 하나는 炙(자)를 의미부분으로 써서 구별하였다.(「按: 許膰與燔字別. 膰者, 宗廟火炙肉也. 此因一从火一从炙而別之.」)"라고 하였다.(《주》)

② 금 문   소 전

新鄭虎符   설문해자

갑골문에는 '燔'자가 보이지 않고, 전국(戰國)시대 금문과 소전의 자형은 '燔'으로 같다.

11(6390) 燒 (불사를 소)

燒, 爇也.① 从火, 堯聲.
(「燒는 爇(불사를 설)이다. 火는 의미부분이고, 堯(요)는 발음부분이다.」)

①'燒'와 (6388)'爇'은 전주(轉注) 관계이다.
원래 전주 관계에 있는 글자들은 바로 다음에 위치하는 것이 상례인데, 이 둘은 사이가 약간 떨어져 있다.

12(6391) 烈 (불 활활 붙을 렬)

烈, 火猛也.① 从火, 㓝聲.②
(「烈은 불길이 맹렬(猛烈)하다는 뜻이다. 火는 의미부분이고, 㓝(렬)은 발음부분이다.」)

①≪방언(方言)≫<권1>을 보면 "烈・枿(얼) 등은 남는다는 뜻이다. 진(陳)과 정(鄭) 지방 사이에서는 枿이라고 하고, 진(晉)과 위(衛) 지방 사이에서는 烈이라고 하며, 진(秦)과 진(晉) 지방 사이에서는 肄(이)라고 하고, 혹은 烈이라고 한다.(「烈・枿, 餘也. 陳鄭之間曰枿, 晉衛之間曰烈, 秦晉之間曰肄, 或曰烈.」)"라고 하였다.
이에 대해 단옥재는 "내 생각에, 烈을 '남는다'라고 풀이하는 것은, 번성하면 반드시 다하기 마련이고, 다하면 반드시 남는 바가 있다는 것이다.(「按: 烈訓餘者, 盛則必盡, 盡則必有所餘也.」)"라고 하였다.(≪주≫)

②≪한어고문자자형표(漢語古文字字形表)≫에서는 '烈'자의 서주(西周) 금문으로 '𤈦'(<반궤(班簋)>)・'𤈦'(<소백호궤(召伯虎簋)>), 전국(戰國)시대 금문으로 '𤈦'(<표강종(驫羌鐘)>) 등과 같은 글자를 수록하고 있다.

13(6392) 炪 (불빛 절; 더부룩힐 출, 연기 모양 출)

炪, 火光也.① 从火, 出聲. <商書>曰: "予亦炪謀."② 讀若巧拙之拙.
(「炪은 불빛을 뜻한다. 火는 의미부분이고, 出(출)은 발음부분이다. <상서(商書)>에 이르기를 "나 역시 빛나는 계획이 있다"라고 하였다. 발음은 서툴다는 뜻의 拙(졸)자처럼 읽는다.」)

①단옥재는 "≪유편(類篇)≫에서는 '불이 빛나지 않는다는 뜻이다'라고 하였는데, ≪집운(集韻)≫ 6 술운(術韻)에 이르기를 '炪爩(줄울)은 연기 모습을 뜻한다'라고

하여 ≪유편≫과 같다. 또 9 흘운(迄韻)에 이르기를 '㶣爩은 연기가 나온다는 뜻이다'라고 하였다. 연기가 무성하면 빛이 희미하다. 이것은 아마 (바로) 위의 (烈(렬)자가) '불길이 맹렬하다'라고 한 것과 반대말일 것이다.(「≪類篇≫作'火不光', ≪集韵≫六術曰: '㶣爩, 煙皃.' ≪類篇≫同. 又九迄曰: '㶣爩, 煙出也.' 煙盛則光微. 此葢與上火猛作反對語.」)"라고 하였다.(≪주≫)

②현재 전해지는 ≪서경(書經)·상서·반경(盤庚)≫에서는 '㶣'을 '拙'로 썼다.

14(6393) 㷳 (불 활활 탈 필)

㷳, 㷳爩, 火皃. 从火, 畢聲.
(「㷳은 㷳爩(필불)로, 불의 모습을 뜻한다. 火는 의미부분이고, 畢(필)은 발음부분이다.」)

15(6394) 爩 (불 이글이글 탈 불)

爩, 㷳爩也. 从火, 棥聲.① 棥, 籒文悖字.②
(「爩은 㷳爩(필불, 불의 모습)이다. 火는 의미부분이고, 棥(패)는 발음부분이다. 棥는 주문(籒文)의 悖(패)자이다.」)

①≪정자통(正字通)·화부(火部)≫를 보면 "棥, 본자(本字)는 두 개의 或(혹)자를 하나는 바로 쓰고 하나는 거꾸로 쓴 형태(즉 爩)의 글자인데, 해서(楷書)로 쓰기가 불편해서 지금은 棥로 쓴다.(「棥, 本字从正倒二或字, 不便于楷, 今作棥.」)"라고 하였다.

②≪계전≫에서는 '籒文'을 '古文(고문)'으로 썼다.

16(6395) 烝 (김 오를 증)

烝, 火气上行也.① 从火, 丞聲.②
(「烝은 불기운이 위로 올라간다는 뜻이다. 火는 의미부분이고, 丞(승)은 발음부분이다.」)

①≪계전≫에는 '火气(화기)' 다음의 '上行(상행)' 두 글자가 없다.

② 갑골문

| 花東039 | 佚663 | 甲894 | 合集30987 | 合集38686 | 合集38692 |

금문   소 전

| 大盂鼎 | 太師虘豆 | 段簋 | 獣簋 | 姬鼎 | 설문해자 |

'烝'자는 갑골문을 보면 쌀[米(미)]과 시루[豆]로 이루어져 있는 자형(<화동(花東) 093>)을 기본으로, 두 손[廾] 즉 '廾(공)'이 더해지기도 하였고, '米'를 '禾(화)'로 쓰기도 하였다. 서주(西周) 금문도 이와 같다. 모두 "쌀을 시루에 넣고 찐다"는 뜻으로, 오늘날 '烝'자에 해당한다.

또한 금문에는 '米'와 두 손 그리고 '登(등)'으로 이루어진 ' '(<희정(姬鼎)>)과 같은 자형도 있는데, 여기에서 '登'은 발음부분의 역할도 담당하는 것으로 생각된다.

17(6396) 烰 (찔 부)

烰, 烝也. 从火, 孚聲. ≪詩≫曰: "烝之烰烰."①

(「烰는 찐다는 뜻이다. 火는 의미부분이고, 孚(부)는 발음부분이다. ≪시경(詩經)≫에 이르기를 "그것을 푹푹 쪘다네."라고 하였다.」)

①현재 전해지는 ≪시경·대아(大雅)·생민(生民)≫에는 '烝之浮浮(증지부부)'로 되어 있다.

18(6397) 煦 (찔 후)

煦, 烝也. 一曰: 赤皃. 一曰: 溫潤也.① 从火, 昫聲.

(「煦는 찐다는 뜻이다. 일설에는 붉은 모습을 뜻한다고도 한다. 일설에는 따뜻하게 적신다는 뜻이라고도 한다. 火는 의미부분이고, 昫(구)는 발음부분이다.」)

①≪주≫에서는 '溫(온)'을 '盈(온)'으로 썼다.(이하 같음)

19(6398) 熯 (말릴 한; 불 이글이글 할 선)

熯, 乾皃. 从火, 漢省聲.① ≪詩≫曰: "我孔熯矣."②
(「熯은 말리는 모습을 뜻한다. 火는 의미부분이고, 漢(한)의 생략형은 발음부분이다. ≪시경(詩經)≫에 이르기를 "나는 매우 경건했다네."라고 하였다.」)

①	갑골문				금문	소전
	京津2300	存3.155	甲3913	粹551	琱生簋	설문해자

'熯'자는 갑골문과 서주(西周) 금문 그리고 소전 등의 자형이 모두 '火'와 '漢'의 생략형으로 이루어져 있다.

≪계전≫과 ≪구두≫에서는 "堇聲.(「堇(근)은 발음부분이다.」)"이라고 하였다.

②≪시경·소아(小雅)·초자(楚茨)≫에 나오는 글귀. 여기에서는 '熯'을 '謹(삼갈 근)'과 같은 뜻으로 풀이하였다.

20(6399) 炥 (불 탈 비·불)①

炥, 火皃.② 从火, 弗聲.
(「炥는 불의 모습을 뜻한다. 火는 의미부분이고, 弗(불)은 발음부분이다.」)

①≪광운(廣韻)≫을 보면 '炥'의 반절(反切)을 '符弗切(부불절)' 즉 '불'이라고 하였고, 대서본 ≪설문해자≫·≪주≫·≪의증≫·≪구두≫·≪교록≫ 등에서도 모두 '普活切(보활절)' 즉 '불'이라고 하였다.

그런데 ≪대한한사전(大漢韓辭典)≫에서는 ≪집운(集韻)≫에서 '方未切(방미절)' 즉 '비'라고 하였다는 예를 들어 발음을 '비'로 소개하고 있다. ≪집운≫을 보면 '炥'의 반절은 '芳未切(방미절)'과 '方未切'(이상 '비')과 '敷勿切(부물절)'·'分勿切(분물절)'·'符勿切(부물절)'·'普活切'(이상 '불') 등 6종의 반절과 두 가지의 발음을 수록하고 있다.

②단옥재는 '炥'을 앞에 나온 (6394) '燹(불)'의 혹체자(或體字)라고 하였다.

21(6400) 熮 (불사를 료)

熮, 火皃. 从火, 翏聲. ≪逸周書≫曰: "味辛而不熮."①

(「燎는 불의 모습을 뜻한다. 火는 의미부분이고, 尞(료)는 발음부분이다. ≪일주서(逸周書)≫에 이르기를 "맛이 맵지만 불나지는 않는다."라고 하였다.」)

①탕가경(湯可敬)은 뢰준(雷浚)의 ≪설문인경례변(說文引經例辨)≫을 인용하여 ≪일주서≫에는 이러한 글귀가 없다고 하였다.(≪설문해자금석(說文解字今釋)≫)

22(6401) 閦 (불 린)

閦, 火皃. 从火, 䀠省聲.① 讀若燐.②
(「閦은 불의 모습을 뜻한다. 火는 의미부분이고, 䀠(진)의 생략형은 발음부분이다. 燐(린)처럼 읽는다.」)

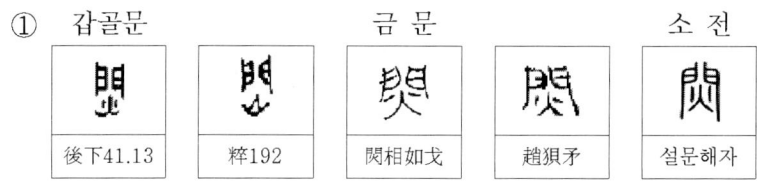

① 갑골문   금문   소전
後下41.13   粹192   閦相如戈   趙狽矛   설문해자

'閦'자는 갑골문과 전국(戰國)시대 금문 그리고 소전의 자형이 모두 '門(문)'과 '火'로 이루어져 있다.

≪주≫에서는 '䀠'을 '䀠'으로 썼다.

이에 대해 단옥재는 "䀠은 <문부(門部)>에 보인다. 䀠으로 쓴 것은 잘못된 것이다.(「䀠見<門部>. 作䀠者誤.」)"라고 하였다.(제12편 상 <門部> (7739) '䀠'자 해설 참조)

②≪주≫에서는 '燐'을 '燐'으로 썼다.

23(6402) 熥 (불빛 안)

熥, 火色也.① 从火, 雁聲. 讀若鴈.
(「熥은 불의 색깔을 뜻한다. 火는 의미부분이고, 雁(안)은 발음부분이다. 鴈(안)처럼 읽는다.」)

①≪계전≫에는 '色(색)'자 다음의 '也(야)'자가 없다.

왕균은 "'불의 색깔'이란 불이 스스로 가지고 있는 색깔을 뜻하지, 불이 다른 것을 태우는 색깔을 뜻하는 것이 아니다.(「火色者, 火自具之色, 非火所燒之色也.」)"라고 하였다.(≪구두≫)

24(6403) 熲 (불빛 경)

熲, 火光也. 从火, 頃聲.
(「熲은 불빛을 뜻한다. 火는 의미부분이고, 頃(경)은 발음부분이다.」)

25(6404) 爚 (불사를 약, 불똥 튈 약)

爚, 火飛也.① 从火, 龠聲. 一曰: 爇也.②
(「爚은 불똥이 튄다는 뜻이다. 火는 의미부분이고, 龠(약)은 발음부분이다. 일설에는 불사른다는 뜻이라고도 한다.」)

①≪주≫에서는 ≪문선≫ <금부(琴賦)> 등의 주(注)에 의거하여 '飛(비)'를 '光(광)'으로 썼다.
②≪계전≫·≪주≫·≪의증≫·≪구두≫·≪통훈정성≫ 등에서는 모두 '爇(설)'을 '爇'로 썼다.
≪대한한사전(大漢韓辭典)≫에서는 '爇'을 '爇'의 속자(俗字)라고 하였다.

26(6405) 熛 (불똥 튈 표)

熛, 火飛也. 从火, 覃聲.① 讀若摽.②
(「熛는 불똥이 튄다는 뜻이다. 火는 의미부분이고, 覃(표)는 발음부분이다. 摽(표)처럼 읽는다.」)

①≪계전≫·≪주≫·≪의증≫·≪구두≫·≪통훈정성≫ 등에서는 모두 '覃'를 '奧(표)'로 썼다.
참고로 소전에서의 '奧'자는 예서에서는 일률적으로 '票(표)'로 썼다. 예를 들어 '僄(가벼울 표)'·'剽(표독할 표, 빼를 표)'·'勡(겁탈할 표)'·'嫖(가벼울 표)'·'漂(물에 뜰 표)'·'標(표시할 표)'·'鏢(칼끝 표)' 등에서의 '票' 부분은 모두 '奧'에서 온 것이다.
②≪계전≫에서는 '摽(칠 표)'를 '瘭(종기 표)'로 썼다.
이에 대해 뉴수옥은 ≪설문해자≫에는 '瘭'자가 없으므로 이는 틀린 것이라고 하였다.(≪교록≫)

27(6406) 熇 (불김 효; 뜨거울 혹; 마를 고; 불꽃 성할 학)

熇, 火熱也. 从火, 高聲. ≪詩≫曰: "多將熇熇."①

(「熇은 불이 뜨겁다는 뜻이다. 火는 의미부분이고, 高(고)는 발음부분이다. ≪시경(詩經)≫에 이르기를 "나쁜 일을 많이 하는 것은 불이 치열(熾烈)해지는 것과 같다네."이라고 하였다.」)

①≪시경·대아(大雅)·판(板)≫에 나오는 글귀.

28(6407) 烄 (태울 교)

烄, 交木然也. 从火, 交聲.①

(「烄는 나무를 교차(交叉)시켜 태운다는 뜻이다. 火는 의미부분이고, 交(교)는 발음부분이다.」)

'烄'자는 갑골문을 보면 사람이 다리를 꼬고[交] 불[火] 위에 있는 모양이다. 그 옆의 점 들은 불꽃이 튀는 것을 표시한 것으로 보인다.

엽옥삼(葉玉森)은 "이것은 은(殷)나라 초에 기우제를 지낼 때 사람을 희생으로 썼던 증거이다. 후세에는 본질이 변하여 더욱 가혹해져서, 죄인을 불에 던져 귀신을 쫓아내는 의미를 나타내기도 하였다.(「是殷初祈雨以人代犧之證, 後世變本加厲, 乃投罪人于火, 示驅魅意..」)"라고 하였다.(≪은허서계전편집석(殷虛書契前編集釋)≫)

주준성은 '交'는 의미부분이기도 하다고 하였다.(≪통훈정성≫)

29(6408) 炎 (조금 덥힐 점; 횃불 담)

炎, 小熱也.① 从火, 干聲.② ≪詩≫曰: "憂心炎炎."③

(「炎(점)은 조금 뜨겁다는 뜻이다. 火는 의미부분이고, 十(간)은 발음부분이다. ≪시경(詩經)≫에 이르기를 "근심하는 마음 불붙는 듯하네."라고 하였다.」)

①≪주≫·≪의증≫·≪구두≫·≪교록≫ 등에서는 '熱(열)'을 '爇(불사를 설)'로 썼다.

②≪주≫와 ≪통훈정성≫에서는 이 글자의 소전체를 '羨' 즉 '炎'으로 썼고, 따라서 '干' 역시 '羊(임)'으로 썼다.

단옥재는 "羊은 다른 책에서 干으로 잘못 쓰고 있고, 소전체 역시 틀렸다. 이제 바로 잡는다.(「羊各本誤作干, 篆體亦誤. 今正..」)"라고 하였다.

'炎'의 고음은 *dɑm / dɑm(담)과 *diam / diæm(댐→점) 등 두 가지이고, '干'의 고음은 *kan / kɑn(간)이다. 두 글자는 상고음(上古音)의 주모음(主母音)이 [ɑ]로 같고, 운미(韻尾)는 각각 양성운미(陽聲韻尾)인 [-m]과 [-n]으로 비슷하다. 그래서 '炎'자에서 '干'이 발음부분이 될 수 있는 것이다.

③현재 전해지는 ≪시경·소아(小雅)·절피남산(節彼南山)≫에는 '憂心如惔(우심여담)'으로 되어 있다.

30(6409) 爝 (횃불 초)

爝, 所以然持火也. 从火, 焦聲. ≪周禮≫曰: "以明火爇爝也."①
(「爝는 불을 붙여서 손에 쥐도록 하는 도구(즉 횃불)를 뜻한다. 火는 의미부분이고, 焦(초)는 발음부분이다. ≪주례(周禮)≫에 이르기를 "햇볕으로 얻은 불로 횃불에 불을 붙였다."라고 하였다.」)

①≪주례·춘관(春官)≫ 수씨(菙氏)조에 나오는 글귀.

31(6410) 炭 (숯 탄)

炭, 燒木餘也.① 从火, 岸省聲.②
(「炭은 나무를 태운 나머지를 뜻한다. 火는 의미부분이고, 岸(안)의 생략형은 발음부분이다.」)

①≪계전≫과 ≪주≫에서는 "燒木未灰也.(「나무를 태워 아직 재가 되지 않았다는 뜻이다.」)"라고 하였다.

②≪계전≫·≪주≫·≪통훈정성≫·≪구두≫ 등에서는 "屵聲.(「屵(안·얼)은 발음부분이다.」)"이라고 하였다.

32(6411) 羨 (볕 쪼일 자, 숯 묶을 자)

羨, 束炭也. 从火, 差省聲.① 讀若蠿.

(「羨는 숯을 묶었다는 뜻이다. 火는 의미부분이고, 差(차)의 생략형은 발음부분이다. 虘(차)처럼 읽는다.」)

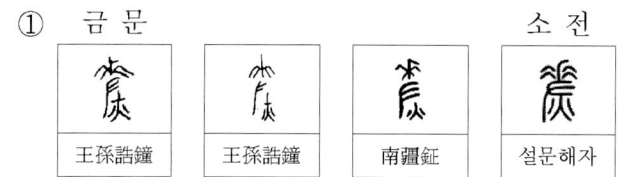

① 금문 　　　　　　　　　　　소전
王孫誥鐘　王孫誥鐘　南疆鉦　설문해자

갑골문과 서주(西周) 금문에는 '羨'자가 보이지 않고, 춘추(春秋)시대 금문과 소전의 자형은 '羨'로 같다.

명문(銘文)에서 '羨'는 사람의 이름으로 쓰였다.

≪계전≫·≪주≫·≪의증≫·≪구두≫ 등에서는 '差'를 '𨐓'로 썼다.

33(6412) 敎 (교)①

敎, 交灼木也.② 从火, 敎省聲. 讀若狡.
(「敎는 교차해서 나무를 태운다는 뜻이다. 火는 의미부분이고, 敎(교)의 생략형은 발음부분이다. 狡(교)처럼 읽는다.」)

①'敎'자는 ≪대한한사전(大漢韓辭典)≫에 보이지 않는다.

발음은 ≪광운(廣韻)≫에 따르면 '古巧切(고교절)' 즉 '교'이다.

②단옥재는 "내 생각에, ≪옥편(玉篇)≫과 ≪광운(廣韻)≫에서 모두 '敎는 炃(태울 교)와 같다.(「敎同炃.」)'라고 하였는데, (이는) 반드시 ≪설문해자≫에 근거한 것일 것이다. 그런데 현재의 ≪설문해자≫에서는 어찌하여 둘로 나뉘었는지 모르겠다. 交灼이라는 말 역시 통하지 않는다.(「按: ≪玉篇≫·≪廣韵≫皆曰: '敎同炃.' 必本諸≪說文≫, 不知今本≪說文≫何以析爲二. 交灼之語, 亦不可通.」)"라고 하였다.(≪주≫)

주준성은 (敎는) 마땅히 '炃'의 고문(古文)이라고 하였다.(≪통훈정성≫)

34(6413) 炦 (김 오를 별, 불 기운 별)

炦, 火气也. 从火, 犮聲.
(「炦은 불의 기운을 뜻한다. 火는 의미부분이고, 犮(발)은 발음부분이다.」)

35(6414) 灰 (재 회)

灰, 死火餘㶳也.① 从火, 从又. 又, 手也. 火旣滅, 可以執持.
(「灰는 불이 꺼지고 남은 불똥을 뜻한다. 火와 又(우)는 (모두) 의미부분이다. 又는 손이다. 불이 꺼지면 손으로 잡을 수 있기 때문이다.」)

①≪계전≫에서는 '㶳(불똥 진)'을 '燼(깜부기불 신)'으로 썼다.

36(6415) 炱 (그을음 태)

炱, 灰, 炱煤也.① 从火, 台聲.
(「炱는 재로, 그을음을 뜻한다. 火는 의미부분이고, 台(이·태)는 발음부분이다.」)

①≪옥편(玉篇)≫을 보면 "炱煤(태매)는 그을음을 뜻한다.(「炱煤, 煙塵也.」)"라고 하였다.

37(6416) 煨 (불에 묻어 구울 외, 그슬릴 외)

煨, 盆中火.① 从火, 畏聲.
(「煨는 그릇 안의 불을 뜻한다. 火는 의미부분이고, 畏(외)는 발음부분이다.」)

①≪계전≫·≪통훈정성≫·≪구두≫ 등에는 '火'자 다음에 '也(야)'자가 한 글자 더 있다.

'그릇 안의 불'은 '재'를 뜻한다. 예전에는 이 재 안에 음식을 넣고 구워먹거나 덥혀 먹기도 했기 때문에, 여기에서 '불에 구워 먹다'·'그슬리다'라고 하는 훈이 나오게 된 것이다.

송(宋) 정초(鄭樵)의 ≪육서고(六書故)·천문(天文) 하≫를 보면 "煨는 재 속의 불로 물건을 익힌다는 뜻이다.(「煨, 灰火中孰物也.」)"라고 하였다.

38(6417) 熄 (불 담을 식, 불 꺼질 식)

熄, 畜火也.① 从火, 息聲. 亦曰滅火.②
(「熄은 쌓아둔 불(즉 불씨)을 뜻한다. 火는 의미부분이고, 息(식)은 발음부분이다. 또 불을 끈다는 뜻이라고도 한다.」)

①계복은 "畜火(축화)는 불씨를 뜻한다.(「畜火, 火種也.」)"라고 하였다.(≪의증≫)

단옥재는 '畜'은 마땅히 '蓄(쌓을 축)'으로 써야 한다고 하였다.(≪주≫)

②≪계전≫에는 이 구절이 없다.

단옥재는 "滅(멸)과 蓄의 의미는 상반(相反)된 것처럼 보이지만 사실상 상생(相生)적인 것이다. 숨을 멈춘다는 것은 곧 숨을 더욱 크게 쉬는 것이다. ≪맹자(孟子)·이루(離婁) 하≫에 이르기를 '왕의 행적이 그치자 ≪시경(詩經)≫이 없어졌고, ≪시경≫이 없어진 후에야 ≪춘추(春秋)≫가 지어졌다'라고 하였다.(「滅與蓄義似相反而實相成. 止息卽滋息也. ≪孟子≫曰: '王者之迹熄而≪詩≫亡, ≪詩≫亡然後≪春秋≫作.'」)"라고 하였다.

39(6418) 烓 (화덕 계)

烓, 行竈也. 从火, 圭聲. 讀若冋.①
(「烓는 이동식 화덕을 뜻한다. 火는 의미부분이고, 圭(규)는 발음부분이다. 冋(경)처럼 읽는다.」)

①≪의증≫과 ≪교록≫에서는 '冋'을 '回(회)'로 썼다.

단옥재는 급고각(汲古閣) 본에서는 '冋'을 '回'로 썼는데, 이는 잘못된 것이라고 하였다.(≪주≫)

참고로 '烓'의 고음(古音)은 음성운(陰聲韻) *ʔweɣ / ʔiuɛi(귀에이→계)이고, '冋'의 고음은 양성운(陽聲韻) *kweng / kiuɐng(귀엥→경)과 *gweng / ɣiuɐng(귀엥→경) 등 두 가지이다. 두 글자는 첫소리가 [k-] 계열로 비슷하고, 상고음(上古音)의 주모음(主母音)이 [e]로 같으며, 운미(韻尾)는 혀뿌리소리[설근음(舌根音)]인 [-ɣ]와 [-ng]으로 발음 부위가 같다. 그래서 '烓'자에서 '冋'이 발음부분이 될 수 있는 것이다. 고대에는 음성운과 양성운이 때때로 협운을 하였다.

40(6419) 煁 (화덕 심)

煁, 烓也. 从火, 甚聲.
(「煁은 화덕을 뜻한다. 火는 의미부분이고, 甚(심)은 발음부분이다.」)

41(6420) 燀 (불 땔 천)

燀, 炊也. 从火, 單聲.① ≪春秋傳≫曰: "燀之以薪."②
(「燀은 (밥을 지으려고) 불을 땐다는 뜻이다. 火는 의미부분이고, 單(단)은 발음부

분이다. ≪춘추전(春秋傳)≫에 이르기를 "땔감으로 (밥 지을) 불을 피웠다."라고 하였다.」)

① 갑골문   소 전
拾12.10   설문해자

'燀'자는 갑골문과 소전이 모두 '火'와 '單'으로 이루어져 있다.
②≪춘추좌전(春秋左傳)·소공(昭公) 20년≫에 나오는 글귀.

42(6421) 炊 (불 땔 취)

炊, 爨也. 从火, 吹省聲.
(「炊는 (밥을 지으려고) 불을 땐다는 뜻이다. 火는 의미부분이고, 吹(취)의 생략형은 발음부분이다.」)

43(6422) 烘 (횃불 홍)

烘, 尞也. 从火, 共聲. ≪詩≫曰: "邛烘于煁."①
(「烘은 불태운다는 뜻이다. 火는 의미부분이고, 共(공)은 발음부분이다. ≪시경(詩經)≫에 이르기를 "화덕에 불을 피웠네."라고 하였다.」)

①단옥재(≪주≫)·계복(≪의증≫)·주준성(≪통훈정성≫)·왕균(≪구두≫) 등은 모두 이 글귀가 ≪시경·소아(小雅)·백화(白華)≫에 나온다고 하였는데, 현재 전해지는 ≪시경·소아·백화≫는 편명만 있을 뿐 노랫말이 없다.

44(6423) 齌 (불 땔 제, 밥 지을 제, 빠를 제)

齌, 炊餔疾也.① 从火, 齊聲.②
(「齌는 밥을 짓는 것이 매우 빠르다는 뜻이다. 火는 의미부분이고, 齊(제)는 발음부분이다.」)

①단옥재는 "餔(새참 포)는 날이 신시(申時, 오후 3~5시) 쯤 되었을 때 먹는 밥이다. 저녁이 늦을까봐 걱정되어 밥을 빨리 짓는다. 그래서 火를 의미부분으로 삼은 것이다. 인신(引伸)하여 '빠르다'라는 뜻으로 쓰인다.(「餔, 日加申時食也. 晩飯恐

遲, 炊之疾速, 故字从火. 引伸爲凡疾之用..」)"라고 하였다.(≪주≫)

②≪주≫와 ≪의증≫에서는 '齊'를 '㬎'로 썼다.

45(6424) 熹 (성(盛)할 희)

熹, 炙也. 从火, 喜聲.①
(「熹는 굽는다는 뜻이다. 火는 의미부분이고, 喜(희)는 발음부분이다.」)

① 갑골문   소 전

後上41.7   合集15667   寧滬1.315   설문해자

'熹'자는 갑골문을 보면 '壴(악기 이름 주)'와 '火'로 이루어져 있다. 옆의 점 들은 불꽃이 튀는 것을 표시한 것으로 보인다.

상승조(商承祚)는 '壴'를 '喜'의 생략형이라고 하였고(≪은허문자류편(殷虛文字類編)≫), 엽옥삼(葉玉森)은 '㤀(몹시 피곤할 두)'의 생략형이라고 하였다(≪은허서계전편집석(殷虛書契前編集釋)≫).

이에 대해 당란(唐蘭)은 "상승조는 壴를 喜의 생략형으로 발음부분이라고 하였는데, (이는) 옳지 않다. 옛날 壴를 썼던 글자들이 후세에 喜자를 많이 썼던 것이지, 먼저 喜자가 있었고 그것의 생략형으로 壴를 쓴 것이 아니다.(「商承祚謂从喜省聲, 非是. 古从壴之字, 後世多从喜, 非先从喜而後省爲壴也..」)"라고 하였다.(≪은허문자기(殷虛文字記)・석주(釋壴)≫)

46(6425) 煎 (지질 전)

煎, 熬也.① 从火, 前聲.
(「煎은 지진다는 뜻이다. 火는 의미부분이고, 前(전)은 발음부분이다.」)

①≪방언(方言)≫<권7>을 보면 "熬(오)・㷅(취)・煎・㷊(피・벽)・鞏(공) 등은 불에 말린다는 뜻이다. 무릇 불로 오곡(五穀) 종류를 말리는 것을, 태산의 동쪽에서 제(齊)・초(楚) 지방까지는 이를 일컬어 熬라고 하고, 함곡관(函谷關) 서쪽・롱(隴)・기주(冀州) 지방까지는 㷊이라고 하며, 진(秦)과 진(晉) 사이에서는 㷅라고 하기도 한다. 무릇 물기가 있게 말리는 것을 일컬어 煎이라고 하는데, 제 동부 지역에서는 鞏이라고 한다.(「熬・㷅・煎・㷊・鞏, 火乾也. 凡以火而乾五穀之類, 自山

而東, 齊·楚以往, 謂之熬; 關西·隴·冀以往, 謂之𤎅; 秦·晉之間, 或謂之𤍢. 凡有汁而乾謂之煎, 東齊謂之鞏.」)"라고 하였다.

47(6426) 熬 (볶을 오)

熬, 乾煎也.① 从火, 敖聲.② **麷**, 熬或从麥.
(「熬는 물기가 없게 지진다(즉 볶는다)는 뜻이다. 火는 의미부분이고, 敖(오)는 발음부분이다. (6426-1) 麷는 熬의 혹체자(或體字)로 (火 대신) 麥(맥)을 썼다.」)

①바로 앞의 (6425) '煎(지질 전)'자 주해 ①번 참조.

② 금 문   소 전   혹 체

兮熬壺   설문해자   설문해자

갑골문에는 '熬'자가 보이지 않는다.
서주(西周) 금문과 소전의 자형은 모두 '火'와 '敖'로 이루어져 있다.
명문(銘文)에서는 사람 이름으로 쓰였다.

48(6427) 炮 (그슬릴 포)

炮, 毛炙肉也. 从火, 包聲.①
(「炮는 털과 함께 고기를 굽는다는 뜻이다. 火는 의미부분이고, 包(포)는 발음부분이다.」)

①서호(徐灝)는 "炮는 본래 털을 연결해 싸서 굽는 것의 명칭이다. 그래서 '包'를 써서 발음부분으로 삼은 것이다. 인신(引申)하여 무릇 싸서 굽는 통칭이 되었다. (「炮本連毛裹燒之名, 故用'包'為聲. 引申之為凡炮炙之偁.」)"라고 하였다.(≪설문해자주전(說文解字注箋)≫) 즉 '包'에도 뜻이 있다는 의미이다.

49(6428) 𤊵 (고기 쪼일 은; 구울 오)

𤊵, 炮肉①, 以微火溫肉也.② 从火, 衣聲.
(「𤊵는 털을 그슬려가며 고기를 굽는다는 뜻으로, 고기를 은근한 불에 쪼인다는 뜻이다. 火는 의미부분이고, 衣(의)는 발음부분이다.」)

①《계전》과 《주》에는 '肉(육)'자 다음에 '也(야)'자가 한 글자 더 있다.
②《주》에는 '肉'자 다음의 '也'자가 없다.
단옥재는 "요즘 속어로 烏(오)라고 하기도 하고, 煨(외)라고 하기도 하고, 燜(민)이라고 하기도 하는데, 모두 이 글자의 쌍성첩운(雙聲疊韻)일 따름이다.(「今俗語或曰烏, 或曰煨, 或曰燜, 皆比字之雙聲疊韵耳.」)"라고 하였다.(《주》)

50(6429) 䰽 (물고기 대나무 속에 넣어 구울 증)

䰽, 置魚䇲中炙也. 从火, 曾聲.
(「䰽은 물고기를 대나무통에 넣어 굽는다는 뜻이다. 火는 의미부분이고, 曾(증)은 발음부분이다.」)

51(6430) 䎱 (불에 고기 말릴 픽)①

䎱, 以火乾肉.② 从火, 畐聲.③ 䎱, 籒文不省.④
(「䎱은 불로 고기를 말린다는 뜻이다. 火는 의미부분이고, 畐(벽)은 발음부분이다. (6430-1) 䎱은 주문(籒文)으로 생략하지 않은 형태이다.」)

①오늘날 이 뜻으로는 '煏(픽)'자를 쓴다.
②《계전》에서는 '乾(건)'을 '焙(불에 쬐어 말릴 배)'로 썼다.
이에 대해 뉴수옥은 《설문해자》에는 '焙'자가 없으므로 이는 틀린 것이라고 하였다.(《교록》)
단옥재는 이 글자는 《주례(周禮)》 변인(籩人)조에서의 '䎱(쇠뿔에 가로댄 막대 복·벽)'자요, 《한서(漢書)·화식전(貨殖傳)》에서의 '煏'자요, 《방언(方言)》(<권7>)에서의 '煏(불에 말릴 피·벽)'자요, 《옥편(玉篇)》의 '煏'자요, 오늘날의 '焙'자라고 하였다.(《주》)
또 주준성은 "이 글자는 煏으로도 쓰고, 煏으로도 쓰고, 세간에서는 焙로 쓴다. 《방언(方言)》<권7>에 '煏은 불에 말린다는 뜻이다. 무릇 불로 오곡(五穀) 종류를 말리는 것을 함곡관(函谷關) 서쪽·롱(隴)·기주(冀州) 지방까지는 이를 일컬어 煏이라고 하였다'라고 하였다.(「字亦作煏, 作煏, 俗作焙. 《方言》七: '煏, 火乾也. 凡以火而乾五穀之類, 關西隴冀以往, 謂之煏.'」)"라고 하였다.(《통훈정성》)(앞에 나온 (6425) '煎(지질 전)'자 주해 ①번 참조)
③서현 등은 "《설문해자》에는 畐자가 없으니, 마땅히 (畐자 대신) '畗省(복생)'으로 써야 할 것이다. 아마 옮겨 쓸 때의 오류일 것이다.(「《說文》無畐字, 當从畗

省. 疑傳寫之誤.」)"라고 하였다.(대서본 ≪설문해자≫)

④≪계전≫에는 이 글귀가 없다.

참고로 ≪갑골문자집석(甲骨文字集釋)≫과 ≪갑골문자전(甲骨文字典)≫에서는 '穮'자의 갑골문으로 '㗊'(<유(遺) 25>)·'㗊'(<철(鐵) 55.2>) 등과 같은 자형을 소개하고 있는데, ≪고문자류편(古文字類編)≫·≪갑금전례대자전(甲金篆隷大字典)≫·≪한어대자전(漢語大字典)≫·≪한어고문자자형표(漢語古文字字形表)≫ 등에서는 이러한 글자를 수록하고 있지 않다.

여영량(余永梁)은 "내 생각에, ('㗊'·'㗊' 등) 이 글자들은 火는 의미부분이고, 葡(비)는 발음부분으로, 마땅히 곧 (≪설문해자≫의) 穮자이다. … ≪방언≫에서는 爊으로 썼는데, 이것과 딱 들어맞는다.(「按: 此字从火葡聲, 當卽穮字. … ≪方言≫作爊, 與此正合.」)"라고 하였다.(≪은허문자고(殷虛文字考)≫)

52(6431) 爆 (터질 폭; 지질 박)

爆, 灼也.① 从火, 暴聲.
(「爆은 불꽃이 튀는 가운데 불에 굽는다는 뜻이다. 火는 의미부분이고, 暴(폭)은 발음부분이다.」)

①단옥재는 "불꽃이 튀면서 굽는 것을 일컫는다.(「謂火飛所灸也.」)"라고 하였다. (≪주≫)

53(6432) 煬 (녹을 양; 구워 말릴 양)

煬, 炙燥也. 从火, 昜聲.
(「煬은 구워 말린다는 뜻이다. 火는 의미부분이고, 昜(양)은 발음부분이다.」)

54(6433) 熦 (혹)①

熦, 灼也. 从火, 隺聲.
(「熦은 불꽃이 튀는 가운데 불에 굽는다는 뜻이다. 火는 의미부분이고, 隺(혹·각·확)은 발음부분이다.」)

①'熦'자는 ≪대한한사전(大漢韓辭典)≫에 보이지 않는다.
발음은 ≪광운(廣韻)≫에 따르면 '胡沃切(호옥절)' 즉 '혹'이다.

55(6434) 爛① (익을 란)

爛, 孰也.② 从火, 蘭聲. 燗, 或从閒.
(「爛은 익혔다는 뜻이다. 火는 의미부분이고, 蘭(란)은 발음부분이다. (6434-1) 燗은 혹체자(或體字)로 (蘭 대신) 閒(한)을 썼다.」)

①오늘날 이 글자는 '爛(란)'으로 쓴다.
단옥재는 '爛'은 '爛'의 예서체라고 하였다.(≪주≫)
≪방언(方言)≫<권7>을 보면 "황하 이북에서 조(趙)와 위(魏) 지방 사이에서는 불에 익히는 것을 爛이라고 한다.(「自河以北, 趙魏之間, 火熟曰爛.」)"라고 하였다.

②≪계전≫에서는 '孰(숙)'을 '熟(숙)'으로 썼다. '孰'과 '熟'은 고금자(古今字)이다. 참고로 '孰'은 본래 '음식을 데우다'라는 뜻을 나타내는 회의자였는데, 뒤에 '孰'자가 '누구'라는 의문대명사로 가차(假借)되어 쓰이게 되자, 본래의 자리는 '孰'자에 다시 '火(화)'를 더한 '熟'자를 만들어 보충하였다.

한편 ≪주≫에서는 ≪시경(詩經)・소아(小雅)・절남산(節南山)≫과 <대아(大雅)・생민(生民)> 정의(正義)에 의거하여 '孰'자 앞에 '火'자를 보충하였고, 또 '孰'자를 '馘'으로 썼다.

단옥재는 "馘(=孰)은 즉 음식을 잘 익혔다는 뜻이다. 인신(引伸)하여 무릇 물에 오래 담겨 단단하지 않은 것은 모두 爛이라고 한다. (음식이) 잘 익었으면 가히 번쩍번쩍하게 늘어놓을 수 있다. 그래서 또 인신하여 찬란(粲爛)이라는 뜻이 되었다.(「馘則火候到矣. 引伸之, 凡淹久不堅皆曰爛. 馘則可燦然陳列, 故又引伸爲粲爛.」)" 라고 하였다.

56(6435) 爢 (익을 미)

爢, 爛也.① 从火, 靡聲.
(「爢는 (불에 데워) 익혔다는 뜻이다. 火는 의미부분이고, 靡(미)는 발음부분이다.」)

①≪계전≫・≪주≫・≪의증≫・≪구두≫・≪통훈정성≫ 등에서는 모두 '爛(익을 란)'을 '爛(란)'으로 썼다. 바로 앞의 (6434)에서 정문(正文)으로 '爛'자를 썼으므로 이들의 주장이 다당하다고 생각된다.

57(6436) 㷉(尉)① (인두 위)

㷉, 从上案下也. 从𡰥②, 又持火. 以尉申繒也.③
(「㷉는 위에서 아래로 누른다는 뜻이다. 사람[𡰥(인)]이 손[又(우)]으로 불[火]을 쥐고 있는 형태(의 회의자)이다. 이렇게 함으로써 옷감을 다려 편다.」)

①오늘날 이 글자는 '熨(위)'로 많이 쓴다.
서현 등은 "요즘 (㷉자를) 속자로 熨자를 따로 만들어 쓰는데, (이는) 옳지 않은 것이다.(「今俗別作熨, 非是.」)"라고 하였다.(대서본《설문해자》)

②'𡰥'자에 대하여, 서개는 "발음은 夷(이)이고, 평안(平安)하다는 뜻이다.(「音夷, 平安也.」)"라고 하였고(《계전》), 단옥재는 '仁(인)'자의 고문(古文)이라고 하였으며(《주》), 계복은 《옥편(玉篇)》을 인용하여 '夷'자의 고문이라고 하였다(《의증》).
또 단옥재는 '𡰥又'는 '친수(親手)'와 같다고 하였다.

③《계전》·《주》·《구두》 등에는 '以(이)'자 앞에 '所(소)'자가 한 글자 더 있다. 이렇게 되면 '다려 펴는 도구', 즉 '인두'라는 의미이다.

58(6437) 焦 (거북 지져 점칠 초)

焦, 灼龜不兆也. 从火, 从龜.① 《春秋傳》曰: "龜焦不兆."② 讀若焦.
(「焦는 거북 껍질을 태워 점을 쳤으나 점괘가 나타나지 않았다는 뜻이다. 火(화)와 龜(귀)는 (모두) 의미부분이다. 《춘추전(春秋傳)》에 이르기를 "거북점을 쳤으나 점괘가 나타나지 않았다."라고 하였다. 焦(초)처럼 읽는다.」)

① 갑골문　소 전

綴1.435　설문해자

'焦'자는 갑골문을 보면 거북이의 일종을 그린 '𪚮'와 '火'로 이루어져 있다. 이에 대해 당란(唐蘭)은 "오른쪽의 𪚮자를 예전에는 무슨 글자인지 몰랐었다. 이제 내 생각에, 火와 𪚮는 (모두) 의미부분으로, 불로 𪚮를 익히는 것을 그린 것이다. … 焦와 焦(그을릴 초)는 발음이 가까워서 서로 통해 쓴다. 그런데 읽는 사람들이 𪚮를 오로지 '거북점'이라는 뜻으로 쓰이는 글자로 오인하였고, 결국에는 (𪚮를) 龜로 바꾸었다.("右𤈦字舊不識. 今按: 當从火从𤉢, 象以火熟𤉢. … 𤉢·焦音近得相通假, 而讀者誤認𤉢爲龜焦之專字, 遂改成龜耳.")라고 하였다.(≪은허문자기(殷虛文字記)≫)
≪계전≫에서는 "龜聲.(「龜는 발음부분이다.」)"이라고 하였다.
②≪춘추좌전(春秋左傳)·정공(定公) 9년≫과 <애공(哀公) 2년>에서는 모두 '龜焦'로 썼고, '不兆(부조)'라는 말은 없다.

허신이 '𤉢'자를 풀이할 때 '不兆' 두 글자를 덧붙인 것은 아마 ≪춘추전≫의 뜻을 염두에 둔 것이 아닌가 생각된다.

한편 ≪주≫에는 '龜𤉢' 앞에 '卜戰(복전)' 두 글자가 더 있다.

59(6438) 灸 (지질 구)

灸, 灼也. 从火, 久聲.
(「灸는 灼(지질 작)이다. 火는 의미부분이고, 久(구)는 발음부분이다.」)

60(6439) 灼 (지질 작)

灼, 灸也.① 从火, 勺聲.
(「灼은 灸(지질 구)이다. 火는 의미부분이고, 勺(작)은 발음부분이다.」)

①'灼'과 (6438) '灸'는 전주(轉注) 관계이다.
한편 ≪계전≫·≪의증≫·≪구두≫ 등에서는 '灸'를 '炙(고기 구울 자·적)'으로 썼다.

이에 대해 단옥재(≪주≫)와 뉴수옥(≪교록≫)은 이 풀이는 바로 앞에 나온 '灸'자와 연결된 것이므로, '炙'로 쓰는 것은 잘못이라고 하였다.

61(6440) 煉 (쇠 불릴 련)

煉, 鑠治金也.① 从火, 柬聲.②
(「煉은 쇠를 담금질하여 정련(精鍊)한다는 뜻이다. 火는 의미부분이고, 柬(간)은 발음부분이다.」)

①≪의증≫·≪통훈정성≫·≪구두≫·≪교록≫ 등에서는 '治(치)'를 '冶(야)'로 썼다.
이에 대해 단옥재(≪주≫)와 뉴수옥(≪교록≫)은 '治'로 쓰는 것이 맞다고 하였다.
②'柬'은 두 가지 발음 계통을 갖는 낱말이다.

그 하나는 [k-] 계통 발음으로 '諫(간할 간)', '氣(원소 이름 간)', '睍(흐린 아침에 날 밝을 간; 그늘에 말릴 란)' 등이 그러한 예이다.

다른 하나는 [l-] 계통 발음으로 '練(익힐 련)', '鍊(쇠 불릴 련)', '堜(언덕 련)', '楝(멀구슬나무 련)', '湅(마전할 련)', '萰(가위톱 련)', '鰊(물고기 이름 련)' 등이 그러한 예이다.

'煉'은 '柬'이 [l-] 계통 발음으로 쓰인 예에 해당한다.

62(6441) 燭 (촛불 촉)

燭, 庭燎, 火燭也.① 从火, 蜀聲.②
(「燭은 정원(庭園)에 세운 횃불로, (또 문 밖에 세운) 횃불을 뜻한다. 火는 의미부분이고, 蜀(촉)은 발음부분이다.」)

①《주》·《통훈정성》·《구두》 등에서는 '火燭(화촉)'을 '大燭(대촉)'으로 썼다. 왕균은 《예문류취(藝文類聚)》에 의거하여 고쳐 썼다고 하였다.(《구두》)

뉴수옥은 "정현(鄭玄)은 《주례(周禮)(·추관(秋官))》 사훤씨(司烜氏)조의 주에서 '문 밖에 세운 것을 大燭이라고 하고, 문 안에 세운 것을 庭燎(정료)라고 한다'고 하였다.(「鄭注《周禮·司烜氏》云: '樹於門外曰大燭, 於門內曰庭燎.'」)"라고 하였다.(《교록》)

②《고문자류편(古文字類編)》(2010)에서는 '燭'자의 갑골문으로 등잔불 위에 '蜀'자의 생략형이 있는 형태인 '🔥'(<합집(合集) 27987>)·'🔥'(<합집 27989>) 등과 같은 글자를 수록하고 있다.

63(6442) 熜 (삼 찔 총)

熜, 然麻蒸也.① 从火, 忽聲.②
(「熜은 삼줄기에 불을 붙여 만든 횃불을 뜻한다. 火는 의미부분이고, 忽(총)은 발음부분이다.」)

①단옥재는 '麻蒸(마증)'이란 삼줄기[麻榦(마간)]를 뜻하는데, 옛날에는 횃불에 갈대[葦(위)]나 삼을 많이 이용했다고 하였다.(《주》)

②《계전》·《주》·《의증》·《통훈정성》·《구두》 등에서는 모두 '忽'을 '悤(총)'으로 썼다. 소전의 자형으로 볼 때 '忽'은 '悤'으로 써야 할 것이다. 《대한한사전(大漢韓辭典)》에서는 '忽'을 '悤'의 속자(俗字)라고도 하였다.

64(6443) 灺 (불똥 사)

灺, 燭𦘒也. 从火, 也聲.

(「灺는 등불이 타고 남은 재를 뜻한다. 火는 의미부분이고, 也(야)는 발음부분이다.」)

65(6444) 𦘒 (불똥 진)

𦘒, 火餘也.① 从火, 聿聲.② 一曰: 薪也.③

(「𦘒은 불에 타고 남은 것을 뜻한다. 火는 의미부분이고, 聿(율)은 발음부분이다. 일설에는 땔나무를 뜻한다고도 한다.」)

①이 뜻으로는 현재 '燼(신)'자를 쓴다.

단옥재는 '燼'은 '𦘒'의 속자(俗字)라고 하였다.(≪주≫)

≪주≫에서는 당(唐)나라 현응(玄應)의 ≪일체경음의(一切經音義)≫에서 "火之餘木曰𦘒, 死火之𦘒曰灰.(「불에 타고 남은 나무는 𦘒이라고 하고, 꺼진 불의 𦘒은 灰(회)라고 한다.」)"라고 한 것에 의거하여 이 글귀를 "火之餘木也(화지여목야)"로 고쳐 썼다.

②

갑골문	소전
前5.33.1	설문해자

'𦘒'자는 갑골문을 보면 손[⺈]으로 막대기[丨]를 잡고 불[火]을 휘젓는 모양이다.

나진옥(羅振玉)은 '𦘒'은 상형자이지 형성자가 아니라고 하였다.(≪증정은허서계고석(增訂殷虛書契考釋)≫)

서현은 '聿'이 발음부분이 아니라, '𦘕(붓으로 꾸밀 진)'의 생략형이 아닌가 한다고 하였다.(대서본 ≪설문해자≫)

참고로 '𦘒'의 고음은 *rjien / ziIn(진)이고, '聿'의 고음은 *riwət / iuIt(위읻→율)이다. 두 글자는 상고음(上古音)의 첫소리가 [r-]로 같고, 주모음(主母音)은 [e]와 [ə]로 발음 위치가 가까우며, 운미(韻尾)는 혀 끝 가운데 소리[설첨중음(舌尖中音)]인 [-n]와 [-t]으로 발음 부위가 같다. 그러므로 약간 멀기는 하지만 '𦘒'자에서 '聿'은 발음부분이 될 수 있다.

③≪방언(方言)≫<권2>를 보면 "함곡관(函谷關) 서쪽에서 진(秦)과 진(晉) 지방 사이에서는 땔나무를 태웠는데 다 타지 않은 것을 蓋(신)이라고 한다.(「自關而西, 秦晉之間, 炊薪不盡曰蓋.」)"라고 하였다.

66(6445) 焠 (담금질 할 쉬)(고음 챈)

焠, 堅刀刃也.① 从火, 卒聲.②
(「焠는 칼날을 단단하게 한다는 뜻이다. 火는 의미부분이고, 卒(졸)은 발음부분이다.」)

①왕균은 "焠와 <수부(水部)>의 淬(담금질할 쉬)와는 거의 같다. 焠는 칼날을 단단하게 한다는 뜻이고, 淬는 불을 끄는 기구를 뜻한다. … 즉 기구에 물을 담아 (벌겋게 달아오른) 칼의 불을 끔으로써, 그 날을 단단하게 하는 것을 일컫는다.(「焠與<水部>淬盖同. 焠, 堅刀刃也; 淬, 滅火器也. … 正謂以器盛水滅刀之火, 以堅其刃也.」)"라고 하였다.(≪설문석례(說文釋例)≫)

그런데 단옥재는 "안사고(顔師古)는 (≪한서(漢書)·왕포전(王褒傳)≫) 주(注)에서 '焠는 불에 달군 다음 물에 넣어서 그것을 단단하게 하는 것을 일컫는다'라고 하였다. 내 생각에, 불에 달구어서 칼날을 단단하게 하는 것이 焠이다. 焠와 <수부>의 淬는 뜻이 다르다.(「師古云: '焠謂燒而內水中以堅之也.' 按: 火而堅之曰焠. 與<水部>淬義別.」)"라고 하였다.(≪주≫)

②'焠'의 고음은 음성운(陰聲韻) *ts'wər / ts'uəi(취이→챈)이고, '卒'의 고음은 입성운(入聲韻) *tswət / tsuət(줟→졸); *ts'wət / ts'uət(췥→졸); *tsjiwət / tsiuit (쥩→졸) 등 세 가지이다. 두 글자는 '卒'을 어떻게 발음하든 상관없이 첫소리가 [ts-] 계열로 비슷하고, 상고음(上古音)의 주모음(主母音)은 [ə]로 같으며, 운미(韻尾)는 혀 끝 가운데 소리[설첨중음(舌尖中音)]인 [-r]와 [-t]로 발음 부위가 같다. 그래서 '焠'자에서 '卒'이 발음부분이 될 수 있는 것이다. 고대에는 음성운과 입성운이 협운을 하기도 하였다.

67(6446) 煣 (나무를 불로 쬐어 휠 유)

煣, 屈申木也. 从火·柔, 柔亦聲.
(「煣는 (불로 쬐어) 나무를 휘고 펴고 한다는 뜻이다. 火와 柔(유)는 (모두) 의미부분인데, 柔는 발음부분이기도 하다.」)

68(6447) 燓① (화전(火田) 일으킬 번·분)

燓, 燒田也. 从火·棥②, 棥亦聲.③
(「燓은 밭을 태운다는 뜻이다. 火와 棥(번)은 (모두) 의미부분인데, 棥은 발음부분이기도 하다.」)

①≪주≫에서는 이 글자를 '焚(불사를 분)'으로 썼다.

이에 대해 단옥재는 "내 생각에, ≪옥편(玉篇)≫과 ≪광운(廣韻)≫에는 焚자는 있지만 燓자는 없다. 焚(의 발음)은 부분절(符分切, 즉 '분')이다. ≪집운(集韻)≫과 ≪유편(類篇)≫에서는 焚과 燓을 합해서 한 글자로 취급하고 있는데, ≪집운≫에서는 또 제22 <원운(元韻)>에서 단독으로 燓자를 수록하고 있기도 한데, (이 때의 발음은) 부원절(符袁切, 즉 '번')이다. … 경전에서 焚자가 쓰인 예는 이루 헤아릴 수 없을 정도이지만, 燓자가 쓰인 예는 찾아 볼 수 없으므로, <화부(火部)>의 燓은 焚을 잘못 쓴 것임을 알 수 있다.(「按: ≪玉篇≫·≪廣韵≫有焚無燓. 焚, 符分切. 至≪集韵≫·≪類篇≫乃合焚燓爲一字, 而≪集韵≫廿二元固單出燓字, 符袁切. … 況經傳焚字不可枚擧, 而未見有燓, 知<火部>燓卽焚之譌.」)"라고 설명하였다.

②

'燓'자는 갑골문을 보면 대부분 '焚'으로 썼다. 불[火]로 숲[林(림)]을 태운다는 뜻의 회의자이다. 금문 역시 이러하다.

그런데 갑골문에서는 '林' 대신 '木(목)'을 쓴 자형(<후하(後下) 4.5>)도 있고, '火' 대신 손으로 횃불을 쥐고 있는 모양을 쓴 글자들도 있다. 또한 <경진(京津) 1437>에서는 '林' 대신 '艸(초)'를 썼는데, '林'과 '艸'는 모두 초목을 상징하므로 나타내는 의미는 같다고 할 수 있다.

③≪주≫에는 이 글귀가 없고, "从火·林.(「火와 林은 (모두) 의미부분이다.」)"이라고 하였다.

69(6448) 煣 (수레바퀴 불로 구워 휠 렴)

煣, 火煣車輞絕也.① 从火, 兼聲.② ≪周禮≫曰: "煣牙外不廉."③
(「煣은 수레바퀴를 불로 구워 휘게 만들다가 끊어졌다는 뜻이다. 火는 의미부분이고, 兼(겸)은 발음부분이다. ≪주례(周禮)≫에 이르기를 "수레바퀴를 굽는데, 바깥쪽은 휘게 하되 끊어지지 않도록 하고."라고 하였다.」)

①≪계전≫에서는 '煣(나무를 불로 쬐어 휠 유)'를 '輮(덧바퀴 유)'로 썼고, ≪주≫에서는 '網(망)'을 '网(망)'으로 썼다.
또 ≪통훈정성≫에는 '網'자 다음에 '紋(문)'자가 한 글자 더 있다.
왕균은 "옛날 수레바퀴는 하나의 나무를 구부려서 만드는데, 반드시 불을 써서 구부리고, 곧은 것을 둥그렇게 만든다. 그런데 불이 너무 강하고 세차면 나무결이 끊어진다. '끊어진다'는 것이 煣의 올바른 풀이이다.(「古者車輞屈一木爲之, 則必以火柔之, 使直爲圓, 而火大燥烈, 則木理絕矣. 絕是煣之正解.」)"라고 하였다.(≪구두≫)

②'兼'은 두 가지 발음 계통을 갖는 낱말이다. 그 하나는 [k-] 계통 발음으로 '傔(하인 겸)', '慊(앙심 먹을 겸; 족할 협)', '謙(겸손할 겸)', '鎌(낫 겸)' 등이 그러한 예이다. 다른 하나는 [l-] 계통 발음으로 '廉(청렴할 렴)', '溓(물 질척질척할 렴)', '磏(숫돌 렴)', '㒹(머리가 드리워질 렴)' 등이 그러한 예이다. 따라서 '煣'은 '兼'이 [l-] 계통 발음으로 쓰인 예에 해당한다.

③현재 전해지는 ≪주례·동관(冬官)·고공기(考工記)≫ 수인(輪人)조에서는 '煣'을 '廉(렴)'으로 썼다.

70(6449) 燎 (뜰에 세운 횃불 료, 불 놓을 료)

燎, 放火也. 从火, 尞聲.①
(「燎는 불을 놓는다는 뜻이다. 火는 의미부분이고, 尞(료)는 발음부분이다.」)

①서호(徐灝)는 "尞(횃불 료)와 燎는 사실상 한 글자로, 尞에다가 火 부분을 더한 것이다. … 오늘날 '불을 놓는다'라고 하는 것은 후세 사람이 고친 것이다. 燎의 본뜻은 초목을 불사른다는 뜻이다.(「尞·燎實一字, 相承增火旁. … 今云放火者, 後人改之. 燎之本義爲燒艸木.」)"라고 하였다.(≪설문해자주전(說文解字注箋)≫)

71(6450) 熛 (불똥 튈 표)①

熛, 火飛也.② 从火·𤐫.③ 與䙅同意.④

(「爂는 불이 튄다는 뜻이다. 火와 𥁑은 (모두) 의미부분이다. (𥁑은) 舁(천)과 같은 의미이다.」)

①소전의 '爂'자를 예서에서는 일률적으로 '票(표)'로 썼다. 예를 들어 '僄(가벼울 표)'·'剽(표독할 표, 빠를 표)'·'勡(겁탈할 표)'·'嫖(가벼울 표)'·'漂(표)'·'標(표)'·'鏢(칼끝 표)' 등에서의 '票' 부분은 모두 '爂'에서 온 것이다.

②현재 이 뜻으로는 '熛(표)'자를 쓴다. 소영(邵瑛)은 이 자형을 속자(俗字)라고 하였다.(≪설문군경정자(說文群經正字)≫)

③단옥재는 "(이 부분은) 내 생각에, 마땅히 '从火·舁省.(「火와 舁(높은 데 올라갈 천)의 생략형은 (모두) 의미부분이다.」)'이라고 해야 할 것이다. 아마 廾(공) 부분을 '一'로 줄여 쓴 것 같다. 舁은 舁의 혹체자(或體字)이다. 舁은 높이 올라간다는 뜻이고, 불이 튀면 역시 높이 올라간다. 그래서 같은 뜻이 되는 것이다.(「按: 當作'从火·舁省.' 蓋省廾爲一也. 舁卽舁之或體. 舁訓升高, 火飛亦升高, 故爲同意.」)"라고 하였다.(≪주≫)

④≪계전≫에서는 이 부분은 "與農·晨同意.(「農(농)·晨(신) 등과 같은 의미이다.」)"라고 하였고, ≪주≫에서는 "爂與舁同意.(「爂는 舁과 같은 의미이다.」)"라고 하였다.

또한 ≪계전≫과 ≪구두≫에는 '同意(동의)' 다음에 '闕(궐)'자가 한 글자 더 있다. 즉 이 부분에 대해서 잘 모르겠다는 뜻이다.

72(6451) 熷 (탈 조)

熷, 焦也.① 从火, 曹聲.②
(「熷는 불에 데었다는 뜻이다. 火는 의미부분이고, 曹(조)는 발음부분이다.」)

①≪구≫에서는 '焦(초)'를 '㸐'로 썼다. '焦'는 '㸐'의 혹체자(或體字)로 ≪설문해자≫에 수록되어 있다.(바로 다음에 나오는 (6452) '㸐'자 참조)

②≪주≫·≪의증≫·≪구두≫·≪교록≫ 등에서는 '曹'를 '𣍰'로 썼다. '曹'는 '𣍰'의 예서체이다.

73(6452) 㸐 (델 초)

㸐, 火所傷也. 从火, 雥聲.① 焦, 或省.②
(「㸐는 불에 데었다는 뜻이다. 火는 의미부분이고, 雥(잡)은 발음부분이다. (6452-1)

焦는 혹체자(或體字)로 생략형이다.」)

① '爨'의 고음은 음성운(陰聲韻) *tsjiaw / tsiæu(재우→초)이고, '雥'의 고음은 입성운(入聲韻) *dzəp / dzəp(접→잡)이다. 두 글자는 첫소리가 [ts-] 계열로 비슷하고, 상고음(上古音)의 주모음(主母音)이 각각 [a]와 [ə]로 발음 위치가 가깝다. 따라서 약간 멀기는 하지만 '爨'자에서 '雥'은 발음부분으로 쓰일 수 있다. 고대에는 음성운과 입성운이 협운을 하기도 하였다.

②

갑골문	금문	소전	혹체
屯4565	酈侯奪簋	설문해자	설문해자

갑골문과 전국(戰國)시대 금문 그리고 ≪설문해자≫에 수록된 혹체자는 '焦'로 썼고, 소전에서는 '爨'로 썼다.

74(6453) 烖 (재앙 재, 천벌 재)

燖, 天火曰烖. 从火, 𢦏聲. 灾, 或从宀・火. 灾, 古文从才. 災, 籒文从巛.①
(「烖, 하늘이 내리는 불을 烖라고 한다. 火는 의미부분이고, 𢦏(재)는 발음부분이다. (6453-1) 灾는 혹체자(或體字)로 宀(면)과 火로 이루어졌다. (6453-2) 灾는 고문(古文)으로 (𢦏 대신) 才(재)를 썼다. (6453-3) 災는 주문(籒文)으로 (𢦏 대신) 巛(재)를 썼다.」)

① 갑골문

갑골문					
乙959	合集7996	合集18132	後下8.18	粹944	寧滬1.49

소전	혹체	고문	주문
설문해자	설문해자	설문해자	설문해자

'災'자는 갑골문을 보면 '灾'(<을(乙) 959> 등), '𢦏'(<후하(後下) 8.18>), '才'(<수(粹) 944>), '𢦏'(<영호(寧滬) 1.49>) 등으로 썼다.

≪설문해자≫에 수록된 혹체자(或體字)는 갑골문 <을 959>와 같고, 고문(古文)은 '犾'로 갑골문 <후하 8.18> '烖'와 같은 구조이다. 또 소전은 '烖'로 썼는데, 이 자형은 '𢦦'에서 비롯되었다고 할 수 있다.

상승조(商承祖)는 "갑골문에 𢦦·巛·𢦏 등이 있는데, 의미부분으로 水(수)·戈(과)·火를 쓰고 있다. 그 뜻을 가지고 말하면, 수재(水災)는 巛이고, 병재(兵災)는 𢦏, 화재(火災)는 烖이다. 후에 烖·灾·災·犾·𤈦·𤆍·燌 등으로 불어났는데, 구조는 임의적이고, 글자체는 많이 잘못 결합되었다.(「甲骨文有𢦦·巛·𢦏, 从水·从戈·从火. 以其義言之, 水災曰巛, 兵災曰𢦏, 火災曰烖. 後孳乳為烖·灾·災·犾·𤈦·𤆍·燌. 結構任意, 體多誤合矣.」)"라고 하였다.(≪복씨소장갑골문자석문(福氏所藏甲骨文字釋文)≫)

75(6454) 煙 (연기 연)

煙, 火气也. 从火, 垔聲.① 烟, 或从因. 𤎩, 古文. 𤋱, 籒文从宀.
(「煙(연)은 연기(煙氣)를 뜻한다. 火는 의미부분이고, 垔(인)은 발음부분이다. (6454-1) 烟은 혹체자(或體字)로 (垔 대신) 因(인)을 썼다. (6454-2) 𤎩은 고문(古文)이다. (6454-3) 𤋱은 주문(籒文)으로 (煙에) 宀(면)을 더하였다.」)

①

서주금문	춘추금문	소전	혹체	고문	주문
牆盤	哀成叔鼎	설문해자	설문해자	설문해자	설문해자

갑골문에는 '煙'자가 보이지 않는다.
금문의 '煙'자는 ≪설문해자≫에 수록된 주문과 비슷한 구조이다. 소전에서는 '煙' 즉 '煙'으로 썼다.

76(6455) 焆 (불빛 열)

焆, 焆焆, 煙皃. 从火, 肙聲.①
(「焆은 焆焆로, 연기(煙氣)의 모습을 뜻한다. 火는 의미부분이고, 肙(연)은 발음부분이다.」)

①'焆'의 고음은 양성운(陽聲韻) *kewan / kiuɛn(퀴엔→퀜→견)이다.

≪광운(廣韻)≫에서는 '焆'에 대하여 "밝다는 뜻이다. 古玄切(고현절, 즉 견)이다.(「明也. 古玄切.」)", "불빛을 뜻한다. 於決切(어결절, 즉 열)이다.(「火光也. 於決切.」)", "연기를 뜻한다. 於列切(어렬절, 즉 열)이다.(「煙氣. 於列切.」)" 등 세 가지의 뜻에 각각의 반절을 싣고 있다.

대서본 ≪설문해자≫・≪주≫・≪의증≫・≪구두≫・≪교록≫ 등에서는 모두 '因悅切(인열절)' 즉 '열'이라고 하였다.

77(6456) 熅 (서린 연기 온)

熅, 鬱煙也.① 从火, 昷聲.
(「熅은 자욱한 연기를 뜻한다. 火는 의미부분이고, 昷(온)은 발음부분이다.」)

①왕균은 "불이 활활 타면 연기는 적고, 잘 타지 못하면 연기가 많게 된다.(「火壯則煙微, 鬱之則煙盛.」)"라고 하였다.(≪구두≫)

78(6457) 炽 (불 보일 적)

炽①, 望火皃.② 从火, 皀聲.③ 讀若馰顙之馰.
(「炽은 불을 바라보는 모습을 뜻한다. 火는 의미부분이고, 皀(흡)은 발음부분이다. 馰顙(적상, 이마가 흰 말)이라고 할 때의 馰자처럼 읽는다.」)

①≪주≫에서는 이 글자를 '炽' 즉 '炽'으로 썼다.

②≪주≫에서는 ≪옥편(玉篇)≫과 ≪광운(廣韻)≫에 의거하여 '望(망)'자 다음에 '見(견)'자 한 글자를 보충하였다.

③   갑골문   소 전

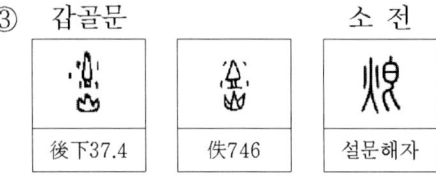

後下37.4   佚746   설문해자

'炽'자는 갑골문과 소전이 모두 '火'와 '皀'으로 이루어져 있다.
≪주≫에서는 '皀'을 '皀(아득히 합할 요)'로 썼다.
단옥재는 "皀와 勺(적)은 고음(古音)이 함께 2부(部)에 있다. 엽초송본(葉抄宋本) ≪설문해자≫와 ≪오음운보(五音韵譜)≫에서는 炽으로 쓰고, 皀는 발음부분이라고 하여, 홀로 틀리지 않았다. ≪옥편(玉篇)≫・≪광운(廣韻)≫・≪집운(集韻)≫・

≪유편(類篇)≫에서는 炮로 썼는데, 모두 틀렸다.(「皂聲與勺聲則古音同在二部. 葉抄宋本及≪五音韵譜≫作炰, 皂聲, 獨爲不誤. ≪玉篇≫·≪廣韵≫·≪集韵≫·≪類篇≫作炮, 皆誤..」)"라고 하였다.

79(6458) 燂 (불 사윌 첨; 삶을 섬; 불에 익힐 심; 불사를 담)

燂, 火熱也. 从火, 覃聲.
(「燂은 불로 뜨겁게 한다는 뜻이다. 火는 의미부분이고, 覃(담)은 발음부분이다.」)

①≪의증≫·≪구두≫·≪교록≫ 등에서는 '覃'을 '𥣫'으로 썼다. '覃'은 '𥣫'의 예서체이다.

80(6459) 焞 (거북이 등 지지는 홰 돈; 성할 퇴; 밝을 순)

焞, 明也.① 从火, 𦎧聲.② ≪春秋傳≫曰: "焞燿天地."③
(「焞은 밝다는 뜻이다. 火는 의미부분이고, 𦎧(순)은 발음부분이다. ≪춘추전(春秋傳)≫에 이르기를 "천하를 밝게 하였다."라고 하였다.」)

①≪주≫에서는 '明(명)'을 '朙'으로 썼다.(이하 같음)
'朙'은 소전체이고, '明'은 이 글자의 고문(古文)으로 ≪설문해자≫에 수록되어 있다.

②소전의 '𦎧(익을 순)'자를 예서에서는 일률적으로 '享(향)'으로 썼다. 예를 들어 '埻(과녁 준)'·'稕(짚단 준)'·'綧(피륙 넓이 준)'·'淳(순박할 순)'·'錞(악기 이름 순)'·'醇(진한 술 순)'·'諄(타이를 순)'·'鯙(고기 이름 순)'·'鶉(메추라기 순)' 등에서의 '享' 부분은 모두 '𦎧'에서 온 것이다.

③현재 전해지는 ≪춘추전≫에는 이 글귀가 없다.
≪계전≫·≪주≫·≪의증≫·≪구두≫ 등에서는 '焞'을 '燵'으로 썼다.
참고로 ≪국어(國語)·정어(鄭語)≫를 보면 다음과 같은 글귀가 있다.
"여(黎)가 고신씨(高辛氏)를 위하여 불을 바르게 하였다. 그리하여 하늘의 밝음과 땅의 덕을 크게 밝히고, 사해를 비추었다.(「夫黎爲高辛氏火正, 以淳燿敦大, 天明地德, 光照四海.」)"
장순휘(張舜徽)는 옛 사람들은 ≪국어≫를 ≪춘추외전(春秋外傳)≫이라고 불렀다고 하였다.(≪설문해자약주(說文解字約注)≫)

81(6460) 炳① (밝을 병)

炳, 明也. 从火, 丙聲.
(「炳은 밝다는 뜻이다. 火는 의미부분이고, 丙(병)은 발음부분이다.」)

①주준성은 이 글자를 '昺'으로도 쓴다고 하였다.(≪통훈정성≫)

82(6461) 焯 (밝을 작)

焯, 明也. 从火, 卓聲. <周書>曰: "焯見三有俊心."①
(「焯은 밝다는 뜻이다. 火는 의미부분이고, 卓(탁)은 발음부분이다. <주서(周書)>에 이르기를 "삼준(三俊, 세 부서) 사람들의 마음을 환하게 아셨다."라고 하였다.」)

①현재 전해지는 ≪서경(書經)·주서·입정(立政)≫에서는 '焯'을 '灼(지질 작)'으로 썼다.
참고로 여기서의 세 부서(部署)란 택사(宅事, 행정관), 택목(宅牧, 목민관) 그리고 택준(宅准, 법무관) 등을 말한다.

83(6462) 照 (비출 조)

照, 明也. 从火, 昭聲.①
(「照는 밝다는 뜻이다. 火는 의미부분이고, 昭(소)는 발음부분이다.」)

①≪계전≫에서는 "從昭, 從火.(「昭와 火는 (모두) 의미부분이다.」)"라고 하였다.
참고로 ≪한어고문자자형표(漢語古文字字形表)≫에서는 '照'의 서주(西周) 금문으로 '𤎭'(=𤎭)(<장반(牆盤)>)와 같은 자형을 수록하고 있는데, ≪고문자류편(古文字類編)≫에서는 이 자형을 '炤(밝을 소)'자로 소개하고 있다.

84(6463) 煒 (벌그레할 위)

煒, 盛赤也.① 从火, 韋聲. ≪詩≫曰: "彤管有煒."②
(「煒는 매우 붉다는 뜻이다. 火는 의미부분이고, 韋(위)는 발음부분이다. ≪시경(詩經)≫에 이르기를 "붉은 칠한 피리 붉기도 하여라."라고 하였다.」)

①≪주≫와 ≪구두≫에서는 현응(玄應)의 ≪일체경음의(一切經音義)≫에 의거하여 '赤(적)'을 '明皃(명모)'로 고쳐 썼다. 즉 "매우 밝게 빛나는 모습"이라는 의미이다.

≪구두≫에는 이다음에 "亦赤也.(「또 붉다는 뜻이다.」)"라는 글귀가 더 있다.
②≪시경・패풍(邶風)・정녀(靜女)≫에 나오는 글귀.

85(6464) 炵 (치)①

炵, 盛火也. 从火, 从多.②
(「炵는 성대(盛大)한 불을 뜻한다. 火와 多(다)는 (모두) 의미부분이다.」)

①'炵'자는 ≪대한한사전(大漢韓辭典)≫에 보이지 않는다.
발음은 ≪광운(廣韻)≫에 따르면 '尺氏切(척씨절)' 즉 '치'이다.
②≪주≫와 ≪구두≫에서는 "多聲.(「多는 발음부분이다.」)"이라고 하였다.
참고로 '炵'의 고음은 *t'jia / tś'iI(치)이고, '多'의 고음은 *ta / ta(다)이다. 두 글자는 첫소리가 [t-] 계열로 비슷하고, 상고음(上古音)의 주모음(主母音)이 [a]로 같다. 따라서 '炵'자에서 '多'는 발음부분이 될 수 있다. 그러므로 '炵'자에서 '多'가 발음부분이라고 한 단옥재(≪주≫)와 왕균(≪구두≫)의 분석은 그 근거가 있는 것이다.

86(6465) 熠 (환할 습)

熠, 盛光也. 从火, 習聲. ≪詩≫曰: "熠熠宵行."①
(「熠은 환한 빛을 뜻한다. 火는 의미부분이고, 習(습)은 발음부분이다. ≪시경(詩經)≫에 이르기를 "반짝반짝하구나, 반딧불이여."라고 하였다.」)

①현재 전해지는 ≪시경・빈풍(豳風)・동산(東山)≫에서는 '熠熠'을 '熠燿(습요)'로 썼다.

87(6466) 煜 (빛날 욱)

煜, 熠也.① 从火, 昱聲.
(「煜은 빛난다는 뜻이다. 火는 의미부분이고, 昱(욱)은 발음부분이다.」)

①≪계전≫・≪주≫・≪의증≫・≪통훈정성≫・≪구누≫・≪교독≫ 등에서는 모두 '熠(습)'을 '燿(빛날 요)'로 썼다. 여기에서도 이에 따라 번역하였다.
단옥재는 "이는 쌍성(雙聲)으로 훈을 삼은 것이다.(「此以雙聲爲訓.」)"라고 하였다.(≪주≫)

뉴수옥은 "《계전》 및 《집운(集韻)》·《유편(類篇)》·《고금운회(古今韻會)》에서 (《설문해자》를) 인용한 것도 같다. 송본(宋本, 즉 대서본)에서는 '熠'이라고 했는데, 잘못된 것이다.(「《繫傳》及《集韻》·《類篇》·《韻會》引同. 宋本作'熠也', 譌.」)"라고 하였다.(《교록》)

88(6467) 燿① (비칠 요, 빛날 요)

燿, 照也. 从火, 翟聲.②
(「燿는 비춘다는 뜻이다. 火는 의미부분이고, 翟(적)은 발음부분이다.」)

　①이 글자는 현재 '耀(빛날 요)'로도 쓴다.
　②'燿'의 고음은 음성운(陰聲韻) *riaw / iæu(애우→요)와 입성운(入聲韻) *riawk / iɑk(약) 등 두 가지이고, '翟'의 고음은 입성운 *deawk / diɛk(덱→적)이다. 두 글자는 '燿'를 어떻게 읽던 상관없이 상고음(上古音)의 주모음(主母音)이 [aw]로 같다. 그래서 '燿'자에서 '翟'이 발음부분이 될 수 있는 것이다. 고대에는 음성운과 입성운이 협운을 하기도 하였다.

89(6468) 煇① (빛날 휘; 해무리 운; 벌걸 혼)

煇, 光也.② 从火, 軍聲.③
(「煇는 빛난다는 뜻이다. 火는 의미부분이고, 軍(군)은 발음부분이다.」)

　①이 글자는 현재 '輝(빛날 휘)'로 많이 쓴다.
　②단옥재는 "나누어 말하면 煇와 光(광)은 차이가 있다. … 아침에 빛나는 것은 煇라고 하고, 한 낮에 빛나는 것은 光이라고 한다.(「析言之則煇·光有別, … 朝旦爲煇, 日中爲光.」)"라고 하였다.(《주》)
　③'煇'의 고음은 음성운(陰聲韻) *xjwər / xiuəi(휘어이→휘)와 양성운(陽聲韻) *gwən / ɣuən(권→혼) 등 두 가지이고, '軍'의 고음은 양성운 *kjwən / kiuən(귀언→군)이다. 두 글자는 '煇'를 양성운 '혼'으로 읽을 경우에는 발음이 거의 같고, '煇'를 음성운 '휘'로 읽을 경우에도 첫소리가 [k-] 계열로 비슷하고, 상고음(上古音)의 주모음(主母音)은 [ə]로 같으며, 운미(韻尾)는 혀 끝 가운데 소리[설첨중음(舌尖中音)]인 [-r]와 [-n]으로 발음 부위가 같다. 그래서 '煇'자에서 '軍'이 발음부분이 될 수 있는 것이다. 고대에 음성운과 양성운이 협운을 하는 것은 흔하지는 않지만 전혀 없는 일은 아니다.

90(6469) 煌 (빛날 황)

煌, 煌煇也.① 从火, 皇聲.②
(「煌은 환하게 빛난다는 뜻이다. 火는 의미부분이고, 皇(황)은 발음부분이다.」)

①≪주≫와 ≪구두≫에서는 ≪고금운회(古今韻會)≫에 의거하여 이 글귀를 "煌, 煌煌, 煇也.(「煌은 煌煌으로, 환하게 빛난다는 뜻이다.」)"라고 썼다.

②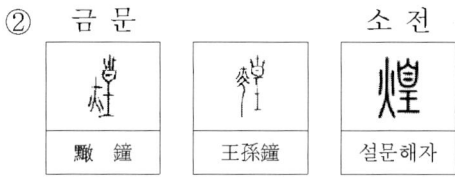

갑골문에는 '煌'자가 보이지 않는다.
춘추(春秋)시대 금문을 보면 소전과 같이 '煌'으로 쓰거나, '火' 대신 '光(광)'을 쓴 자형(<왕손종(王孫鐘)>)도 있다.

91(6470) 焜 (빛 환할 혼)

焜, 煌也. 从火, 昆聲.
(「焜은 환하게 빛난다는 뜻이다. 火는 의미부분이고, 昆(곤)은 발음부분이다.」)

92(6471) 炯 (빛날 형)

炯, 光也. 从火, 冋聲.
(「炯은 빛난다는 뜻이다. 火는 의미부분이고, 冋(경·형)은 발음부분이다.」)

93(6472) 燁① (불 이글이글 할 엽)

燁, 盛也. 从火, 曄聲.② ≪詩≫曰: "**煜煜**震電."③
(「燁은 불이 활활 잘 탄다는 뜻이다. 火는 의미부분이고, 曄(엽)은 발음부분이다. ≪시경(詩經)≫에 이르기를 "번쩍번쩍하는 번갯불."이라고 하였다」)

①이 글자는 오늘날 '燁', '曄', '輝' 등으로도 쓴다.
②≪주≫·≪의증≫·≪구두≫ 등에서는 '曄'을 '曅' 즉 '曅'으로 썼고, ≪통훈정성≫에서는 '曄'으로 썼다.

③≪시경・소아(小雅)・시월지교(十月之交)≫에 나오는 글귀.

94(6473) 爓 (데칠 섬; 불빛 염)

爓, 火門也.① 从火, 閻聲.
(「爓은 화염(火焰)을 뜻한다. 火는 의미부분이고, 閻(염)은 발음부분이다.」)

①≪주≫에서는 "火爓也(화염야)"라고 하였다.
또 ≪구두≫에서는 현응(玄應)의 ≪일체경음의(一切經音義)≫에 의거하여 "불이 활활 타오른다는 뜻이다.(「火爓爓也.」)"로 고쳐 썼다.

95(6474) 炫 (밝을 현)

炫, 燿燿也.① 从火, 玄聲.
(「炫은 밝게 빛난다는 뜻이다. 火는 의미부분이고, 玄(현)은 발음부분이다.」)

①≪계전≫・≪주≫・≪의증≫・≪구두≫・≪통훈정성≫・≪교록≫ 등에서는 모두 "爓燿也.(「화염이 빛난다는 뜻이다.」)"라고 하였다.

96(6475) 光 (빛 광)

光, 明也. 从火在人上, 光明意也.① 炗, 古文. 茨, 古文.②
(「光은 밝다는 뜻이다. 불[火]이 사람 위에 있는 구조(의 회의자)로, 밝다는 의미이다. (6475-1) 炗은 고문(古文)이다. (6475-2) 茨은 고문이다.」)

'光'자는 갑골문, 금문, 소전 모두 사람 머리 위에 불[火]이 있는 모양이다. 따라

서 '밝다'라는 뜻을 나타내는 회의자임을 알 수 있다.

임의광(林義光)은 "옛날에는 사람으로 하여금 등불을 들고 있도록 하였으므로, 사람이 불을 잡고 있는 구조(로 이루어진 것)이다.(「古者執燭以人, 从人持火..」)"라고 하였다.(≪문원(文源)≫)

②단옥재는 "庶(서)자는 이것을 따른 회의자(會意字)이다.(「庶字从此會意..」)"라고 하였다.(≪주≫)

97(6476) 熱 (더울 열)

熱, 溫也.① 从火, 埶聲.②
(「熱은 따뜻하다는 뜻이다. 火는 의미부분이고, 埶(예)는 발음부분이다.」)

①≪주≫에서는 '溫(온)'을 '盈(온화할 온)'으로 썼다.(이하 같음)
단옥재는 "허신은 溫을 강의 이름이라고 하였으니, 무릇 '따뜻하다'라는 글자는 모두 마땅히 盈으로 써야 한다. 盈은 어질다는 뜻이다. 皿(명)은 의미부분으로, 죄인을 먹인다는 뜻인데, 인신(引伸)하여 온난(溫暖)이라는 뜻이 되었다.(「許意溫爲水名, 凡盈煖字皆當作盈. 盈, 仁也. 从皿飼囚, 引申之則爲盈煖.」)"라고 하였다.

②'熱'의 고음은 입성운(入聲韻) *njiat / ńiæt(냗→열)이고, '埶'의 고음은 음성운(陰聲韻) *ngjiar / ngiæi(애이→예)와 *st'jiar / śiæi(새이→세) 등 두 가지이다. 두 글자는 '埶'를 어떻게 발음하더라도 상관없이 상고음(上古音)의 주모음(主母音)이 [a]로 같고, 운미(韻尾)는 혀 끝 가운데 소리[설첨중음(舌尖中音)]인 [-t]와 [-r]로 발음 부위가 같다. 그래서 '熱'자에서 '埶'가 발음부분이 될 수 있는 것이다. 고대에는 음성운과 입성운이 협운을 하기도 하였다.

98(6477) 熾 (불 활활 붙을 치)

熾, 盛也. 从火, 戠聲.① 𤈷, 古文熾.
(「熾는 (불이) 왕성(旺盛)하다는 뜻이다. 火는 의미부분이고, 戠(시)는 발음부분이다. (6477-1) 𤈷는 熾의 고문(古文)이다.」)

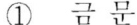

금 문		소 전	고 문

牆 盤	癲 鐘	설문해자	설문해자

갑골문에는 '爔'자가 보이지 않는다.

서주(西周) 금문의 자형은 '爔' 아래에 그릇[凵]이 있고 그 아래에 다시 받침대가 있는 모양이다. 이를 해서체로 쓰면 '爨' 정도가 될 것이다. 아마 그릇은 재를 받아내는 용도가 아닌가 생각된다.

소전에서는 그릇과 받침대를 빼고 오늘날과 같은 '爔'자로 썼다.

99(6478) 燠 (더울 욱; 속 답답할 오)

燠, 熱在中也. 从火, 奧聲.①
(「燠는 뜨거운 것이 속에 있다는 뜻이다. 火는 의미부분이고, 奧(오)는 발음부분이다.」)

①단옥재는 "奧는 움푹 들어갔다는 뜻이다. 뜨거운 것이 가운데 있으니, 그러므로 奧로써 회의(會意)가 된 것이다. 이것은 소리를 들어서 의미를 보이도록 한 것이다.(「奧者, 宛也. 熱在中, 故以奧會意. 此擧聲以見意也.」)"라고 하였다.(≪주≫) 즉 발음부분에도 뜻이 있다는 의미이다.

100(6479) 煖 (따뜻할 난)

煖, 溫也. 从火, 爰聲.
(「煖은 따뜻하다는 뜻이다. 火는 의미부분이고, 爰(원)은 발음부분이다.」)

101(6480) 煗 (따뜻할 난)①

煗, 溫也. 从火, 耎聲.
(「煗은 따뜻하다는 뜻이다. 火는 의미부분이고, 耎(연)은 발음부분이다.」)

①장순휘(張舜徽)는 오늘날 속자(俗字)로 '暖(난)'자를 쓴다고 하였다.(≪설문해자약주(說文解字約注)≫)

102(6481) 炅 (빛날 경)

炅, 見也.① 从火, 从日.②
(「炅은 (잘 드러나) 보인다는 뜻이다. 火와 日(일)은 (모두) 의미부분이다.」)

①단옥재는 "내 생각에, 이 글자의 뜻은 알 수 없다. ≪광운(廣韻)≫에서는 '밝다

는 뜻이다.(「光也.」)'라고 하였는데, 이 뜻이 가까운 것 같다.(「按: 此篆義不可知. ≪廣韵≫作'光也.' 似近之..」)"라고 하였다.(≪주≫)

②≪계전≫에서는 "從火, 日聲.(「火는 의미부분이고, 日은 발음부분이다.」)"이라고 하였는데, 뉴수옥은 '聲(성)'자가 들어간 것은 잘못된 것이라고 하였다.(≪교록≫)

103(6482) 炕 (마를 항)

炕, 乾也. 从火, 亢聲.①

(「炕은 (불에) 말린다는 뜻이다. 火는 의미부분이고, 亢(항)은 발음부분이다.」)

① 갑골문   소 전

合集30798   설문해자

'炕'자는 갑골문과 소전이 모두 '火'와 '亢'로 이루어졌다. 갑골문의 자형을 보면 '亢'의 위치가 '火'의 위에 있는데, 의미상의 차이는 없다. 고문자에서 구성 요소들의 위치는 비교적 자유로웠다.

104(6483) 燥 (마를 조)

燥, 乾也.① 从火, 喿聲.

(「燥는 (불에) 말린다는 뜻이다. 火는 의미부분이고, 喿(소)는 발음부분이다.」)

①≪구두≫에서는 현응(玄應)의 ≪일체경음의(一切經音義)≫에 의거하여 '乾(건)'자 다음에 '之(지)'자 한 글자를 보충하였다.

105(6484) 烕 (불 꺼질 혈)

烕, 滅也. 从火・戌.① 火死於戌, 陽氣至戌而盡.② ≪詩≫曰: "赫赫宗周, 褎似滅之."③

(「烕은 (불이) 꺼졌다는 뜻이다. 火와 戌(술)은 (모두) 의미부분이다. 火는 戌에서 꺼지고, 양기(陽氣)는 戌에 이르러 다한다. ≪시경(詩經)≫에 이르기를 "빛나는 주(周)나라, 포사(褎姒)가 멸망시켰네."라고 하였다.」)

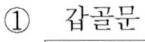

갑골문			서주금문	전국금문	소 전
		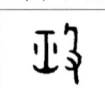		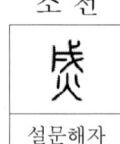	
合集1397	合集17101	合集17103	北伯威卣	子禾子釜	설문해자

'威'자는 갑골문과 전국(戰國)시대 금문 그리고 소전 등이 모두 '火'와 '戌'로 이루어졌다. 서주(西周) 금문에서는 '戌' 대신 '殳(수)'를 썼다.

②≪계전≫과 ≪구두≫에서는 '陽氣(양기)'를 '陽气(양기)'로 썼다.

≪회남자(淮南子)·천문훈(天文訓)≫을 보면 "火는 寅(인, 즉 정월)에 생겨나, 午(오, 즉 5월)에 번성하고, 戌(즉 9월)에 죽는다.(「火生于寅, 壯于午, 死于戌..」)"라고 하였다.

③≪계전≫·≪주≫·≪의증≫·≪통훈정성≫·≪교록≫ 등에서는 '褒似'를 '褒姒'로 썼다.

또 ≪계전≫·≪주≫·≪의증≫·≪통훈정성≫·≪구두≫·≪교록≫ 등에서는 모두 '滅(멸)'을 '威'로 썼다. 내용상 이것이 맞다.

현재 전해지는 ≪시경·소아(小雅)·정월(正月)≫에서는 '褒似滅之(포사멸지)'를 '褒姒威之(포사혈지)'로 썼다.

참고로 ≪설문해자·여부(女部)≫에는 '姒(사)'자가 없다. 그래서 '褒姒'를 '褒似'로 쓴 것이다.

106(6485) 焅 (가무는 기운 곡)

焅, 旱气也. 从火, 告聲.①
(「焅은 가뭄이 드는 기운을 뜻한다. 火는 의미부분이고, 告(고)는 발음부분이다.」)

①'焅'의 고음은 입성운(入聲韻) *kʼəwk / kʼuok(쾩→곡)이고, '告'의 고음은 음성운(陰聲韻) *kəw / kɑu(가우→고)와 입성운 *kəwk / kuok(쾩→곡) 등 두 가지이다. 두 글자는 '告'를 입성운 '곡'으로 읽을 경우에는 발음이 거의 같고, 음성운 '고'로 읽을 경우에도 첫소리가 [k-] 계열로 비슷하고, 상고음(上古音)의 주모음(主母音)은 [əw]로 같다. 그래서 '焅'자에서 '告'가 발음부분이 될 수 있는 것이다. 고대에는 음성운과 입성운이 협운을 하기도 하였다.

107(6486) 燽 (밝을 주)

燽, 溥覆照也. 从火, 壽聲.
(「燽는 넓게 두루 비춘다는 뜻이다. 火는 의미부분이고, 壽(수)는 발음부분이다.」)

108(6487) 爟 (불 켜들 관)

爟, 取火於日官名.① 舉火曰爟 ≪周禮≫曰: "司爟掌行火之政令."② 从火, 雚聲.
烜, 或从亘.
(「爟은 햇볕으로 불을 채취하는 관직의 이름이다. 불을 지피는 것을 爟이라고 한다. ≪주례(周禮)≫에 이르기를 "사관(司爟)은 불을 쓰는 정령(政令)을 관장한다."라고 하였다. 火는 의미부분이고, 雚(관)은 발음부분이다. (6487-1) 烜(훤)은 혹체자(或體字)로 (雚 대신) 亘(선·환)을 썼다.」)

①왕균은 "대개 爟자의 해설은 부족하고 없는데, 다만 '取火于日(취화우일)' 네 글자는 교정을 보는 사람이 함부로 여기에 붙여놓은 것이다. 또 이것을 가지고는 말이 안 되자, 스스로 '官名(관명)' 두 글자를 더했는데, 허신은 이러한 말을 한 예가 없음을 생각하지 못했다. 이 사람은 가히 지극히 어리석다고 이를 만하다.("蓋爟字篆說皆殘闕, 但'取火于日'四字. 校者妄附于此. 又以其不成句也, 自加官名二字, 不思許君無此語例也. 此人可謂至愚極陋矣.」)"라고 하였다.(≪구두≫)
②≪주례·하관(夏官)≫ 사관(司爟)조에 나오는 글귀.

109(6488) 燧① (연기 자욱할 봉)

燧, 燧②, 候表也. 邊有警則舉火. 从火, 逢聲.
(「燧은 봉화(烽火)로, (적을) 관찰하는 표지(標誌)이다. 변방에 경계(警戒)할 일이 생기면 불을 피운다. 火는 의미부분이고, 逢(봉)은 발음부분이다.」)

①주준성은 이 글자는 '烽'으로도 쓴다고 하였다.(≪통훈정성≫)
②≪주≫에서는 ≪문선(文選)≫ 이선(李善)의 주에 의거하여 '燧(수)'자 앞에 '燧'자 한 글자를 보충하였다.

110(6489) 爝 (햇불 초·작)

爝, 苣火, 祓也. 从火, 爵聲. 呂不韋曰: "湯得伊尹, 爝以爟火, 釁以犧豭."①

(「爝은 갈대를 묶어 불을 피워서, 재앙을 몰아내는 제사를 지내는 일을 뜻한다. 火는 의미부분이고, 爵(작)은 발음부분이다. 여불위(呂不韋)는 "탕(湯)이 이윤(伊尹)을 얻자, 갈대를 묶어 불을 피워 재앙을 몰아내는 제사를 지내고, 제사용 돼지를 잡아 그 피를 기물에 발랐다."라고 하였다.」)

①≪여씨춘추(呂氏春秋)·본미편(本味篇)≫에 나오는 글귀.

111(6490) 煒 (불에 급히 말릴 위)

煒, 暴乾火也.① 从火, 彗聲.
(「煒는 햇볕에 쪼이고 불에 말린다는 뜻이다. 火는 의미부분이고, 彗(혜)는 발음부분이다.」)

①≪계전≫·≪주≫·≪의증≫·≪통훈정성≫·≪구두≫·≪교록≫ 등에서는 모두 '暴(폭)'을 '暴'으로 썼다. '暴'은 '暴'의 예서체이다.
또 ≪계전≫·≪주≫·≪통훈정성≫ 등에는 '乾(건)'자 다음의 '火'자가 없다. 즉 "햇볕에 쪼여 말린다"는 의미이다.

112(6491) 熙 (빛날 희)

熙, 燥也.① 从火, 巸聲.②
(「熙는 말린다는 뜻이다. 火는 의미부분이고, 巸(이·희)는 발음부분이다.」)

①≪구두≫에서는 ≪문선(文選)≫ <남도부(南都賦)> 이선(李善)의 주에 의거하여 이다음에 "謂暴燥也.(「햇볕에 쪼여 말리는 것을 일컫는다.」)"라는 글귀를 보충하였다.

②

춘추금문	전국금문		소 전
齊侯敦	韓熙戈	三年鄭令戈	설문해자

갑골문과 서주(西周)시대 금문에는 '熙'자가 보이지 않는다.
춘추(春秋)시대 금문에서는 '火'를 쓰지 않고 단순하게 '巸'로 썼고, 전국(戰國)시대 금문에서는 소전과 같이 '熙'로 썼다.

文一百一十二, 重十五.
(「정문(正文) 112자, 중문(重文) 15자.」)

新1(6492) 燼 (가물어 뜨거울 충)

燼, 旱气也. 从火, 蟲聲.
(「燼은 가뭄이 드는 기운을 뜻한다. 火는 의미부분이고, 蟲(충)은 발음부분이다.」)

新2(6493) 煽 (성할 선)

煽, 熾盛也. 从火, 扇聲.
(「煽은 불길이 성하다는 뜻이다. 火는 의미부분이고, 扇(선)은 발음부분이다.」)

新3(6494) 烙 (지질 락)

烙, 灼也. 从火, 各聲.①
(「烙은 지진다는 뜻이다. 火는 의미부분이고, 各(각)은 발음부분이다.」)

①'各'은 두 가지 발음 계통을 갖는 낱말이다. 그 하나는 [k-] 계통 발음으로 '客(객)', '格(격)', '恪(삼갈 각)' 등이 그러한 예이다. 다른 하나는 [l-] 계통 발음으로 '洛(락)', '落(락)', '絡(두를 락)', '酪(락)', '駱(락)', '路(로)', '輅(수레로)' 등이 그러한 예이다. 따라서 '烙'은 '各'이 [l-] 계통 발음으로 쓰인 예에 해당한다.

新4(6495) 爍 (빛날 삭)

爍, 灼爍光也. 从火, 樂聲.
(「爍은 불빛이 빛난다는 뜻이다. 火는 의미부분이고, 樂(락·악)은 발음부분이다.」)

新5(6496) 燦 (빛날 찬)

燦, 燦爛, 明淨皃. 从火, 粲聲.
(「燦은 찬란(燦爛)으로, 밝고 맑은 모습을 뜻한다. 火는 의미부분이고, 粲(찬)은 발음부분이다.」)

신火부 煥

新6(6497) 煥 (불빛 환)

煥, 火光也. 从火, 奐聲.
(「煥은 불빛을 뜻한다. 火는 의미부분이고, 奐(환)은 발음부분이다.」)

文六. 新附
(「정문(正文) 6자. 신부자(新附字)」)

제383부 【炎】부

1(6498) 炎 (불꽃 염)

炎, 火光上也. 从重火.① 凡炎之屬皆从炎.
(「炎은 불길이 위로 치솟는다는 뜻이다. 火(화)를 겹쳐 썼다. 무릇 炎부에 속하는 글자들은 모두 炎을 의미부분으로 삼는다.」)

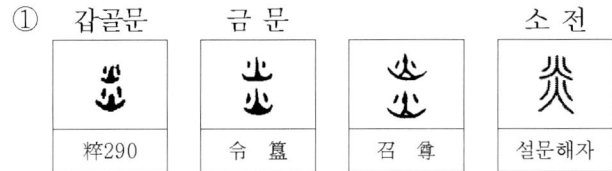

① 갑골문 / 금문 / 소전
粹290 / 令䤾 / 召尊 / 설문해자

'炎'자는 갑골문과 서주(西周) 금문 그리고 소전 등이 모두 '火'자를 두 개 겹쳐 쓴 모양이다.

'炎'자는 명문(銘文)에서는 나라의 이름으로 쓰였는데, 춘추(春秋)시대 '郯(담)'나라의 옛날 이름이다.

2(6499) 燄① (불 당길 염, 불 번쩍거릴 염)

燄, 火行微燄燄也.② 从炎, 臽聲.
(「燄은 불이 붙어 미약(微弱)했다가 점점 세게 타오른다는 뜻이다. 炎은 의미부분이고, 臽(함)은 발음부분이다.」)

①서호(徐灝)는 '炎'과 '燄'은 고금자(古今字)라고 하였다.(≪설문해자주전(說文解字注箋)≫) 또 서호는 ≪일체경음의(一切經音義)≫ <권7>에서 ≪자고(字詁)≫를 인용하여 '焰(염)'은 '燄'의 고문(古文)이라고 한 것을 소개하고 있다.

그런데 단옥재는 '焰'은 (6473) '爓(불빛 염)'의 속자(俗字)라고 하였다.(≪주≫)
②≪구두≫에서는 현응(玄應)의 ≪일체경음의(一切經音義)≫에 의거하여 '燄燄' 뒤에 '然(연)'자 한 글자를 보충하였다.

3(6500) 銛 (담)

銛①, 火光也.② 从炎, 舌聲.③
(「銛은 불빛을 뜻한다. 炎은 의미부분이고, 舌(설)은 발음부분이다.」)

①≪대한한사전(大漢韓辭典)≫에서는 '菾'을 '甜(혀 빼물 담)'자와 같다고 하였다.
≪주≫에서는 '𤈦'을 '𤈦' 즉 '菾'으로 썼다.
이에 대해 단옥재는 "다른 책에서는 이 소전체를 菾으로 쓰고, '舌은 발음부분이다'라고 풀이하고 있다. 서현은 마땅히 甜(첨)의 생략형이 발음부분이어야 할 것이라고 하였는데, 틀린 것이다. 이것과 <목부(木部)>의 栝(괄)자는 모두 舌(첨)을 (발음부분으로) 써야 하는 것의 잘못이다. 이제 바로잡는다.(「各本篆體作菾, 解云 '舌聲'. 鉉疑當是甜省聲, 非也. 此與木部之栝皆从舌之誤. 今正.」)"라고 하였다.
서호(徐灝)는 '菾'을 '燄'의 이체자(異體字)가 아닌가 하였고(≪설문해자주전(說文解字注箋)≫), 왕균은 '炶(함)'자를 잘못 쓴 것이 아닌가 하였다(≪설문석례(說文釋例)≫).
②≪계전≫과 ≪주≫에서는 '火(화)'를 '炎'으로 썼다.
③서현 등은 '舌'이 발음부분이라고 한 것은 잘못이고, 마땅히 '甜'의 생략형이라고 해야 한다고 하였다.(대서본 ≪설문해자≫)
≪주≫에서는 '舌'을 '舌'으로 썼다.

4(6501) 燖 (불을 범할 름; 불 활활 붙을 음)

燖, 僸火也.① 从炎, 㐬聲. 讀若桑葚之葚.
(「燖은 점점 타오르는 불을 뜻한다. 炎은 의미부분이고, 㐬(름)은 발음부분이다. 상심(桑葚, 뽕나무열매)이라고 할 때의 葚자처럼 읽는다.」)

①≪계전≫에는 '僸' 즉 '侵(침)'자 다음의 '火(화)'자가 없다.
장순휘(張舜徽)는 '僸'은 '점진(漸進)'의 뜻이라고 하였다.(≪설문해자약주(說文解字約注)≫)

5(6502) 炶 (빛이 성할 삼; 불빛 첨; 태울 점)

炶, 火行也.① 从炎, 占聲.
(「炶은 불이 타오른다는 뜻이다. 炎은 의미부분이고, 占(점)은 발음부분이다.」)

①≪옥편(玉篇)≫을 보면 "炶은 불빛을 뜻한다.(「炶, 火光也.」)"라고 하였다.
서호(徐灝)는 '炶'은 곧 지금의 '閃(번쩍할 섬)'자라고 하였다.(≪설문해자주전(說文解字注箋)≫)

6(6503) 燅 (고기 데칠 잠)

燅, 於湯中爚肉.① 从炎, 从熱省.② 㷘, 或从炙.③
(「燅은 끓는 물에 고기를 익힌다는 뜻이다. 炎과 熱(열)의 생략형은 (모두) 의미부분이다. (6503-1) 㷘은 혹체자(或體字)로 (炎 대신) 炙(자)를 썼다.」)

① ≪구두≫에서는 현응(玄應)의 ≪일체경음의(一切經音義)≫에 의거하여 '爚(불사를 약)'을 '瀹(데칠 약)'으로 고쳐 썼다.

단옥재는 "爚은 마땅히 䴏(데칠 약)으로 써야 한다. ≪옥편(玉篇)≫과 ≪고금운회(古今韻會)≫에서는 瀹으로 썼는데, (이것은) 곧 세간에서 쓰는 글자이다.(「爚當作䴏. ≪玉篇≫·≪韻會≫作瀹, 則俗用字也..」)"라고 하였다.(≪주≫)

또 ≪주≫와 ≪구두≫에는 '肉(육)'자 다음에 '也(야)'자가 한 글자 더 있다.

② ≪계전≫에는 이다음에 '聲(성)'자가 한 글자 더 있는데, 단옥재는 이것은 잘못된 것이라고 하였다.

③ ≪계전≫·≪주≫·≪구두≫ 등에는 '炙'자 다음에 '作(작)'자가 한 글자 더 있다.

단옥재는 "≪광운(廣韻)≫에 이르기를 '燅, ≪설문해자≫는 위와 같다'라고 하였다. 이것은 옛날 본 ≪설문해자≫의 다른 점이다. 关(따뜻할 점; 밝을 임)은 곧 关자이다.(「≪廣韵≫曰: '燅, ≪說文≫同上.' 此古本≪說文≫之異也. 关卽关.」)"라고 하였다.

7(6504) 燮 (섭)①

燮, 大熟也.② 从又持炎·辛.③ 辛, 物熟味也.
(「燮은 푹 익힌다는 뜻이다. 손[又(우)]으로 炎과 辛(신)을 쥐고 있는 형태(의 회의자)이다. 辛은 익은 맛을 뜻한다.」)

① '燮'자는 ≪대한한사전(大漢韓辭典)≫에 보이지 않는다.

발음은 ≪광운(廣韻)≫에 따르면 '蘇協切(소협절)' 즉 '섭'이다.

② ≪주≫에서는 '熟(숙)'을 '𠈏'(=孰)으로 썼고, ≪의증≫과 ≪구두≫에서는 '孰'으로 썼다. '孰'과 '熟'은 고금자(古今字)이다.

참고로 '孰'은 본래 '음식을 데우다'라는 뜻을 나타내는 회의자였는데, 뒤에 '孰'자가 '누구'라는 의문대명사로 가차(假借)되어 쓰이게 되자, 본래의 자리는 '孰'자에 다시 '火(화)'를 더한 '熟'자를 만들어 보충하였다.

炎부 燮粦

'燮'자는 갑골문을 보면 손[⺕, 즉 又]에 '▽'을 들고 있고, 그 주위에 'ω' 즉 '火'가 세 개 둘러져 있다.

나진옥(羅振玉)은 '燮'은 손에 횃불을 들고 있는 모양으로 그 옆의 '火'는 불꽃을 나타낸다고 하면서, 허신이 '辛'을 의미부분이라고 한 것은 횃불 모양을 잘못 인식한 것이라고 하였다.(≪증정은허서계고석(增訂殷虛書契考釋)≫)

참고로 갑골문에서 '▽'는 고대 죄수들에게 죄수 표시용 문신을 새겼던 날카로운 칼을 그린 상형자로 많이 쓰였으며, 이는 '䇂(건)'자에 해당한다. '䇂'은 뒤에 '辛(신)'자와 통합되어 쓰였다.

한편 대부분의 학자들은 대동(戴侗)이 '燮'과 '爕(불에 익힐 섭)'을 같은 글자라고 주장한 이래, '燮'자에서의 '辛'이 '言(언)'으로 변해서 '爕'자가 된 것으로 보고 있다.(제3편 하 제76부 <우부(又部)> (1900) '燮'자 참조)

금문에서는 '▽'이 '不' 또는 '丁'으로 변하였고, '火'도 두 개로 줄어들었다.

8(6505) 粦 (도깨비불 린)

粦, 兵死及牛馬之血爲粦. 粦, 鬼火也.① 从炎·舛.②
(「粦, 병기(兵器)에 의해 죽은 사람과 소·말의 피가 粦이 된다. 粦은 도깨비불을 뜻한다. 炎과 舛(천)은 (모두) 의미부분이다.」)

①≪주≫에서는 두 개의 '粦'을 모두 '䭆'으로 썼다. '䭆'은 '粦'의 예서체이다. 오늘날 이 뜻으로는 '燐'자를 많이 쓴다.

'粦'자는 갑골문을 보면 '大' 옆에 점이 네 개 있는 모양이다. '大'는 사람을 그린 것이고, 그 옆의 점들은 피를 나타낸 것이 아닌가 생각된다.

서주(西周) 금문에서는 이 형태에 두 발[舛]이 더해졌다. <장반(牆盤)>에서의 자형은 여기에 다시 'ㅁ'가 더해져 '舜'으로 썼다.

소전에 이르러 '大' 옆의 네 개의 점은 '炎'으로 바뀌었고, 예서에서 다시 '米(미)'로 바뀌었다.

임의광(林義光)은 "舛은 두 발의 모양을 그린 것이다. 도깨비불은 밤에 사람을 따라다니므로, 그래서 夕과 牛(걸을 과)가 의미부분이 되는 것이다.(「舛象二足迹形. 鬼火宵行逐人, 故从夕牛.」)"라고 하였다.(≪문원(文源)≫)

文八, 重一.
(「정문(正文) 8자, 중문(重文) 1자.」)

제384부【黑】부

1(6506) 黑 (검을 흑)

巠, ①火所熏之色也.② 从炎上出囪.③ 囪, 古窗字.④ 凡黑之屬皆从黑.
(「黑은 불에 그을린 색을 뜻한다. 불길[炎(염)]이 위로 올라가서 창[囪(창)]으로 나가는 형태(의 회의자)이다. 囪은 옛 窗(창)자이다. 무릇 黑부에 속하는 글자들은 모두 黑을 의미부분으로 삼는다.」)

①≪주≫에는 '火(화)'자 앞에 "北方色也.(「북방의 색이다.」)"라는 글귀가 더 있다.
이에 대해 단옥재는 "이 네 글자는 다른 책에는 없다. 青(청)·赤(적)·白(백) 세 부에서 (각각) 이르기를 '동방의 색이다'·'남방의 색이다'·'서방의 색이다'라고 하였고, 黃(황)자 해설에서는 '땅의 색이다'라고 하였다. 이러한즉 마땅히 여기에는 이 네 글자가 있어야함이 분명하다. 이제 보충한다.(「四字各本無. 依青·赤·白三部下云: '東方色'·'南方色'·'西方色'. 黃下亦云: '地之色', 則當有此四字明矣. 今補.」)"라고 하였다.

②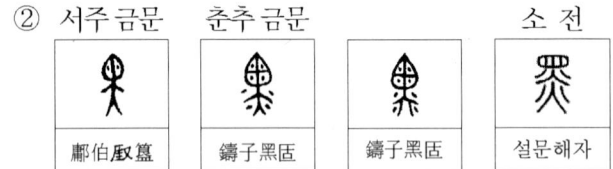

갑골문에는 '黑'자가 보이지 않는다.
금문을 보면 사람의 정면도를 그린 형태인데, 얼굴 안에 점을 찍었다. 옛날 형벌의 일종인 '묵형(墨刑, 얼굴에 문신을 그려 넣는 형벌)'을 받은 사람을 그린 것이 아닌가 생각된다.

③왕균은 "요즘 사람들은 부뚜막위의 굴뚝을 일컬어 煙囪(연창)이라고 하고, 여전히 聰(총)자처럼 발음한다. 연기가 여기를 통해 나가므로, 그래서 黑자를 의미부분으로 쓰는 것이다.(「今人亦呼竈突為煙囪, 仍呼如聰, 是煙所由出, 故黑字從之.」)"라고 하였다.(≪설문석례(說文釋例)≫)

④≪계전≫과 ≪주≫에는 이 글귀가 없다.
≪의증≫과 ≪통훈정성≫에서는 '窗'을 '窻'으로 썼다.
참고로 ≪대한한사전(大漢韓辭典)≫에서는 '窗'과 '窻'을 같은 글자라고 하고, '窻'은 '窗'의 본자(本字)라고 하였다. 그리고 '窓'을 '窗'의 속자(俗字)라고 하였다.

2(6507) 黸 (까말 로)

黸, 齊謂黑爲黸. 从黑, 盧聲.
(「黸, 제(齊) 지방에서는 검은 것을 黸라고 한다. 黑은 의미부분이고, 盧(로)는 발음부분이다.」)

3(6508) 黵 (엷게 검을 회)

黵, 沃黑色.① 从黑, 會聲.
(「黵는 윤기가 나는 검은 색을 뜻한다. 黑은 의미부분이고, 會(회)는 발음부분이다.」)

①≪주≫에서는 '沃(옥)'을 '渿'으로 썼다.
왕균은 ≪설문해자≫에는 '沃'자가 없으므로, '沃'은 마땅히 '渿'으로 써야 한다고 하였다.(≪구두≫)
≪대한한사전(大漢韓辭典)≫에서는 '渿'을 '沃'의 본자(本字)라고 하였다.
단옥재는 "沃黑(옥흑)'이라는 것은 윤기가 나는 검은 색을 뜻한다. … 내 생각에, '沃黑'을 ≪옥편(玉篇)≫과 ≪광운(廣韻)≫에서는 모두 '淺黑(천흑, 즉 엷은 검은 색)'으로 썼다. 아마 沃자는 틀린 것이고, 淺자가 알맞은 것 같다.(「沃黑者, 光潤之黑也. … 按: '沃黑'≪玉篇≫·≪廣韵≫皆作'淺黑'. 疑'沃'字誤, '淺'字長.」)"라고 하였다.
또 ≪주≫에는 '色(색)'자 음에 '也(야)'자가 한 글자 더 있다.

4(6509) 黯 (시꺼멀 암)

黯, 深黑也. 从黑, 音聲.
(「黯은 새까맣다는 뜻이다. 黑은 의미부분이고, 音(음)은 발음부분이다.」)

5(6510) 黶 (검은 사마귀 염; 기미낄 암)

黶, 中黑也.① 从黑, 厭聲.
(「黶은 속이 검다는 뜻이다. 黑은 의미부분이고, 厭(염)은 발음부분이다.」)

①≪구두≫에서는 현응(玄應)의 ≪일체경음의(一切經音義)≫에 의거하여 "面中黑子也.(「얼굴에 있는 점을 뜻한다.」)"라고 하였다.

6(6511) 黳 (주근깨 예)

黳, 小黑子.① 从黑, 殹聲.
(「黳는 주근깨를 뜻한다. 黑은 의미부분이고, 殹(예)는 발음부분이다.」)

①≪통훈정성≫에는 '子(자)'자 다음에 '也(야)'자가 한 글자 더 있다.

7(6512) 點 (회색빛 달)

點, 白而有黑也. 从黑, 旦聲. 五原有莫點縣.①
(「點은 하얗지만 검은 것이 있다는 뜻이다. 黑은 의미부분이고, 旦(단)은 발음부분이다. 오원군(五原郡)에 막달현(莫點縣)이 있다.」)

①막달현은 지금의 내몽고(內蒙古) 우라터(烏喇特) 경계에 있었다.

8(6513) 黲 (얼굴 검을 감)

黲, 雖晳而黑也.① 从黑, 箴聲. 古人名黲字晳.②
(「黲은 (얼굴이) 하얗기는 한데 검은 빛이 돈다는 뜻이다. 黑은 의미부분이고, 箴(잠)은 발음부분이다. 옛날 사람 가운데 이름이 黲이고 자(字)가 晳(석)인 사람들이 있다.」)

①단옥재는 "晳은 사람의 (얼굴) 색이 하얗다는 뜻이다. 즉 黲은 전적으로 사람의 얼굴만 일컫는다.(「晳者, 人色白也. 則黲專謂人面.」)"라고 하였다.(≪주≫)
②단옥재(≪주≫)와 계복(≪의증≫)은 ≪사기(史記)·중니제자열전(仲尼弟子列傳)≫에 나오는 증점(曾蔵)과 해용잠(奚容箴)의 자가 '晳'이라고 하였다.
계복은 '箴'은 '黲'의 생략형이고, '蔵'은 (箴을) 잘 못 쓴 것이라고 하였다.

9(6514) 鴹 (검붉을 양)

鴹, 赤黑也. 从黑, 昜聲. 讀若煬.
(「鴹은 검붉다는 뜻이다. 黑은 의미부분이고, 昜(양)은 발음부분이다. 煬(양)처럼 읽는다.」)

10(6515) 黲 (검푸르죽죽할 참)

黲, 淺靑黑也.① 从黑, 參聲.
(「黲은 옅게 검푸르다는 뜻이다. 黑은 의미부분이고, 參(참·삼)은 발음부분이다.」)

① ≪계전≫에서는 '也(야)'를 '色(색)'으로 썼다.
한편 ≪주≫와 ≪구두≫에는 '黑'과 '也'자 사이에 '色'자가 한 글자 더 있다. 즉 "옅은 검푸른 색을 뜻한다"라는 의미이다.

11(6516) 黤 (검푸를 암)

黤, 靑黑也.① 从黑, 奄聲.
(「黤은 검푸르다는 뜻이다. 黑은 의미부분이고, 奄(엄)은 발음부분이다.」)

① ≪주≫에는 '黑'과 '也(야)'자 사이에 '色(색)'자가 한 글자 더 있다. 즉 "검푸른 색을 뜻한다"라는 의미이다.

12(6517) 黝 (검푸를 유)

黝, 微靑黑色.① 从黑, 幼聲. ≪爾雅≫曰: "地謂之黝."②
(「黝는 미미(微微)하게 검푸른 색을 뜻한다. 黑은 의미부분이고, 幼(유)는 발음부분이다. ≪이아(爾雅)≫에 이르기를 "땅을 黝라고 한다."라고 하였다.」)

① ≪주≫에는 '色(색)'자 다음에 '也(야)'자가 한 글자 더 있다.
단옥재는 "微는 천(淺)보다 더 옅다.(「微輕於淺矣.」)"라고 하였다.
② ≪이아·석궁(釋宮)≫에 나오는 글귀.

13(6518) 黗 (검을 돈)

黗, 黃濁黑.① 从黑, 屯聲.
(「黗은 누렇고 탁하게 검다는 뜻이다. 黑은 의미부분이고, 屯(둔)은 발음부분이다.」)

① ≪주≫와 ≪통훈정성≫에는 '黑'자 다음에 '也(야)'자가 한 글자 더 있다.

14(6519) 點 (점 점)

點, 小黑也.① 从黑, 占聲.

(「點은 조그마한 검은 점을 뜻한다. 黑은 의미부분이고, 占(점)은 발음부분이다.」)

①≪통훈정성≫에는 '黑'자 앞의 '小(소)'자가 없다.

15(6520) 黕 (얕은 금향빛 겸)

黕, 淺黃黑也. 从黑, 甘聲. 讀若染繒中束紖黕.
(「黕은 옅게 누렇고 검다는 뜻이다. 黑은 의미부분이고, 甘(감)은 발음부분이다. 물들인 비단 가운데 묶여져 있는 추겸(紖黕, 검붉은 비단)이라고 할 때의 黕자처럼 읽는다.」)

16(6521) 黅 (누럴 금)

黅, 黃黑也. 从黑, 金聲.
(「黅은 누렇고 검다는 뜻이다. 黑은 의미부분이고, 金(금)은 발음부분이다.」)

17(6522) 黦① (얼룩질 울)

黦, 黑有文也. 从黑, 冤聲.② 讀若飴䬴字.
(「黦은 검은 색에 무늬가 있다는 뜻이다. 黑은 의미부분이고, 冤(원)은 발음부분이다. 이완(飴䬴, 콩엿)이라고 할 때의 䬴자처럼 읽는다.」)

①≪집운(集韻)·월운(月韻)≫을 보면 "黦은 (冤 대신) 宛(완)을 쓰기도 한다.(「黦, 或从宛.」)"라고 하였고, ≪정자통(正字通)·흑부≫에서는 '黦'은 '黫(검을 울)'의 본자(本字)라고 하였다.

②'黦'의 고음은 입성운(入聲韻) *jwat / iuɑt(위얀→울)이고, '冤'의 고음은 양성운(陽聲韻) *jwan / iuɑn(위얀→원)이다. 두 글자는 첫소리가 영성모(零聲母)인 [Ø-]으로 같고, 상고음(上古音)의 주모음 역시 [a]로 같으며, 운미(韻尾)는 혀끝 가운데 소리[설첨중음(舌尖中音)]인 [-t]와 [-n]으로 발음 부위가 같다. 그래서 '黦'자에서 '冤'이 발음부분이 될 수 있는 것이다. 고대에 입성운과 양성운이 협운을 하는 것은 흔하지는 않지만 전혀 없는 일은 아니다.

18(6523) 黵 (검을 찰)

黵, 黃黑而白也. 从黑, 算聲.① 一曰: 短黑. 讀若以芥爲虀, 名曰芥莖也.

(「纂은 누렇고 검으면서도 흰 색을 띤다는 뜻이다. 黑은 의미부분이고, 算(산)은 발음부분이다. 일설에는 진하지 않은 검은색이라고도 한다. 겨자를 버무린 것을 개전(芥荃, 겨자무침)이라고 부를 때의 荃자처럼 읽는다.」)

①'纂'의 고음은 입성운(入聲韻) *ts'rwat / tṣ'uɑt(촨→찰)이고, '算'의 고음은 양성운(陽聲韻) *swan / suɑn(솬→산)이다. 두 글자는 상고음(上古音)의 주모음이 [a]로 같고, 운미(韻尾)는 혀 끝 가운데 소리[설첨중음(舌尖中音)]인 [-t]와 [-n]으로 발음 부위가 같다. 그래서 '纂'자에서 '算'이 발음부분이 될 수 있는 것이다. 고대에 입성운과 양성운이 협운을 하는 것은 흔하지는 않지만 전혀 없는 일은 아니다.

19(6524) 黫 (검은 주름살 견)

黫, 黑皴也.① 从黑, 幵聲.
(「黫은 검은 주름살을 뜻한다. 黑은 의미부분이고, 幵(견)은 발음부분이다.」)

①≪계전≫에서는 '皴(주름 준)'을 '皺(주름 추)'로 썼다.
계복은 ≪설문해자≫에는 '皴'자와 '皺'자가 모두 없으므로, '皴'은 '皯(기미 낄 간)'으로 써야 한다고 하였다.(≪의증≫)

20(6525) 黠 (약을 힐)

黠, 堅黑也.① 从黑, 吉聲.
(「黠은 굳건한 검은 색을 뜻한다. 黑은 의미부분이고, 吉(길)은 발음부분이다.」)

①≪구두≫에서는 '堅(견)'자 다음에 구두점을 찍었다. 즉 "黠은 단단하다는 뜻이다. (또) 검다는 뜻이다"라는 의미이다.
이에 대해 왕균은 "吉을 발음부분으로 하는 글자들은 '단단하다[堅]'는 뜻이 있다. 글자가 <흑부(黑部)>에 있으므로, 그래서 '검다'라고 하는 것이다. … 실제로 옛날 책에서 黠자를 쓰면 단지 '단단하다'라는 뜻만 있었다.(「從吉聲之字有堅義也. 字在<黑部>故謂之黑. … 實則古籍用黠字, 祇有堅義也.」)"라고 하였다. (≪구두≫)
≪방언(方言)≫<권1>을 보면 "虔(건), 儇(현) 등은 지혜롭다는 뜻이다. … 함곡관(函谷關) 동쪽에서 조(趙)·위(魏) 사이에서는 이를 일컬어 黠이라고 하는데, 또

는 鬼(귀)라고도 한다.(「虔, 儜, 慧也. … 自關而東趙魏之間謂之黠, 或謂之鬼..」)"라고 하였다.

21(6526) 黔 (검을 검)

黔, 黎也.① 从黑, 今聲.② 秦謂民爲黔首③, 謂黑色也. 周謂之黎民.④ ≪易≫曰: "爲黔喙."⑤

(「黔은 검다는 뜻이다. 黑은 의미부분이고, 今(금)은 발음부분이다. 진(秦)나라에서는 일반 백성을 검수(黔首)라고 했는데, 검은 색을 일컫는다. 주(周)나라에서는 이를 일컬어 여민(黎民)이라고 하였다. ≪주역(周易)≫에 이르기를 "검은 부리가 되다."라고 하였다.」)

①≪계전≫에서는 '黎(무리 려, 검을 려)'를 '驪(얼룩질 려)'로 썼다.
이에 대해 뉴수옥은 ≪설문해자≫에는 '驪'자가 없으므로 이는 틀린 것이라고 하였다.(≪교록≫)

②

갑골문에는 '黔'자가 보이지 않고, 전국(戰國)시대 금문과 소전의 자형은 '黔'으로 같다.

③≪사기(史記)·진시황본기(秦始皇本紀)≫ 26년에 보인다.
④장순휘(張舜徽)는 "먼 옛날부터 백성들은 들에서 노동을 하고 농사를 지었으므로, 낮에는 햇볕을 쬐고 밤에는 이슬을 맞아서 피부색이 까맣다. 주나라에서는 이들을 黎民이라고 불렀고, 진나라에서는 黔首라고 불렀는데, 모두 여기에서 뜻을 취한 것이다.(「自古元元之民, 勤勞耕作於野, 晝暴夜露, 膚色黎黑, 周謂之黎民, 秦謂之黔首, 皆取義于此.」)"라고 하였다.(≪설문해자약주(說文解字約注)≫)
⑤≪주역·설괘전(說卦傳)≫에 나오는 글귀.

22(6527) 黕 (때 낄 담)

黕, 滓垢也.① 从黑, 冘聲.②

(「黙은 찌끼와 때를 뜻한다. 黑은 의미부분이고, 尢(유)는 발음부분이다.」)

① 단옥재는 "滓(재)는 찌끼를 뜻하고, 垢(구)는 때를 뜻한다.(「滓, 澱也; 垢, 濁也.」)"라고 하였다.(≪주≫)

② ≪광운(廣韻)≫을 보면 '尢'는 "머뭇머뭇하며 정하지 못하고 있다는 뜻이다. 以周切(이주절, 즉 유)이다.(「尢豫不定. 以周切.」)"라고 하였고, 또 "가는 모습을 뜻한다. 如林切(여림절, 즉 임)이다.(「行皃. 以周切.」)"라고 하여, '유'와 '임' 두 가지의 뜻과 발음이 있다.

≪대한한사전(大漢韓辭典)≫에서는 '머뭇거릴 유'·'갈 유'라고 하여 두 가지의 뜻에 '유'라는 한 가지의 발음만 소개하고 있다.

23(6528) 黨 (무리 당)

黨, 不鮮也.① 从黑, 尙聲.②
(「黨은 선명(鮮明)하지 않다는 뜻이다. 黑은 의미부분이고, 尙(상)은 발음부분이다.」)

① 서호(徐灝)는 "향당(鄕黨, 무리라는 뜻)이라고 할 때의 黨은 본래 䣊(머무는 곳 당)으로 썼는데, 경전에서는 모두 黨으로 통가(通假)해서 썼다.(「鄕黨之黨, 本作䣊, 經典皆通作黨.」)"라고 하였다.(≪설문해자주전(說文解字注箋)≫)

오늘날 '선명하지 않다'라는 뜻으로는 '曭(흐릿할 당)'자를 쓴다. 왕균은 '黨'과 '曭'은 고금자(古今字)라고 하였다.(≪구두≫)

②

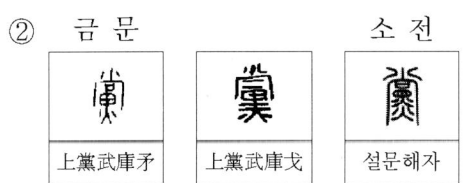

금 문		소 전
上黨武庫矛	上黨武庫戈	설문해자

갑골문에는 '黨'자가 보이지 않고, 전국(戰國)시대 금문과 소전의 자형은 '黨'으로 같다.

24(6529) 黷 (더러울 독)

黷, 握持垢也.① 从黑, 賣聲.② ≪易≫曰: "再三黷."③
(「黷은 손에 때를 쥐고 있다는 뜻이다. 黑은 의미부분이고, 賣(육)은 발음부분이

다. ≪주역(周易)≫에 이르기를 "여러 차례 (점을 쳐도 계속해서) 나쁜 점괘가 나왔다."라고 하였다.」)

①단옥재는 "때는 손에 쥘 수 있는 물건이 아니고, 쥔 곳에 들어간다는 뜻으로, 이것이 辱(욕)이다. 옛날 辱이라고 말하는 것은 모두 곧 黷이다.(「垢非可握持之物, 而入於握持, 是辱也. 古凡言辱者皆卽黷.」)"라고 하였다.(≪주≫)

②'鬻(팔 육)'과 '賣(매)'는 해서체로는 자형이 비슷해서 혼동되어 쓰이지만, 두 글자의 소전을 비교해보면 모양도 다를 뿐만 아니라 구성요소도 다르다.

'鬻'의 소전체는 '鬻'으로, '炎(버섯 류)'·'囧(빛날 경)'·'貝(패)'로 이루어져 있고; '賣'의 소전은 '賣' 즉 '賣'로서, '出(출)'·'网(망)'·'貝'로 이루어졌다.

③현재 전해지는 ≪주역·몽괘(蒙卦)≫에서는 '黷'을 '瀆(도랑 독)'으로 썼다.

25(6530) 黵 (검은 칠 할 담)

黵, 天汚也.① 从黑, 詹聲.
(「黵은 매우 더럽다는 뜻이다. 黑은 의미부분이고, 詹(첨)은 발음부분이다.」)

①≪계전≫·≪주≫·≪의증≫·≪구두≫·≪통훈정성≫ 등에서는 모두 '天(천)'을 '大(대)'로 썼다. 여기에서도 이에 따라 번역하였다.

26(6531) 黴 (곰팡이 미)

黴, 中久雨靑黑.① 从黑, 微省聲.
(「黴는 비가 오래 내린 가운데 생기는 검푸른 것(즉 곰팡이)을 뜻한다. 黑은 의미부분이고, 微(미)의 생략형은 발음부분이다.」)

①≪구두≫에서는 현응(玄應)의 ≪일체경음의(一切經音義)≫에 의거하여 '中(중)'자 앞에 '物(물)'자 한 글자를 보충하였다.

또 ≪주≫와 ≪통훈정성≫에는 '黑'자 다음에 '也(야)'자가 한 글자 더 있다.

장순휘(張舜徽)는 "中은 여기에서는 傷(상)과 같다. 무릇 물건이 오랜 비에 상하면 검은 반점(斑點)이 생긴다.(「中猶傷也. 凡物傷久雨而生黑斑點也.」)"라고 하였다.(≪설문해자약주(說文解字約注)≫)

27(6532) 黜 (내칠 출)

黜, 貶下也.① 从黑. 出聲.
(「黜은 폄하(貶下)한다는 뜻이다. 黑은 의미부분이고, 出(출)은 발음부분이다.」)

①단옥재는 "≪옥편(玉篇)≫에서 말하기를 '貶也(폄야); 下也(하야)'라고 하였다. 내 생각에, 마땅히 '貶也; 下色也' 다섯 자로 써야할 것이다. 貶也는 떨어뜨린다는 뜻이고, 下色也는 黑의 본래의 의미를 따른 것이다.(「≪玉篇≫云: '貶也; 下也.' 按: 當作'貶也; 下色也'五字. 貶也者, 黜陟之義也; 下色也者, 爲从黑張本也..」)"라고 하였고(≪주≫), 주준성은 "이 글자는 黑을 의미부분으로 삼고 있으니, 본래의 풀이는 마땅히 '검고 어두운 색'이라는 뜻의 '下色也'라고 해야 할 것이다.(「字从黑, 本訓當爲下色也, 黑暗之色..」)"라고 하였다(≪통훈정성≫).

28(6533) 黬 (빛이 낡을 반)

黬, 黬姗, 下哂.① 从黑, 般聲.
(「黬은 반산(黬姗)으로, 빛이 바랬다는 뜻이다. 黑은 의미부분이고, 般(반)은 발음부분이다.」)

①≪계전≫에서는 '下哂(하신)'을 '一色(일색)'으로 썼고, ≪주≫·≪의증≫·≪구두≫·≪통훈정성≫ 등에서는 모두 '下色(하색)'으로 썼다. "하등 색깔" 즉 "나쁜 색깔"이라는 뜻이다.(바로 앞에 나온 '黜(출)'자 주해 ①번 참조)

또 ≪주≫와 ≪통훈정성≫에는 '色'자 다음에 '也(야)'자가 한 글자 더 있다.

단옥재는 "'也'는 마땅히 ≪옥편(玉篇)≫에 의거하여 '皃(모)'로 써야 한다고 하였다.(「'也'當依≪玉篇≫作'皃'..」)"라고 하였다.(≪주≫)

29(6534) 黱 (새파랄 대, 눈썹 그릴 대)①

黱, 畫眉也.② 从黑, 朕聲.③
(「黱는 눈썹을 그린다는 뜻이다. 黑은 의미부분이고, 朕(짐)은 발음부분이다.」)

①오늘날 이 뜻으로는 '黛(대)'자를 많이 쓴다.

서개(≪계전≫)와 단옥재(≪주≫)는 '黛'를 '黱'의 속자(俗字)라고 하였다.

②≪계전≫·≪주≫·≪구두≫ 등에는 '眉(미)'자 다음에 '墨(묵)'자가 한 글자 더 있다. 즉 "눈썹을 그리는 먹을 뜻한다"라는 의미이다.

③'䞶'의 고음은 음성운(陰聲韻) *dəɤ / dəi(더이→대)이고, '朕'의 고음은 양성운(陽聲韻) *diəm / ɖiIm(딤→짐)과 *diən / ɖiIn(딘→진) 등 두 가지이다. 두 글자는 첫소리가 [d-]로 같고 상고음(上古音)의 주모음(主母音) 역시 [ə]로 같다. 그래서 '䞶'자에서 '朕'이 발음부분이 될 수 있는 것이다. 고대에 음성운과 양성운이 협운을 하는 것은 흔하지는 않지만 전혀 없는 일은 아니다.

30(6535) 儵 (잿빛 숙)

儵, 靑黑繒縫白色也.① 从黑, 攸聲.②
(「儵은 검푸른 비단이 흰색을 띤다는 뜻이다. 黑은 의미부분이고, 攸(유)는 발음부분이다.」)

①≪계전≫·≪주≫·≪의증≫·≪구두≫·≪통훈정성≫ 등에서는 모두 '縫(꿰맬 봉)'을 '發(발)'로 썼다. 즉 "검푸른 비단이 흰 색을 띤다"라는 의미이다. 여기에서도 이에 따라 번역하였다.

장순휘(張舜徽)는 "염색 기술이 불량해서, 비단이 검푸른 색을 이루지 못했음을 일컫는다.(「謂染工不良, 繒未成靑黑色也.」)"라고 하였다.(≪설문해자약주(說文解字約注)≫)

②'儵'의 고음은 입성운(入聲韻) *st'jəwk / śiuk(쉭→숙)이고, '攸'의 고음은 음성운(陰聲韻) *riəw / iəu(여우→유)이다. 두 글자는 상고음(上古音)의 주모음(主母音)이 [əw]로 같다. 그래서 '儵'자에서 '攸'가 발음부분이 될 수 있는 것이다. 고대에는 음성운과 입성운이 협운을 하기도 하였다.

31(6536) 黬 (양가죽 옷을 꿰맨 검은 실 역·욱·혁)

黬, 羔文之縫.① 从黑, 或聲.②
(「黬은 양가죽 옷의 솔기를 뜻한다. 黑은 의미부분이고, 或(혹)은 발음부분이다.」)

①≪계전≫·≪주≫·≪의증≫·≪구두≫·≪통훈정성≫ 등에서는 모두 '文(문)'을 '裘(가죽옷 구)'로 썼다. 여기에서도 이에 따라 번역하였다.

또 ≪주≫에는 '縫(봉)'자 다음에 '也(야)'자가 한 글자 더 있다.

②왕균은 "或은 域(역)의 정자(正字)이다.(「或者, 域之正字也.」)"라고 하였다.(≪구두≫) 즉 발음부분인 '或'에도 뜻이 있다는 의미이다.

32(6537) 黰 (앙금 전)

黰, 黰謂之垽.① 垽, 滓也. 从黑, 殿省聲.②
(「黰, 黰은 이를 일컬어 垽(앙금 은)이라고 한다. 垽은 滓(찌끼 재)이다. 黑은 의미부분이고, 殿(전)의 생략형은 발음부분이다.」)

①≪이아(爾雅)·석기(釋器)≫를 보면 "澱(전)은 이를 일컬어 垽이라고 한다. (「澱謂之垽.」)"라고 하였는데, 곽박(郭璞)은 "찌끼를 뜻한다. 지금 강동(江東)에서는 垽이라고 한다. (「滓澱也. 今江東呼垽.」)"라고 주를 하였다.
②≪계전≫·≪주≫·≪의증≫·≪교록≫ 등에서는 '殿'을 '殿'으로 썼다.
한편 ≪통훈정성≫에서는 "屍聲.(「屍은 발음부분이다.」)"이라고 하였다.
단옥재도 마땅히 '屍聲'이라고 해야 한다고 하였다.(≪주≫)

33(6538) 黮 (검을 담; 오디 심; 어두침침할 탐)

黮, 桑葚之黑也.① 从黑, 甚聲.
(「黮은 오디(뽕나무 열매)의 검은 색을 뜻한다. 黑은 의미부분이고, 甚(심)은 발음부분이다.」)

①≪계전≫에는 '黑'자 다음의 '也(야)'자가 없다.
한편 ≪구두≫에서는 현응(玄應)의 ≪일체경음의(一切經音義)≫에 의거하여 "桑葚之色, 黑也.(「오디의 색깔로, 검다는 뜻이다.」)"라고 하였다.

34(6539) 黭 (검은 빛 암)

黭, 果實黭黭黑也. 从黑, 弇聲.
(「黭은 과일이 썩어서 검은 색을 띤다는 뜻이다. 黑은 의미부분이고, 弇(엄)은 발음부분이다.」)

35(6540) 黥 (자자(刺字)할 경)

黥, 墨刑在面也.① 从黑, 京聲. 劓, 黥或从刀.
(「黥은 얼굴에 먹으로 죄명을 새기는 형벌을 뜻한다. 黑은 의미부분이고, 京(경)은 발음부분이다. (6540-1) 劓은 黥의 혹체자(或體字)로 (京 대신) 刀(도)를 썼다.」)

①≪계전≫·≪주≫·≪의증≫·≪구두≫ 등에서는 '刑(형)'을 '荆(형)'으로 썼다.

참고로 ≪설문해자≫에서의 '刑'과 '荆'의 해설을 소개하면 다음과 같다.

제4편 하 제137부 <도부(刀部)> (2787) '刑': "刑, 剄也. 从刀, 幵聲.(「刑은 목을 벤다는 뜻이다. 刀는 의미부분이고, 幵(견)은 발음부분이다.」)"

제5편 하 제177부 <정부(井部)> (3176) '荆': "荆, 罰罪也. 从井, 从刀. ≪易≫曰: '井, 法也.' 井亦聲.(「荆은 죄를 벌한다는 뜻이다. 井(정)과 刀는 (모두) 의미부분이다. ≪주역(周易)≫에 이르기를 '井은 따른다는 뜻이다.'라고 하였다. 井은 발음부분이기도 하다.」)"

36(6541) 黷 (잊을 암·염)

黷, 黷者忘而息也.① 从黑. 敢聲.②
(「黷, 黷인은 건망증이 있고 쉬기를 좋아한다. 黑은 의미부분이고, 敢(감)은 발음부분이다.」)

①단옥재는 "요즘 사람들이 쓰는 憨(바보 감)자는 곧 이 글자의 변형이다.(「今人所用憨字卽此字之變也.」)"라고 하였다.(≪주≫)

한편 주준성은 "일설에는 누워서 쉰다는 뜻이라고도 한다.(「或曰臥息之義.」)"라고 하였다.(≪통훈정성≫)

②

금문		소전
黷鐘	黷鐘	설문해자

갑골문에는 '黷'자가 보이지 않고, 춘추(春秋)시대 금문과 소전의 자형은 거의 같다.

37(6542) 黟 (검을 이)

黟, 黑木也. 从黑, 多聲.① 丹陽有黟縣.②
(「黟는 검은 나무를 뜻한다. 黑은 의미부분이고, 多(다)는 발음부분이다. 단양군(丹陽郡)에 이현(黟縣)이 있다.」)

①'黟'의 고음은 *jieɣ / iI(이)와 *eɣ / iɛi(예이→예) 등 두 가지이고, '多'의 고음은 *tɑ / tɑ(다)이다. 두 글자는 상고음(上古音)과 중고음(中古音)의 발음이 다르다.
②≪한서(漢書)·지리지(地理志)≫에서는 '丹陽'을 '丹揚'으로 썼다.
이현은 지금의 안휘성(安徽省) 남부에 있었다.

文三十七, 重一.
(「정문(正文) 37자, 중문(重文) 1자.」)

설문해자 제10편 하

설문해자 제10편 하

제385부 【囱】 부

1(6543) 囱 (창 창; 굴뚝 총)

囱, 在牆曰牖, 在屋曰囱. 象形. 凡囱之屬皆从囱.① 窗, 或从穴.② 囪, 古文.③

(「囱(창), 벽에 난 창은 牖(유)라고 하고, 집에 난 창은 囱이라고 한다. 상형이다. 무릇 囱부에 속하는 글자들은 모두 囱을 의미부분으로 삼는다. (6543-1) 窗은 혹체자(或體字)로 穴(혈)을 더하였다. (6543-2) 囪은 고문(古文)이다.」)

①≪통훈정성≫과 ≪구두≫에서는 이 부의 모든 '囱'자를 '囪'으로 썼다.

②≪주≫에는 이 부분의 네 글자가 없다.

③단옥재는 "黑(흑)자와 曾(증)자는 이 글자(囪)를 따른 것이다. 黑은 불길[炎(염)]이 위로 올라가서 창[囱]으로 나가는 형태(의 회의자)인데, 그래서 <囱부>로써 이어받은 것이다.(「黑字·曾字从此. 黑从炎上出囱, 故受之以<囱部>.」)"라고 하였다.(≪주≫)

2(6544) 悤 (바쁠 총)

悤, 多遽悤悤也.① 从心·囱, 囱亦聲.②

(「悤은 다급한 일이 많아서 매우 바쁘다는 뜻이다. 心(심)과 囱은 (모두) 의미부분인데, 囱은 발음부분이기도 하다.」)

①오늘날 이 뜻으로는 '忽忽(총총)'이라고 쓴다.

≪대한한사전≫에서는 '怱'을 '悤'의 속자(俗字)라고도 하였다.

②

갑골문		서주금문		춘추금문	소 전

菁11.4	合集5346	克鼎	毛公鼎	蔡侯申鐘	설문해자

'悤'자는 갑골문과 금문의 자형의 자형이 모두 '心'과 '囟'로 이루어져 있어서, 소전과는 약간 다르다.

오대징(吳大澂, ≪설문고주보(說文古籒補)≫)·방준익(方濬益, ≪철유재이기관지고석(綴遺齋彝器款識考釋)≫)·고홍진(高鴻縉, ≪중국자례(中國字例)≫) 등은 '✿'은 '파[蔥(총)]'를 그린 상형자라고 하였다.

한편 용경(容庚)은 "✦가 心 위에 있는 형태이니, 마음이 매우 바쁘다는 뜻을 나타낸다. 그래서 ≪설문해자≫에서 '心과 囪이 의미부분이다'라고 하였는데, 囪은 마땅히 ✦의 변형이다. 또 '囪은 발음부분이기도 하다'라고 하였는데, 이리하여 (글자의 구조가) 지사(指事)에서 형성(形聲)으로 바뀌었다.(「从✦在心上, 示心之多遽恩恩也. ≪說文≫云: '从心·囪', 囪當是✦之變形. 又云: '囪亦聲', 乃由指事而變爲形聲矣.」)"라고 하였다.(≪금문편(金文編)≫)

文二, 重二.①
(「정문(正文) 2자, 중문(重文) 2자.」)

①≪주≫에서는 '重二'를 '重一'이라고 썼다. 그 까닭은 ≪주≫에는 (6543-1) '窗(창)'자가 없기 때문이다.

이에 대해 단옥재는 "내 생각에, ≪광운(廣韻)≫ 제4 <강부(江部)>에 이르기를 '窓, ≪설문해자≫에서는 窗으로 쓰고, 통하는 구멍(즉 창)을 뜻한다'라고 하였다. 이제 <혈부(穴部)>에서 정문(正文) 窗을 窓으로 쓰고 있으므로, 이곳에서의 窗은 없앴다.(「按: ≪廣韵≫四江曰: '窓, ≪說文≫作窗, 通孔也.' 今於<穴部>正窗作窓, 於此刪窗.」)"라고 하였다.

제386부 【焱】 부

1(6545) 焱 (불꽃 혁·염)

焱, 火華也.① 从三火.② 凡焱之屬皆从焱.
(「焱은 불꽃을 뜻한다. 3개의 火(화)자로 이루어졌다. 무릇 焱부에 속하는 글자들은 모두 焱을 의미부분으로 삼는다.」)

①≪주≫에서는 '華(화)'를 '䔒'로 썼다. '華'는 '䔒'의 예서체이다.

②

'焱'자는 갑골문과 소전의 자형이 모두 '火'자 셋으로 이루어져 있다.
복사(卜辭)에서 '焱'자가 무슨 뜻으로 쓰였는지는 아직 불분명하다.

2(6546) 熒 (등불 반짝거릴 형)

熒, 屋下燈燭之光.① 从焱·冖.②
(「熒은 집 아래의 등불빛을 뜻한다. 焱과 冖(경)은 (모두) 의미부분이다.」)

①≪주≫·≪의증≫·≪통훈정성≫·≪구두≫·≪교록≫ 등에서는 모두 '燈(등)'을 '鐙(등)'으로 썼다.
뉴수옥은 '燈'은 '鐙'의 속자(俗字)라고 하였다.(≪교록≫)
또 ≪주≫와 ≪통훈정성≫에는 '光(광)'자 다음에 '也(야)'자가 한 글자 더 있다.
단옥재는 "鐙은 기름을 가지고 태우고, 燭(촉)은 삼을 가지고 태운다. 그 불빛이 집 아래에서 반짝거린다는 뜻이다. 그래서 그 글자가 冖(멱)을 의미부분으로 삼은 것이다. 冖은 덮는다는 뜻이고, 熒은 불빛이 일정하지 않은 모습을 뜻한다.(「鐙以膏助然之, 燭以麻蒸然之. 其光熒熒然在屋之下, 故其字从冖. 冖者, 覆也; 熒者, 光不定之皃.」)"라고 하였다.(≪주≫)
참고로 ≪고문자류편(古文字類編)≫(2010)에서는 '熒'자의 갑골문으로 집[宀] 아래에 '火(화)'가 있는 형태의 '🔥'(<성명(誠明) 2>)과 같은 글자를 수록하고 있다.
②뉴수옥은 "冖 아래에는 마땅히 聲(성)자가 있어야 한다.(「冖下當有聲字.」)"라고

하였다.(≪교록≫) 즉 'ㄇ'은 발음부분이라는 의미이다.
　또 왕균은 "≪육서고(六書故)≫에서 (≪설문해자≫를) 인용하여 말하기를, 'ㅂ(경)과 焱은 모두 의미부분이다. 일설에는 ㅂ은 발음부분이라고도 한다'라고 하였다. … 대체로 ㅂ는 경계(境界)를 뜻한다. 燭은 집 안에 있는데, 네 벽이 곧 그 경계이다.(「≪六書故≫引云: '從ㅂ, 從焱. 一說ㅂ聲.' … 蓋ㅂ者, 界也. 燭在室中, 四壁卽其界.」)"라고 하였다.(≪구두≫)
　한편 ≪주≫에서는 'ㄇ'을 해설부분에서는 'ㄇ'으로 썼지만, 주(注)부분에서는 '冖'으로 썼다.(위의 주해 ①번 단옥재 설명 참조)

3(6547) 燊 (성할 신; 활활 탈 화)

燊, 盛皃. 从焱在木上. 讀若≪詩≫曰 "莘莘征夫."① 一曰: 役也.②
(「燊은 왕성(旺盛)한 모습을 뜻한다. 焱이 木(목) 위에 있는 형태(의 회의자)이다. ≪시경(詩經)≫에서 "많기도 많아라, 길 떠나는 사람(「莘莘征夫」)"이라고 할 때의 莘(신)자처럼 읽는다. 일설에는 부린다는 뜻이라고도 한다.」)

　①현재 전해지는 ≪시경・소아(小雅)・황황자화(皇皇者華)≫에서는 '莘(약초 이름 신, 많은 모양 신)'을 '駪(말이 많을 신)'으로 썼다.
　그리고 ≪계전≫・≪주≫・≪의증≫・≪구두≫ 등에는 이 글귀 뒤에 "莘, 古文㠭. 一曰: 嶷.(「莘은 㠭(주)의 고문(古文)이다. 일설에는 (산이) 높다는 뜻이라고도 한다.」)"라는 글귀가 더 있다.
　단옥재는 "이 여섯 글자는 잘못된 것이어서 뜻이 통하지 않는다.(「此六字譌誤, 不可通.」)"라고 하였다.(≪주≫)
　②단옥재는 "役자 앞에는 마땅히 '讀若(독약)' 두 글자가 있어야 한다.(「役上當有讀若二字.」)"라고 하였다.(≪주≫) 즉 "일설에는 役자처럼 읽는다고도 한다"라는 의미이다.
　그런데 계복은 "내 생각에, 嶷(의)는 마땅히 薿(의)로 써야 한다. 薿는 무성하다는 뜻이다. 役은 길 떠나는 사람이 하는 역할을 뜻한다.(「馥謂: 嶷當爲薿. 薿, 盛也. 役者, 征夫行役也..」)"라고 하였다.(≪의증≫)

文三.
(「정문(正文) 3자.」)

제387부 【炙】부

1(6548) 炙 (고기구이 자·적)

炙, 炮肉也.① 从肉在火上. 凡炙之屬皆从炙. 緐, 籒文.
(「炙은 고기를 굽는다는 뜻이다. 肉(육)이 火(화) 위에 있는 형태(의 회의자)이다. 무릇 炙부에 속하는 글자들은 모두 炙를 의미부분으로 삼는다. (6548-1) 緐는 주문(籒文)이다.」)

①《주》에서는 《시경(詩經)·소아(小雅)·초자(楚茨)》 전(傳)에 의거하여 '炮(포)'를 '炙'로 고쳐 썼다.

'炮'는 고기 등을 털이 있는 채로 싸서 굽는 방식이고, '炙'는 꿰어서 불 위에서 굽는 방식이다. 굽는 방법은 약간 다르지만, '굽는다'라는 뜻으로 쓸 때는 통용한다.

2(6549) 燔 (제사에 쓰이는 고기 번)

燔, 宗廟火孰肉.① 从炙, 番聲. 《春秋傳》曰: "天子有事, 燔焉.② 以饋同姓諸侯.③"
(「燔은 종묘에서 (제사를 지낼 때) 쓰는 불에 익힌 고기를 뜻한다. 炙은 의미부분이고, 番(번)은 발음부분이다. 《춘추전(春秋傳)》에 이르기를 "천자가 일이 있어 불로 고기를 익혀 제사를 지내었다."라고 하였다. 같은 성을 가진 제후에게 음식을 나누어주었다.」)

①《계전》에서는 '孰(숙)'을 '熟(숙)'으로 썼고, 《주》에서는 '𦎧'(=孰)으로 썼다. '孰'과 '熟'은 고금자(古今字)이다.

참고로 '孰'은 본래 '음식을 데우다'라는 뜻을 나타내는 회의자였는데, 뒤에 '孰'자가 '누구'라는 의문대명사로 가차(假借)되어 쓰이게 되자, 본래의 자리는 '孰'자에 다시 '火(화)'를 더한 '熟'자를 만들어 보충하였다.

한편 《주》에는 이다음에 "天子所以饋同姓.(「천자가 같은 성을 가진 사람들에게 음식을 나누어주었다.」)"이라는 글귀가 더 있다. 따라서 《춘추전》 인용 뒤에 나오는 '以(이)……諸侯(제후)' 6글자는 《주》에는 없다.(《주》에서는 '以'를 '曰'로 썼다. 이상·이하 같음)

왕균 역시 이 글귀는 《주》와 마찬가지로 앞부분에 있어야 한다고 하였다.(《구두》)

②《춘추좌전(春秋左傳)·희공(僖公) 24년》에 나오는 글귀.

③'以……諸侯' 6글자에 대해 서호(徐灝)는 "저자 허신이 가끔씩 범하는 오기(誤記)"라고 하였다.(≪설문해자주전(說文解字注箋)≫)

3(6550) 燎 (구울 료)

燎, 炙也. 从炙, 尞聲. 讀若龜燎.①
(「燎는 고기를 굽는다는 뜻이다. 炙은 의미부분이고, 尞(료)는 발음부분이다. 초료(龜燎, 즉 횃불)라고 할 때의 燎자처럼 읽는다.」)

①단옥재(≪주≫)와 왕균(≪구두≫)은 이것은 대체로 한(漢)나라 때 쓰이던 낱말이라고 하였다.

文三, 重一.
(「정문(正文) 3자, 중문(重文) 1자.」)

제388부 【赤】 부

1(6551) 赤 (붉을 적)

赤, 南方色也.① 从大, 从火.② 凡赤之屬皆从赤. 烾, 古文, 从炎·土.③
(「赤은 남방의 색을 뜻한다. 大(대)와 火(화)는 (모두) 의미부분이다. 무릇 赤부에 속하는 글자들은 모두 赤을 의미부분으로 삼는다. (6551-1) 烾은 고문(古文)으로, 炎(염)과 土(토)로 이루어졌다.」)

①단옥재는 음양오행설에 따르면 '火'가 '남방'에 해당하므로 '赤'이 남방의 색이 되는 것이라고 하였다.(≪주≫)

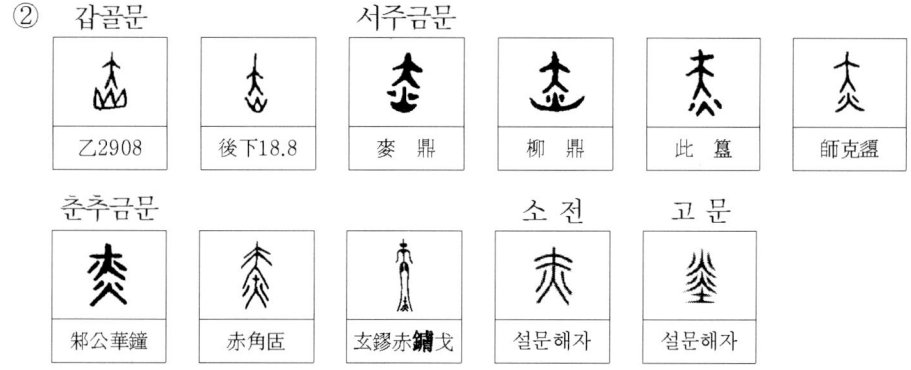

'赤'자는 갑골문, 금문 그리고 소전 모두가 불[火] 위에 사람[大]이 있는 모양이다.

밤에 불로 사람을 비추면 붉게 보이기 때문에 赤이 '붉다'라는 뜻을 나타낸다고도 하고, 큰[大] 불[火]이라는 뜻에서 붉은 색을 뜻한다고도 한다.

③음양오행설에 따르면 '火'는 '土'를 낳는다.

2(6552) 赨 (벌걸 동)

赨, 赤色也. 从赤, 蟲省聲.①
(「赨은 붉은 색을 뜻한다. 赤은 의미부분이고, 蟲(충)의 생략형은 발음부분이다.」)

①단옥재는 "<금부(金部)>의 鉵(가래 동), <녁부(疒部)>의 痋(병 충; 아플 동), <력부(鬲部)>의 融(융)과 이 글자는 모두 蟲의 생략형으로 발음부분을 삼았다.

(이것으로 볼 때) 虫(훼·충)으로 蟲을 삼는 것은 옛날부터 있어 왔음을 알 수 있다.(「<金部>鈕, <疒部>痋, <鬲部>融, 與此皆蟲省聲, 知以虫爲蟲, 自古有之也.」)"라고 하였고(≪주≫), 계복은 "≪시경(詩經)·대아(大雅)·운한(雲漢)≫에 이르기를 '蘊隆蟲蟲(온륭충충, 더위에 숨이 막힌다는 뜻, 역주자)'이라고 할 때의 '蟲'자의 발음을 ≪경전석문(經典釋文)≫에서는 '도동반(徒冬反, 즉 동)'이라고 하였고, ≪이아(爾雅)·석훈(釋訓)≫에서는 爞(더울 충)으로 썼다'라고 하였다. 내 생각에, 爞은 곧 赨자로, 赤이 火(화)로 변하였고, 蟲은 생략하지 않은 형태이다.(「≪詩·雲漢≫: '蘊隆蟲蟲'. ≪釋文≫: '徐徒冬反. ≪爾雅≫作爞.' 案: 爞卽赨, 變赤从火而蟲則不省.」)"라고 하였다(≪의증≫).

3(6553) 赨 (햇발 붉을 혹)

赨, 日出之赤.① 从赤, 縠省聲.②
(「赨은 일출(日出)의 붉음을 뜻한다. 赤은 의미부분이고, 縠(곡)의 생략형은 발음부분이다.」)

①≪주≫에는 '赤'자 다음에 '也(야)'자가 한 글자 더 있다.
②≪주≫에서는 "殼聲.(「殼(각)은 발음부분이다.」)"이라고 하였다.
왕균은 '殼'을 발음부분으로 하는 글자가 대략 10여 자가 되는데, '縠'도 그 중 하나라고 하였다.(≪구두≫)

4(6554) 赧 (얼굴빛 붉을 난, 무안할 난)

赧, 面慙赤也.① 从赤, 反聲.② 周失天下於赧王.③
(「赧은 얼굴이 창피해서 붉어졌다는 뜻이다. 赤은 의미부분이고, 反(년)은 발음부분이다. 주(周)나라는 난왕(赧王) 때 천하를 잃었다.」)

①≪주≫와 ≪구두≫에는 '慙(참)'과 '赤' 사이에 '而(이)'자가 한 글자 더 있다.
단옥재는 ≪고금운회(古今韻會)≫에 의거하였다고 하였다.(≪주≫)
②≪구두≫에서는 '反'을 '𠬝'으로 썼다. 소전의 모양을 보면 이것이 맞을 것 같다. 서호(徐灝) 역시 '𠬝'으로 쓰는 것이 틀리지 않다고 하였다.(≪설문해자주전(說文解字注箋)≫)
한편 ≪주≫에서는 이 글자의 소전을 '赧'으로 썼다. 그래서 단옥재는 '反'을 '𠬝'으로 쓰는 것은 틀린 것이라고 하였다.

③동주(東周) 난왕은 B.C.315년에서 B.C.256년까지 재위하였다. 동주는 진(秦)나라 소양왕(昭襄王)에게 망하였다.

5(6555) 頳 (벌걸 정)

頳, 赤色也. 从赤, 巠聲. ≪詩≫曰: "魴魚頳尾."① 䞓, 頳或从貞. 䞗, 或从丁.
(「頳은 붉은 색을 뜻한다. 赤은 의미부분이고, 巠(경)은 발음부분이다. ≪시경(詩經)≫에 이르기를 "방어(魴魚)의 꼬리가 붉구나."라고 하였다. (6555-1) 䞓은 頳의 혹체자(或體字)로 (巠 대신) 貞(정)을 썼다. (6555-2) 䞗은 혹체자로 (巠 대신) 丁(정)을 썼다.」)

①≪시경·주남(周南)·여분(汝墳)≫에 나오는 글귀.

6(6556) 浾① (정)

浾, 頳裳棗之汁.② 或从水.③ 泟, 浾或从正.
(「浾은 대추의 즙 같은 붉은 색을 뜻한다. 혹체자(或體字)로 (巠 대신) 水(수)를 썼다. (6556-1) 泟은 浾의 혹체자로 (赤 대신) 正(정)을 썼다.」)

①≪계전≫·≪주≫·≪의증≫·≪구두≫·≪통훈정성≫·≪교록≫ 등에서는 모두 '浾'을 바로 앞에 나온 (6555) '頳(정)'의 혹체자로 취급하고 있다.

그런데 대서본 ≪설문해자≫에서는 정문(正文)으로 독립시키고 있고, ≪설문해자고림(說文解字詁林)≫에서도 독립된 번호를 주고 있다. 내용 설명으로 보면 '頳'의 혹체자로 보는 것이 타당할 것 같은데, 아마도 후대 편집상의 잘못이 아닌가 생각된다. 여기에서는 혼란을 피하기 위하여 ≪설문해자고림≫의 번호를 그대로 따르기로 하다.

②≪주≫에는 '裳(상)'자 앞의 '頳'자가 없다.

한편 ≪계전≫·≪주≫·≪의증≫·≪구두≫·≪통훈정성≫ 등에서는 모두 '裳'자를 '棠(팥배나무 당)'자로 썼다. 문맥으로 볼 때 아마 이 글자가 맞을 것이다.

또 ≪주≫에는 '汁(즙)'자 다음에 '也(야)'자기 한 글자 더 있다.

③≪주≫에서는 이 글귀를 "从赤·水.(「赤과 水는 (모두) 의미부분이다.」)"라고 고쳐 썼다.

또 단옥재는 "浾과 頳(정)은 비록 발음은 같지만 뜻은 다르니, 별도의 글자이며, 浾이 곧 頳자가 아니다. 팥과 대추의 즙은 모두 적색이어서, 그래서 赤과 水가 (모두) 의미부분인 회의(會意)이다.(「泟與經音雖同而義異, 別爲一字, 非卽經字也. 棠棗汁皆赤, 故从赤·水會意..」)"라고 하였다.

7(6557) 赭 (붉은 흙 자)

赭, 赤土也. 从赤, 者聲.
(「赭는 붉은 흙을 뜻한다. 赤은 의미부분이고, 者(자)는 발음부분이다.」)

8(6558) 赨 (몹시 붉을 간; 붉은 색 환)

赨, 赤色也.① 从赤, 倝聲. 讀若浣.
(「赨은 붉은 색을 뜻한다. 赤은 의미부분이고, 倝(간)은 발음부분이다. 浣(완)처럼 읽는다.」)

①≪계전≫에는 '赤'자 다음의 '色(색)'자가 없다.

9(6559) 赫 (불 이글이글 할 혁, 빛날 혁)

赫, 火赤皃.① 从二赤.②
(「赫은 불이 붉은 모습을 뜻한다. 두 개의 赤자로 이루어졌다.」)

①≪주≫에서는 '火(화)'를 '大(대)'로 썼다.
②단옥재는 "여기에서 赤이라고 하는 것은 불을 일컫는 것이 아니다. 赤의 성대함을 뜻하므로, 그래서 두 개의 赤을 쓴 것이다.(「此謂赤, 非謂火也. 赤之盛, 故从二赤.」)"라고 하였다.(≪주≫)

文八, 重五.①
(「정문(正文) 8자, 중문(重文) 5자.」)

①≪주≫에서는 "文九, 重四.(「정문 9자, 중문 4자.」)"라고 하였다.
이것은 (6556) '泟(정)'을 (6555) '經(정)'의 혹체자(或體字)로 보느냐, 아니면 정문으로 보느냐의 차이 때문에 비롯된 것이다.

新1(6560) 䞣 (시뻘걸 혁)

䞣, 大赤也. 从赤·色, 色亦聲.
(「䞣은 매우 붉다는 뜻이다. 赤과 色(색)은 (모두) 의미부분인데, 色은 발음부분도 겸한다.」)

新2(6561) 赮 (벌걸 하)

赮, 赤色也. 从赤, 叚聲.
(「赮는 붉은 색을 뜻한다. 赤은 의미부분이고, 叚(가)는 발음부분이다.」)

文二. 新附
(「정문(正文) 2자. 신부자(新附字)」)

제389부【大】부

1(6562) 大 (큰 대)

大, 天大, 地大, 人亦大.① 故大象人形.② 古文大也.③ 凡大之屬皆从大.
(「大, 하늘도 크고, 땅도 크고, 사람 역시 크다. 그래서 大자는 사람의 모양을 그린 것이다. (大는) 고문(古文)의 大자이다. 무릇 大부에 속하는 글자들은 모두 大를 의미부분으로 삼는다.」)

'大'자는 사람이 정면으로 서 있는 모양을 그린 상형자이다.

'大'가 '크다'라는 뜻으로 쓰이게 된 데 대해서 학자들의 견해는 뜻의 인신(引伸)과 발음상의 가차(假借) 등 크게 두 가지로 나뉜다.

인신이라는 주장의 내용을 알아보면, '大'는 본래 어린아이를 뜻하는 '子(자)'와 상대적인 개념으로 '성인(成人)'을 뜻하였는데, 의미가 확대·발전되어 '대소(大小)'의 뜻으로 쓰이게 되었다는 것이다.(서중서(徐中舒), ≪갑골문자전(甲骨文字典)≫)

가차라는 주장은 '大'는 사람의 정면을 그린 상형자였는데, '크다'라는 뜻으로 가차되어 쓰이자, 그 자리는 사람의 측면을 그린 '人(인)'자로 대신하였다는 것이다.(이효정(李孝定)선생, ≪갑골문자집석(甲骨文字集釋)≫; 고홍진(高鴻縉), ≪중국자례(中國字例)≫)

≪계전≫과 ≪주≫에서는 '大'자 다음에 '焉(언)'자가 있고, 그 다음의 '故大(고대)' 두 글자가 없다. 즉 이 부분이 "人亦大焉. 象人形"으로 되어 있는데, 이에 따르면 번역은 "하늘도 크고, 땅도 크고, 이에 사람 역시 크다. 사람의 모양을 그렸다"로 된다.

단옥재는 ≪고금운회(古今韻會)≫에 근거하였다고 하였다.(≪주≫)

②왕균은 "이것은 천지의 큼을 말하는 것인데, 이를 글자로 그려낼 방법이 없자, 그래서 사람의 형태를 그려 '크다'라는 글자를 표현한 것이지, '大'자가 곧 사람이라고 일컫는 것이 아니다.(「此謂天地之大, 無由象之以作字, 故象人之形以作大字, 非謂大字即是人也.」)"라고 하였다.(≪설문석례(說文釋例)≫)

그런데 요형(饒炯)은 "(大자)는 사람 정면의 형태를 그린 것으로, 두 손을 들고, 두 발을 벌리고 있다.(「(大)象人正面形, 而揚其兩手, 張其兩足.」)"라고 하였다.(≪설문해자부수정(說文解字部首訂)≫)

③≪계전≫에서는 '大'를 '人'으로 썼고, ≪주≫에서는 '夼(대)'로 썼다.

단옥재는 "夨자 해설에서 말하길 '고문의 夼자이다'라고 하였고, 夼자 해설에서는 '주문(籒文)의 夨자이다'라고 하였다. 이것은 고문과 주문을 가지고 서로 풀이한 것으로서, (둘은) 한 글자인데 형태가 약간 다른 것뿐이라는 것이 명백하다. 뒤에 소전의 편방(偏旁)에서는 고문을 따르기도 하고, 때로는 주문을 따르기도 하였다. 그래서 하는 수 없이 두 개의 부로 나눈 것이다. 이것은 또한 尺(人)을 부수로 쓴 글자들과 尺(儿)을 부수로 쓴 글자들을 반드시 두 계열의 부로 나눈 것과 같은 이치이다.(「夨下云: '古文夼.' 夼下云: '籒文夨.' 此以古文・籒文互釋, 明祇一字而體稍異. 後來小篆偏旁或从古, 或从籒, 故不得不殊爲二部, 亦猶从尺, 从尺必分系二部也.」)"라고 하였다.

2(6563) 奎 (별 이름 규, 꽁무니 규)

奎, 兩髀之間.① 从大②, 圭聲.③
(「奎는 양 넓적다리 사이를 뜻한다. 大는 의미부분이고, 圭(규)는 발음부분이다.」)

①≪계전≫・≪주≫・≪의증≫・≪통훈정성≫・≪구두≫ 등에서는 모두 '間(간)'을 '閒(한・간)'으로 썼다.

'間'은 '閒'의 속자(俗字)이다.

②단옥재는 "양 넓적다리 사이는 사람의 몸에서 넓은 곳이다. 그래서 大를 의미부분으로 삼은 것이다.(「兩髀之閒, 人身寬闊處, 故从大.」)"라고 하였다.(≪주≫)

③

서주금문	춘추금문	전국금문	소 전

永 盂	奎母盤	兆域圖	설문해자

갑골문에는 '奎'자가 보이지 않고, 금문과 소전의 자형은 '奎'로 같다.

3(6564) 夾 (곁 협, 낄 협)

夾, 持也.① 从大俠二人.②
(「夾은 지닌다는 뜻이다. 大 양 옆에 두 사람[人(인)]이 껴 있는 형태(의 회의자)이다.」)

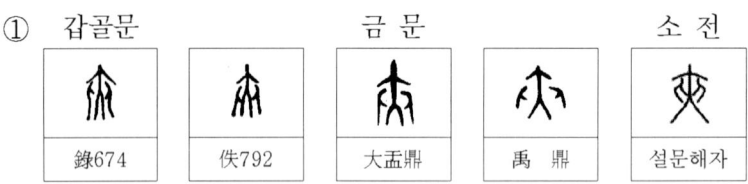

'夾'자는 갑골문, 서주(西周) 금문 그리고 소전 등의 자형이 모두 사람이 정면으로 서 있고[大], 그 양 옆에 두 사람이 껴 있는 모양이다. '곁' 또는 '끼다'라는 뜻은 여기에서 나온 것이다.

②≪주≫에서는 '俠(호협할 협)'을 '夾(숨길 섬·석)'으로 썼다.

단옥재는 "夾은 (바로 다음에 나오는 제390부 <역부(亦部)> (6581) '夾'자 해설에서) '훔쳐서 물건을 품는다는 뜻이다. 亦(역)은 의미부분으로, 소지(所持)하는 것이 있다는 뜻이다'라고 하였다. 夾은 물건을 품는다는 뜻이므로, 그래서 두 개의 入(입)자를 쓴 것이다. 夾은 사람을 지닌다는 뜻이므로, 그래서 두 개의 人자를 쓴 것이다. 大는 사람을 뜻한다. 한 사람이 있는데, 두 사람이 그 겨드랑이[亦]에 있으니, 한 사람이 두 사람을 겨드랑이 사이에 품고 있는 것과 같다. 그래서 大가 두 사람을 품고 있다[夾]라고 한 것이다.(「夾者, '盜竊褱物也. 从亦, 有所持.' 夾褱物, 故从二入. 夾持人, 故从二人. 大者, 人也. 一人而二人居其亦, 猶一人二亦閒褱物也. 故曰从大夾二人..」)"라고 하였다.(≪주≫)

4(6565) 奄 (가릴 엄)

奄, 覆也. 大有餘也.① 又欠也.② 从大, 从申.③ 申, 展也.
(「奄은 덮는다는 뜻이다. (또) 크게 남는다는 뜻이다. 또 하품한다는 뜻이다. 大와 申(신)은 (모두) 의미부분이다. 申은 펼친다는 뜻이다.」)

①단옥재는 "정현(鄭玄)의 ≪모시전(毛詩箋)≫에서는 奄을 모두 覆(덮을 복)으로

훈을 하였다. 허신은 '덮는다는 뜻이다, 크게 남는다는 뜻이다'라고 하였는데, 두 뜻은 사실상 서로 기인(起因)한다. (어떤 물체의) 위를 덮는 것은 종종 아래의 것보다 크다. 그래서 그 글자가 大를 의미부분으로 쓰는 것이다.(「鄭箋≪詩≫奄皆訓覆. 許云'覆也; 大有餘也', 二義實相因也. 覆乎上者, 往往大乎下. 故字从大.」)"라고 하였다.(≪주≫)

②단옥재는 이 세 글자는 알지 못한다[미상(未詳)]고 하였다.

③   금 문   소 전

갑골문에는 '奄'자가 보이지 않고, 서주(西周) 금문과 소전의 자형은 모두 '大'와 '申'으로 이루어져 있다. 금문에서는 '大'와 '申'의 위치가 서로 바뀌었는데, 의미상의 차이는 없다.

5(6566) 夸 (사치할 과)

夸, 奢也.① 从大, 于聲.②
(「夸는 벌린다는 뜻이다. 大는 의미부분이고, 于(우)는 발음부분이다.」)

①단옥재는 "奢(사)는 벌린다는 뜻이다(「奢者, 張也.」)"라고 하였다.(≪주≫)

이에 대해 장순휘(張舜徽)는 "두 다리를 벌리는 것을 일컫는다(「謂開張其兩髀也.」)"라고 하였다.(≪설문해자약주(說文解字約注)≫)

② 갑골문   상 금문   서주금문   소 전

'夸'자는 갑골문, 금문 그리고 소전 등의 자형이 모두 '大'와 '于'로 이루어져 있다. 상(商)나라 금문과 서주(西周) 금문에서는 '于'를 '丂'로 쓰기도 하였다.

양수달(楊樹達)은 '丂'는 '于'의 고문(古文)이라고 하였다.(≪적미거금문설(積微居金文說)≫)

참고로 서중서(徐中舒)는 "于는 (오늘날의 컴퍼스에 해당하는) 큰 원을 그리는 도구를 그린 것으로, 위의 가로획은 고정된 점을 그린 것이고, 아래의 가로획은 이

동할 수 있다. ('丂'에서) 弓 역시 이동을 뜻한다.(「于象大圓規, 上一橫畫象定點, 下一橫畫可以移動. 從弓表示移動之意..」)라고 하였고(≪갑골문자전(甲骨文字典)≫), 고홍진(高鴻縉)은 '丂'에서 '弓'은 굽은 것을 나타내고 '于'가 발음부분으로 쓰인 형태로서 오늘날의 '紆(굽을 우)'자의 초문(初文)이라고 하였다(≪중국자례(中國字例)≫).

6(6567) 奆 (사치할 환·원)

奆, 奢奆也.① 从大, 亘聲.②

(「奆은 과장한다는 뜻이다. 大는 의미부분이고, 亘(환·선)은 발음부분이다.」)

①단옥재는 '奢奆'에 대하여 "마땅히 본래는 '奆, 奢也.'로 써야 한다. 奆자에서 끊어(읽어)야 하는데, 옮겨 쓸 때 뒤집혔다.(「當是本作'奆, 奢也.' 奆字爲逗, 轉寫倒之.」)"라고 하였다.(≪주≫)

한편 왕균은 '奢奆'에 대하여 "당연히 연면사이다. 奢(사)는 벌린다는 뜻이다. 夸(과)는 奢의 뜻이다. 또 奆는 大를 의미부분으로 삼고 있으니, 마땅히 과장의 의미이다.(「當是連語. 奢, 張也. 夸, 奢也. 奆又從大, 當是夸張之意..」)"라고 하였다.(≪구두≫)

②≪주≫·≪의증≫·≪통훈정성≫·≪구두≫·≪교록≫ 등에서는 '亘'을 '回'으로 썼다.

7(6568) 奊 (클 와)

奊, 奊大也.① 从大, 瓜聲.

(「奊는 크다는 뜻이다. 大는 의미부분이고, 瓜(과)는 발음부분이다.」)

①≪통훈정성≫에는 '大'자 앞의 '奊'자가 없다.

단옥재는 "이것은 웅덩이의 큼을 일컫는 것이다.(「此謂窊下之大也.」)"라고 하였다.(≪주≫)

8(6569) 𡔨 (훤할 활)

𡔨, 空大也. 从大, 歲聲.① 讀若≪詩≫: "施罟濊濊".②

(「𡔨은 구멍이 크다는 뜻이다. 大는 의미부분이고, 歲(세)는 발음부분이다. 발음은 ≪시경(詩經)≫에서 "그물을 쳐 놓아 물이 콸콸거리며 흐르네"라고 할 때의 濊(활)자처럼 읽는다.」)

①'巏'의 고음은 입성운(入聲韻) *xwat / xuɑt(홛→활)이고, '歲'의 고음은 음성운(陰聲韻) *sjiwar / siuæi(쉬애이→세)이다. 두 글자는 상고음(上古音)의 주모음(主母音)이 [a]로 같고, 운미(韻尾)는 혀 끝 가운데 소리[설첨중음(舌尖中音)]인 [-t]와 [-r]로 발음 부위가 같다. 그래서 '巏'자에서 '歲'가 발음부분이 될 수 있는 것이다. 고대에는 음성운과 입성운이 협운을 하기도 하였다.

②현재 전해지는 ≪시경·위풍(衛風)·석인(碩人)≫에는 '施罛濊濊(시고활활)'이라고 되어 있다.

≪주≫에서는 '濊濊'로 썼고, ≪계전≫과 ≪구두≫에서는 '𣲙𣲙(월월)'로 썼다.

참고로 ≪설문해자≫에는 '濊'자가 없다.

9(6570) 截 (클 질)

截, 大也. 从大, 戠聲. 讀若≪詩≫: "截截大猷".①

(「截은 크다는 뜻이다. 大는 의미부분이고, 戠(질)은 발음부분이다. 발음은 ≪시경(詩經)≫에서 "원대하고 뚜렷한 법도"라고 할 때의 截자처럼 읽는다.」)

①현재 전해지는 ≪시경·소아(小雅)·교언(巧言)≫에는 '秩秩大猷(질질대유)'라고 되어 있다.

10(6571) 奅 (클 포)

奅, 大也.① 从大, 卯聲.②

(「奅는 크다는 뜻이다. 大는 의미부분이고, 卯(묘)는 발음부분이다.」)

①단옥재는 "이것은 허장성세(虛張聲勢)의 큼을 일컫는 것이다.(「此謂虛張之大.」)"라고 하였다.(≪주≫)

②≪계전≫·≪주≫·≪의증≫·≪구두≫·≪교록≫ 등에서는 '卯'를 '夘'로 썼다.

11(6572) 㚣 (클 운)

㚣, 大也. 从大, 云聲.①

(「㚣은 크다는 뜻이다. 大는 의미부분이고, 云(운)은 발음부분이다.」)

①≪계전≫에는 이다음에 "讀若鯤.(「鯤처럼 읽는다.」)"이라는 글귀가 더 있고, ≪주≫와 ≪통훈정성≫에는 "讀若麇.(「麇(운)처럼 읽는다.」)"이라는 글귀가 더 있다.

이에 대해 뉴수옥은 ≪설문해자≫에는 '鱩'자가 없으므로, '鱩'는 '麟'자를 잘못 쓴 것 같다고 하였다.(≪교록≫)

12(6573) 奃 (클 저)

奃, 大也.① 从大, 氐聲. 讀若氐.
(「奃는 크다는 뜻이다. 大는 의미부분이고, 氐(저)는 발음부분이다. 氐라고 읽는다.」)

①단옥재는 "이것은 근저(根柢, 밑바탕)의 큼을 일컫는 것이다.(「此謂根柢之大.」)"라고 하였다.(≪주≫)

13(6574) 奊 (클 개)

奊, 大也.① 从大, 介聲. 讀若蓋.
(「奊는 크다는 뜻이다. 大는 의미부분이고, 介(개)는 발음부분이다. 蓋(개)처럼 읽는다.」)

①단옥재는 "이것은 분획(分劃)의 큼을 일컫는 것이다.(「此謂分畫之大.」)"라고 하였다.(≪주≫)

≪방언(方言)≫<권1>을 보면 "제(齊) 동부 지역과 황해 연안과 태산(泰山) 사이에서는 (크다는 것을) 奊라고 하거나 또는 憮(무)라고 한다.(「東齊海岱之間曰奊, 或曰憮.」)"라고 하였다.

14(6575) 奀 (벌릴 해)

奀, 瞋大也.① 从大, 此聲.②
(「奀는 눈을 크게 부릅뜬다는 뜻이다. 大는 의미부분이고, 此(차)는 발음부분이다.」)

①≪주≫와 ≪구두≫에서는 ≪옥편(玉篇)≫과 ≪광운(廣韻)≫에 의거하여 '大'자 다음에 '聲(성)'자 한 글자를 보충하였다. 이에 따르면 "눈을 부릅뜨고 크게 소리친다는 뜻이다"라고 번역된다.

그런데 단옥재는 또 "瞋자 다음에 目(목)자가 빠진 것 같다. 또 내 생각에, 瞋(진)은 눈을 부릅뜬다는 뜻이다. 瞋大는 사서(史書)에서 이른바 '目眥盡裂(목제진열)'이라는 뜻이다. 聲은 잘못 덧붙여진 것이다.(「疑瞋下奪目字. 又按: 瞋, 張目也. 瞋大, 史所謂目眥盡裂也. 聲誤衍.」)"라고 하였다.(≪주≫)

참고로 여기서의 '사서'란 ≪사기(史記)·항우본기(項羽本紀)≫를 가리킨다. 그 내용을 소개하면, "噲遂入, 披帷西向立, 瞋目視項王, 頭髮上指, 目眥盡裂.(「번쾌(樊噲)가 마침내 들어와, 휘장을 제치고 서쪽을 향해 시립(侍立)하였다. 눈을 부릅뜨고 항왕을 주시하는데, 머리털은 위로 솟아 있고, 눈동자는 아예 터져 나올 지경이었다.」)"라고 하였다.

②양수달(楊樹達)은 "아마 大와 此는 (모두) 의미부분이고, 此는 발음부분이 아닐 것이다. 此를 쓰는 글자들은 이 글자는 빌려 眥(흘겨 볼 자; 눈초리 제)의 뜻으로 쓰인다.(「蓋从大, 从此, 非此聲也. 字从此者, 假此爲眥.」)"라고 하였다.(≪적미거소학술림(積微居小學述林)≫)

15(6576) 奜 (클 불)

奜, 大也.① 从大, 弗聲. 讀若予違汝弼.②

(「奜은 크다는 뜻이다. 大는 의미부분이고, 弗(불)은 발음부분이다. "나의 그릇됨을 그대들이 보필(輔弼)하라(「予違汝弼」)"라고 할 때의 弼자처럼 읽는다.」)

①단옥재는 "이것은 보정(輔正)의 큼을 일컫는 것이다.(「此謂矯拂之大.」)"라고 하였다.(≪주≫)

②≪서경(書經)·우서(虞書)·고요모(皐陶謨)≫에 나오는 글귀.

16(6577) 奄 (클 순)

奄, 大也.① 从大, 屯聲. 讀若鶉.

(「奄은 크다는 뜻이다. 大는 의미부분이고, 屯(둔)은 발음부분이다. 鶉(순)처럼 읽는다.」)

①단옥재는 "이것은 돈후(敦厚, 두터움)의 큼을 일컫는 것이다.(「此謂敦厚之大.」)"라고 하였다.(≪주≫)

17(6578) 契 (계약할 계; 나라 이름 글; 사람 이름 설)

契, 大約也. 从大, 从㓞.① ≪易≫曰: "後代聖人易之以書契."②

(「契는 큰 약속을 뜻한다. 大와 㓞(갈)은 (모두) 의미부분이다. ≪주역(周易)≫에 이르기를 "후대 성인이 서계(書契)로 바꾸었다."라고 하였다.」)

①

갑골문에는 '契'자가 보이지 않고, 춘추(春秋)시대 금문과 소전의 자형은 '契'로 같다.

≪계전≫과 ≪주≫에서는 "㓞聲.(「㓞은 발음부분이다.」)"이라고 하였고, ≪통훈정성≫에서는 "从大·㓞. 會意. 亦聲.(「大와 㓞은 (모두) 의미부분이다. 회의이다. 㓞은 발음부분이기도 하다.」)"이라고 하였다.

참고로 '契'의 고음은 음성운(陰聲韻) *kʻear / kʻiɛi(케이→계)와 입성운(入聲韻) *sjiat / siæt(샌→설); *kʻeat / kʻiɛt(켄→결) 등 세 가지이고, '㓞'의 고음은 입성운 *kʻriat / kʻæt(캔→갈)이다. 두 글자는 '契'를 '설' 또는 '결'로 읽을 경우에는 발음이 거의 같고, 음성운 '계'로 읽더라도 첫소리가 [kʻ-]로 같고, 상고음(上古音)의 주모음(主母音) 역시 [a]로 같으며, 운미(韻尾)는 혀 끝 가운데 소리[설첨중음(舌尖中音)]인 [-r]와 [-t]으로 발음 부위가 같다. 따라서 '契'자에서 '㓞'은 발음부분이 될 수 있다. 또 고대에는 음성운과 입성운이 협운을 하기도 하였다. 그러므로 ≪계전≫과 ≪주≫에서 '㓞'이 발음부분이라는 분석은 근거가 있는 것이다.

② ≪주역·계사전(繫辭傳)≫에 나오는 글귀.

18(6579) 夷 (평평할 이, 동쪽 오랑캐 이)

夷, 平也. 从大, 从弓.① 東方之人也.②
(「夷는 평평하다는 뜻이다. 大와 弓(궁)은 (모두) 의미부분이다. 동방사람을 뜻한다.」)

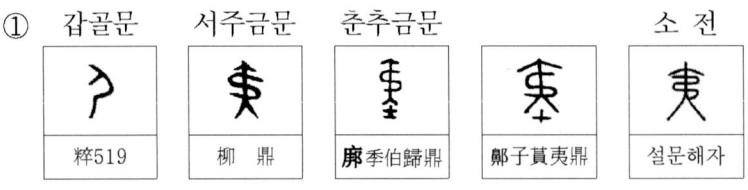

'夷'자는 갑골문을 보면 사람이 걸터앉아 있는 모습이고, 금문은 화살을 묶어 놓은 모양이다. 춘추(春秋)시대 금문에서는 여기에 '土(토)'·'十' 등이 더해지기도 하였다.

서중서(徐中舒)는 갑골문의 '夷'자는 '尸(시)'자와 같다고 하면서, 이것은 동방 사람들이 꿇어 앉아 생활하는 모습을 나타낸다고 하였고(≪갑골문자전(甲骨文字典)≫ '尸'자 해설 참조), 이효정(李孝定)선생 역시 갑골문의 '夷'자는 동방 사람들이 평상시 앉는 자세를 그린 것으로, '大'와 '弓'이 합쳐진 '夷'자는 뒤에 생겨난 이체자(異體字)로서 동방 사람들이 무예를 숭상해서 다닐 때 언제나 활을 가지고 다녔기 때문에 이 글자를 만들어 나타낸 것이라고 하였다(≪갑골문자집석(甲骨文字集釋)≫).

②≪주≫와 ≪통훈정성≫에는 이 부분이 맨 앞에 있고, '平也(평야)' 부분은 없다. 이에 대해 단옥재는 잘 모르는 사람이 고친 것이라며 이제 바로잡는다고 하면서, ≪고금운회(古今韻會)≫도 이렇게 되어 있다고 하였다.(≪주≫)

文十八.
(「정문(正文) 18자.」)

제390부 【亦】부

1(6580) 亦 (또 역)

夾, 人之臂亦也.① 从大, 象兩亦之形. 凡亦之屬皆从亦.
(「亦은 사람의 겨드랑이를 가리킨다. 大(대)는 의미부분이고, (八은) 두 겨드랑이의 모양을 그린 것이다. 무릇 亦부에 속하는 글자들은 모두 亦을 의미부분으로 삼는다.」)

'亦'자는 갑골문, 금문 그리고 소전 등의 자형이 모두 사람의 정면 모양을 그린 '大'자와 겨드랑이를 가리키는 지사(指事) 부호인 '八'로 이루어져 있다. 즉 '亦'은 사람의 '겨드랑이'를 가리키는 지사자임을 알 수 있다.

그런데 '亦'자가 '역시'라는 뜻의 부사로 가차(假借)되어 쓰이자, 새로이 '腋(액)'이라는 형성자를 만들어 그 자리를 보충하였다.

2(6581) 夾 (물건 훔칠 섬·석)

夾, 盜竊裏物也.① 从亦, 有所持. 俗謂蔽人俾夾, 是也.② 弘農陝字从此.③
(「夾은 훔쳐서 물건을 품는다는 뜻이다. 亦은 의미부분이고, (入入은) 가지고 있는 바가 있다는 뜻이다. 세간에서 '숨은 사람이 훔쳐서 가진다'라고 일컫는 것이 이것이다. 홍농군(弘農郡)에 있는 섬현(陝縣)의 陝자는 이 글자를 따른 것이다.」)

①≪계전≫에서는 '裏(회)'를 '懷(품을 회)'로 썼다.
②서호(徐灝)는 "夾과 閃(섬)은 발음과 뜻이 같다. <문부(門部)>에서 '閃은 머리를 문 안에 넣고 슬쩍 본다는 뜻이다'라고 하였다. 도둑질을 해서 물건을 품고

있는데, 사람들에게 발견될까 염려하여 행적을 감추는 것을 일컬어 夾이라고 한다. 옛날에는 陝과 통용하였고, 閃으로도 썼다.("夾與閃音同義近. <門部>: '閃, 窺頭門中也.' 盜竊懷物, 慮爲人所見, 行蹤隱蔽謂之夾. 古通作陝, 亦作閃.")라고 하였다. (≪설문해자주전(說文解字注箋)≫)

③홍농군 섬현은 지금의 하남성(河南省) 섬현을 가리킨다.

文二.
(「정문(正文) 2자.」)

제391부 【夨】 부

1(6582) 夨 (렬·적)①

夨, 傾頭也. 从大, 象形.② 凡夨之屬皆从夨.
(「夨은 머리가 기울었다는 뜻이다. 大는 의미부분이고, (乚는 머리가 기운 것을 그린) 상형이다. 무릇 夨부에 속하는 글자들은 모두 夨을 의미부분으로 삼는다.」)

① '夨'자는 ≪대한한사전(大漢韓辭典)≫에 보이지 않는다.
발음은 ≪광운(廣韻)≫에 따르면 '練結切(련결절)' 즉 '렬'과 '阻力切(조력절)' 즉 '적' 등 두 가지이다.
대서본 ≪설문해자≫·≪주≫·≪의증≫·≪구두≫·≪교록≫ 등에서는 모두 '阻力切'이라고 하였다.

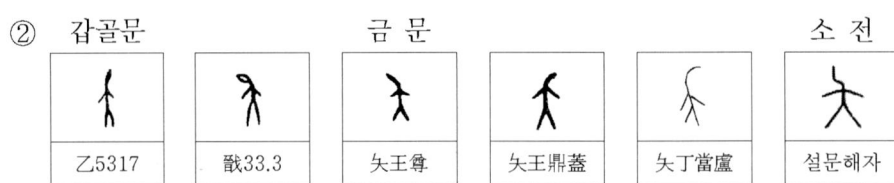

'夨'자는 갑골문, 서주(西周) 금문 그리고 소전 등의 자형이 모두 사람의 머리가 삐뚤어져 있는 모양이다.(바로 다음에 나오는 제392부 <요부(夭部)> (6586) '夭' 자 주해 ①번 참조)
용경(容庚)은 "夨은 머리의 동작을 그린 것이고, 夭는 손의 동작을 그린 것이다.(「夨象頭之動作, 夭象手之動作.」)"라고 하였다.(≪금문편(金文編)≫)

2(6583) 吳 (머리 기울일 결)

吳, 頭傾也. 从夨, 吉聲. 讀若子.
(「吳은 머리가 기울었다는 뜻이다. 夨은 의미부분이고, 吉(길)은 발음부분이다. 孑(혈)처럼 읽는다.」)

3(6584) 奊 (머리 삐뚤어질 혈)

奊, 頭衺骫奊態也.① 从夨, 圭聲.②
(「奊은 머리가 삐뚤고 찌그러진 양태(樣態)를 뜻한다. 夨은 의미부분이고, 圭(규)

는 발음부분이다.」)

①≪계전≫에서는 '袤(비뚤 사)'를 '斜(비낄 사)'로 썼다.

②'矣'의 고음은 입성운(入聲韻) *xwet / xiuɛt(휘엔→혈)이고, '圭'의 고음은 음성운(陰聲韻) *kweɣ / kiuei(귀에이→규)이다. 두 글자는 첫소리가 [k-] 계열로 비슷하고, 상고음(上古音)의 주모음(主母音)이 [e]로 같다. 그래서 '矣'자에서 '圭'가 발음부분이 될 수 있는 것이다. 고대에는 음성운과 입성운이 협운을 하기도 하였다.

4(6585) 吳 (오나라 오)

吳, 姓也.① 亦郡也.② 一曰: 吳, 大言也.③ 从矢·口.④ 𠮷, 古文如此.
(「吳는 사람의 성(姓)이다. 군(郡)의 이름이기도 하다. 일설에는 큰소리친다는 뜻이라고도 한다. 矢과 口(구)는 (모두) 의미부분이다. (6585-1) 𠮷, 고문(古文)은 이와 같다.」)

①주(周)나라 태왕(太王) 즉 고공단보(古公亶父)의 장남 태백(太伯, 또는 泰伯)이 吳 지방에 나라를 세우면서, 吳씨 성이 시작되었다.

②≪주≫에는 여기까지의 '姓也亦郡也(성야역군야)' 다섯 글자가 없다.
참고로 한(漢)나라 때의 오군(吳郡)은 지금의 강소성(江蘇省)을 가리킨다.

③≪계전≫과 ≪주≫에는 '一曰(일왈)' 두 글자가 없고, ≪주≫에는 '吳'자도 없다. 이에 대해 단옥재는 "大言(대언) 앞에 다른 책에는 '姓也亦郡也一曰吳(성야역군야일왈오)' 여덟 글자가 있는데, 이는 요망한 사람의 더한 바이다. 이제 없애서 바로잡는다. ≪고금운회(古今韻會)≫본과 대조해도 꼭 이와 같다.(「大言之上各本有'姓也亦郡也一曰吳'八字, 乃妄人所增. 今刪正. 檢≪韵會≫本正如是.」)"라고 하였다.

矢부 吳

'吳'자는 갑골문, 금문 그리고 소전 등의 자형이 모두 '矢'과 'ㅁ'로 이루어져 있다.

단옥재는 "큰 소리는 올바른 이치가 아니다. 그래서 矢과 ㅁ가 의미부분이 되는 것이다.(「大言非正理也. 故从矢口.」)"라고 하였다.(≪주≫)

그리고 ≪구두≫에는 ≪경전석문(經典釋文)·모시음의(毛詩音義)≫에 의거하여 이다음에 "≪詩≫曰: '不吳不敖.'(「≪시경(詩經)·주송(周頌)·사의(絲衣)≫에 이르기를 '큰소리로 떠들지도 않고, 오만하지도 않으니'라고 하였다.」)"라는 글귀를 보충하였다.

한편 ≪고문자류편(古文字類編)≫(1980, 2010)과 ≪갑금전례대자전(甲金篆隷大字典)≫에서는 '吳'자의 갑골문으로 위의 자형을 소개하고 있는데, ≪갑골문자집석(甲骨文字集釋)≫과 ≪갑골문자전(甲骨文字典)≫에서는 이 글자를 '夭(요)'자로 수록하고 있다.(바로 다음의 제392부 <요부(夭部)> (6586) '夭'자 ①번 해설 참조)

文四, 重一.
(「정문(正文) 4자, 중문(重文) 1자.」)

제392부 【夭】 부

1(6586) 夭 (어여쁠 요, 일찍 죽을 요; 어릴 오)

夭, 屈也.① 从大, 象形.② 凡夭之屬皆从夭.
(「夭는 굽었다는 뜻이다. 大(대)는 의미부분이고, (丿은) 상형이다. 무릇 夭부에 속하는 글자들은 모두 夭를 의미부분으로 삼는다.」)

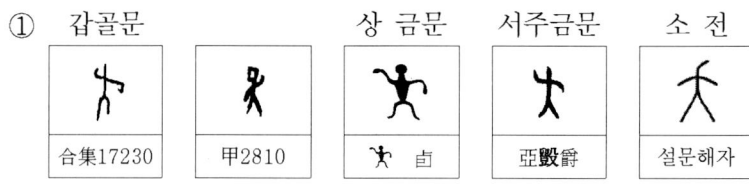

① 갑골문　　　상 금문　서주금문　소 전

'夭'자는 갑골문과 금문의 자형은 사람이 팔을 휘두르고 있는 모양이고, 소전의 자형은 사람의 머리가 오른쪽으로 삐뚤어져 있는 모양이다.

이효정(李孝定)선생은 "갑골문의 夭자는 사람이 달릴 때 두 팔을 흔드는 모양을 그린 것이다.(「契文夭象走時兩臂擺動之形.」)"라고 하였다.(≪갑골문자집석(甲骨文字集釋)≫)

한편 위에서 보듯이 소전의 '夭'자는 사람의 머리가 오른쪽으로 삐뚤어져 있는 모양이고, 바로 앞의 제391부에 나온 '矢'자는 머리가 왼쪽으로 삐뚤어져 있는 모양이다. 그래서 두 글자를 같은 글자로 보는 주장도 있으나, 갑골문과 금문으로 볼 때 이 두 글자는 완전히 다른 글자로서, '夭'는 '走(주)'와 같은 뜻이고, '矢'는 '(머리가) 삐뚤어졌다'는 뜻이다.

용경(容庚)은 "矢은 머리의 동작을 그린 것이고, 夭는 손의 동작을 그린 것이다.(「矢象頭之動作, 夭象手之動作.」)"라고 하였다.(≪금문편(金文編)≫)

또한 고문자에서는 글자의 상하좌우 또는 정반(正反)이 바뀌었어도 상관하지 않고 같은 글자로 보는 경우가 많다. 그런데 '矢'과 '夭'자의 경우는 소전에서 본래 다른 글자 모양의 두 글자를 머리가 왼쪽과 오른쪽으로 삐뚤어진 모양으로 만든 경우에 해당한다.

②≪구두≫에서는 현응(玄應)의 ≪일체경음의(一切經音義)≫에 의거하여 '象形' 다음에 '不申也(불신야, 펴지 못한다는 뜻)' 세 글자를 보충하였다.

계복은 "≪고금운회(古今韻會)≫에서는 서개본(徐鍇本, 즉 ≪계전≫)을 인용하여 '大는 의미부분이고, 丿은 상형이다'라고 하였다.(「≪韻會≫引徐鍇本'從大, 丿象形.'」)"

라고 하였고(≪의증≫), 주준성은 "내 생각에, 大는 의미부분인데 그 머리를 굽게 하였다. 지사(指事)이다.(「按: 从大而屈其首. 指事.」)"라고 하였다(≪통훈정성≫).

2(6587) 喬 (큰 나무 교)

喬, 高而曲也.① 从夭, 从高省.② ≪詩≫曰: "南有喬木."③
(「喬는 높고 굽었다는 뜻이다. 夭와 高(고)의 생략형은 (모두) 의미부분이다. ≪시경(詩經)≫에 이르기를 "남쪽에 큰 나무가 있네."라고 하였다.」)

'喬'자는 갑골문과 춘추전국(春秋戰國)시대의 금문 등이 모두 '高'와 그 위에 조금씩 서로 다른 형태로 구부러진 부분으로 이루어져 있다.

소전에서는 윗부분이 '夭'로 변하였다.

②≪구두≫에는 '省(생)'자 다음에 '聲(성)'자가 한 글자 더 있다. 즉 '高'의 생략형이 발음부분이라는 의미이다.

≪통훈정성≫에서는 "从夭, 从高省. 會意. 高亦聲.(「夭과 高의 생략형은 의미부분이다. 회의(會意)이다. 高는 발음부분이기도 하다.」)"이라고 하였다.

③≪시경·주남(周南)·한광(漢廣)≫에 나오는 글귀.

3(6588) 㚔① (다행 행)

㚔, 吉而免凶也. 从屰, 从夭.② 夭, 死之事. 故死謂之不㚔.
(「㚔은 운이 좋아서 나쁜 일을 모면한다는 뜻이다. 屰(역)과 夭는 (모두) 의미부분이다. 夭는 죽음의 일을 뜻한다. 그래서 죽음을 일컬어 불행(不㚔)이라고 하는 것이다.」)

①이 글자는 예서로는 '幸'으로 쓴다.

②서개는 "屰은 뒤집는다는 뜻이다. 夭를 뒤집으면 夭가 되지 않는다. 그래서 㚔이라는 것이다. 屰의 발음은 逆(역)이다.(「屰, 反也. 反夭, 不夭也. 故曰㚔. 屰音逆.」)"라고 하였다.(≪계전≫)

4(6589) 奔 (달릴 분)

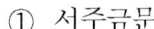, 走也.① 从夭, 賁省聲.② 與走同意③, 俱从夭.
(「奔은 달린다는 뜻이다. 夭는 의미부분이고, 賁(분)의 생략형은 발음부분이다. 走(주)와 같은 뜻으로, 이 두 글자는 모두 夭를 의미부분으로 삼고 있다.」)

① 서주금문	전국금문	소 전

大盂鼎　或簋　克鼎　中山王鼎　二年主父戈　설문해자

갑골문에는 '奔'자가 보이지 않는다.

금문의 자형을 보면 사람이 팔을 휘젓고 있으면서 그 아래에는 발을 뜻하는 '止(지)'자가 세 개 있는 모양이다. 즉 사람이 뛰어가는 모습을 나타내는 회의자임을 알 수 있다.

<或簋>에서는 '行(행)'자의 왼쪽 부분으로 이동을 뜻하는 '彳(척)'자를 더하여 뛰어간다는 뜻을 좀 더 확실히 하였다.

소전에서는 세 개의 '止' 부분이 '芔(훼)'로 변형되어 '奔'으로 썼고, 예서에서 다시 '夭' 부분이 '大'로 바뀌어 '奔'으로 썼다.

≪주≫와 ≪교록≫에서는 '走'를 '夲'로 썼다.(이하 같음)

②≪계전≫·≪주≫·≪구두≫ 등에서는 "卉聲.(「卉(훼)는 발음부분이다.」)"이라고 하였다.

③'走'자의 소전체는 '夲' 즉 '夲'로, 윗부분은 '夭'이고 그 아래는 '止'이다. 그래서 '走'자와 같은 뜻이라고 한 것이다.

文四.
(「정문(正文) 4자.」)

제393부 【交】부

1(6590) 交 (사귈 교)

交, 交脛也. 从大, 象交形.① 凡交之屬皆从交.
(「交는 정강이를 교차(交叉)했다는 뜻이다. 大(대)는 의미부분이고, (乂 부분은) 다리를 교차시킨 모양을 그린 것이다. 무릇 交부에 속하는 글자들은 모두 交를 의미부분으로 삼는다.」)

갑골문	상 금문	서주 금문	소 전
撥2.66	甲806	交鼎	交君匜	설문해자

'交'자는 갑골문, 금문, 소전 모두가 사람이 다리를 교차한 모양을 그린 것이다. 따라서 '사귀다'·'사교(社交)' 등과 같은 뜻은 여기에서 파생되어 나온 것이다.

2(6591) 㚔 (비뚤어질 위)

㚔, 衺也. 从交, 韋聲.
(「㚔는 비뚤어졌다는 뜻이다. 交는 의미부분이고, 韋(위)는 발음부분이다.」)

3(6592) 絞 (목맬 교)

絞, 縊也.① 从交, 从糸.②
(「絞는 목을 맨다는 뜻이다. 交와 糸(멱·사)는 (모두) 의미부분이다.」)

①단옥재는 "옛날에 絞·縊(목맬 액)이라고 하면 두 줄이 서로 교차하는 것을 일컬었고, 오직 목을 매 죽는 것을 일컫는 것은 아니었다.(「古曰絞·曰縊者, 謂兩繩相交, 非獨謂經死.」)"라고 하였다.(≪주≫)

②≪계전≫에서는 "糸聲.(「糸는 발음부분이다.」)"이라고 하였다.
이에 대해 뉴수옥은 이는 틀린 것이라고 하였다.(≪교록≫)
또 단옥재는 "이 글자를 <糸부>에 넣지 않은 것은 交를 중시한 것이다. 交는 발음부분이기도 하다.(「此篆不入<糸部>者, 重交也. 交亦聲.」)"라고 하였다.

文三.
(「정문(正文) 3자.」)

제394부 【尣】부

1(6593) 尣 (절름발이 왕)

尣, 𣌾①, 曲脛也.② 从大, 象偏曲之形.③ 凡尣之屬皆从尣. 㷨, 古文从𡉚.④

(「尣은 𣌾(다리 절 파)로, 정강이가 휘었다는 뜻이다. 大(대)는 의미부분으로, 그 중 한 쪽이 굽은 모양을 그렸다. 무릇 尣부에 속한 글자들은 모두 尣을 의미부분으로 삼는다. (6593-1) 㷨은 고문(古文)으로 𡉚(황)을 더하였다.」)

①≪주≫에는 '𣌾'자 다음에 '也(야)'자가 한 글자 더 있다. 즉 여기에서 한 구절이 끝난다는 뜻이다.

②≪주≫에서는 ≪구경자양(九經字樣)≫에 의거하여 '脛(경)'자 다음에 '人(인)'자 한 글자를 보충하였다. 이렇게 되면 번역은 '정강이가 휜 사람' 즉 '절름발이'라는 뜻이 된다.

③
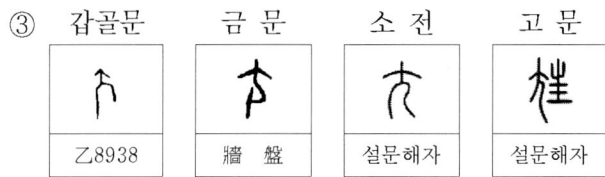

'尣'자는 갑골문과 서주(西周) 금문을 보면 사람의 다리 한 쪽이 굽어져 있는 모양이다. 상형자이다.

④소전에서의 '𡉚'자를 예서에서는 일률적으로 '王(왕)'으로 썼다. 예를 들어 '狂(광)'·'迋(속일 광; 갈 왕)' 등에서의 '王' 부분은 모두 '𡉚'자에서 온 것이다.

2(6594) 尳 (무릎병 골)

尳, 𣍘病也.① 从尣, 从骨, 骨亦聲.

(「尳은 무릎병을 뜻한다. 尣과 骨(골)은 (모두) 의미부분인데, 骨은 발음부분이기도 하다.」)

①≪계전≫에서는 '𣍘(슬)'을 '膝(슬)'로 썼다.
≪대한한사전(大漢韓辭典)≫에서는 '𣍘'을 '膝'의 본자(本字)라고 하였다.
또 ≪계전≫에는 '病(병)'자 다음의 '也(야)'자가 없다.

3(6595) 跛 (다리 절 파)

跛, 蹇也. 从㢟, 皮聲.
(「跛는 (다리를) 전다는 뜻이다. 㢟은 의미부분이고, 皮(피)는 발음부분이다.」)

4(6596) 㢸 (절름거릴 좌)

㢸, 㢸㢸①, 行不正.② 从㢟, 左聲.③
(「㢸는 절뚝절뚝, 걸음걸이가 올바르지 않다는 뜻이다. 㢟은 의미부분이고, 左(좌)는 발음부분이다.」)

①≪계전≫·≪의증≫·≪통훈정성≫·≪교록≫ 등에서는 '㢸㢸'를 '跛㢸(파좌)'로 썼다.
②≪주≫에는 '正(정)'자 다음에 '也(야)'자가 한 글자 더 있다.
③장순휘(張舜徽)는 "두 손으로 조작할 때 오른 쪽이 편하게 마련이다. 그래서 무릇 불편하다고 할 때는 왼 쪽을 지칭한다. 여기에서 발전하여 올바르지 않은 것 역시 左라고 한다.(「兩手操作, 以右爲便. 故凡不便者稱左, 引申之則不正曰左..」)"라고 하였다.(≪설문해자약주(說文解字約注)≫)

5(6597) 尳 (절름거릴 요)

尳, 行不正也. 从㢟, 艮聲.① 讀若耀.
(「尳는 걸음걸이가 올바르지 않다는 뜻이다. 㢟은 의미부분이고, 艮(간)은 발음부분이다. 耀(요)처럼 읽는다.」)

①≪계전≫·≪주≫·≪의증≫·≪통훈정성≫·≪구두≫·≪교록≫ 등에서는 모두 '艮'을 '皀(요)'로 썼다.

한편 '皀'자는 ≪대한한사전(大漢韓辭典)≫에 보이지 않는다. 발음은 ≪광운(廣韻)≫에 따르면 '烏皎切(오교절)' 즉 '요'이다.

참고로 '尳'의 고음은 *ɣriaw / iæu(애우→요)이고, '艮'의 고음은 *kən / kən(건→간)이다. 두 글자는 협운을 하기에 발음이 가깝지 않다.

6(6598) 㢲 (비틀거릴 감)

㢲, 不正也.① 从㢟, 兼聲.

(「尷은 (걸음걸이가) 올바르지 않다는 뜻이다. 尣은 의미부분이고, 兼(겸)은 발음부분이다.」)

①≪주≫와 ≪구두≫에서는 "尷尬, 行不正也.(「尷尬(감개)로, 걸음걸이가 올바르지 않다는 뜻이다.」)"라고 하였다.

단옥재는 ≪설문해자≫의 통례에 의거하여 '尷尬' 두 글자를 보충하였다고 하였고(≪주≫), 왕균은 ≪옥편(玉篇)≫과 ≪광운(廣韻)≫에 근거하였다고 하였다(≪구두≫).

또 단옥재는 ≪광운≫과 ≪집운(集韻)≫에 의거하여 '行(행)'자를 보충하였다고 하였다.

7(6599) 尬 (비틀거릴 개)

尬, 尷尬也. 从尣, 介聲.
(「尬는 尷尬(감개, 걸음걸이가 올바르지 않다는 뜻)이다. 尣은 의미부분이고, 介(개)는 발음부분이다.」)

8(6600) 尥 (다리힘줄 약할 료)

尥, 行脛相交也. 从尣, 勺聲.① 牛行脚相交爲尥.②
(「尥는 걸을 때 정강이가 서로 교차한다는 뜻이다. 尣은 의미부분이고, 勺(작)은 발음부분이다. 소가 걸을 때 다리가 서로 교차하는 것이 尥이다.」)

①'尥'의 고음은 음성운(陰聲韻) *leaw / lieu(레우→료)이고, '勺'의 고음은 입성운(入聲韻) *tjawk / tɕiak(쟉→작)과 *djawk / dʑiak(쟉→작) 등 두 가지이다. 두 글자는 상고음(上古音)의 주모음(主母音)이 [aw]로 같다. 그래서 '尥'자에서 '勺'이 발음부분이 될 수 있는 것이다. 고대에는 음성운과 입성운이 협운을 하기도 하였다.

②≪계전≫과 ≪주≫에는 이 글귀가 없다.

9(6601) 尳 (절름거리며 걸을 제, 부축 받을 제)

尳, 跛不能行, 爲人所引曰尳尳.① 从尣, 从爪, 是聲.
(「尳, 다리를 절어 걸을 수가 없어서, 다른 사람의 부축을 받는 것을 尳尳(제휴)라고 한다. 尣과 爪(조)는 의미부분이고, 是(시)는 발음부분이다.」)

①소영(邵瑛)은 "이것이 '提攜(제휴)'의 본자(本字)이다. 오늘날 경전(經典)에서는 '提攜'로 쓴다.(「此爲提攜本字, 今經典作提攜.」)"라고 하였다.(≪설문군경정자(說文群經正字)≫)

10(6602) 尵 (절름거리며 걸을 휴)

尵, 尵尵也. 从允, 从爪, 雟聲.
(「尵는 尵尵(제휴, 다리를 절어 걸을 수가 없어서, 다른 사람의 부축을 받는다는 뜻)이다. 允과 爪(조)는 의미부분이고, 雟(휴)는 발음부분이다.」)

11(6603) 尫 (다리 굽을 우)

尫, 股尫也. 从允, 于聲.
(「尫는 넓적다리가 굽었다는 뜻이다. 允은 의미부분이고, 于(우)는 발음부분이다.」)

12(6604) 㿘 (허리와 무릎 아플 라)

㿘, 郄中病也.① 从允, 从羸.②
(「㿘는 무릎 가운데가 아픈 병을 뜻한다. 允과 羸(리)는 (모두) 의미부분이다.」)

①≪계전≫에서는 '郄(슬)'을 '膝(슬)'로 썼다.
≪대한한사전(大漢韓辭典)≫에서는 '郄'을 '膝'의 본자(本字)라고 하였다.
또 ≪계전≫에서는 '病(병)'을 '疾(질)'로 썼다.
②≪계전≫·≪주≫·≪통훈정성≫·≪구두≫ 등에서는 "从允, 羸聲.(「允은 의미부분이고, 羸는 발음부분이다.」)"이라고 하였다.

文十二, 重一.
(「정문(正文) 12자, 중문(重文) 1자.」)

제395부 【壺】부

1(6605) 壺 (병 호)

壺, 昆吾①, 圜器也. 象形.② 从大, 象其蓋也. 凡壺之屬皆从壺.③
(「壺는 곤오(昆吾)로, 둥근 그릇이다. 상형이다. 大(대)는 의미부분으로, 그 뚜껑을 그린 것이다. 무릇 壺부에 속하는 글자들은 모두 壺를 의미부분으로 삼는다.」)

①왕균은 "昆吾는 壺의 다른 이름이다. 昆은 渾자와 발음이 같으니, 壺와는 쌍성(雙聲)관계이고, 吾와 壺는 첩운(疊韻)관계이다.(「昆吾者, 壺之別名也. 昆讀如渾, 與壺雙聲; 吾與壺疊韻.」)"라고 하였다.(≪구두≫)

장순휘(張舜徽)는 "대개 빨리 발음하면[急言(급언)] 壺라고 하고, 천천히 발음하면[緩言(완언)] 昆吾라고 한다.(「蓋急言曰壺, 緩言則曰昆吾耳.」)"라고 하였다.(≪설문해자약주(說文解字約注)≫)

참고로 제5편 하 제185부 <부부(缶部)> (3270) '匋(도)'자를 보면 "匋, 瓦器也. 从缶, 包省聲. 古者昆吾作匋.(「匋는 질그릇을 뜻한다. 缶(부)는 의미부분이고, 包(포)의 생략형은 발음부분이다. 옛날 昆吾가 질그릇을 만들었다.」)"라고 하였다.

'壺'자는 갑골문, 금문 그리고 소전 등의 자형을 보면, 모두 뚜껑이 있고 양 옆에 귀가 달렸으며, 아래가 둥글고 받침대가 있는 병을 그린 상형자임을 알 수 있다.

서주(西周) 금문에서는 '殳(수)'(<백동호(伯𢦏壺)>), '廾(공)'(<원호(員壺)>), '金(금)'(<함황부궤(圅皇父簋)>) 등이 더해지기도 하였다.

③≪주≫에서는 이부의 '壺'자를 모두 '壷'로 썼다.(이하 같음)

| 壺부 壺

2(6606) 壼 (답답할 운)

壼, 壹壼也.① 从凶, 从壺. 不得泄, 凶也.② ≪易≫曰: "天地壹壼."③
(「壼은 답답하다는 뜻이다. 凶(흉)과 壺는 (모두) 의미부분이다. 속에 있는 것이 흘러나오지 않으면 불길하다. ≪주역(周易)≫에 이르기를 "천지(天地)의 기(氣)가 뭉쳐서 답답하다."라고 하였다.」)

　①≪주≫에서는 '壹(일)'을 '壼'로 썼다.(이하 같음)
　②≪주≫에서는 "壼不得泄也.(「병[壺]은 새면 안 된다.」)"라고 하였다.
　임의광은 "凶은 기가 壺 안에서 위로 올라가려고 하는 형태를 그린 것이지, 凶자가 아니다.(「凶象气在壺中欲上騰形, 非凶字.」)"라고 하였다.(≪문원(文源)≫)
　③현재 전해지는 ≪주역·계사전(繫辭傳)≫에는 '天地絪縕(천지인온)'으로 되어 있다.

文二.
(「정문(正文) 2자.」)

제396부【壹】부

1(6607) 壹 (한결 일)

壹, 專壹也.① 从壺, 吉聲.② 凡壹之屬皆从壹.③
(「壹은 한결같다는 뜻이다. 壺(호)는 의미부분이고, 吉(길)은 발음부분이다. 무릇 壹부에 속하는 글자들은 모두 壹을 의미부분으로 삼는다.」)

①≪주≫에서는 '專(전)'을 '嫥(전일할 전)'으로 썼다.

서호(徐灝)는 "壹의 본뜻은 壹壺(일운)으로, 발음이 억울(抑鬱)로 바뀌었고, 닫혀서 막혀있다는 뜻이다.(「壹之本義爲壹壺, 聲轉爲抑鬱, 閉塞之義也.」)"라고 하였다.(≪설문해자주전(說文解字注箋)≫)

장순휘(張舜徽)는 "닫혀서 막혀 있으면 흩어지지 않는다. 그래서 인신하여 '한결같다'는 뜻이 된 것이다.(「閉塞則不分散, 故引申爲專壹之稱.」)"라고 하였다.(≪설문해자약주(說文解字約注)≫)

② 금 문   소 전

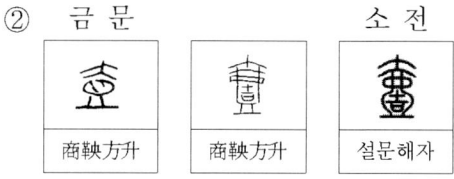

갑골문에는 '壹'자가 보이지 않고, 전국(戰國)시대 금문과 소전의 자형은 '壺'로 같다.

③≪주≫와 ≪의증≫에서는 이부의 '壹'을 '壺'로 썼고, ≪구두≫와 ≪교록≫에서는 '壺'로 썼다.

2(6608) 懿 (아름다울 의)

懿, 專久而美也.① 从壹, 从恣省聲.②
(「懿는 한결같고 오래되어 아름답다는 뜻이다. 壹은 의미부분이고, 恣(자)의 생략형은 발음부분이다.」)

①≪주≫에서는 '專(전)'을 '嫥(전)'으로 썼다.

② 서주금문   춘추금문   소 전

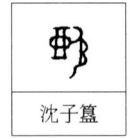  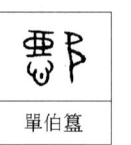   

| 沈子簋 | 匡 臣 | 單伯簋 | 禹 鼎 | 禾 簋 | 설문해자 |

갑골문에는 '懿'자가 보이지 않는다.

금문의 자형은 '壺(호)'와 '欠(흠)'으로 이루어져 있는 것과 여기에 '心(심)'이 더해진 자형 등 두 가지가 있다.

'壺'는 술을 담는 병을 그린 상형자이고, '欠'은 입을 크게 벌리고 하품을 하는 모양을 그린 글자이므로, 입을 크게 벌리고 술을 마신다는 뜻을 나타내는 회의자이다.

소전에서는 '壺'가 '壹'로 변하였다.

한편 단옥재는 ""从恣省聲(종자생성)'라고 한 이 4글자는 아마 후대에 잘 모르는 사람이 고친 것 같다. 마땅히 '从心, 从欠, 壹亦聲.(「心과 欠 등은 (모두) 의미부분인데, 壹은 발음부분이기도 하다.」)'이라고 해야 할 것이다. 心과 欠이 (모두) 의미부분이 되는 것은 이른바 그 의지를 가지고 있는데 그 기를 드러내지 않으니, 아름다움이 그 가운데 있어서 사지(四肢)에 펼쳐져 나온다는 뜻이다.(「从恣省聲四字, 蓋或淺人所改竄. 當作'从心, 从欠, 壹亦聲.' 从心, 从欠, 所謂持其志, 無暴其氣, 美在其中而暢於四支也.」)"라고 하였다.(≪주≫)

文二.
(「정문(正文) 2자.」)

제397부 【羍】부

1(6609) 羍 (놀랄 녑)

羍, 所以警人也.① 从大, 从羊.② 一曰: 大聲也. 凡羍之屬皆从羍. 一曰: 讀若瓠.③ 一曰: 俗語以盜不止爲羍.④ 羍, 讀若籋.⑤
(「羍은 사람을 놀라게 하는 도구를 뜻한다. 大(대)와 羊(임)은 (모두) 의미부분이다. 일설에는 큰 소리를 뜻한다고도 한다. 무릇 羍부에 속하는 글자들은 모두 羍을 의미부분으로 삼는다. 일설에는 瓠(호)처럼 읽는다고도 한다. 일설에는 속어(俗語)로 도둑이 끊이지 않는 것을 羍이라고도 한다. 羍은 籋(섭)처럼 읽는다.」)

'羍'자에 대하여 우성오(于省吾, ≪갑골문자석림(甲骨文字釋林)≫)와 동작빈(董作賓, ≪은력보(殷曆譜)≫)은 수갑을 그린 상형자라고 하였다. 이것은 은(殷)나라 유적지에서 출토된 고대 죄수의 양손을 묶던 형구(刑具)의 유물 형태에 근거한 것이다. 이 설은 학계에서 널리 받아들여지고 있다.

그런데 '羍'자는 예서에서 '幸(행)'으로 쓰면서 두 글자 사이에 의미상 혼란이 일어나게 되었다.(제392부 <夭부(夭部)> (6588) '幸'자 참조)

②≪주≫에서는 '羊'을 'ㅗ'으로 썼다.

이에 대해 단옥재는 "다른 책에서는 '羊은 의미부분이다'라고 하였다. ≪오경문자(五經文字)≫에서는 '≪설문해자≫에서 '大와 ㅗ은 모두 의미부분이다'라고 하였다. ㅗ의 발음은 干(간)이다'라고 하였다.(「各本作从羊. ≪五經文字≫曰: '≪說文≫从大, 从ㅗ. ㅗ音干.'」)"라고 하였다.

'羊'은 찌른다는 뜻이다. 옛날에는 얼굴에 그 지은 죄를 새겨 넣는 형벌이 있었다. 여기에서의 '羊'은 죄 또는 죄인을 뜻한다고 볼 수 있다.

참고로 제3편 상 <간부(干部)> (1441) '羊'자 해설을 보면, "羊, 撖也. 从干. 入·一爲干, 入·二爲羊. 讀若能. 言稍甚也.(「羊은 찌른다는 뜻이다. 干은 의미부분이다. 入(입)과 一(일)은 干자가 되고, 入과 二(이)는 羊자가 된다. 能(능)처럼 읽는다. (入과 一로 이루어진 干보다 入과 二로 이루어진 羊이) 약간 더 깊게 들어간다는 말이다.」)"라고 하였다.

③단옥재는 "이 다섯 글자는 잘 모르겠다. 마땅히 '일설에는 執(집)처럼 읽는다'라고 하고, '爾처럼 읽는다' 다음에 있어야 하지 않을까 한다.(「五字未詳. 疑當作'一曰讀若執'. 在讀若爾之下.」)"라고 하였다.

④단옥재는 "이 또한 하나의 뜻이다. 내 생각에, ≪옥편(玉篇)≫에서 이 뜻은 ≪설문해자≫와 연계되어 있지 않고, ≪광운(廣韻)≫에서 인용한 ≪설문해자≫에도 이 말은 없다. 이 열 글자는 아마 후세 사람이 더한 것이 아닌가 한다.(「又一義. 按: ≪玉篇≫此義不系≪說文≫, ≪廣韵≫引≪說文≫亦無此語. 十字恐後人所沾.」)"라고 하였다.

⑤≪계전≫·≪주≫·≪통훈정성≫ 등에는 '讀若(독약)' 앞의 '羍'자가 없다.

2(6610) 睪 (엿볼 역)

睪, 司視也.① 从橫目②, 从羍.③ 令吏將目捕罪人也.④
(「睪은 잘 살핀다는 뜻이다. 目(목)자를 눕힌 것과 羍은 (모두) 의미부분이다. 관리를 시켜 안목(眼目)을 데리고 가서 죄인을 체포한다는 뜻이다.」)

①단옥재는 "司(맡을 사)는 오늘날의 伺(엿볼 사)자이다. ≪광운(廣韻)≫에서는 伺로 썼다.(「司者, 今之伺字. ≪廣韵≫作伺.」)"라고 하였다.(≪주≫)

②≪주≫에는 '目'자 앞의 '橫(횡)'자가 없다.

이에 대해 단옥재는 "다른 책에는 '从橫目'이라고 하였는데, 이제 ≪광운≫ 석운(昔韵)의 眔(중)·蜀(촉)·蠲(견)자에서 모두 단지 '从目'이라고 말하고 있는 것에 의거하였다.(「各本作'从橫目', 今依≪廣韵≫昔韵, 眔·蜀·蠲篆下, 皆但言'从目'.」)"라고 하였다.

③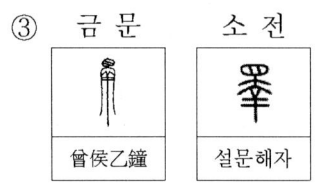

갑골문에는 '𦋛'자가 보이지 않고, 전국(戰國)시대 금문과 소전의 자형은 '𦋛'으로 같다.

④ ≪주≫와 ≪구두≫에서는 '令(령)'을 '今(금)'으로 썼다.

또 ≪주≫·≪의증≫·≪구두≫ 등에서는 ≪광운(廣韻)≫·≪오음집운(五音集韻)≫ 등에 의거하여 '罪(죄)'를 '辠(죄)'로 썼다.(이하 같음)

계복은 "일반적으로 관리가 (범인을) 체포하러 나갈 때, 매번 두 사람을 대동하는데, 하나는 정보에 밝은 사람으로 이를 線(선)이라고 하고, 하나는 (증거나 상황을) 잘 인식하는 사람으로 이를 眼(안)이라고 하였다.(「凡吏出捕, 輒將兩人, 一通信息, 謂之線; 一能認識, 謂之眼.」)"라고 하였다.(≪의증≫) 단옥재는 이것은 한(漢)나라의 제도를 밝힌 것이라고 하였다.

3(6611) 執 (잡을 집)

執, 捕罪人也.① 从丮, 从幸, 幸亦聲.②

(「執은 죄인을 붙잡았다는 뜻이다. 丮(극)과 幸은 (모두) 의미부분인데, 幸은 발음부분이기도 하다.」)

① ≪주≫·≪의증≫·≪통훈정성≫·≪구두≫ 등에서는 '罪(죄)'를 '辠(죄)'로 썼다.

단옥재는 ≪광운(廣韻)≫에 의거하였다고 하였다.(≪주≫)

'執'자는 갑골문을 보면 사람이 꿇어앉아 있고 두 손에 수갑을 채운 모양이다.

금문도 대체로 이와 같은데 때로는 '女(녀)'자가 더해지거나(<불기궤(不嬰簋)> 등), '廾(공)'이 더해진 자형(<사원궤(師袁簋)>)도 있다.

소전의 자형은 '幸'과 '丮'자로 이루어졌다. '丮'은 꿇어앉은 사람의 변형으로 보인다. 그렇지만 갑골문·금문과 비교할 때 이미 형태가 많이 바뀌어 글자만을 보고는 원래의 뜻을 알 수 없게 되었다.

그 후 소전의 '㚔'은 예서에서 '幸(행)'으로 바뀌고, '丮'은 '丸(환)'으로 바뀌어 현재의 '執'자가 되었다.

4(6612) 圉 (마부(馬夫) 어, 변방 어)

圉, 囹圄, 所以拘罪人.① 从㚔, 从囗.② 一曰: 圉, 垂也.③ 一曰: 圉人, 掌馬者.④
(「圉는 囹圄(영어)로, 죄인을 가두는 곳을 뜻한다. 㚔과 囗(위)는 (모두) 의미부분이다. 일설에는 변방(邊方)을 뜻한다고도 한다. 일설에는 어인(圉人)으로, 말을 돌보는 사람을 뜻한다고도 한다.」)

①《주》·《의증》·《통훈정성》 등에서는 '罪(죄)'를 '辠(죄)'로 썼다.

②

'圉'자는 갑골문을 보면 감옥[囗] 안에 죄인이 수갑을 차고 꿇어앉아 있는[執(집)] 모양이다.

감옥 안에 단순히 수갑[㚔]만 있는 자형(<청(菁) 1.1>) 즉 '圉'도 있는데, 서주(西周) 금문과 소전은 이 자형을 따랐다.

③《의증》·《구두》·《교록》 등에서는 '垂(수)'를 '埀'로 썼다.

서호(徐灝)는 '圉'는 지킨다는 뜻이 있으므로, 인신(引申)하여 변방이라는 뜻으로 쓰이게 되었다고 하였다.(《설문해자주전(說文解字注箋)》)

현재 '변방'이라는 뜻으로는 '垂'자보다는 '陲(수)'자를 많이 쓴다.

④《계전》에는 앞의 '一曰(일왈)'에서 '掌馬者(장마자)'까지의 열 두 글자가 없다.
이에 대해 단옥재는 《설문해자》의 옛 판본에는 마땅히 이렇게 되어 있었을 것이라고 하였다.(《주》)

5(6613) 䥫 (당겨서 칠 주)

䥫, 引擊也. 从㚔·攴, 見血也.① 扶風有䥫厔縣.②

(「鷙는 당겨서 친다는 뜻이다. 幸과 攴(복)은 의미부분이고, 피[血(혈)]가 보인다는 것이다. 부풍군(扶風郡)에 주질현(鷙厔縣)이 있다.」)

① 갑골문 금문 소전

'鷙'자는 갑골문과 서주(西周) 금문을 보면 대부분 '幸'과 '攴' 그리고 '皿(명)'으로 이루어져 있다.

한편 <사송정(史頌鼎)>에서의 자형은 밑 부분이 '血'자처럼 보이기도 하는데, 이에 대해 마서륜(馬敍倫)은 '皿' 위의 'ヽ'는 별 뜻 없이 덧붙여진 표시[泐文(륵문)]이라고 하였다.(≪독금기각사(讀金器刻詞)≫)

② ≪주≫와 ≪구두≫에서는 '鷙'을 '盩'으로 썼다.

주질현은 지금의 섬서성(陝西省) 주지현(周至縣)을 가리킨다.

6(6614) 報 (갚을 보)

報, 當罪人也.① 从幸, 从𠬝.② 𠬝, 服罪也.

(「報는 죄인을 판결한다는 뜻이다. 幸과 𠬝(복)은 (모두) 의미부분이다. 𠬝은 죄에 해당하는 형량을 정한다는 뜻이다.」)

① ≪주≫·≪의증≫·≪통훈정성≫ 등에서는 '罪(죄)'를 '辠(죄)'로 썼다.

단옥재는 "내 생각에, 當(당)은 한(漢)나라 사람들의 말이고, 報 역시 한나라 사람들의 말이다.(「按: 當者, 漢人語; 報, 亦漢人語.」)"라고 하였다.(≪주≫)

② 갑골문 금문 소전

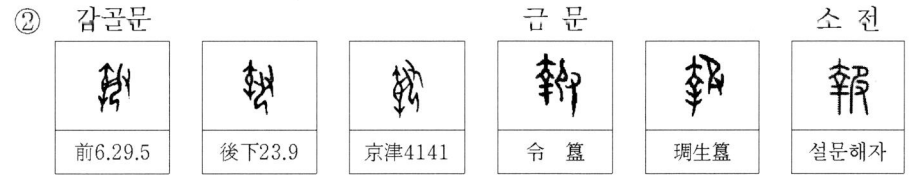

'報'자는 갑골문과 서주(西周) 금문을 보면 모두 손을 묶는 형구(刑具)인 '幸'과 꿇어앉은 사람[卩(절)] 그리고 손[又(우)]으로 이루어져 있다. 즉 사람을 잡아다가 형틀 앞에 꿇어앉게 한 모양이므로, "사람의 죄를 다스린다"는 뜻을 나타내는 회의자임을 알 수 있다.

위에서 보듯이 '報'는 본래 '죄인을 판결한다'는 뜻이었다. 옛날 죄인을 판결한 다음에는 당연히 상부에 보고(報告)를 해야 했고, 그에 대한 회답을 보답(報答)이라고 하였다. '알리다'·'갚다'라는 훈은 여기에서 나온 것이다.

또 한(漢)나라나 당(唐)나라 때 지방의 관원들은 수도인 장안(長安)에 저택(邸宅)을 마련해 살면서 새로 나오는 법규나 시행령을 수시로 각자의 소속 지방에 보고하였다. 이를 '저보(邸報)'라고 하였는데, 이것이 오늘날 '소식'을 전하는 모든 활동, 예를 들어 보도(報道), ○○일보(日報), 전보(電報), 정보(情報) 등과 같은 말의 모태가 되었다.

7(6615) 鞫 (조사받을 국)

鞫, 窮理罪人也.① 从㚔, 从人, 从言②, 竹聲. 䪖, 或省言.
(「鞫은 죄인을 신문(訊問)한다는 뜻이다. 㚔·人(인)·言(언)은 의미부분이고, 竹(죽)은 발음부분이다. (6615-1) 䪖은 혹체자(或體字)로 言을 생략하였다.」)

①《주》·《의증》·《통훈정성》·《구두》 등에서는 '罪(죄)'를 '辠(죄)'로 썼다.
또 《주》와 《구두》에서는 《옥편(玉篇)》과 《광운(廣韻)》에 의거하여 '理(리)'를 '治(치)'로 고쳐 썼다.
단옥재는 당(唐)나라 사람이 '治'를 '理'로 고쳤다고 하였는데, 이것은 당나라 제3대 황제 고종(高宗)의 이름이 '治'여서, 이를 피휘(避諱)했다는 의미이다.
또 《구두》에는 '窮(궁)'자 앞에 빈 칸을 의미하는 '□'가 있다. 이에 대해 왕균은 "죽군본(竹君本) 문장 맨 앞에는 빈 칸이 있는데, 혹시 鞫자가 아닌가 한다. '鞫窮'은 이름이고, '治辠人'은 뜻풀이다.(「竹君本句首有空格, 或是鞫字. 鞫窮, 名目; 治辠人是訓義.」)"라고 하였다.
②《주》에서는 "从㚔人言"이라고 하였다.
단옥재는 "㚔人言은 범죄자의 말을 뜻한다.(「㚔人言者, 犯罪人之言也.」)"라고 하였다.

文七, 重一.
(「정문(正文) 7자, 중문(重文) 1자.」)

제398부 【奢】부

1(6616) 奢 (사치할 사)

奢, 張也.① 从大, 者聲.② 凡奢之屬皆从奢. 奓, 籒文.③
(「奢는 과장(誇張)한다는 뜻이다. 大(대)는 의미부분이고, 者(자)는 발음부분이다. 무릇 奢부에 속하는 글자들은 모두 奢를 의미부분으로 삼는다. (6616-1) 奓(차)는 주문(籒文)이다.」)

①≪구두≫에서는 ≪태평어람(太平御覽)≫에 의거하여 이다음에 "反儉曰奢.(「검소(儉素)의 반대가 奢이다.」)"라는 글귀를 보충하였다.

장순휘(張舜徽)는 "奢자는 大를 의미부분으로 하고 있는데, 大는 사람(의 정면)을 그린 상형자이다. 허신이 張으로 奢자를 풀이한 것은, 마땅히 (사람이) 팔다리를 펼친다는 것이 (奢의) 본뜻이라는 것이다.(「奢字从大, 大象人形. 許以張訓奢, 當以手足開張爲本義.」)"라고 하였다.(≪설문해자약주(說文解字約注)≫)

②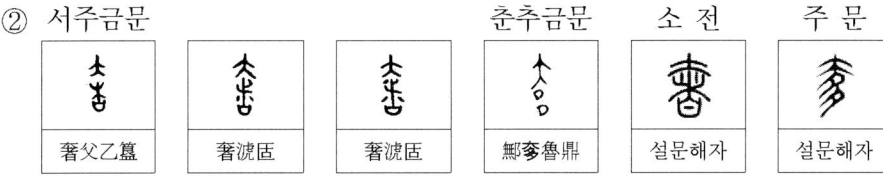

서주금문			춘추금문	소 전	주 문
奢父乙簋	奢沇匜	奢沇匜	鄘奓魯鼎	설문해자	설문해자

갑골문에는 '奢'자가 보이지 않고, 금문과 소전의 자형은 모두 '大'와 '者'로 이루어져 있다.

금문에서 '奢'는 사람 이름으로 쓰였다.

③본래 고문(古文)·주문(籒文) 등 이체자(異體字)는 본자(本字)와 발음과 뜻이 같고 형태만 다른 글자여야 하는데, ≪설문해자≫에는 드물지만 가끔씩 발음이 다른 이체자가 등장하기도 한다. 허신 당시에는 발음이 같았으나 후대에 바뀌었을 가능성도 있다.

2(6617) 奲 (너그러울 차)

奲, 富奲奲皃.① 从奢, 單聲.②
(「奲는 부유해서 넉넉한 모습을 뜻한다. 奢는 의미부분이고, 單(단)은 발음부분이다.」)

①≪계전≫에서는 '富(부)'를 '當(당)'으로 썼는데, 뉴수옥은 이것은 잘못 쓴 것이라고 하였다.(≪교록≫)

②'奲'의 고음은 음성운(陰聲韻) *tjiaɣ / tśia(챠→차)이고, '單'의 고음은 양성운(陽聲韻) *djian / diæn(댠→단)이다. 두 글자는 상고음(上古音)의 첫소리가 [t-] 계열로 비슷하고, 주모음(主母音)이 [a]로 같다. 그래서 '奲'자에서 '單'이 발음부분이 될 수 있는 것이다. 고대에 음성운과 양성운이 협운을 하는 것은 흔하지는 않지만 전혀 없는 일은 아니다.

文二, 重一.
(「정문(正文) 2자, 중문(重文) 1자.」)

제399부 【亢】 부

1(6618) 亢 (목 항)

亢, 人頸也.① 从大省, 象頸脈形.② 凡亢之屬皆从亢. 頏, 亢或从頁.③
(「亢은 사람의 목을 뜻한다. 大(대)의 생략형은 의미부분이고, (几는) 사람의 목을 그린 것이다. 무릇 亢부에 속하는 글자들은 모두 亢을 의미부분으로 삼는다. (6618-1) 頏은 亢의 혹체자(或體字)로 頁(혈)을 더하였다.」)

①서호(徐灝)는 "頸(경)은 목의 대표적 이름이다. 그 앞부분은 亢이라고 하고, 亢의 안쪽은 喉(후)라고 한다. 통합해서 말하면 頸 역시 亢이라고 일컫는다.(「頸爲頭頸之大名. 其前曰亢, 亢之內爲喉. 渾言則頸亦謂之亢.」)"라고 하였다.(≪설문해자주전(說文解字注箋)≫)

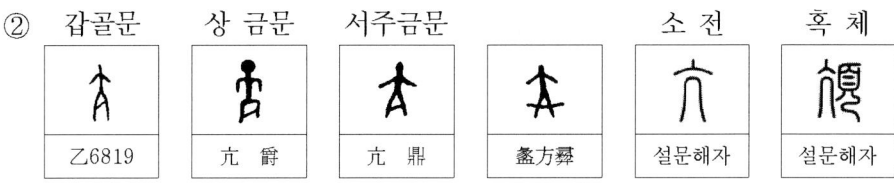

'亢'자는 갑골문과 금문을 보면 사람의 다리 사이에 한 획이 비스듬하게 더해진 모양으로, 사람의 목을 뜻한다는 ≪설문해자≫의 풀이와는 많이 다르다.
참고로 ≪광아(廣雅)·석고(釋詁)≫에서는 "亢은 가로막는다는 뜻이다.(「亢, 遮也.」)"라고 하였다.

②≪계전≫과 ≪구두≫에는 '頁'자 다음에 '作(작)'자가 한 글자 더 있다.

2(6619) 𠅻 (단단할 항)

𠅻①, 直項莽𠅻皃.② 从亢, 从夋. 夋, 倨也. 亢亦聲.
(「𠅻은 목이 곧고 거대한 모습을 뜻한다. 亢과 夋(준)은 (모두) 의미부분이다. 夋은 거만(倨慢)하다는 뜻이다. 亢은 발음부분이기도 하다.」)

①≪계전≫·≪주≫·≪구두≫ 등에서는 '𠅻'을 '𦲁' 즉 '𠅻'으로 썼다. 아래 해설 부분 '𠅻皃(항모)'에서의 '𠅻'자 역시 '𠅻'으로 썼다.
②주준성은 '莽𠅻(망항)'에 대하여 "첩운(疊韻)관계 연면사(連綿詞)로서, 莽沆(망

항)한 모습의 물을 뜻한다.(「疊韻連語, 猶莽沆之狀水也.」)"라고 하였다.(≪통훈정성≫) '莽沆'이란 큰 물[大水(대수)]을 뜻한다.

文二, 重一.
(「정문(正文) 2자, 중문(重文) 1자.」)

제400부【夲】부

1(6620) 夲 (나아갈 도)

夲, 進趣也.① 从大, 从十. 大·十②, 猶兼十人也.③ 凡夲之屬皆从夲. 讀若滔.
(「夲는 빠르게 나아간다는 뜻이다. 大(대)와 十(십)은 (모두) 의미부분이다. 大와 十은 (한 사람이) 열 사람을 겸하는 것과 같다는 의미이다. 무릇 夲부에 속하는 글자들은 모두 夲를 의미부분으로 삼는다. 滔(도)처럼 읽는다.」)

①단옥재는 "趣(취)는 빠르다는 뜻이다.(「趣者, 疾也..」)"라고 하였다.(≪주≫)
②≪주≫와 ≪구두≫에서는 ≪광운(廣韻)≫에 의거하여 '十'자 다음에 '者(자)'자 한 글자를 보충하였다.
③단옥재는 "그 나아감의 빠름이 열 사람의 능력을 겸하는 것과 같음을 말한다.(「言其進之疾, 如兼十人之能也..」)"라고 하였다.

2(6621) 奔 (빠를 홀·홀)

奔, 疾也.① 从夲, 卉聲.② 拜从此.③
(「奔은 빠르다는 뜻이다. 夲는 의미부분이고, 卉(훼)는 발음부분이다. 拜(배)자는 여기에서 비롯되었다.」)

'奔'자는 갑골문과 서주(西周) 금문의 자형이 비슷하고, 춘추(春秋)시대 석고문(石鼓文)과 소선의 자형이 비슷하나. 금문에서는 '示(시)', 또는 '艸(초)' 등이 더 해지기도 하였다.

또한 갑골문과 금문을 보면 '夲'를 쓰지 않았음을 알 수 있다.

임의광(林義光)은 '秦'은 "賁(꾸밀 비, 클 분)의 고문(古文)으로, 꽃장식의 모양을 그린 것이다.(「(秦)卽賁之古文, 象華飾之形.」)"라고 하였다.(≪문원(文源)≫)
　　서중서(徐中舒)는 임의광의 견해에 찬동하면서, '秦'의 발음을 '貝(패)'와 비슷하다고 주장하고, ≪설문해자≫에서 '秦'자의 훈을 '疾(질)'로 한 것은 가차의(假借義)로, 발음을 '홀'로 오인해서 생긴 잘못이라고 하였다.(≪갑골문자전(甲骨文字典)≫)
　　한편 금문의 '秦'자는 세 가지 용법이 있다. 그 하나는 제사의 이름으로 그 뜻은 ≪설문해자≫에 수록된 '祓(푸닥거리 불)'자와 비슷하다. 두 번째는 동사로 '빈다[祈(기)]'는 뜻으로 쓰인다. 그리고 셋째는 '賁'자와 같이 '꾸민다'는 뜻이다.(임결명(林潔明) ≪금문고림(金文詁林)≫)
　　또 임결명은 스승인 용우순(龍宇純)의 견해를 다음과 같이 소개하고 있다.
　　"秦은 ≪설문해자≫에 수록된 茇(발)자의 초문(初文)으로, '풀의 뿌리'를 뜻한다. 秦은 곧 풀뿌리 모양을 그린 것이다. 금문에서 秦은 ≪설문해자≫에서의 祓자로 쓰여 재앙을 없애는 제사를 뜻한다. 따라서 금문에서 秦은 명사로 쓰이면 '복을 비는 제사'를 뜻하고, 동사로 쓰이면 '복을 비는 제사를 지내다'라는 뜻으로 쓰인다. 또 말씀하시길: 秦과 粦(<녹백궤(彔伯簋)>)은 본래 같은 글자였는데, 금문에서 갈라져서 두 글자로 되었다. 粦은 賁자로 가차(假借)되었다. … 그리고 습관상 艸(초)를 쓰지 않던 秦자에 艸를 더하여 蓁(<모공정(毛公鼎)>)자가 되었는데, 억지로 구분한 것일 수도 있지만, 나중에는 분화되어 두 글자가 되었다.(「秦是≪說文≫茇字初文, 草根也. 秦卽象草根之形. 金文秦用當≪說文≫之祓字, 除惡祭也. 故在金文秦用作名詞, 其義爲求福之祭; 用作動詞, 其義爲祭祀求福, 故有祈求之義. 又謂秦·粦本爲一字, 然在金文中而分化爲二字. 粦假借爲賁, … 且習慣上不寫無艸之秦, 而寫加艸的蓁, 或是強爲分別, 後來則分化爲二字.」)"(중앙연구원(中央硏究院) 어언문자연구소(語言文字研究所) ≪집간(集刊)≫ 제34본(本) <갑골문·금문의 秦자 및 그 상관 문제(「甲骨文·金文秦字及其相關問題」)>)
　　②'秦'자의 고음은 알 수 없다. 따라서 '卉'와 발음상 얼마나 가까운지도 설명하기 어렵다.
　　③≪계전≫·≪주≫·≪의증≫ 등에서는 '拜'를 '捧'로 썼다.

3(6622) 暴 (급할 포)

暴, 疾有所趣也.① 从日出夲廾之.②

(「𦔻는 신속함에 달려가는 바가 있다(신속하게 달려간다)는 뜻이다. 해[日(일)]가 나오자[出(출)] 나아가서[夲] 받든다[廾(공)]는 형태(의 회의자)이다.」)

①≪주≫에서는 '趣(달릴 취)'를 '趣'로 썼다.
단옥재는 (趣는) 마땅히 '趣(달릴 추)'로 써야 한다고 하였다.(≪주≫)
계복은 "𦔻는 본래 시간에 맞추다·급한 일의 뜻이다.(「𦔻本是及時·急事之義.」)"라고 하였다.(≪의증≫)

②단옥재는 "내 생각에, 이 글자(즉 𦔻)와 暴(사나울 포·폭) 두 글자는 형태와 뜻이 모두 다른데, 오늘날 예서에서는 차이가 없다. 이 글자는 주로 빠르다는 것을 일컬으므로, 그래서 추부에 속한다. 暴는 주로 햇볕을 쬔다는 뜻을 일컬으므로, 그래서 日부에 속한다.(「按: 此與暴二篆形義皆殊, 而今隸不別. 此篆主謂疾, 故爲夲之屬. 暴主謂日晞, 故爲日之屬.」)"라고 하였다.

4(6623) 𦔼 (윤)①

𦔼, 進也. 从夲, 从屮, 允聲.② ≪易≫曰: "𦔼升, 大吉."③
(「𦔼은 나아간다는 뜻이다. 夲와 屮(철)은 의미부분이고, 允(윤)은 발음부분이다. ≪주역(周易)≫에 이르기를 "앞으로 나아가 (높은 곳으로) 올라가니 대길(大吉)하다."라고 하였다.」)

①'𦔼'자는 ≪대한한사전(大漢韓辭典)≫에 보이지 않는다.
발음은 ≪광운(廣韻)≫에 따르면 '余準切(여준절)' 즉 '윤'이다.

② 금 문   소 전

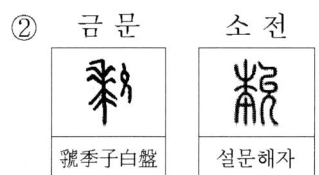

갑골문에는 '𦔼'자가 보이지 않는다.
서주(西周) 금문의 자형은 모두 '夲(빼를 훌·홀)'과 '允'으로 이루어졌다. 소전에서는 '夲'에서 '卉' 부분이 '屮'로 바뀌었다.

③현재 전해지는 ≪주역·승괘(升卦)≫에서는 '𦔼升(윤승)'을 '允升'으로 썼다.

5(6624) 奏 (아뢸 주)

𡙿, 奏進也.① 从夲, 从廾, 从屮.② 屮, 上進之義. 㞔, 古文. 𢾭, 亦古文.
(「𡙿는 나아간다는 뜻이다. 夲·廾(공)·屮(철)은 (모두) 의미부분이다. 屮은 위로 나아간다는 뜻이다. (6624-1) 㞔는 고문(古文)이다. (6634-2) 𢾭도 역시 고문이다.」)

①단옥재는 '進(진)'자 앞의 '奏'자는 정문(正文)을 다시 쓴 것으로, 없어도 된다고 하였다.(≪주≫)

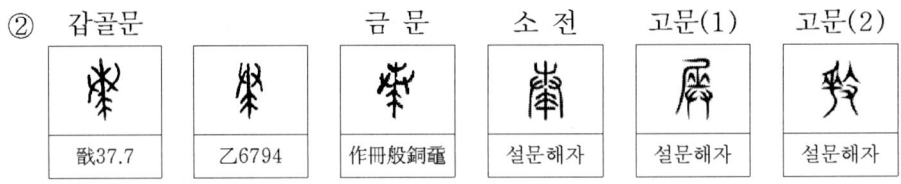

② | 갑골문 | | 금 문 | 소 전 | 고문(1) | 고문(2) |
|---|---|---|---|---|---|
| 戩37.7 | 乙6794 | 作冊般銅黿 | 설문해자 | 설문해자 | 설문해자 |

'奏'자는 갑골문과 상(商)나라 금문 그리고 소전의 자형이 대체로 비슷하다.

참고로 위의 갑골문을 ≪고문자류편(古文字類編)≫(1987)에서는 '奉(봉)'자로 여겼었는데, 증정본(增訂本, 2008, 2010)에서는 '奏'자에 넣었다. 여기에서도 이에 따랐다.

소전에서는 '𡙿'로 썼는데, '奏'는 이 글자의 예서체이다.

'𡙿'자에서 '夲'는 나아간다는 뜻이고, '収' 즉 '廾(공)'은 두 손을 그린 것이며, '屮'은 무슨 물건을 뜻한다. 그러므로 '奏'는 곧 두 손으로 물건을 받들고 나아간다는 뜻을 나타내는 회의자임을 알 수 있다.

현재의 '奏'자는 소전에 비해 글자의 모양이 많이 간략해졌기 때문에, 이제는 글자만을 보고는 그 뜻을 알기가 어려워졌다.

6(6625) 皋 (언덕 고; 부를 호)

皋, 气皋白之進也.① 从夲, 从白.② ≪禮≫: "祝曰皋, 登謌曰奏."③ 故皋·奏皆从夲. ≪周禮≫曰: "詔來鼓皋舞."④ 皋, 告之也.⑤
(「皋는 기(氣)가 하얗게 나아간다는 뜻이다. 夲와 白(백)은 (모두) 의미부분이다. ≪예(禮)≫에서 "축원(祝願)하는 것을 皋라고 하고, 당상(堂上)에 올라서서 노래를 부르는 것을 奏(주)라고 한다."라고 하였다. 그래서 皋와 奏가 모두 (나아간다는 뜻의) 夲를 의미부분으로 삼는 것이다. ≪주례(周禮)≫에 이르기를 "사람들에게 북을 두드리고 춤을 추며 들어오라고 알렸다."라고 하였다. 皋는 알린다는 뜻이다.」)

①왕균은 "이것은 자형을 가지고 뜻을 풀이한 것이다. 白자는 상반부(上半部)를 풀이한 것이고, 進(진)자는 하반부의 夲를 풀이한 것이다.(「此以字形說字義也. 白解上半, 進解下半之夲.」)"라고 하였다.(≪구두≫)

≪계전≫·≪주≫·≪의증≫·≪통훈정성≫·≪구두≫·≪교록≫ 등에서는 모두 이곳의 '皋'자를 '臯'로 썼다.

②주준성은 "이 글자는 마땅히 '연못 주변의 땅'이라고 훈을 해야 한다. 白은 의미부분이다. 白은 해가 아직 나오지 않았을 때 처음에는 희미한 빛을 내지만, 광야(廣野)에서는 햇빛이 가장 일찍 퍼진다는 의미이다. 그래서 白이 의미부분이 되는 것이다. 夲는 발음부분이다.(「此字當訓澤邊地也. 从白. 白者, 日未出時初生微光也, 壙野得日光最早, 故从白. 从夲聲.」)"라고 하였다.(≪통훈정성≫)

③≪의례(儀禮)·사상례(士喪禮)≫를 가리킨다.

④현재 전해지는 ≪주례·춘관(春官)≫ 악사(樂師)조에서는 '鼓(고)'를 '瞽(소경고)'로 썼다.

⑤≪주≫에는 이 글귀가 없다.

文六, 重二.
(「정문(正文) 6자, 중문(重文) 2자.」)

제401부 【夰】 부

1(6626) 夰 (놓을 호)

夰, 放也. 从大而八分也.① 凡夰之屬皆从夰.
(「夰는 놓는다는 뜻이다. 大(대)는 의미부분이고, 八(팔)은 나눈다는 뜻이다. 무릇 夰부에 속하는 글자들은 모두 夰를 의미부분으로 삼는다.」)

①≪주≫에서는 "从大・八. 八, 分也.(「大와 八은 (모두) 의미부분이다. 八은 나눈다는 뜻이다.」)"라고 하였다.

이에 대해 단옥재는 "다른 책에서는 '从大而八分也(종대이팔분야)'라고 하였는데, 이제 바로잡는다. 夰는 크게 나눈다는 의미이다.(「各本从大而八分也. 今正. 夰者, 大分之意也.」)"라고 하였다.

2(6627) 昦① (두려워서 볼 구)

昦, 舉目驚昦然也. 从夰, 从䀠, 䀠亦聲.②
(「昦는 눈을 들고 놀라서 두려워한다는 뜻이다. 夰와 䀠(구)는 (모두) 의미부분인데, 䀠는 발음부분이기도 하다.」)

①소영(邵瑛)은 오늘날 경전(經典)에서는 '昦'자 대신 '瞿(눈 휘둥거릴 구)'자를 쓴다고 하였다.(≪설문군경정자(說文群經正字)≫)

②≪계전≫에는 이 글귀가 없다.

3(6628) 奡 (오만할 오)

奡, 嫚也. 从百, 从夰, 夰亦聲. <虞書>曰: "若丹朱奡."① 讀若傲. ≪論語≫: "奡湯舟."②
(「奡는 오만(傲慢)하다는 뜻이다. 百(수, 즉 首)와 夰는 (모두) 의미부분인데, 夰는 발음부분이기도 하다. <우서(虞書)>에 이르기를 "단주(丹朱)처럼 오만하였다."라고 하였다. 傲(오)처럼 읽는다. ≪논어(論語)≫에서는 "奡는 육지에서 배를 저었다."라고 하였다.」)

①현재 전해지는 ≪서경(書經)・우서・익직(益稷)≫에서는 '奡'를 '傲(오)'로 썼다.

②현재 전해지는 ≪논어・헌문(憲問)≫에서는 '湯(탕)'을 '盪(씻을 탕, 육지에서 배 저을 탕)'으로 썼다.

4(6629) 昦① (여름 하늘 호)

昦, 春爲昦天.② 元气昦昦. 从日, 从亓, 亓亦聲.③
(「昦, 봄은 昦天(호천)이라고 한다. 원기(元氣)가 크고 힘차다. 日(일)과 亓는 (모두) 의미부분인데, 亓는 발음부분이기도 하다.」)

①오늘날 이 글자는 '昊(호)'로 쓴다.

이에 대해 소영(邵瑛)은 "≪구경자양(九經字樣)≫에서는 예서에서의 생략형이라고 여겼는데, 사실은 속유(俗儒)가 亓자를 몰라서 필법(筆法)이 비슷하여 天(천)으로 바꾼 것이다.(「≪九經字樣≫以爲隷省, 其實乃俗儒不識亓字, 筆法相近, 變爲天也.」)"라고 하였다.(≪설문군경정자(說文群經正字)≫)

②≪이아(爾雅)・석천(釋天)≫을 보면 "봄은 창천(蒼天)이라고 하고, 여름은 호천(昊天)이라고 한다.(「春爲蒼天, 夏爲昊天.」)"라고 하였다.

③

갑골문에는 '昊'자가 보이지 않고, 서주(西周) 금문과 소전의 자형은 '昊'로 같다.

5(6630) 㒸 (놀라 달아날 광, 왔다 갔다 할 광; 사람 이름 경)

㒸, 驚走也. 一曰: 往來也.① 从亓・亞.② <周書>曰: "伯㒸."③ 古文亞, 古文囧字也.④
(「㒸은 놀라 달아난다는 뜻이다. 일설에는 왕래한다는 뜻이라고도 한다. 亓와 亞(광)은 (모두) 의미부분이다. <주서(周書)>에 이르기를 "백광(伯㒸)이여."라고 하였다. (㒸은) 고문(古文)의 亞자이며, 고문의 囧(경)자이다.」)

①≪계전≫・≪주≫・≪구두≫ 등에서는 '也(야)'를 '皃(모)'로 썼다. 즉 "오고 가는 모습"이라는 의미이다.

②《주》・《통훈정성》・《구두》 등에서는 "惡聲.(「惡은 발음부분이다.」)"이라고 하였다.

③현재 전해지는 《서경(書經)・주서・경명(冏命)》에서는 '伯冏(백경)'으로 썼다.

④단옥재는 "이 일곱 글자는 마땅히 '古文以爲冏字(고문이위경자)' 여섯 글자로 써야 하는데, 옮겨 쓰면서 잘못 어긋났다.(「七字當作'古文以爲冏字'六字, 轉寫譌舛也.」)"라고 하였다.(《주》)(다음 부의 (6634) '臭(윤택할 고)'자 주해 ②번 참조)

文五.
(「정문(正文) 5자.」)

제402부 【亣】 부

1(6631) 亣 (큰 대)

亣, 籒文大, 改古文.① 亦象人形. 凡大之屬皆从大.②
(「亣는 주문(籒文)의 大(대)자로서, 고문(古文)을 고친 것이다. 역시 사람의 모양을 그린 것이다. 무릇 大부에 속하는 글자들은 모두 大를 의미부분으로 삼는다.」)

①단옥재는 "고문에서는 '大'로 썼고, 주문에서는 '亣'로 고쳐 쓴 것을 일컫는 것이다. 본래는 한 글자인데, 글자들 중에는 부수를 고문을 따른 글자도 있고, 주문을 따른 글자도 있는 등 통일성이 없기 때문에, 허신도 이 책을 지으면서 하는 수 없이 두 부로 나눈 것이다.(「謂古文作大, 籒文乃改作亣也. 本是一字, 而凡字偏旁或从古, 或从籒不一, 許爲字書乃不得不析爲二部.」)"라고 하였다.(≪주≫)
②≪주≫에서는 '大'를 모두 '亣'로 썼고, ≪의증≫에서는 '亣'로 썼다.(이하 같음)

2(6632) 奕 (클 혁)

奕, 大也. 从大, 亦聲. ≪詩≫曰: "奕奕梁山."①
(「奕은 크다는 뜻이다. 大는 의미부분이고, 亦(역)은 발음부분이다. ≪시경(詩經)≫에 이르기를 "높고 큰 양산(梁山)."이라고 하였다.」)

①≪시경·대아(大雅)·한혁(韓奕)≫에 나오는 글귀.
참고로 양산은 오늘날 하북성(河北省) 고안현(固安縣) 부근에 있다.

3(6633) 奘 (클 장)

奘, 駔大也. 从大, 从壯, 壯亦聲.①
(「奘은 굵고 크다는 뜻이다. 大와 壯(장)은 (모두) 의미부분인데, 壯은 발음부분이기도 하다.」)

①≪계진≫에서는 "從人, 壯聲.(「人는 의미부분이고, 壯은 발음부분이다.」)"이라고 하였다.

4(6634) 㚻 (윤택할 고)

㚻, 大白, 澤也.① 从大, 从白. 古文以爲澤字.②
(「㚻는 새하얀 색으로, 윤택(潤澤)하다는 뜻이다. 大와 白(백)은 (모두) 의미부분이다. 고문(古文)에서는 澤(택)자로 (가차되어) 쓰인다.」)

①≪주≫에서는 "大白也.(「새하얗다는 뜻이다.」)"라고 하였다.
단옥재는 "다른 책에는 '白' 아래에 '澤'자가 있는데, 그 오류가 언제 시작되었는지 알지 못한다.(「各本白下有澤字, 其誤不知始於何時.」)"라고 하였다.(≪주≫)
왕균은 "大白은 자형을 가지고 뜻을 풀이한 것으로, 이 구는 그 색깔을 말하는 것이다. 澤也는 광택이 난다는 뜻으로, 이 구는 그 빛남을 말하는 것이다. 두 구를 통해서 말하면 단지 희고 빛남이 있다는 것이다.(「大白者, 以形解義, 此句言其色. 澤也者, 光潤也, 此句言其光芒也. 通兩句言之, 衹是白而有光耳.」)"라고 하였다.(≪구두≫)

②단옥재는 "이것은 고문에서의 가차(假借)를 말하는 것이다. 가차는 대부분 같은 발음의 글자에서 취하지만, 때로는 반드시 같은 발음이 아닐 때도 있다. 예를 들어 㚻를 澤의 뜻으로 쓰고, 丂(고)를 亐(우)의 뜻으로 쓰고, 屮(철)을 艸(초)의 뜻으로 쓰는 경우이다.(「此說古文假借也. 假借多取諸同音, 亦有不必同音者, 如用㚻爲澤, 用丂爲亐, 用屮爲艸之類.」)"라고 하였다.

5(6635) 奚 (어찌 해)

奚, 大腹也. 从大, 㬎省聲.① 繇, 籒文系字.②
(「奚는 큰 배[腹(복)]를 뜻한다. 大는 의미부분이고, 㬎(계)의 생략형은 발음부분이다. 繇는 주문(籒文)의 系(계)자이다.」)

갑골문		상 금문		서주 금문	소 전
後下33.9	甲783	丙申角	亞中奚簋	遘盂	설문해자

'奚'자는 갑골문과 금문 모두 사람[大]과 '幺' 그리고 손[爪(조)]으로 이루어져 있다.
나진옥(羅振玉)은 손으로 끈[幺]을 잡고 죄인을 묶는 모양이라고 하였고(≪증정

은허서계고석(增訂殷虛書契考釋)≫), 서중서(徐中舒, ≪갑골문자전(甲骨文字典)≫) 와 고홍진(高鴻縉, ≪중국자례(中國字例)≫)은 사람의 땋은 머리[幺]를 손[爪]으로 잡아당기고 있는 모양이라고 하였다.

이 두 가지의 견해는 '幺'를 '糸(가는 실 멱·사)' 즉 끈으로 보느냐 아니면 사람의 땋은 머리로 보느냐의 차이일 뿐, 모두 '奚'가 노예를 뜻하는 회의자라는 것에는 의견을 같이 한다.

②≪계전≫에서는 '籒文'을 '古文(고문)'으로 썼다.
그러나 '𢆶'는 '系'의 주문이다.

6(6636) 耎 (약할 연)

耎, 稍前大也.① 从大, 而聲.② 讀若畏偄.③
(「耎은 점점 앞쪽이 (뒤쪽보다) 크다는 뜻이다. 大는 의미부분이고, 而(이)는 발음부분이다. 발음은 畏偄(외난, 약자를 협박한다는 뜻)이라고 할 때의 偄자처럼 읽는다.」)

①단옥재는 "稍(초)는 물체가 나옴에 조금씩 조금씩 나온다는 뜻이다. 稍前大(초전대)란 앞이 뒤보다 크다는 뜻이다.(「稍者, 出物有漸也. 稍前大者, 前較大於後也.」)"라고 하였다.(≪주≫)

②'耎'의 고음은 양성운(陽聲韻) *njiwan / ńiuæn(뉘앤→년→연)이고, '而'의 고음은 음성운(陰聲韻) *ńjiə̯ / ńi(니→이)이다. 두 글자는 상고음(上古音)과 중고음(中古音)의 첫소리가 [n-]으로 같은 쌍성(雙聲) 관계이다.

③≪계전≫과 ≪구두≫에는 이다음에 '之耎(지연)' 두 글자가 더 있다. 뜻은 같다.

7(6637) 㚩 (언)①

㚩, 大皃. 从大, 㿻聲.② 或曰: 拳勇字.③ 一曰: 讀若偃.
(「㚩은 큰 모습을 뜻한다. 大는 의미부분이고, 㿻(권)은 발음부분이다. 일설에는 권용(拳勇, 힘이 있고 용맹하다는 뜻)이라고 할 때의 拳자라고도 한다. 일설에는 偃(언)이라고 읽는다고도 한다.」)

①'㚩'자는 ≪대한한사전(大漢韓辭典)≫에 보이지 않는다.
발음은 ≪광운(廣韻)≫에 따르면 '於建切(어건절)' 즉 '언'이다.

갑골문에는 '奱'자가 보이지 않고, 서주(西周) 금문과 소전의 자형은 '奱'으로 같다.

③≪시경(詩經)·소아(小雅)·교언(巧言)≫을 보면 "힘도 없고 용맹함도 없네.(「無拳無勇.」)"라는 글귀가 있다.

단옥재는 "拳은 마땅히 捲(권)으로 써야 한다. <수부(手部)>에서 '捲은 기세(氣勢)를 뜻한다'라고 하였다.(「拳當作捲. <手部>: '捲, 气勢也.'」)"라고 하였다. (≪주≫)

8(6638) 奰① (장대할 비)

奰, 壯大也. 从三大·三目. 二目爲䀠②, 三目爲奰.③ 益大也. 一曰: 迫也. 讀若≪易≫: '虙犧氏'④, ≪詩≫曰: "不醉而怒謂之奰."⑤
(「奰는 장대(壯大)하다는 뜻이다. 세 개의 大자와 세 개의 目(목)자로 이루어졌다. 두 개의 目을 쓴 것이 䀠(권)이고, 세 개의 目을 쓴 것이 奰이다. 더욱 크다는 뜻이다. 일설에는 압박(壓迫)한다는 뜻이라고도 한다. 발음은 ≪주역(周易)≫에서 '복희씨(虙犧氏)'라고 할 때의 虙자처럼 읽기도 하고, ≪시경(詩經)≫에서 "술에 취하지 않고 화를 내는 것을 奰고 한다"라고 할 때의 奰자처럼 읽기도 한다.」)

①오늘날 이 글자는 '奰(비)'로 쓴다.
②≪주≫에서는 '䀠'을 '奰(언)'으로 썼다.

계복(≪의증≫)과 엄가균(嚴可均, ≪설문교의(說文校議)≫)도 '䀠'은 마땅히 '奰'으로 써야 한다고 하였다.

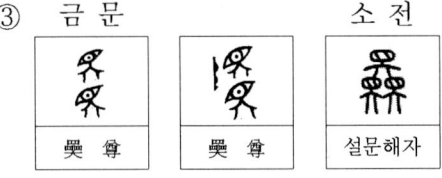

갑골문에는 '奰'자가 보이지 않고, 서주(西周) 금문은 두 개의 '夏'으로 이루어졌거나 또는 여기에 '𨸏(부)' 즉 'ß'가 더해졌다.

④현재 전해지는 ≪주역・계사전(繫辭傳)≫에서는 '庖犧氏(포희씨)'로 썼다.

⑤≪시경・대아(大雅)・탕(蕩)≫의 "內奰于中國.(「안으로는 온 나라가 화를 내었네.」)"이라는 글귀에 대한 모형(毛亨)의 전(傳).

文八.
(「정문(正文) 8자.」)

제403부 【夫】부

1(6639) 夫 (사내 부, 지아비 부)

夫, 丈夫也.① 从大, 一以象簪也.② 周制以八寸爲尺③, 十尺爲丈. 人長八尺, 故曰丈夫. 凡夫之屬皆从夫.
(「夫는 장부(丈夫, 즉 성인 남자)를 뜻한다. 大(대)는 의미부분이고, 一(일)로써 비녀를 그렸다. 주(周)나라의 제도는 8촌(寸)으로써 1척(尺)을 삼고, 10척이 1장(丈)이다. 사람은 8척까지 자라므로 그래서 장부라고 하는 것이다. 무릇 부부에 속한 글자들은 모두 夫를 의미부분으로 삼는다.」)

'夫'자는 갑골문, 금문 그리고 소전 등의 자형이 모두 사람의 정면 모양을 그린 상형자임을 알 수 있다.

이에 대해 임의광(林義光)은 '大'와 '夫'는 본래 한 글자로서 사람이 정면으로 서 있는 모양을 그린 상형자였는데, 뒤에 두 개의 글자로 나뉘고 뜻과 발음도 각각 다르게 되자 둘 사이의 구별을 하기 위하여 '大'자에 '一'획 하나를 더 그어 '夫'자를 만든 것이라고 하였다.(≪문원(文源)≫)

②≪주≫에서는 '簪(비녀 잠)'을 '先(잠)'으로 썼다.

고홍진(高鴻縉)은 ≪설문해자≫의 풀이에 따라 "소년은 머리를 따고, 성인은 머리를 묶는다. 그러므로 성인은 비녀를 꽂는다. 夫는 大자에서 그 머리 부분에 비녀를 꽂은 모양을 그린 것이다.(「童子披髮, 成人束髮, 故成人戴簪. 字倚大畫其首髮戴簪形.」)"라고 하였는데(≪중국자례(中國字例)≫), '一'이 과연 '비녀'를 그린 것인지는 확실하지 않다.

③현재의 길이 표준에 따르면 1척이 약 33cm에 해당하므로, 10척이면 3m 30cm에

달하지만, 주나라 때의 1척은 19.91cm였고, 한(漢)나라 때의 1척은 27.65cm였다.

2(6640) 規 (그림쇠 규, 법 규)

規, ①有法度也.② 从夫, 从見.③

(「規는 법도(法度)가 있다는 뜻이다. 夫와 見(견)은 (모두) 의미부분이다.」)

　①≪주≫에는 '有(유)'자 앞에 '規巨(규거)' 두 글자가 더 있다.
　참고로 '規巨' 즉 '規矩(규구)'는 '원을 그리는 자'와 '네모를 그리는 자'를 합쳐서 부르는 말이다.
　②≪주≫에서는 '法(법)'을 '灋'으로 썼다.(이하 같음)
　③왕균은 장부(丈夫)의 의견(意見)이 법도에 맞기 때문에 '夫'와 '見'이 의미부분이 되는 것이라고 하였다.(≪구두≫)

3(6641) 夶 (나란히 갈 반)

夶, 竝行也. 从二夫.① 輦字从此. 讀若伴侶之伴.

(「夶은 나란히 간다는 뜻이다. 두 개의 夫자로 이루어졌다. 輦(수레 연)자(의 윗부분)는 이 글자(즉 夶)를 쓴 것이다. 발음은 반려(伴侶, 길동무)라고 할 때의 伴자처럼 읽는다.」)

① 갑골문　　소전

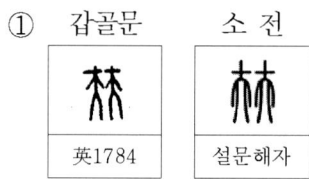

英1784　설문해자

　'夶'자는 갑골문과 소전의 자형이 모두 '夫'자 둘로 이루어져 있다.

文三.
(「정문(正文) 3자.」)

제404부【立】부

1(6642) 立 (설 립)

立, 住也.① 从大立一之上.② 凡立之屬皆从立.
(「立은 서 있다는 뜻이다. 사람[大(대)]이 一(일) 위에 서 있는 형태(의 회의자)이다. 무릇 立부에 속하는 글자들은 모두 立을 의미부분으로 삼는다.」)

①≪주≫와 ≪통훈정성≫에서는 '住(주)'를 '侸(두·수)'로 썼다.
참고로 ≪설문해자≫에는 '住'자가 없다. 따라서 옛날에는 '住'를 '駐(주)' 또는 '侸'로 썼다.

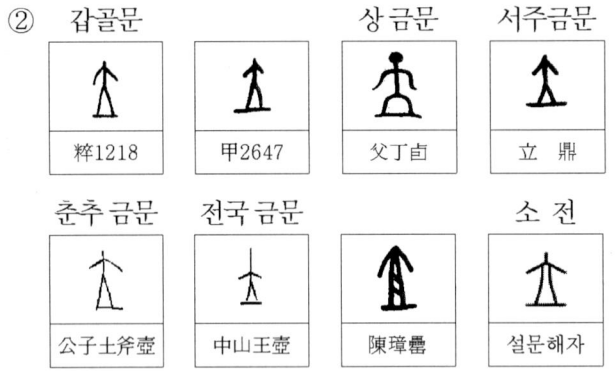

②

'立'자는 갑골문, 금문 그리고 소전 등의 자형이 모두 사람[大]이 정면으로 땅[一]을 딛고 서 있는 모양을 그렸다.

2(6643) 竦 (임할 리·립)

竦, 臨也. 从大, 从隶.①
(「竦는 임한다는 뜻이다. 立과 隶(이·대)는 (모두) 의미부분이다.」)

①≪계전≫·≪주≫·≪통훈정성≫·≪구두≫ 등에서는 "從立, 隶聲.(「立은 의미부분이고, 隶는 발음부분이다.」)"이라고 하였다.

3(6644) 竴 (포갤 퇴)

竴, 磊竴①, 重聚也. 从立, 辜聲.②

(「埻는 뢰퇴(磊埻)로, 포개지고 겹쳐져 모여 있다는 뜻이다. 立은 의미부분이고, 㫯(순)은 발음부분이다.」)

①≪주≫·≪의증≫·≪교록≫ 등에서는 '埻'를 '壿'로 썼다.

②소전의 '㫯'자를 예서에서는 일률적으로 '享'으로 썼다. 예를 들어 '埻(과녁 준)'·'稕(짚단 준)'·'綧(피륙 넓이 준)'·'淳(순박할 순)'·'錞(악기 이름 순)'·'醇(진한 술 순)'·'諄(타이를 순)'·'鯙(고기 이름 순)'·'鶉(메추라기 순)' 등에서의 '享' 부분은 모두 '㫯'에서 온 것이다.

참고로 '埻'의 고음은 음성운(陰聲韻) *dwər / duəi(뒤이→퇴)이고, '㫯'의 고음은 양성운(陽聲韻) *djiwən / dźiuIn(쥔→순)이다. 두 글자는 상고음(上古音)의 첫 소리가 [d-]로 같고, 주모음(主母音) 역시 [ə]로 같으며, 운미(韻尾)는 혀 끝 가운데 소리[설첨중음(舌尖中音)]인 [-r]와 [-n]으로 발음 부위가 같다. 그래서 '埻'자에서 '㫯'이 발음부분이 될 수 있는 것이다.

고대에 음성운과 양성운이 협운을 하는 것은 흔하지는 않지만 전혀 없는 일은 아니다.

4(6645) 端 (바를 단)

端, 直也.① 从立, 耑聲.②
(「端은 곧다는 뜻이다. 立은 의미부분이고, 耑(단)은 발음부분이다.」)

①단옥재는 "발단(發端)·단서(端緒)라고 쓰이는 것은 가차(假借)이다.(「用爲發耑·耑緒字者叚借也.」)"라고 하였다.(≪주≫)

②장순휘(張舜徽)는 "端을 발음으로 뜻을 풀이하면 耑(시초 단)이다. 사람이 땅에 서 있는 것이 초목이 처음 생겨날 때 곧은 것과 같다는 것을 일컫는 것이다.('端之言耑也, 謂人立于地, 如艸木初生之直也.」)"라고 하였다.(≪설문해자약주(說文解字約注)≫)

5(6646) 竱 (같을 전·단)

竱, 等也. 从立, 專聲. ≪春秋傳≫①曰: "竱本肇末."②
(「竱은 같다는 뜻이다. 立은 의미부분이고, 專(전)은 발음부분이다. ≪춘추전(春秋傳)≫에 이르기를 "근본을 같게 하여, 끝을 바르게 한다."라고 하였다.」)

①《계전》・《의증》・《구두》・《교록》 등에서는 《춘추국어(春秋國語)》라고 하였다.
②《국어(國語)・제어(齊語)》에 나오는 글귀.

6(6647) 竦 (공경할 송)

竦, 敬也.① 从立, 从束. 束, 自申束也.②
(「竦은 공경(恭敬)한다는 뜻이다. 立과 束(속)은 (모두) 의미부분이다. 束은 스스로 풀고 묶는다는 뜻이다.」)

①단옥재는 "敬은 엄숙(嚴肅)하다는 뜻이다.(「敬者, 肅也.」)"라고 하였다.(《주》)
②《계전》과 《구두》에는 이다음에 '亦聲(역성)' 두 글자가 더 있다. 즉 "(束은) 발음부분이기도 하다"라는 의미이다.

7(6648) 竫 (머무를 정)

竫, 亭安也.① 从立, 爭聲.
(「竫은 편안하게 머문다는 뜻이다. 立은 의미부분이고, 爭(쟁)은 발음부분이다.」)

①단옥재는 "亭(정)은 백성이 편안하게 머무는 곳이다. 그러므로 安定(안정, 편안하게 머문다는 뜻)을 亭安이라고 한다. 亭은 속자로 停(정)・渟(정)으로 쓴다. 亭과 竫은 첩운(疊韵)이다. 무릇 안정(安靜)이라고 할 때의 글자는 마땅히 竫으로 써야 한다. 靜은 竫의 가차자(假借字)이다. 靜은 자세히 살핀다는 뜻이다.(「亭者, 民所安定也. 故安定曰亭安. 其字俗作停・作渟. 亭與竫疊韵. 凡安靜字宜作竫. 靜其叚借字也. 靜者, 審也.」)"라고 하였다.(《주》)

8(6649) 靖 (꾀할 정, 편안할 정)

靖, 立竫也. 从立, 青聲. 一曰: 細皃.
(「靖은 서서 편안하게 머문다는 뜻이다. 立은 의미부분이고, 青(청)은 발음부분이다. 일설에는 가느다란 모습을 뜻한다고도 한다.」)

9(6650) 竢 (기다릴 사)

竢, 待也.① 从立, 矣聲.② 竢, 或从巳.

(「竢는 기다린다는 뜻이다. 立은 의미부분이고, 矣(의)는 발음부분이다. (6650-1) 竢는 竢의 혹체자(或體字)로 (矣 대신) 巳(사)를 썼다.」)

①단옥재는 경전(經傳)에서 '俟(기다릴 사)'자가 많이 쓰이면서 '竢'자는 쓰이지 않게 되었다고 하였다.(《주》)

②'竢'의 고음은 *dziəɣ / dẓi(지→사)이고, '矣'는 상고음(上古音)의 첫소리가 복성모(複聲母)인 [sɣ-]로 [s-]와 [ɣ-] 두 가지 계열의 성모를 가지고 있었던 글자로서, 고음은 *sɣiəɣ / ji(이→의)이다. '竢'와 '矣' 두 글자는 지금은 발음이 약간 다르지만, 상고음과 중고음(中古音)의 운모(韻母)는 같았음을 알 수 있다. 그래서 '竢'자에서 '矣'가 발음부분이 될 수 있는 것이다.

10(6651) 竘 (건장할 구)

竘, 健也. 一曰: 匠也. 从立, 句聲. 讀若齲. 《逸周書》有竘匠. ①

(「竘는 건장(健壯)하다는 뜻이다. 일설에는 장인(匠人)을 뜻한다고도 한다. 立은 의미부분이고, 句(구)는 발음부분이다. 齲(우)처럼 읽는다. 《일주서(逸周書)》에 '구장(竘匠)'이라는 글귀가 있다.」)

①단옥재는 "아마도 《주서(周書)》 71편(篇)을 말하는 것일 것이다. '竘匠'이라는 글귀는 연구가 필요하다.(「蓋謂《周書》七十一篇也. '竘匠'之文俟考.」)"라고 하였다.(《주》)

11(6652) 竵① (바르지 않을 화)

竵, 不正也. 从立, 咼聲.

(「竵는 올바르지 않다는 뜻이다. 立은 의미부분이고, 咼(과·라)는 발음부분이다.」)

①단옥재는 (이 글자는) 속자(俗字)로 '歪(비뚤 왜)'로 쓴다고 하였다.(《주》)

12(6653) 竭 (다할 갈)

竭, 負擧也.① 从立, 曷聲.

(「竭은 (등에 짐을) 져서 들어 올린다는 뜻이다. 立은 의미부분이고, 曷(갈)은 발음부분이다.」)

立부 竭須羸竣竷

①단옥재는 "무릇 손으로 들 수 없는 것은 져서 들어 올린다.(「凡手不能擧者, 負而擧之.」)"라고 하였다.(≪주≫)

13(6654) 須 (기다릴 수)

須, 待也.① 从立, 須聲. 或从㿃聲.②

(「須는 기다린다는 뜻이다. 立은 의미부분이고, 須(수)는 발음부분이다. (6654-1) 竭는 혹체자(或體字)로 (須 대신) 㿃(추)를 발음부분으로 썼다.」)

①≪주≫에서는 ≪고금운회(古今韻會)≫에 의거하여 '待(대)'자 앞에 '立而(립이)' 두 글자를 보충하였다.
②≪계전≫·≪주≫·≪의증≫·≪교록≫ 등에는 '㿃'자 다음의 '聲(성)'자가 없다.

14(6655) 羸 (약하게 설 라)

羸, 痿也. 从立, 羸聲.

(「羸는 (서있으니 다리가) 저린다는 뜻이다. 立은 의미부분이고, 羸(라)는 발음부분이다.」)

15(6656) 竣 (일 마칠 준)

竣, 偓竣也.① 从立, 夋聲. ≪國語≫曰: "有司巳事而竣."②

(「竣은 웅크린다는 뜻이다. 立은 의미부분이고, 夋(준)은 발음부분이다. ≪국어(國語)≫에 이르기를 "관리가 일을 끝마치고 웅크렸다."라고 하였다.」)

①≪주≫에서는 "居也.(「머무른다는 뜻이다.」)"라고 하였다.
이에 대해 단옥재는 "居(거)가 偓(거만할 거)로 잘못 변했고, 偓는 偓(거리낄 악)으로 잘못 변했다. 竣은 중복된 글자이다.(「居譌偓, 偓譌偓. 竣乃複擧字.」)"라고 하였다.
또한 ≪의증≫에는 '竣'자 다음의 '也(야)'자가 없다.
②≪국어·제어(齊語)≫에 나오는 글귀.

16(6657) 竷 (귀신 만날 록·복)①

竷, 見鬼竷皃. 从立, 从彔.② 彔, 籒文彔字.③ 讀若虙羲氏之虙.

(「竦은 귀신이나 도깨비를 본 모습을 뜻한다. 立과 彔(록)은 (모두) 의미부분이다. 彔은 주문(籒文)의 魅(매)자이다. 발음은 복희씨(宓羲氏)의 宓(복)자처럼 읽는다.」)

①≪광운(廣韻)≫을 보면 '竦'의 발음은 '盧谷切(로곡절)' 즉 '록'과 '房六切(방륙절)' 즉 '복' 등 두 가지이다.

≪계전≫·≪교록≫·≪주≫·≪의증≫·≪통훈정성≫·≪구두≫ 등에서는 모두 '房六切' 즉 '복'이라고 하였다. 여기에서는 '彔'의 발음을 고려해서 두 가지 모두를 쓰겠다.

②≪계전≫에서는 "從立, 彔聲.(「立은 의미부분이고, 彔은 발음부분이다.」)"이라고 하였고, ≪구두≫에서는 "從立, 從彔, 彔亦聲.(「立과 彔은 (모두) 의미부분인데, 彔은 발음부분이기도 하다.」)"이라고 하였다.

한편 ≪주≫에서는 '彔'을 '彔'으로 썼고, ≪구두≫에서는 '彔'으로 썼다.

③왕균은 "이 말은 틀림없이 후세 사람이 덧붙인 것이다. 그런데 이 글자를 대부분 彔으로 잘못 쓰고 있다.(「此語固後人所增. 然本篆誤從彔.」)"라고 하였다.(≪구두≫)

참고로 앞에 나온 제9편 상 제346부 <귀부(鬼部)> (5796) '魅'자를 보면, "魅, 老精物也. 从鬼·彡. 彡, 鬼毛. 魅, 或从未聲. 彔, 古文. 彔, 籒文, 从象首, 从尾省聲.(「魅는 (물건이) 오래되어서 변한 요정(妖精)(즉 도깨비)을 뜻한다. 鬼와 彡(삼)은 (모두) 의미부분이다. 彡은 귀신의 털이다. (5796-1) 魅는 혹체자(或體字)로 (彡 대신) 未(미)를 발음부분으로 썼다. (5796-2) 彔는 고문(古文)이다. (5796-3) 彔는 주문(籒文)으로, 象(단)의 머리부분으로 의미부분을 삼고, 尾(미)의 생략형으로 발음부분을 삼았다.」)"라고 하였다.

17(6658) 䇴 (놀랄 작)

䇴, 驚皃. 从立, 昔聲.①
(「䇴은 놀란 모습을 뜻한다. 立은 의미부분이고, 昔(석)은 발음부분이다.」)

① 금 문   소 전

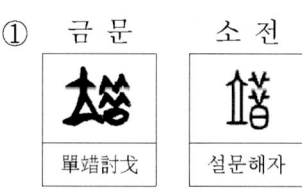

갑골문에는 '䇴'자가 보이지 않고, 전국(戰國)시대 금문과 소전의 자형은 '䇴'으로 같다.

18(6659) 竔 (우뚝 설 비)

竔, 短人立竔竔皃.① 从立, 卑聲.
(「竔는 키가 작은 사람이 서있는 것이 짧은 모습을 뜻한다. 立은 의미부분이고, 卑(비)는 발음부분이다.」)

①단옥재는 "竔竔는 짧은 모습을 뜻한다.(「竔竔, 短皃.」)"라고 하였다.(≪주≫)

19(6660) 竲 (높을 증)

竲, 北地高樓無屋者. 从立, 曾聲.
(「竲은 북부 지방의 높은 망루 가운데 지붕이 없는 종류를 뜻한다. 立은 의미부분이고, 曾(증)은 발음부분이다.」)

文十九, 重二.
(「정문(正文) 19자, 중문(重文) 2자.」)

제405부 【竝】부

1(6661) 竝 (짝할 반; 이을 방; 견줄 병, 아우를 병)

𰀁, 倂也.① 从二立.② 凡竝之屬皆从竝.

(「竝은 사람이 나란히 서 있다는 뜻이다. 두 개의 立(립)자로 이루어졌다. 무릇 竝부에 속하는 글자들은 모두 竝을 의미부분으로 삼는다.」)

'竝'자는 갑골문과 금문을 보면 모두 두 사람이 나란히 정면으로 서 있고 그 아래에 '一' 또는 '='이 있는 모양이다.

오늘날 '竝'자는 '並(병)'으로 쓰기도 하는데, '並'은 '竝'의 예서체이다.

②《계전》에서는 '二(이)'를 '兩(량)'으로 썼다.

2(6662) 䇸(替) (대신할 체)

䇸, 廢①, 一偏下也.② 从竝, 白聲. 㬱, 或从曰. 替, 或从兓, 从曰.③

(「䇸는 廢(폐)로, 하나가 치우쳐 아래로 내려간다는 뜻이다. 竝은 의미부분이고, 白(백)은 발음부분이다. (6662-1) 㬱는 혹체자(或體字)로 (白 대신) 曰(왈)을 썼다. (6662-2) 替는 혹체자로 兓(신)과 曰로 이루어졌다.」)

①《주》에는 '廢'자 다음에 '也(야)'자가 한 글자 더 있다. 즉 여기에서 문장이 끝마친다는 의미이다.

단옥재는 "廢는 卻屋(각옥)을 뜻한다. 卻屋은 빈 집을 말한다. 사람이 살지 않으니, 그래서 䇸와 廢가 같은 뜻이 되는 것이다.(「廢者, 卻屋也. 卻屋言空屋. 人所不居, 故䇸廢同義.」)"라고 하였다.

②단옥재는 "이것은 또 하나의 뜻이다. 두 사람이 나란히 서 있는데, 한 쪽이 기울어지면 곧 그 세가 반드시 아래로 내려가게 된다.(「此又爲一義. 相竝而一邊庳下, 則其勢必至同下.」)"라고 하였다.

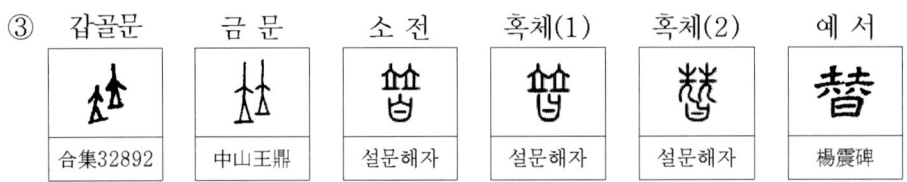

'替'자는 갑골문과 전국(戰國)시대 금문을 보면 '竝'으로, 두 사람이 앞뒤로 서 있는 모양이다. 모두 '白' 또는 '曰'을 쓰지 않았다.

소전에서는 '朁'로 썼으며, '替'는 이 글자의 속자(俗字)이다.

참고로 ≪한어고문자자형표(漢語古文字字形表)≫에서는 '替'자의 서주(西周) 금문으로 '朁'(<번생궤(番生簋)>)와 같은 글자를 수록하고 있다.

文二, 重二.
(「정문(正文) 2자, 중문(重文) 2자.」)

제406부 【囟】부

1(6663) 囟 (정수리 신)

囟①, 頭會, 匘蓋也. 象形.② 凡囟之屬皆从囟. 𦜉, 或从肉宰.③ 𠒺, 古文囟字.
(「囟은 두골(頭骨)이 모인 곳으로, 뇌의 뚜껑(즉 정수리)을 뜻한다. 상형이다. 무릇 囟부에 속한 글자들은 모두 囟을 의미부분으로 삼는다. (6663-1) 𦜉은 혹체자(或體字)로 肉(육)과 宰(재)로 이루어졌다. (6663-2) 𠒺은 고문(古文)의 囟자이다.」)

①≪주≫에서는 '囟'을 '囟' 즉 '囟'으로 썼다.

②

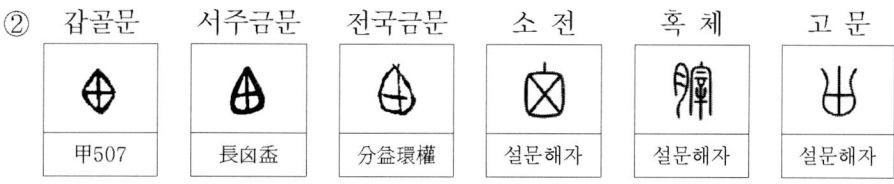

갑골문	서주금문	전국금문	소전	혹체	고문
甲507	長囟盉	分益環權	설문해자	설문해자	설문해자

'囟'자는 갑골문과 금문 그리고 소전 등의 자형이 대체로 비슷하다.
(≪고문자류편(古文字類編)≫(2010)에서는 위의 갑골문과 금문의 자형을 모두 '甴(불)'자로 소개하고 있다.)

③서호(徐灝)는 "𦜉자에서 宰가 발음부분이 되는 것은, 宰는 본래 辛(신)이 발음부분이어서 囟과 발음이 가깝다.(「𦜉从宰聲者, 宰本以辛爲聲, 與囟相近也.」)"라고 하였다.(≪설문해자주전(說文解字注箋)≫)

참고로 '囟'과 '辛'의 고음은 *sjien / siIn(신)으로 완전히 같고, '宰'의 고음은 *tsəɣ / tsiei(저이→재)이다.

2(6664) 巤 (목 갈기 렵)

巤, 毛巤也.① 象髮在囟上及毛髮巤巤之形.② 此與籒文子字同.③
(「巤은 모발(毛髮)을 뜻한다. 머리털이 정수리에 나 있으면서 모발이 움직이는 모양을 그린 것이다. 이 글자는 주문(籒文)의 子(자)자와 같다.」)

①≪계전≫에는 '巤'자 다음의 '也(야)'자가 없다.

②

'鬣'자는 갑골문과 금문 그리고 소전 등의 자형이 대체로 비슷하다.

고홍진(高鴻縉)은 '鬣'은 소·양·돼지·말 등과 같은 동물의 갈기털을 그린 상형자라고 하였다.(≪중국문자(中國文字)≫)

심도(沈濤)는 "鬣鬣은 모발이 움직이는 모습이다.(「鬣鬣乃毛髮顫動之皃.」)"라고 하였다.(≪설문고본고(說文古本考)≫)

③≪주≫에서는 '同(동)'자 다음에 '意(의)'자가 하나 더 있다. 즉 "주문의 子자와 같은 의미이다"라는 것이다.

그렇지만 왕균은 "주문의 子자는 ※(즉 巤)로 썼는데, 윗부분 ※가 鬣자의 상반부와 같다.(「籀文子作※, 上亦作※, 與鬣之上半同.」)"라고 하였다.(≪설문석례(說文釋例)≫)

또한 ≪계전≫에서는 '子'를 '胷(가슴 흉)'으로 썼다. 이에 대해 뉴수옥은 '胷'은 '巤(자)'를 잘못 쓴 것 같다고 하였다.(≪교록≫)

3(6665) 毗① (밝을 비)

毗, 人臍也.② 从囟. 囟, 取气通也.③ 从比聲.④
(「毗는 사람의 배꼽을 뜻한다. 囟은 의미부분이다. 囟은 기(氣)를 취하여 통하게 한다는 뜻이다. 比(비) 발음을 따랐다.」)

①≪대한한사전(大漢韓辭典)≫에서는 '毗'는 '毗(밝을 비)' 또는 '毘(도울 비)'자와 같은 글자라고 하였다.

≪집운(集韻)·지운(脂韻)≫을 보면 "毗는 예서에서 毗로 쓴다.(「毗, 隸作毗.」)"라고 하였다.

②≪주≫에서는 '人臍也(인제야)' 앞에 '毗臍' 두 글자가 더 있다. 이에 따르면 번역은 "毗는 毗臍로, 사람의 배꼽을 뜻한다"로 된다.

단옥재는 현응(玄應)의 ≪일체경음의(一切經音義)≫에서 인용한 ≪설문해자≫에 이렇게 되어 있다고 하면서, ≪설문해자≫ 전체의 통례(通例)도 이와 같다고 하였다.

③ ≪구두≫에는 '通(통)'자 앞에 '所(소)'자 한 글자가 더 있다.
왕균은 ≪옥편(玉篇)≫에 의거하여 보충하였다고 하였다.

④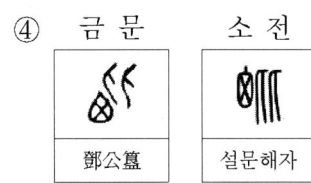

갑골문에는 '甤'자가 보이지 않고, 춘추(春秋)시대 금문과 소전의 자형은 모두 '囟'과 '比'로 이루어져 있다.

그런데 ≪설문해자≫에서 '从A聲'이라는 분석은 잘 보이지 않는 예이다.

계복은 ≪옥편(玉篇)≫에서 "從囟, 從比.(「囟과 比는 (모두) 의미부분이다.」)"라고 하였다고 하였는데(≪의증≫), 여기에 "比亦聲.(「比는 발음부분이기도 하다.」)"이라는 글귀를 덧붙이면 더욱 좋지 않을까 생각한다.

또 뉴수옥은 ≪고금운회(古今韻會)≫에서 인용한 ≪설문해자≫에는 '比'자 앞의 '从'자가 없다고 하였다. 즉 "囟은 의미부분이고, 比는 발음부분이다"라는 의미이다.

文三, 重二.
(「정문(正文) 3자, 중문(重文) 2자.」)

제407부【思】부

1(6666) 思 (생각할 사)

恖, 容也.① 从心, 囟聲.② 凡思之屬皆从思.
(「恖는 포용(包容)한다는 뜻이다. 心은 의미부분이고, 囟(신)은 발음부분이다. 무릇 思부에 속하는 글자들은 모두 思를 의미부분으로 삼는다.」)

①≪주≫에서는 '容'을 '睿(밝을 예; 하천의 바닥을 깊이 파 올릴 준)'으로 썼다.

이에 대해 단옥재는 "<곡부(谷部)>에 이르기를, '睿은 (바닥을) 깊게 파서 하천을 통하게 한다는 뜻이다. 밭도랑과 계곡을 깊게 준설(浚渫)하여 하천에 이르도록 이끈다'라고 하였다. (여기에서) 인신(引申)하여 무릇 깊게 통하도록 하는 것을 모두 睿(준)이라고 한다. 思와 睿은 쌍성(雙聲)관계이다.(「<谷部>曰: '睿者, 深通川也. 引睿畎澮歫川.' 引申之, 凡深通皆曰睿. 思與睿雙聲.」)"라고 하였다. (≪주≫)

계복은 ≪춘추번로(春秋繁露)≫를 인용하여 "왕(王)은 용모는 공손하게 하고, 말할 때는 (다른 사람을) 따라 가며, 보는 것은 밝게 보고, 듣는 것은 자세히 들으며, 생각은 넓게 해야 한다. 여기에서의 容이란 받아들이지 않는 것이 없음을 말한다.(「王者, 貌曰恭, 言曰從, 視曰明, 聽曰聰, 思曰容. 容者, 言無不容.」)"라고 하였다. (≪의증≫)

②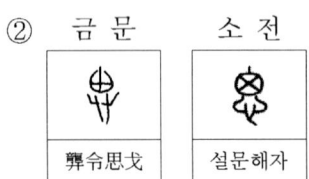

갑골문에는 '思'자가 보이지 않고, 전국(戰國)시대 금문과 소전의 자형은 '恖'로 같다. '思'는 이 글자의 예서체이다.

≪주≫에서는 ≪고금운회(古今韻會)≫에 의거하여 "从囟.(「囟은 의미부분이다.」)"이라고 하였다.

서호(徐灝)는 "囟과 思는 같은 발음에서 약간 변화한 것이라고 하였다.(「囟・思, 一聲之轉也.」)"라고 하였다.(≪설문해자주전(說文解字注箋)≫)

2(6667) 慮 (생각할 려)

慮, 謀思也.① 从思, 虍聲.②
(「慮는 무슨 일을 도모(圖謀)하고자 (곰곰이) 생각한다는 뜻이다. 思는 의미부분이고, 虍(호)는 발음부분이다.」)

　①≪방언(方言)≫<권1>을 보면 "惟(유)는 일반적인 생각한다는 뜻이다. 慮는 무슨 일을 도모하고자 (곰곰이) 생각한다는 뜻이다. 願(원)은 무슨 일을 하고자 생각한다는 뜻이다. 念(념)은 늘 생각한다는 뜻이다.(「惟, 凡思也; 慮, 謀思也; 願, 欲思也; 念, 常思也.」)"라고 하였다.

② 춘추금문　전국금문　소 전

般殷鼎　中山王鼎　설문해자

　갑골문과 서주(西周) 금문에는 '慮'자가 보이지 않는다.
　춘추(春秋)시대 금문은 '心'과 '膚(부)'로 이루어졌고, 전국(戰國)시대 금문은 '㥥'로 '心'과 '呂(려)'로 이루어졌다.
　참고로 '膚'는 '臚(살갗 려)'의 주문(籒文)으로, 발음부분으로 쓰인 것이다.

文二.
(「정문(正文) 2자.」)

제408부 【心】부

1(6668) 心 (마음 심)

, 人心.① 土藏②, 在身之中. 象形.③ 博士說: 以爲火藏.④ 凡心之屬皆从心.
(「心은 사람의 심장이다. 흙[土(토)]에 속하는 장기(臟器)로서, 몸의 가운데에 있다. 상형이다. 박사(博士)는 불[火(화)]에 속하는 장기로 여긴다고 주장하였다. 무릇 心부에 속하는 글자들은 모두 心을 의미부분으로 삼는다.」)

①《통훈정성》에는 '心'자 뒤에 '也(야)'자가 한 글자 더 있다.
②《주》에는 '藏(장)'을 '臟(장)'으로 썼고, 그 뒤에 '也'자가 한 글자 더 있다. 《통훈정성》에는 이 글귀가 없다.

③
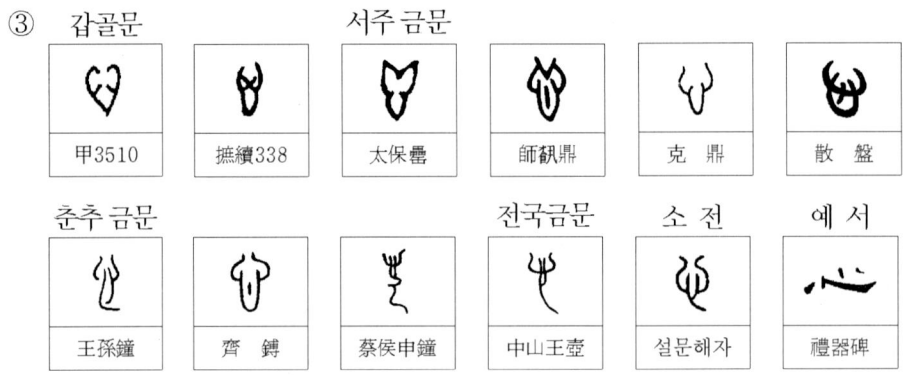

'心'자는 사람 심장의 모양을 그린 것이다. 갑골문, 금문 그리고 소전 등의 자형이 모두 같다.

④한(漢)나라 초에는 《금문상서(今文尚書)》 학관(學官)을 세우고 박사를 두었다.

단옥재는 "흙에 속하는 장기라는 것은 《고문상서(古文尚書)》의 주장이고, 불에 속하는 장기라는 것은 금문학파(今文學派)의 주장이다.(「土臟者, 《古文尚書》說; 火臟者, 今文家說.」)"라고 하였다.(《주》)

한나라의 유학자들은 사람의 장기를 당시 유행하였던 음양오행설(陰陽五行說)에 따라 풀이하였다. 참고로 오행과 장기와의 관계를 소개하면, 간(肝)은 나무[木(목)], 신장(腎臟, 콩팥)은 물[水(수)], 폐(肺)는 쇠[金(금)], 비장(脾臟, 지라)은 흙 그리고 심장은 불에 속한다.

2(6669) 息 (쉴 식, 숨 쉴 식)

息, 喘也. 从心, 从自①, 自亦聲.②

(「息은 숨을 쉰다는 뜻이다. 心과 自(자)는 (모두) 의미부분인데, 自는 발음부분이기도 하다.」)

'息'자는 갑골문과 상(商)나라 금문 그리고 서주(西周) 금문에서는 '코' 즉 '自' 아래에 '八' 또는 '八'가 있는 형태이다. '八' 등은 '콧김'을 표시한 것으로 보인다.

전국(戰國)시대 금문과 소전의 자형은 '八' 등이 '心'으로 바뀌어 지금과 같은 '息'으로 썼다.

'自'자는 본래 '코'를 그린 상형자였는데, 뒤에 '자기(自己)'·'…로부터' 등과 같은 뜻으로 가차(假借)되었다. 그래서 '息'자에서 '自'가 의미부분이 되는 것이다.

②'息'의 고음은 입성운(入聲韻) *sjiək / siIk(식)이고, '自'의 고음은 음성운(陰聲韻) *dzjiər / dziIi(지→자)이다. 두 글자는 첫소리가 [ts-] 계열로 비슷하고, 상고음(上古音)의 주모음(主母音)이 [ə]로 같다. 그래서 '息'자에서 '自'가 발음부분이 될 수 있는 것이다. 고대에는 음성운과 입성운이 협운을 하기도 하였다.

3(6670) 情 (뜻 정)

情, 人之陰气①, 有欲者.② 从心, 靑聲.

(「情은 사람의 음기(陰氣)로서, 하고 싶은 것이 있는 것을 뜻한다. 心은 의미부분이고, 靑(청)은 발음부분이다.」)

①≪주≫에서는 '陰'을 '侌(음)'으로 썼다.
②≪통훈정성≫에는 '者(자)'자 다음에 '也(야)'자가 한 글자 더 있다.

단옥재는 ≪예기(禮記)≫를 인용하여 "사람의 情이란 무엇인가? 기쁨[喜(희)]·화냄[怒(노)]·슬픔[哀(애)]·두려움[懼(구)]·좋아함[愛(애)]·미워함[惡(오)]·욕심[欲(욕)] 등 7가지로서, 배우지 않아도 할 줄 아는 것이다.("何謂人情? 喜·怒·哀·懼·愛·惡·欲七者, 不學而能.")라고 하였다.(≪주≫)

계복은 "≪구명결(鉤命決)≫에 이르기를 '양기는 어질고, 음기는 탐욕스럽다. 그러므로 情에는 이욕(利慾)이 있고, 성(性)에는 어짊이 있는 것이다'라고 하였다.("≪鉤命決≫曰: '陽氣者仁, 陰氣者貪. 故情有利欲, 性有人也.'")라고 하였다.(≪의증≫)

4(6671) 性 (성품 성)

𢔁, 人之陽气①, 性②善者也. 从心, 生聲.
(「性은 사람의 양기(陽氣)로서, 본성이 좋은 것을 뜻한다. 心은 의미부분이고, 生(생)은 발음부분이다.」)

  ①≪주≫에서는 '陽'을 '昜(양)'으로 썼다.
  ②단옥재는 '性(성)'자 다음에 한 칸을 띄우고 '句(구)'라고 주를 하였다.(≪주≫) 즉 여기까지 구를 이룬다는 의미이다 이에 따르면 번역은 "사람의 양기 성질로…"로 된다.

5(6672) 志 (뜻 지)

𢙁, 意也. 从心, 之聲.①
(「志는 意(뜻 의)이다. 心은 의미부분이고, 之(지)는 발음부분이다.」)

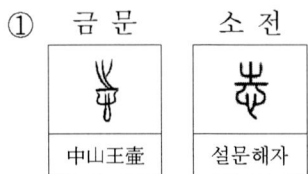

① 금 문   소 전

   中山王壷   설문해자

갑골문과 서주(西周) 금문에는 '志'자가 보이지 않는다.
전국(戰國)시대 금문과 소전의 자형은 모두 '心'과 '㞢' 즉 '之'로 이루어져 있다. 오늘날 '志'자에서 윗부분 '士(사)'는 '㞢(=之)'의 변형이다.
한편 ≪주≫에서는 "从心·㞢, 㞢亦聲.('心과 㞢는 (모두) 의미부분인데, 㞢는 발음부분이기도 하다.」)"이라고 하였다.
단옥재는 "내 생각에, 이 글자는 소서본(즉 ≪계전≫)에는 없고, 대서본에는 意자에서 '志也'라고 보충하였으니, 이는 (서현이 정문으로 넣은) 19글자 중의 하나이다. 원래는 '心은 의미부분이고, 之는 발음부분이다'라고 되어 있었는데, 이제 또 두 글자를 보충하고, 대서본에 의거하여 이곳에 배치한다.(「按: 此篆小徐本無, 大徐以意下曰'志也'補. 此爲十九文之一. 原作'从心, 之聲'. 今又增二字, 依大徐次於此.」)"라고 하였다.

그런데 현본 ≪계전≫에는 이 글자가 있으니, 단옥재가 본 판본과 현재 전해지는 판본이 다른 것이 아닌가 생각된다.

주준성은 이 글자가 서현이 정문으로 넣은 19글자 중의 하나라고 하여 해설을 싣지 않고 있으며, '志'는 '識(지)'의 고문(古文)인데 허신이 빠트렸다고 하였다. (≪통훈정성≫) 단옥재도 이와 같은 주장을 하였다.

6(6673) 意 (뜻 의)

意, 志也.① 从心察言而知意也.② 从心, 从音.③
(「意는 志(뜻 지)이다. 마음을 따라 그 말을 잘 살피어 그 뜻을 안다는 뜻이다. 心과 音(음)은 (모두) 의미부분이다.」)

①'意'와 (6672) '志'는 전주(轉注) 관계이다.
②≪계전≫에는 '察(찰)'자 앞의 '从心' 두 글자가 없다.
왕균은 여기서의 '从'은 '以(이)'자를 잘못 쓴 것이라고 하였다.(≪구두≫)
한편 ≪주≫에는 이곳의 "察言而知意也(찰언이지의야)"라는 글귀가 맨 끝에 있다.
③≪계전≫에서는 "從心, 音聲.(「心은 의미부분이고, 음은 발음부분이다.」)"이라고 하였고, ≪주≫에서는 "从心音."이라고 하였다.

7(6674) 㤖 (뜻 지)

㤖, 意也.① 从心, 旨聲.
(「㤖는 자신이 하고자 하는 의지를 뜻한다. 心은 의미부분이고, 旨(지)는 발음부분이다.」)

①단옥재는 "오늘날 이 글자는 旨(지)로 쓰거나, 또는 指(지)로 쓰기도 하는데, 모두 본자(本字)가 아니다.(「今字或作旨, 或作指, 皆非本字也.」)"라고 하였다.(≪주≫)

8(6675) 悳 (큰 덕)

悳, 外得於人, 內得於己也.① 从直, 从心.② 恴, 古文.
(「悳은 밖으로는 다른 사람들에게 얻도록 하고, 안으로는 스스로에게서 얻는다는 뜻이다. 直(직)과 心은 (모두) 의미부분이다. (6675-1) 恴은 고문(古文)이다.」)

①오늘날 이 뜻으로는 '德(덕)'자를 많이 쓴다.
≪옥편(玉篇)≫을 보면 "悳자는 오늘날 德자와 통용(通用)된다.(「悳, 今通用德.」)"라고 하였고, ≪광운(廣韻)·덕운(德韻)≫에서는 "德은 덕행(德行)을 뜻한다. 悳은 古文이다.(「德, 德行. 悳, 古文.」)"라고 하였다.
≪계전≫에는 '己(기)'자 다음의 '也(야)'자가 없다.
단옥재는 "밖으로는 다른 사람들에게 얻도록 한다'는 것은 혜택을 다른 사람들로 하여금 얻도록 한다는 것을 일컫는다. … '안으로는 스스로에게서 얻는다'는 것은 몸과 마음이 스스로 얻는 바가 있다는 것을 일컫는다.(「外得於人, 謂惠澤使人得之也. … 內得於己, 謂身心所自得也..」)"라고 하였다.(≪주≫)

②

갑골문에는 '悳'자가 보이지 않는다.
금문과 소전의 자형은 '悳'으로 같은데, 고문의 자형은 금문의 변형으로 보인다.

9(6676) 應 (응할 응)

應, 當也.① 从心, 雁聲.②
(「應은 마땅하다는 뜻이다. 心은 의미부분이고, 雁(응)은 발음부분이다.」)

①단옥재는 "當(당)은 밭이 서로 가치가 대등하다는 뜻이다. 인신(引伸)하여 무릇 상대(相對)한다는 명칭이 되었다. 무릇 말로 응대(應對)한다는 의미의 글자는 이 글자를 쓴다.(「當, 田相値也. 引伸爲凡相對之偁. 凡言語應對之字卽用此.」)"라고 하였다.(≪주≫)

② 금 문   소 전

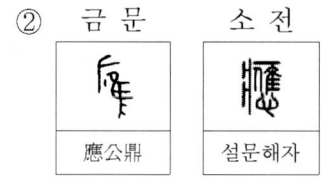

갑골문에는 '應'자가 보이지 않는다.

서주(西周) 금문의 '應'은 '雁'으로 '心'을 쓰지 않았고, 소전에서는 '應'으로 썼다. '應'은 이 글자의 예서체이다.

10(6677) 愼 (삼갈 신)

愼, 謹也.① 从心, 眞聲. 𠧪, 古文.②
(「愼은 조심한다는 뜻이다. 心은 의미부분이고, 眞(진)은 발음부분이다. (6677-1) 𠧪은 고문(古文)이다.」)

①단옥재는 "불성실하면서 능히 조심하는 사람은 없다. 그래서 그 글자에 眞을 쓴 것이다.(「未有不誠而能謹者, 故其字从眞.」)"라고 하였다.(≪주≫)

② 금 문   소 전   고 문

갑골문에는 '愼'자가 보이지 않는다.

춘추(春秋)시대 금문의 자형은 '火(화)'와 '日(일)'로 이루어져 있는데, 이는 ≪설문해자≫에 수록된 고문 '𠧪'과 형태가 비슷하다.

임의광(林義光)은 "(금문의 愼자는) 日과 火로 이루어져 있다. 日은 가깝다[近(근)]라는 뜻이다. 날마다[日] 불[火]을 쓸 때는 조심해야[愼]한다는 의미를 나타낸다.(「从日, 从火. 日, 近也. 日用火有愼之象.」)"라고 하였고(≪문원(文源)≫), 고홍진(高鴻縉)은 "불이 한낮에 있다는 뜻의 회의자로서, 한낮에는 불꽃이 잘 보이지 않으므로 조심해야 한다는 뜻을 나타낸다.('从火在日間, 會意. 白日之光不易見, 故當愼.」)"라고 하였다(≪중국자례(中國字例)≫).

한편 일본인 다카다(高田忠周)는 금문의 '愼'은 '火'와 '日'로 이루어진 것이 아니라 '火'와 '肉(육)'으로 이루어진 글자라고 주장하였다. 여기에서의 '日'은 '肉'의 고문으로, '愼'은 "제사를 지내기 위하여 고기를 굽는다"는 뜻을 나타내는 회의자로서, 제사에 쓰이는 음식은 조심스럽게 만들어야 하므로 '조심하다'・'신중(愼重)하다'라는 뜻은 여기에서 나온 것이라고 하였다.(≪고주편(古籒篇)≫)

'愼'은 금문에서는 회의자였는데, 소전에서 형성자로 구조가 바뀌었다.

서개는 "고문은 屮(철)・火・日로 이루어져 있다. 屮은 풀[艸(초)]이고, 햇볕[日]이 비쳐 건조한데, 불[火]이 또 있으니, 그러므로 당연히 신중해야 한다는 것이다.(「古文 屮・火・日爲愼. 屮, 艸也. 日暵之下有火, 故當愼之也.」)"라고 하였다.(≪계전≫)

11(6678) 忠 (충성 충)

忠, 敬也.① 从心, 中聲.②
(「忠은 공경(恭敬)한다는 뜻이다. 心은 의미부분이고, 中(중)은 발음부분이다.」)

①단옥재는 "敬은 공경한다는 뜻이다. 마음을 다하면서 불경한 사람은 없다. 이 글자와 愼(신)자는 훈이 謹(삼갈 근)으로 같은 뜻이다.(「敬者, 肅也. 未有盡心而不敬者. 此與愼訓謹同義.」)"라고 하였다.(≪주≫)

그리고 ≪주≫에는 이 뒤에 "盡心曰忠.(「마음을 다하는 것이 忠이다.」)"이라는 글귀가 더 있다. 이에 대해 단옥재는 "다른 책에는 이 네 글자가 없는데, 이제 ≪효경(孝經)≫소(疏)에 의거하여 보충한다. ≪효경≫소는 당(唐)나라 원행충(元行沖)이 지은 것이다. 당나라 본에는 이 글귀가 있다.(「各本無此四字, 今依≪孝經≫疏補. ≪孝經≫疏, 唐元行沖所爲. 唐本有此.」)"라고 하였다.

②

갑골문에는 '忠'자가 보이지 않고, 전국(戰國)시대 금문과 소전의 자형은 '忠'으로 같다.

12(6679) 慤 (삼갈 각)

慤, 謹也. 从心, 殼聲.①
(「慤은 조심한다는 뜻이다. 心은 의미부분이고, 殼(각)은 발음부분이다.」)

①≪통훈정성≫에서는 '殼'을 '殼'으로 썼다.
단옥재는 '殼'은 '殼'의 속자(俗字)라고 하였다.(≪주≫)

13(6680) 懇 (아름다울 막, 업신여길 막)

懇, 美也.① 从心, 須聲.②
(「懇은 (마음씨가) 곱다는 뜻이다. 心은 의미부분이고, 須(모)는 발음부분이다.」)

①장순휘(張舜徽)는 "懇자는 心을 의미부분으로 하고 있으니, 마땅히 마음씨의 고움을 가지고 본뜻을 삼아야 한다. 이로 인해 인신(引伸)하여 무릇 아름다움의 명칭이 되었다.(「懇字从心, 當以心意之美爲本義, 因引申爲凡美之稱.」)"라고 하였다.(≪설문해자약주(說文解字約注)≫)

②'懇'의 고음은 입성운(入聲韻) *mrawk / mok(목→막)이고, '須'의 고음은 음성운(陰聲韻) *mraw / mau(마우→모)이다. 두 글자는 첫소리가 [m-]으로 같고, 상고음(上古音)의 주모음(主母音) 역시 [aw]로 같다. 그래서 '懇'자에서 '須'가 발음부분이 될 수 있는 것이다. 고대에는 음성운과 입성운이 협운을 하기도 하였다.

'須'는 '皃(모)' 또는 '貌(모)'자와 같다.

14(6681) 快 (쾌(快)할 쾌)

快, 喜也.① 从心, 夬聲.
(「快는 유쾌(愉快)하다는 뜻이다. 心은 의미부분이고, 夬(쾌)는 발음부분이다.」)

①단옥재는 "인신의(引伸義)는 빠르다는 뜻이다. 속자(俗字)로는 駃(결)로 쓴다.(「引申之義爲疾速. 俗字作駃.」)"라고 하였다.(≪주≫)

15(6682) 愷① (즐거울 개)

愷, 樂也. 从心, 豈聲.
(「愷는 즐겁다는 뜻이다. 心은 의미부분이고, 豈(기)는 발음부분이다.」)

①'愷'자는 제5편 상 제162부 <기부(豈部)>의 두 번째 글자((3076))로 나온 바 있다. 단옥재는 이곳의 글자는 후세 사람이 더한 것 같다고 하였다.(≪주≫)

참고로 (3076)에서는 "愷, 康也. 从心·豈, 豈亦聲.(「愷는 편안하다는 뜻이다. 心과 豈는 (모두) 의미부분인데, 豈는 발음부분이기도 하다.」)"이라고 하였다.

16(6683) 愜① (쾌(快)할 협)

愜, 快心.② 从心, 匧聲.
(「愜은 유쾌한 마음을 뜻한다. 心은 의미부분이고, 匧(협)은 발음부분이다.」)

①《옥편(玉篇)》을 보면 "愜은 悏과 같다.(「愜, 同悏.」)"라고 하였다.
단옥재도 '愜'자는 지금 '悏'으로 쓴다고 하였다.(《주》)
②《계전》·《주》·《의증》·《통훈정성》 등에서는 "快也.(「유쾌하다는 뜻이다.」)"라고 하였다.

17(6684) 念 (생각할 념)

念, 常思也.① 从心, 今聲.②
(「念은 항상 생각한다는 뜻이다. 心은 의미부분이고, 今(금)은 발음부분이다.」)

①《방언(方言)》<권1>을 보면 "惟(유)는 일반적인 생각한다는 뜻이고, 慮(려)는 무슨 일을 도모하고자 (곰곰이) 생각한다는 뜻이고, 願(원)은 무슨 일을 하고자 생각한다는 뜻이며, 念은 항상 생각한다는 뜻이다.(「惟, 凡思也; 慮, 謀思也; 願, 欲思也; 念, 常思也.」)"라고 하였다.
주준성은 "常思(상사)는 오랫동안 생각하는 것을 말한다.(「常思謂長久思之.」)"라고 하였다.(《통훈정성》)

②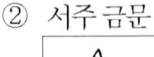

서주 금문		춘추 금문	전국 금문		소 전
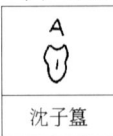					
沈子簋	毛公鼎	吳王光鐘	中山王鼎	者汈鐘	설문해자

갑골문에는 '念'자가 보이지 않는다.
금문에서는 대부분 '念'으로 썼는데, 전국(戰國)시대의 금문에서는 '今' 대신 '含(함)'을 쓴 형태 즉 '念'(<중산왕정(中山王鼎)>)도 있다.

18(6685) 忇 (생각할 부)

忇, 思也. 从心, 付聲.
(「忇는 생각한다는 뜻이다. 心은 의미부분이고, 付(부)는 발음부분이다.」)

19(6686) 憲 (법 헌, 민첩할 헌, 성할 헌)

憲, 敏也.① 从心, 从目, 害省聲.②
(「憲은 민첩(敏捷)하다는 뜻이다. 心과 目(목)은 의미부분이고, 害(해)의 생략형은 발음부분이다.」)

①단옥재는 "敏은 빠르다는 뜻이다. ≪시법(諡法)≫에 '박학다식(博學多識)하고 다재다능(多才多能)한 것이 憲이다'라고 하였다. (여기에서) 인신(引伸)하여 법(法)이라는 뜻이 되었다.(「敏者, 疾也. ≪諡法≫: '博聞多能爲憲.' 引申之義爲法也..」)"라고 하였다.(≪주≫)

②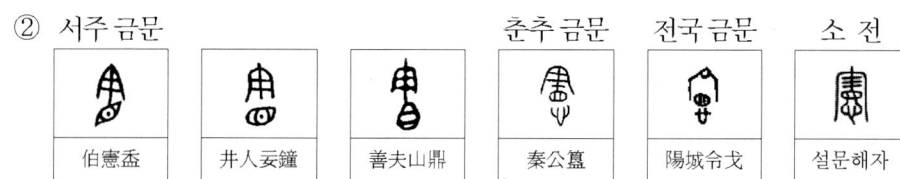

'憲'자는 갑골문에는 보이지 않는다.

서주(西周) 금문에서는 '心' 부분이 없이 '寙'으로 썼다. 눈[目]위에 덮개가 있는 모양이므로 본래 '모자'라는 뜻이 아니었나 생각된다.

춘추(春秋)시대 금문에 이르러 '心'이 더해져서 '憲'으로 썼는데, 소전은 이 형태를 따랐다.

단옥재는 "心과 目을 함께 쓰고 있으니, 민첩하다는 의미이다.(「心目竝用, 敏之意也..」)"라고 하였다.

20(6687) 憕 (마음 가라앉을 증)

憕, 平也. 从心, 登聲.
(「憕은 (마음이) 평온하다는 뜻이다. 心은 의미부분이고, 登(등)은 발음부분이다.」)

21(6688) 戁 (공경할 난)

戁, 敬也. 从心, 難聲.
(「戁은 공경(恭敬)한다는 뜻이다. 心은 의미부분이고, 難(난)은 발음부분이다.」)

22(6689) 忻 (기뻐할 흔)

忻, 闓也. 从心, 斤聲. ≪司馬法≫曰: "善者, 忻民之善, 閉民之惡."①
(「忻은 (마음을) 연다는 뜻이다. 心은 의미부분이고, 斤(근)은 발음부분이다. ≪사마법(司馬法)≫에 이르기를 "선(善)이란 백성의 선함을 열고, 백성의 악함을 닫게 하는 것이다."라고 하였다.」)

①단옥재는 지금 전해지는 ≪사마법≫에는 이러한 글귀가 없다고 하였다.(≪주≫)

23(6690) 慬 (늦을 중)

慬, 遲也.① 从心, 重聲.
(「慬은 더디다는 뜻이다. 心은 의미부분이고, 重(중)은 발음부분이다.」)

①≪계전≫·≪구두≫·≪교록≫ 등에서는 '遲(더딜 지)'를 '遲(늦을 지)'로 썼다.
≪구두≫에서는 현응(玄應)의 ≪일체경음의(一切經音義)≫에 의거하여 '也(야)'를 '慬'으로 고쳐 썼다.
서호(徐灝)는 "重(중)의 인신(引伸)에는 곧 '더디다'라는 뜻이 있는데, (그것에) 이어서 心을 더한 것이다.(「重之引申卽有遲重義, 相承增心旁耳.」)"라고 하였다. (≪설문해자주전(說文解字注箋)≫)

24(6691) 惲 (중후할 운)

惲, 重厚也.① 从心, 軍聲.
(「惲은 중후하다는 뜻이다. 心은 의미부분이고, 軍(군)은 발음부분이다.」)

25(6692) 惇 (도타울 돈)

惇, 厚也.① 从心, 享聲.②
(「惇은 두텁다는 뜻이다. 心은 의미부분이고, 享(향)은 발음부분이다.」)

①단옥재는 "厚(후)는 마땅히 𩫖로 써야 한다. 무릇 돈후(惇厚)하다는 글자는 마땅히 이 글자를 써야 한다. 현재는 敦厚(돈후, 즉 敦厚)로 많이 쓰는데, 이것은 가차(假借)이지 본자(本字)가 아니다.(「厚當作𩫖. 凡惇厚字當作此. 今多作敦厚, 叚借, 非本字.」)"라고 하였다.(≪주≫)

②≪계전≫·≪주≫·≪의증≫·≪구두≫·≪통훈정성≫·≪교록≫ 등에서는 모두 '享'자 대신 '稾(익을 순)'자를 썼다.

참고로 소전의 '稾'자는 예서에서는 일률적으로 '享'으로 썼다. 예를 들어 '埻(과녁 준)'·'稕(짚단 준)'·'綧(피륙 넓이 준)'·'淳(순박할 순)'·'錞(악기 이름 순)'·'醇(진한 술 순)'·'諄(타이를 순)'·'鯙(고기 이름 순)'·'鶉(메추라기 순)' 등에서의 '享' 부분은 모두 '稾'에서 온 것이다.

26(6693) 忼 (강개(慷慨)할 강)

忼, 慨也.① 从心, 亢聲. 一曰: ≪易≫: "忼龍有悔."②
(「忼은 분개(憤慨)한다는 뜻이다. 心은 의미부분이고, 亢(항)은 발음부분이다. 일설에는 ≪주역(周易)≫에서 "가장 높은 위치에 있는 용(龍)은 후회가 있게 된다."라고 하였다고 한다.」)

①≪주≫에는 '慨'자 앞에 '忼'자가 한 글자 더 있다.

그리고 ≪주≫에서는 ≪옥편(玉篇)≫과 이선(李善)의 ≪문선주(文選注)≫에 의거하여 이다음에 "忼慨, 壯士不得志於心也.(「忼慨란 사나이가 마음에 둔 뜻을 이루지 못했다는 뜻이다.」)"라는 글귀를 보충하였다.(이 글귀는 바로 다음에 나오는 (6694) '慨(개)'자 해설에 있다.)

②현재 전해지는 ≪주역·건괘(乾卦)≫에서는 '忼'을 '亢'으로 썼다.

단옥재는 "내 생각에, '一曰易(일왈역)' 세 글자는 '易曰' 두 글자의 잘못이다. 잘 모르는 사람이 고친 것이다. … 잘 모르는 사람이 忼龍과 忼慨의 뜻이 다르다고 여겨서, 이에 함부로 '一曰'이라고 고친 것이다.(「按: '一曰易'三字, 乃'易曰'二字之誤. 淺人所改也. … 淺人以忼龍與忼慨義殊, 乃妄改爲一曰矣.」)"라고 하였다.(≪주≫)

27(6694) 慨 (분개할 개)

慨, ①忼慨, 壯士不得志也.② 从心, 旣聲.
(「慨는 분개(憤慨)한다는 뜻으로, 사나이가 뜻을 이루지 못했다는 뜻이다. 心은 의미부분이고, 旣(기)는 발음부분이다.」)

①≪구두≫에서는 ≪문선(文選)≫ <북정부(北征賦)>와 <추흥부(秋興賦)>에 대한 이선(李善)의 주에서 ≪설문해자≫를 인용한 것에 의거하여 '忼慨(강개)' 앞에 "太息也.(「한숨을 쉰다는 뜻이다.」)"라는 글귀를 보충하였다.

②《구두》에서는 현응(玄應)의 《일체경음의(一切經音義)》에 의거하여 이 글귀를 "忼慨, 壯士不得志於心, 悁憤志也.(「忼慨란 사나이가 마음에 둔 뜻을 이루지 못했다는 뜻으로, 심정이 분하고 화가 난다는 뜻이다.」)"라고 하였다.

《주》에는 이 글귀가 바로 앞에 나온 (6693) '忼'자 해설에 이미 나왔기 때문에 여기에서는 다시 쓰지 않았다. 단옥재는 《설문해자》 전체의 통례(通例)에 의거하였다고 하였다.

28(6695) 悃 (정성 곤)

悃 ①, 愊也.② 从心, 困聲.③
(「悃은 정성(精誠)을 뜻한다. 心은 의미부분이고, 困(곤)은 발음부분이다.」)

①《계전》·《주》·《의증》·《통훈정성》·《교록》 등에서는 이 글자를 모두 '悃' 즉 '悃'으로 썼다.

②《주》에서는 《옥편(玉篇)》·《광운(廣韻)》·《후한서(後漢書)·장제기(章帝紀)》에 의거하여 이 글귀를 "悃愊, 至誠也.(「悃愊(곤픽)으로, 지성(至誠)을 뜻한다.」)"로 고쳐 썼다.

③《계전》·《주》·《의증》·《통훈정성》·《교록》 등에서는 모두 '困'을 '困(균)'으로 썼다.

29(6696) 愊 (지성스러울 픽; 답답할 핍, 성의 핍)

愊, 誠志也.① 从心, 畐聲.
(「愊은 성의(誠意)를 뜻한다. 心은 의미부분이고, 畐(복)은 발음부분이다.」)

①《주》에서는 이 글귀를 《설문해자》 전체의 통례(通例)에 의거하여 "悃愊也(곤픽야)"라고 고쳤고, 《구두》에서는 《옥편(玉篇)》·《광운(廣韻)》·《후한서(後漢書)·장제기(章帝紀)》에 의거하여 "悃愊, 至誠也.(「悃愊으로, 지성(至誠)을 뜻한다.」)"라고 썼다.

30(6697) 愿 (삼갈 원)

愿, 謹也. 从心, 原聲.①
(「愿은 조심한다는 뜻이다. 心은 의미부분이고, 原(원)은 발음부분이다.」)

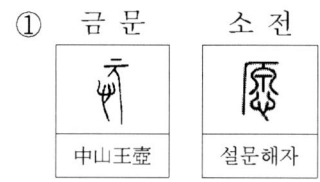

갑골문에는 '愿'자가 보이지 않고, 전국(戰國)시대 금문에서는 발음부분으로 '原' 대신 '元(원)'을 썼다.

31(6698) 慧 (총명할 혜)

慧, 儇也. 从心, 彗聲.

(「慧는 총명하다는 뜻이다. 心은 의미부분이고, 彗(혜)는 발음부분이다.」)

32(6699) 憭 (똑똑할 료)

憭, 慧也. 从心, 尞聲.

(「憭는 총명하다는 뜻이다. 心은 의미부분이고, 尞(료)는 발음부분이다.」)

①단옥재는 "≪방언(方言)≫에서 '愈(유)를 또는 慧(혜)라고도 하고, 憭라고도 한다'라고 하였다. (이에 대해) 곽박(郭璞)은 '慧와 憭는 모두 총명하다는 뜻이다'라고 주를 하였다. 내 생각에, ≪광운(廣韻)≫에 이르기를 '了(료)는 총명하다는 뜻이다'라고 하였다. 대체로 지금은 了자를 가차하여 憭의 뜻으로 쓴다.(「≪方言≫: '愈或謂之慧, 或謂之憭.' 郭云: '慧·憭皆意精明.' 按: ≪廣韵≫曰: '了者, 慧也.' 蓋今字叚了爲憭.」)라고 하였다.(≪주≫)

33(6700) 恔 (쾌(快)할 교)

恔, 憭也.① 从心, 交聲.

(「恔는 총명하다는 뜻이다. 心은 의미부분이고, 交(교)는 발음부분이다.」)

①≪방언(方言)≫<권3>을 보면 "逞(령)·曉(효)·恔·苦(고) 등은 유쾌하다는 뜻이다. 함곡관(函谷關) 동쪽에서는 曉라고 하는데, 또는 逞이라고 하기도 한다. 장강(長江)·회수(淮水)·진(陳)·초(楚) 사이에서는 逞이라고 하고, 송(宋)·정(鄭)·주(周)·낙수(洛水)·한(韓)·위(魏) 사이에서는 苦라고 하고, 동제(東齊)·발해(渤海)와 태산(泰山) 사이에서는 恔라고 하고, 함곡관 서쪽에서는 快라고 한

다.(「逞・曉・恔・苦, 快也. 自關而東或曰曉, 或曰逞. 江・淮・陳・楚之間曰逞, 宋・鄭・周・洛・韓・魏之間曰苦, 東齊・海・岱之間曰恔, 自關而西曰快.」)"라고 하였다.

단옥재는 "快는 곧 憭(총명할 료)의 인신(引伸)이다. 무릇 명료(明憭)라는 것은 반드시 마음에서 유쾌한 것이다.(「快卽憭義之引申. 凡明憭者, 必快於心也..」)"라고 하였다.(≪주≫)

34(6701) 㥉 (고요할 예)

㥉, 靜也. 从心, 疧聲.①
(「㥉는 조용하다는 뜻이다. 心은 의미부분이고, 疧(협)은 발음부분이다.」)

①서현 등은 '疧'은 발음부분이 아니라고 하였고(대서본 ≪설문해자≫), 단옥재는 "일설에 (㥉는) 고음으로 읍(邑)처럼 읽는다.(「或曰古音讀如邑..」)"라고 하였다(≪주≫).

참고로 '㥉'의 고음은 음성운(陰聲韻) *ʔear / ʔiɛi(에이→예)이고, '疧'의 고음은 입성운(入聲韻) *k'eap / k'iɛp(켑→협)이다. 두 글자는 첫소리가 [k-] 계열로 비슷하고, 상고음(上古音)의 주모음(主母音)이 [a]로 같다. 그러므로 약간 멀기는 하지만 '㥉'자에서 '疧'은 발음부분이 될 수 있다. 고대에는 음성운과 입성운이 협운을 하기도 하였다.

35(6702) 悊① (밝을 철)

悊, 敬也. 从心, 折聲.
(「悊은 공경(恭敬)한다는 뜻이다. 心은 의미부분이고, 折(절)은 발음부분이다.」)

①'悊'자는 이미 제2편 상 제22부 <구부(口部)> (0837) '哲(철)'자의 혹체자(或體字)로 나온 바 있다.

단옥재는 "아마 잘 모르는 사람이 함부로 더한 것일 것이다.(「蓋淺人妄增之..」)"라고 하였다.(≪주≫)

36(6703) 悰 (즐거울 종)

悰, 樂也. 从心, 宗聲.
(「悰은 즐겁다는 뜻이다. 心은 의미부분이고, 宗(종)은 발음부분이다.」)

37(6704) 恬 (편안할 념)

恬 ①, 安也.② 从心, 甛省聲.③

(「恬은 편안하다는 뜻이다. 心은 의미부분이고, 甛(첨)의 생략형은 발음부분이다.」)

①≪주≫에서는 '恬'을 '恬' 즉 '恬'으로 썼다.

②≪방언(方言)≫<권13>을 보면 "恬은 고요하다는 뜻이다.(「恬, 靜也.」)"라고 하였는데, 이에 대해 곽박(郭璞)은 "恬淡(념담)은 안정(安靜, 편안하고 고요)하다는 뜻이다.(「恬淡, 安靜也.」)"라고 하였다.

③≪계전≫과 ≪통훈정성≫에서는 '甛'을 '甜'으로 썼다.

≪주≫에서는 "丙聲.(「丙(첨)은 발음부분이다.」)"이라고 하였다.

38(6705) 恢 (넓을 회)

恢, 大也. 从心, 灰聲.①

(「恢는 크다는 뜻이다. 心은 의미부분이고, 灰(회)는 발음부분이다.」)

① 금문   소전

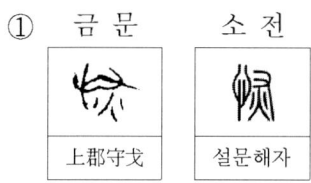

上郡守戈   설문해자

갑골문에는 '恢'자가 보이지 않고, 전국(戰國)시대 금문과 소전의 자형은 '恢'로 같다.

39(6706) 恭 (공손할 공)

恭, 肅也.① 从心, 共聲.

(「恭은 공손(恭遜)하다는 뜻이다. 心은 의미부분이고, 共(공)은 발음부분이다.」)

①단옥재는 "肅(숙)은 일을 보전함에 공경함을 중시한다는 뜻이다(「肅者, 持事振敬也.」)"라고 하였다.(≪주≫)

40(6707) 憼 (공경할 경)

憼, 敬也. 从心, 从敬, 敬亦聲.①

(「憼은 공경(恭敬)한다는 뜻이다. 心과 敬(경)은 (모두) 의미부분인데, 敬은 발음부분이기도 하다.」)

① 금 문   소 전
  中山王壺 설문해자

갑골문에는 '憼'자가 보이지 않고, 전국(戰國)시대 금문과 소전의 자형은 '憼'으로 같다.

41(6708) 恕 (용서할 서)

恕, 仁也.① 从心, 女聲. 忞, 古文省.②
(「恕는 어질다는 뜻이다. 心은 의미부분이고, 如(여)는 발음부분이다. (6708-1) 忞는 고문(古文)으로 (如에서 口(구)가 생략된 형태이다.」)

①단옥재는 "이것은 즉 어질다는 것은 恕를 벗어나지 않는다는 뜻이다. 나누어 말하면 구별이 있지만, 합해서 말하면 구별이 없다.(「是則爲仁不外於恕. 析言之則有別, 渾言之則不別也..」)"라고 하였다.(≪주≫)

②≪계전≫에는 '古文' 다음의 '省(생)'자가 없다.
단옥재는 "女(녀)는 발음부분이다.(「从女聲.」)"라고 하였다.(≪주≫)

42(6709) 怡 (기쁠 이)

怡, 和也.① 从心, 台聲.
(「怡는 조화(調和)롭다는 뜻이다. 心은 의미부분이고, 台(태·이)는 발음부분이다.」)

①≪주≫에서는 '和'을 '龢(화)'로 썼다.
단옥재는 "다른 책에서는 和로 썼는데, 이제 바로 잡는다. 龢는 조화롭다는 뜻이다. ≪옥편(玉篇)≫에 이르기를 '怡는 기쁘다, (또) 즐겁다는 뜻이다'라고 하였다. (「各本作和, 今正. 龢者, 調也. ≪玉篇≫曰: '怡者, 悅也, 樂也.'」)"라고 하였다.

43(6710) 慈 (자애로울 자)

慈, 愛也.① 从心, 茲聲.②

(「慈는 자애(慈愛)롭다는 뜻이다. 心은 의미부분이고, 茲(자)는 발음부분이다.」)

①≪주≫에서는 '愛'를 '㤅(애)'로 썼고, ≪계전≫과 ≪교록≫에서는 '㥏'로 썼다. (이하 같음)

참고로 '愛'는 본래 '가는 모습'을 뜻하였고(제5편 하 제198부 <쇠부(夊部)>) (3350) '愛'자 참조), '사랑하다'라는 뜻으로는 '㤅'자를 썼다(다음에 나오는 (6743) '㤅'자 참조).

뒤에 '愛'자가 '사랑하다'라는 뜻으로 가차(假借)되어 쓰이자 '㤅'자는 더 이상 쓰이지 않게 되었고, '愛'자 역시 본래의 뜻인 '가는 모습'이라는 의미도 없어졌다.

②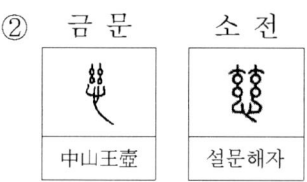

갑골문에는 '慈'자가 보이지 않고, 전국(戰國)시대 금문과 소전의 자형은 '慈'로 같다.

44(6711) 忯 (믿을 기·시·지)

忯, 愛也.① 从心, 氐聲.

(「忯는 아낀다는 뜻이다. 心은 의미부분이고, 氏(씨)는 발음부분이다.」)

①≪주≫에서는 '愛(애)'를 '㤅(애)'로 썼다.

45(6712) 恀 (근심하지 않을 이)

恀, 忯恀, 不憂事也.① 从心, 虒聲.② 讀若移.

(「恀는 忯恀(지이)로, 일을 근심하지 않는다는 뜻이다. 心은 의비부분이고, 虒(사)는 발음부분이다. 移(이)처럼 읽는다.」)

①≪주≫에서는 '憂(우)'를 '惪(우)'로 썼다.

②'恀'의 고음은 *rieɣ / iI(이)이고, '虒'의 고음은 *sljieɣ / siI(시→사)이다. 두

글자는 상고음(上古音)의 주모음(主母音)과 운미(韻尾)가 [eɣ]로 같다. 그래서 '愯'자에서 '庪'가 발음부분으로 쓰인 것이다.

46(6713) 悛 (삼갈 전)

悛, 謹也. 从心, 全聲.
(「悛은 조심한다는 뜻이다. 心은 의미부분이고, 全(전)은 발음부분이다.」)

47(6714) 恩 (은혜 은)

恩, 惠也. 从心, 因聲.①
(「恩은 은혜(恩惠)를 뜻한다. 心은 의미부분이고, 因(인)은 발음부분이다.」)

 ①≪주≫에서는 ≪고금운회(古今韻會)≫에 의거하여 "从心·因, 因亦聲.(「心과 因은 (모두) 의미부분인데, 因은 발음부분이기도 하다.」)"이라고 하였다.

48(6715) 懘 (고달플 제)

懘, 高也. 一曰: 極也. 一曰: 困劣也. 从心, 帶聲.
(「懘는 높다는 뜻이다. 일설에는 극한(極限)을 뜻한다고도 한다. 일설에는 곤궁(困窮)하다는 뜻이라고도 한다. 心은 의미부분이고, 帶(대)는 발음부분이다.」)

49(6716) 憖 (물을 은, 공근(恭謹)할 은)

憖, 問也.① 謹敬也. 从心, 㹞聲. 一曰: 說也.② 一曰: 甘也.③ ≪春秋傳≫曰: "昊天不憖."④ 又曰: "兩君之士, 皆未憖."⑤
(「憖은 묻는다는 뜻이다. (또) 조심하고 공경한다는 뜻이다. 心은 의미부분이고, 㹞(은)은 발음부분이다. 일설에는 기뻐한다는 뜻이라고도 한다. 일설에는 달다는 뜻이라고도 한다. ≪춘추전(春秋傳)≫에 이르기를 "하늘은 긍정하지 않으셨다."라고 하였고, 또 "양측의 군대가 모두 달가워하지 않았다."라고 하였다.」)

 ①≪주≫에서는 '問(문)'을 '肯(긍정할 긍)'(즉 肯)으로 썼고, ≪구두≫에서는 ≪옥편(玉篇)≫에 의거하여 '閒(한·간)'으로 썼다.
 단옥재는 "閒은 肯자의 잘못이고, 問은 閒자의 잘못이다.(「閒者, 肯之誤; 問者, 閒之誤.」)"라고 하였다.(≪주≫)

②여기서의 '說(설)'은 '悅(기쁠 열)'의 뜻이다. '說'과 '悅'은 고금자(古今字)이다.
③≪주≫와 ≪구두≫에서는 ≪옥편(玉篇)≫에 의거하여 '甘(감)'을 '且(차)'로 썼다.
④현재 전해지는 ≪춘추좌전(春秋左傳)·애공(哀公) 16년≫에서는 "昊天不弔, 不憖遺一老.(「하늘은 (우리 노(魯)나라를) 불쌍히 여기시지 않아, 이 한 노인(즉 공자)을 남기지 않으셨다.」)"라고 하였다.
⑤≪춘추좌전·문공(文公) 12년≫에 나오는 글귀.

50(6717) 應 (너그러울 광)

應, 闊也. 一曰①: 廣也②, 大也. 一曰: 寬也.③ 从心, 从廣, 廣亦聲.④
(「應은 광활(廣闊)하다는 뜻이다. 일설에는 넓다, 크다라는 뜻이라고도 한다. 일설에는 너그럽다는 뜻이라고도 한다. 心과 廣(광)은 (모두) 의미부분인데, 廣은 발음부분이기도 하다.」)

①≪주≫에는 '一曰(일왈)' 두 글자가 없다.
②≪주≫에는 ≪경전석문(經典釋文)≫에 의거하여 '廣(광)'자 다음에 '也(야)'자를 없앴다. 즉 "廣大也"라는 의미이다.
③계복은 '寬(관)'자는 마땅히 '覺(각)'으로 써야 한다면서, ≪한시(韓詩)≫에 "獷彼淮夷(광피회이)"라고 하였는데, 여기서의 '獷'은 '覺寤之貌(각오지모, 깨달은 모습)'를 뜻한다고 하였다.(≪의증≫)
≪계전≫과 ≪주≫에는 이 글귀가 맨 뒤에 있다.
또 ≪주≫에서는 ≪경전석문≫에 의거하여 이다음에 "詩曰應彼淮夷(시왈광피회이)" 여섯 글자를 보충하였다.
참고로 현재 전해지는 ≪시경(詩經)·노송(魯頌)·반수(泮水)≫를 보면, "憬彼淮夷(「깨달은 저 회수(淮水)의 오랑캐」)"라고 하였다.
④≪계전≫과 ≪주≫에는 이 글귀가 '大也' 다음에 있다.

51(6718) 愾 (경계할 계)

愾, 飾也.① 从心, 戒聲. ≪司馬法≫曰: "有虞氏愾於中國."②
(「愾는 경계(警戒)한다는 뜻이다. 心은 의미부분이고, 戒(계)는 발음부분이다. ≪사마법(司馬法)≫에 이르기를 "유우씨(有虞氏)가 나라 안에서 경계하였다."라

고 하였다.」)

①≪주≫와 ≪통훈정성≫에서는 '飾(식)'을 '飭(경계할 칙)'으로 썼다.
단옥재는 "옛날 책에서 飾과 飭은 많은 경우에 서로 잘못 쓰고 있어서, 이루 다 바로잡을 수가 없다. <역부(力部)>에 이르기를 '飭은 잘 다스려서 굳건하게 만든다는 뜻이다'라고 하였다. 慗와 戒는 같은 뜻으로, 경계한다는 뜻이다.(「古書飾飭多互譌, 不可勝正. <力部>曰: '飭, 致堅也.' 慗與戒義同, 警也.」)"라고 하였다.(≪주≫)
계복(≪의증≫)과 왕균(≪구두≫)도 ≪증운(增韻)≫에 의거하여 '飾'은 마땅히 '飭'으로 써야 한다고 하였다.
여기에서도 이에 따라 번역하였다.
②단옥재는 현재 전해지는 ≪사마법・천자지의(天子之義)≫를 보면 '中國(중국)'을 '國中'으로 썼다고 하였다.
계복과 왕균도 '中國'은 마땅히 '國中'으로 써야 한다고 하였다.

52(6719) 憖 (은)①

憖, 謹也. 从心, 䜩聲.
(「憖은 조심한다는 뜻이다. 心은 의미부분이고, 䜩(은)은 발음부분이다.」)

①'憖'자는 ≪대한한사전(大漢韓辭典)≫에 보이지 않는다.
발음은 ≪광운(廣韻)≫에 따르면 상성(上聲) '於謹切(어근절)' 즉 '은'과 거성(去聲) '於靳切(어근절)' 등 두 가지이다.

53(6720) 慶 (경사 경)

慶, 行賀人也. 从心, 从夊.① 吉禮以鹿皮爲贄, 故从鹿省.②
(「慶은 가서 다른 사람에게 축하를 한다는 뜻이다. 心과 夊(쇠)는 의미부분이다. 길상(吉祥)의 전례(典禮)에는 사슴의 가죽으로 예물을 삼는다. 그래서 鹿(록)자의 생략형을 의미부분으로 쓴 것이다.」)

①단옥재는 "마음[心]으로 기뻐하며 간다[夊]는 것을 일컫는다.(「謂心所喜而行也.」)"라고 하였다.(≪주≫)
≪주≫에는 이다음에 '从鹿省(종록생)' 세 글자가 더 있다.

②

'慶'자는 갑골문과 금문을 보면 모두 '鹿'과 '心'으로 이루어져 있다.

소전에서는 사슴의 다리와 꼬리 부분이 '夊(쇠)'로 변하여 '慶'이 되었다.

참고로 ≪한어고문자자형표(漢語古文字字形表)≫에서는 '慶'의 서주(西周) 금문으로 '簋'(<백기부보(伯其父簋)>), 춘추(春秋)시대 금문으로 '簋'(<진공궤(秦公簋)>) 등과 같은 자형을 수록하고 있다. 이들을 해서체로 쓰면 '慶'으로, 금문에서는 '慶'자로 쓰이기도 하였다. 곽말약(郭沫若)은 이 글자가 '慶'의 정자(正字)라고 하였다.(≪금문총고(金文叢考)≫)

또 곽말약은 '慶'자는 '麐(암기린 린)'자의 변형으로, '慶'·'麐'·'麖(큰사슴 경)'·'麤(큰사슴 경)' 등은 한 글자로서, 옛날 사람에게 '麐'은 상서(祥瑞)로운 동물이었으므로, '慶'이 축하(祝賀)·경하(慶賀) 등의 뜻으로 쓰이게 된 것이라고 하였다. (≪복사통찬(卜辭通纂)≫)

54(6721) 愃 (유쾌할 선; 너그러울 훤)

愃, 寬嫺心腹皃.① 从心, 宣聲. ≪詩≫曰: "赫兮愃兮."②
(「愃은 넓은 공간과 같은 배포의 모습을 뜻한다. 心은 의미부분이고, 宣(선)은 발음부분이다. ≪시경(詩經)≫에 이르기를 "눈부시게 빛나도다, 너그러운 마음이여."라고 하였다.」)

①≪주≫에서는 '嫺(우아할 한, 익숙할 한)'을 '閒(한·간)'으로 썼다.

단옥재는 "閒을 다른 책에서는 嫺으로 썼는데, 이제 바로잡는다. 嫺은 익숙하나는 뜻으로, (여기에서는) 어울리는 뜻이 아니다.(「閒, 各本作嫺, 今正. 嫺者, 習也, 非其義.」)"라고 하였다.

②현재 전해지는 ≪시경·위풍(衛風)·기오(淇奧)≫에서는 '愃'을 '喧(시끄러울 훤)'으로 썼다.

55(6722) 愻 (겸손할 손)

愻, 順也. 从心, 孫聲.① <唐書>曰: "五品不愻."②
(「愻은 순하다는 뜻이다. 心은 의미부분이고, 孫(손)은 발음부분이다. <당서(唐書)>에 이르기를 "다섯 계층이 따르지 않았다."라고 하였다.」)

갑골문에는 '愻'자가 보이지 않고, 전국(戰國)시대 금문과 소전의 자형은 '愻'으로 같다.

②<당서>는 ≪서경(書經)・우서(虞書)・순전(舜典)≫을 가리킨다. 현재 전해지는 판본에서는 '愻'을 '遜(손)'으로 썼다.

단옥재는 오늘날 '遜'자가 널리 쓰이면서 '愻'자는 잘 쓰이지 않게 되었다고 하였다.(≪주≫)

정현(鄭玄)은 '五品(오품)'이란 부모형제와 자식을 가리킨다고 주를 하였다.

56(6723) 塞 (막힐 색, 꽉 찰 색)

塞, 實也. 从心, 塞省聲.① <虞書>曰: "剛而塞."②
(「塞은 속이 찼다는 뜻이다. 心은 의미부분이고, 塞(새・색)의 생략형은 발음부분이다. <우서(虞書)>에 이르기를 "굳세면서 충실(充實)하다."라고 하였다.」)

①≪주≫에서는 이 글자를 '窸'으로 썼다. 따라서 이 부분 역시 "窸聲.(「窸(색)은 발음부분이다.」)"이라고 하였다.

단옥재는 "窸은 막혔다는 뜻이다. 해성(諧聲) 가운데 회의(會意)가 있다.(「窸, 窒也. 鱅聲中有會意..」)"라고 하였다.

②현재 전해지는 ≪서경(書經)・우서(虞書)・고요모(皐陶謨)≫에서는 '塞'을 '塞'으로 썼고, ≪주≫에서는 '窸'으로 썼다.

주준성은 "경전(經傳)에서는 모두 '塞'을 塞으로 썼다.(「經傳皆以塞爲之..」)"라고 하였다.(≪통훈정성≫)

57(6724) 恂 (진실할 순; 무서울 준)

恂, 信心也. 从心, 旬聲.
(「恂은 믿음이 가는 마음을 뜻한다. 心은 의미부분이고, 旬(순)은 발음부분이다.」)

58(6725) 忱 (정성 침)

忱, 誠也. 从心, 冘聲.① ≪詩≫曰: "天命匪忱."②
(「忱은 정성스럽다는 뜻이다. 心은 의미부분이고, 冘(유)는 발음부분이다. ≪시경(詩經)≫에 이르기를 "천명(天命)만 믿고 있을 수는 없다네."라고 하였다.」)

①'忱'의 고음은 양성운(陽聲韻) *tiəm / ȶiIm(딤→짐→침)이고, '冘'의 고음 역시 양성운 *riəm / iIm(임)이다. 두 글자는 상고음(上古音)의 주모음(主母音)과 운미(韻尾)가 [əm]으로 같다. 그래서 '忱'자에서 '冘'가 발음부분이 될 수 있는 것이다.

참고로 ≪광운(廣韻)≫을 보면 '冘'는 "머뭇머뭇하며 정하지 못하고 있다는 뜻이다. 以周切(이주절, 즉 유)이다.(「冘豫不定. 以周切.」)"라고 하였고, 또 "가는 모습을 뜻한다. 如林切(여림절, 즉 임)이다.(「行皃. 以周切.」)"라고 하여, '유'와 '임' 두 가지의 뜻과 발음이 있다. ≪대한한사전(大漢韓辭典)≫에서는 '머뭇거릴 유'·'갈 유'라고 하여 두 가지의 뜻에 '유'라는 한 가지의 발음만 소개하고 있다.

②현재 전해지는 ≪시경·대아(大雅)·탕(蕩)≫에서는 "天生烝民, 其命匪諶.(「하늘이 백성을 나으셨으나, 그 명령만 믿고 있을 수는 없다네.」)"이라고 하였다.

59(6726) 惟 (생각할 유)

惟, 凡思也.① 从心, 隹聲.②
(「惟는 일반적인 생각한다는 뜻이다. 心은 의미부문이고, 隹(주)는 발음무문이다.」)

①왕균은 "凡(범)은 총괄해서 말하는 것이다. 惟는 생각의 총칭으로, 어느 일단에 얽매이지 않는다. 그래서 凡이라고 한 것이다.(「凡者, 最括而言也. 惟則思之統詞, 不拘一端, 故曰凡.」)"라고 하였다.(≪구두≫)

≪방언(方言)≫<권1>을 보면 "惟는 일반적인 생각한다는 뜻이다. 慮(려)는 무슨 일을 도모하려고 (곰곰이) 생각한다는 뜻이다. 願(원)은 무슨 일을 하고자 생각한다는 뜻이다. 念(념)은 늘 생각한다는 뜻이다.(「惟, 凡思也; 慮, 謀思也; 願, 欲思也; 念, 常思也.」)"라고 하였다.

② 금문　소전
　　陳侯因齊敦　설문해자

갑골문에는 '惟'자가 보이지 않고, 전국(戰國)시대 금문의 자형은 '惟'에 'ㅁ(구)'가 더해졌다.

옛날에 '惟'·'唯(유)'·'維(유)' 그리고 '隹' 등은 서로 통용하였다.

60(6727) 懷 (생각할 회)

懷, 念思也. 从心, 褱聲.
(「懷는 마음에 두고 늘 생각한다는 뜻이다. 心은 의미부분이고, 褱(회)는 발음부분이다.」)

61(6728) 惀 (생각할 론)

惀, 欲知之皃.① 从心, 侖聲.
(「惀은 알고자 하는 모습을 뜻한다. 心은 의미부분이고, 侖(륜)은 발음부분이다.」)

①계복은 '皃(모)'는 '思(사)'로 써야하지 않을까 생각한다고 하였다.(≪의증≫)
참고로 ≪옥편(玉篇)≫에서는 "생각한다는 뜻이다.(「思也.」)"라고 하였고, ≪광운(廣韻)≫에서는 "잘 알고 싶어 한다는 뜻이다.(「欲曉知也.」)"라고 하였다.

62(6729) 想 (생각할 상)

想, 冀思也.① 从心, 相聲.
(「想은 바라면서 생각한다는 뜻이다. 心은 의미부분이고, 相(상)은 발음부분이다.」)

①≪주≫에서는 '冀(바랄 기)'를 '覬(바랄 기)'로 썼다.

63(6730) 㥞 (마음 깊을 수)

㥞, 深也.① 从心, 㒸聲.
(「㥞는 (생각이) 깊다는 뜻이다. 心은 의미부분이고, 㒸(수)는 발음부분이다.」)

①주준성은 "마음 속(에 품은) 생각이 깊다는 뜻이다.(「心思深邃也.」)"라고 하였다.(≪통훈정성≫)

≪옥편(玉篇)≫과 ≪광운(廣韻)≫에서는 모두 "뜻하는 생각이 깊다는 뜻이다.(「意思深也.」)"라고 하였다.

64(6731) 慉 (기를 휵, 일어날 휵)

慉, 起也. 从心, 畜聲. ≪詩≫曰: "能不我慉."①

(「慉은 일어난다(/일으켜 세운다)는 뜻이다. 心은 의미부분이고, 畜(축)은 발음부분이다. ≪시경(詩經)≫에 이르기를 "그런데 나를 일으켜주지 않네요."라고 하였다.」)

①현재 전해지는 ≪시경·패풍(邶風)·곡풍(谷風)≫에는 '不我能慉(불아능휵)'이라고 되어 있다.

65(6732) 㥶 (가득 찰 억)

㥶, 滿也. 从心, 䇂聲. 一曰: 十萬曰㥶.① 𢡒, 籒文省.②

(「㥶은 가득 찼다는 뜻이다. 心은 의미부분이고, 䇂(억)은 발음부분이다. 일설에는 10만을 㥶이라고도 한다. (6732-1) 𢡒은 주문(籒文)으로 생략된 형태이다.」)

①계복은 "옛날에는 10만을 億(억)이라고 하였다. 지금은 만×만을 억이라고 한다.(「古十萬曰億; 今之算術, 乃萬萬爲億也.」)"라고 하였다.(≪의증≫)

단옥재는 "경전(經傳)에서는 모두 億으로 쓰고, 㥶으로 쓰는 예는 없다. (億은 㥶의) 가차자(假借字)이다.(「經傳皆作億, 無作㥶者. 叚借字也.」)"라고 하였다.(≪주≫)

②≪계전≫에는 '籒文' 다음에 '又(우)'자가 한 글자 더 있다.

66(6733) 悹 (근심할 관)

悹, 憂也.① 从心, 官聲.

(「悹은 근심한다는 뜻이다. 心은 의미부분이고, 官(관)은 발음부분이다.」)

①≪주≫에서는 '憂(우)'를 '𢝊(우)'로 썼다.(이하 같음)

참고로 제5편 하 제198부 <쇠부(夊部)> (3349) '憂'자를 보면, "𢝊, 和之行也.

从夂, 惪聲. ≪詩≫曰: '布政憂憂.'(「憂는 화평하게 나아간다는 뜻이다. 夂는 의미부분이고, 惪는 발음부분이다. ≪시경(詩經)·상송(商頌)·장발(長發)≫에 이르기를 '정사(政事)를 훌륭하게 펼치도다.'라고 하였다.」)"라고 하였다.

서호(徐灝)는 이러한 해석은 '夂'를 의미부분으로 삼았기 때문이며, 이 뜻은 '優(넉넉할 우)'자의 본뜻이라고 하였다.(≪설문해자주전(說文解字注箋)≫)

한편 다음에 나오는 (6899) '惪'자를 보면 "惪, 愁也. 从心, 从頁.(「惪는 근심한다는 뜻이다. 心과 頁(혈)은 (모두) 의미부분이다.」)"라고 하였다.

≪정자통(正字通)·심부(心部)≫에서는 '惪'는 '憂'의 본자(本字)라고 하였고, 주준성은 경전(經傳)에서 (근심한다는 뜻으로) 모두 '憂'자를 쓰게 되자 '惪'자는 사라졌다고 하였다(≪통훈정성≫).

67(6734) 憀 (원망할 료, 힘입을 료)

憀, 憀然也.① 从心, 翏聲.
(「憀는 분명하다는 뜻이다. 心은 의미부분이고, 翏(료)는 발음부분이다.」)

①단옥재는 "憀然은 여기에서는 了然(료연, 분명하다는 뜻)과 같다.(「憀然猶了然也.」)"라고 하였다.(≪주≫)

68(6735) 愙① (공경할 각)

愙, 敬也. 从心, 客聲.② ≪春秋傳≫曰: "以陳備三愙."③
(「愙는 공경(恭敬)한다는 뜻이다. 心은 의미부분이고, 客(객)은 발음부분이다. ≪춘추전(春秋傳)≫에 이르기를 "진(陳)에 봉(封)함으로써 (송(宋)나라와 기(杞)나라와 함께) 존경받는 세 제후국을 갖추었다."라고 하였다.」)

①서개는 이 글자는 현재 모두 '恪(각)'자를 쓴다고 하였다.(≪계전≫)

≪광운(廣韻)≫·대서본 ≪설문해자≫·≪주≫·≪의증≫·≪구두≫·≪교록≫ 등에서도 모두 '愙'은 '苦各切(고각절)' 즉 '각'이라고 하였다.

그런데 ≪대한한사전(大漢韓辭典)≫에서는 '愙'을 '㤞(몰래 할 가)'자와 같은 글자로 보고, ≪집운(集韻)≫에서의 '㤞'자의 반절(反切)이 '丘駕切(구가절)' 즉 '가'라고 하여 '愙' 역시 발음을 '가'라고 소개하고 있다.

그런데 ≪집운≫을 보면 '㤞'의 발음은 평성(平聲) '丘加切(구가절)' 즉 '가'와 거성(去聲) '丘駕切' 즉 '가' 등 두 가지이고, '愘'은 '克各切(극각절)' 즉 '각'으로 소개하고 있다.
 이를 종합해보건대, '愘'은 '恪(각)'과 같은 글자이고, '愙'는 '愘'을 잘못 본 것이라고 할 수 있다. 이에 따라 여기에서도 훈과 발음을 조정하였다.

② 금 문   소 전

갑골문에는 '愘'자가 보이지 않고, 서주(西周) 금문과 소전의 자형은 '愘'으로 같다. 명문(銘文)에서 '愘'은 사람이름으로 쓰였다.
 단옥재는 "마땅히 '心과 客은 (모두) 의미부분인데, 客은 발음부분이기도 하다'라고 해야 한다.(「當作从心‧客, 客亦聲.」)"라고 하여, '客'을 의미부분으로도 보았다. (≪주≫)
 ③현재 전해지는 ≪춘추좌전(春秋左傳)‧양공(襄公) 25년≫에는 '封諸陳, 以備三恪(봉제진, 이비삼각)'으로 되어 있다.

69(6736) 愯 (두려워할 송)

愯, 懼也. 从心, 雙省聲.① ≪春秋傳≫曰: "駟氏愯."②
(「愯은 두려워한다는 뜻이다. 心은 의미부분이고, 雙(쌍)의 생략형은 발음부분이다. ≪춘추전(春秋傳)≫에 이르기를 "사씨(駟氏)는 매우 두려워하였다."라고 하였다.」)

① 금 문   소 전

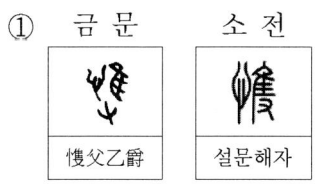

갑골문에는 '愯'자가 보이지 않고, 서주(西周) 금문과 소전의 자형은 '愯'으로 같다.
 ②현재 전해지는 ≪춘추좌전(春秋左傳)‧소공(昭公) 19년≫에서는 '愯'을 '聳(솟을 용)'으로 썼다.

70(6737) 懼 (두려워할 구)

懼, 恐也.① 从心, 瞿聲.② 悬, 古文.③

(「懼는 두려워한다는 뜻이다. 心은 의미부분이고, 瞿(구)는 발음부분이다. (6737-1) 悬는 고문(古文)이다.」)

①(6906) '恐(공)'자 해설 ①번 참조.

② 금문　　소전　　고문
　　中山王鼎　설문해자　설문해자

갑골문에는 '懼'자가 보이지 않고, 전국(戰國)시대 금문과 소전의 자형은 모두 '心'과 '瞿'로 이루어져 있다.

③단옥재는 "瞿(구)는 두리번거린다는 뜻이다. 형성(形聲) 겸 회의(會意)이다. (「瞿者, 左右視也. 形聲兼會意.」)"라고 하였다.(≪주≫)

사람은 무서우면 두 눈으로 좌우를 두리번거리며 살피기 마련이다. 그래서 단옥재가 형성 겸 회의라고 한 것이다.

71(6738) 怙 (믿을 호)

怙, 恃也. 从心, 古聲.

(「怙는 (믿고) 의지한다는 뜻이다. 心은 의미부분이고, 古(고)는 발음부분이다.」)

72(6739) 恃 (믿을 시)

恃, 賴也. 从心, 寺聲.

(「恃는 의뢰(依賴)한다는 뜻이다. 心은 의미부분이고, 寺(사)는 발음부분이다.」)

73(6740) 慒 (생각할 종)

慒, 慮也.① 从心, 曹聲.②

(「慒은 무슨 일을 도모하려고 (곰곰이) 생각한다는 뜻이다. 心은 의미부분이고, 曹(조)는 발음부분이다.」)

①≪방언(方言)≫<권1>을 보면 "惟는 일반적인 생각한다는 뜻이다. 慮(려)는 무슨 일을 도모(圖謀)하려고 (곰곰이) 생각한다는 뜻이다. 願(원)은 무슨 일을 하고자 생각한다는 뜻이다. 念(념)은 늘 생각한다는 뜻이다.(「惟, 凡思也; 慮, 謀思也; 願, 欲思也; 念, 常思也.」)"라고 하였다.

②≪의증≫·≪구두≫·≪교록≫ 등에서는 '曹'를 '䓹(조)'로 썼다. '曹'는 '䓹'의 예서체이다.

74(6741) 悟 (깨달을 오)

悟, 覺也.① 从心, 吾聲.② 㥣, 古文悟.

(「悟는 깨달았다는 뜻이다. 心은 의미부분이고, 吾(오)는 발음부분이다. (6741-1) 㥣는 悟의 고문(古文)이다.」)

①단옥재는 고서(古書)에서는 이 뜻으로 '寤(깰 오)'자를 많이 썼다고 하였다.(≪주≫)

②   금 문   소 전   고 문

    中山王鼎   설문해자   설문해자

갑골문에는 '悟'자가 보이지 않고, 전국(戰國)시대 금문과 소전의 자형은 '悟'로 같다.

75(6742) 憮 (어루만질 무)

憮, 愛也.① 韓·鄭曰憮.② 一曰: 不動.③ 从心, 無聲.

(「憮는 아낀다는 뜻이다. 한(韓)·정(鄭) 지방에서는 (아끼는 것을) 憮라고 한다. 일설에는 움직이지 않는다는 뜻이라고도 한다. 心은 의미부분이고, 無(무)는 발음부분이다.」)

①≪계전≫과 ≪교록≫에서는 '愛(애)'를 '嗳(애)'로 썼고, ≪주≫에서는 '㤅(애)'로 썼다. '愛'는 '嗳'의 예서체이다.

'愛'는 본래 '가는 모습'을 뜻하였고, '사랑하다'라는 뜻으로는 '㤅'자를 썼다. 뒤에 '愛'자가 '사랑하다'라는 뜻으로 가차(假借)되어 쓰이자 '㤅'자는 더 이상 쓰이지 않게 되었고, '愛'자 역시 본래의 뜻인 '가는 모습'이라는 의미가 없어졌다.

참고로 제5편 하 제198부 <쇠부(夊部)> (3350) '愛'자 해설을 보면, "憂, 行皃. 从夊, 㤅聲.(「愛는 가는 모습을 뜻한다. 夊(쇠)는 의미부분이고, 㤅는 발음부분이다.」)"이라고 하였다.

②한(韓)과 정(鄭)은 춘추(春秋) 시대의 나라 이름으로, 한나라는 지금의 하남성(河南省) 중부와 산서성(山西省) 동남부 지역에 걸쳐 있었고, 정나라는 하남성 신정현(新鄭縣) 일대에 있었다.

③단옥재는 "≪삼창(三蒼)≫에서는 '憮然은 실의에 빠진 모습을 뜻한다'라고 하였다.(「≪三蒼≫曰: '憮然, 失意貌也.'」)"라고 하였다.(≪주≫)

76(6743) 㤅 (사랑 애)

㤅, 惠也.① 从心, 旡聲.② 㤅, 古文.
(「㤅는 사랑한다는 뜻이다. 心은 의미부분이고, 旡(기)는 발음부분이다. (6743-1) 㤅는 고문(古文)이다.」)

①'사랑하다'라는 뜻은 본래 '憂(애)' 즉 '愛(애)'자가 아닌 '㤅'자를 썼다.(바로 앞에 나온 '憮(무)'자 주해 ①번 참조) 단옥재는 "허신의 책을 옮겨 쓰는 사람이 마침내 모든 㤅자를 愛로 고쳤다.(「轉寫許書者遂盡改㤅爲愛.」)"라고 하였다.(≪주≫)

한편 ≪대한한사전(大漢韓辭典)≫에서는 '㤅'를 '愛'의 고자(古字)로 소개하고 있는데, 이는 잘못이다. 왜냐하면 '㤅'와 '愛'는 본래 다른 뜻의 글자였는데, '愛'가 '㤅'의 뜻으로 쓰이면서, 즉 '愛'가 '㤅'의 자리를 차지하게 되자 '㤅'가 쓰이지 않게 된 것이지 고금자(古今字)의 관계가 아니다.

②

금문		소전	고문
中山王壺	胤嗣壺	설문해자	설문해자

갑골문에는 '㤅'자가 보이지 않고, 전국(戰國)시대 금문과 소전의 자형은 '㤅'로 같다.

≪주≫에서는 '旡'를 '旡'로 썼다. '旡'는 '㱃(숨막힐 기)'의 고문이고, '旡'는 '旡'의 예서체이다.

왕균은 "(恶자에서 旡 부분은) 소전체를 따른 것이 아니라, 고문 𠔿를 따른 것이다. 恶의 소전이 𠔿를 따른 것은 바로 簪(잠)의 소전체에서의 旡 부분과 같은 형태인데, 옮겨 쓸 때 잘못 쓴 것이다.(「所從者非小篆, 乃古文𠔿. 恶篆從𠔿, 直與簪之正文旡同形, 傳寫訛也..」)"라고 하였다.(≪설문석례(說文釋例)≫)

참고로 '恶'의 고음은 *ər / əi(이이→애)이고, '旡'의 고음은 *kjər / kiəi(겨이→기)이다. 두 글자는 상고음(上古音)의 주모음(主母音)과 운미(韻尾)가 [ər]로 같다. 그래서 '恶'자에서 '旡'가 발음부분이 될 수 있는 것이다.

77(6744) 悟 (지혜 서)

悟, 知也.① 从心, 胥聲.
(「悟는 지혜롭다는 뜻이다. 心은 의미부분이고, 胥(서)는 발음부분이다.」)

①서개는 "재능과 지혜가 있다는 뜻이다.(「有才智也..」)"라고 하였다.(≪계전≫)

78(6745) 慰 (위로할 위)

慰, 安也. 从心, 尉聲.① 一曰: 恚怒也.
(「慰는 편안하(게 해준)다는 뜻이다. 心은 의미부분이고, 尉(위)는 발음부분이다 일설에는 화를 낸다는 뜻이라고도 한다.」)

①≪계전≫・≪주≫・≪의증≫・≪구두≫・≪교록≫ 등에서는 '尉'를 '尉'로 썼다.
②단옥재는 "恚(성낼 에)는 원망스럽게 생각한다는 뜻이다.(「恚, 恨也..」)"라고 하였다.(≪주≫)

79(6746) 憗 (조심할 취)

憗, 謹也. 从心, 叙聲. 讀若毳.
(「憗는 조심한다는 뜻이다. 心은 의미부분이고, 叙(수・췌)는 발음부분이다. 毳(취)처럼 읽는다.」)

80(6747) 簹 (주저할 주)

簹, 簹箸也.① 从心, 䇾聲.②

(「簉는 머뭇거린다는 뜻이다. 心은 의미부분이고, 箸(주)는 발음부분이다.」)

①오늘날에는 이 뜻으로 대부분 '躊躇(주저)'라고 쓴다.
주준성은 "簉箸(주저)는 쌍성(雙聲) 연면사(連綿詞)로서, 躊躇라고도 쓴다. 跦躑(지주)·跢跦(다주)·踶躕(제주) 등도 모두 같은 뜻이다. 또 약간 발음이 변화해서 蹢躅(척촉)이라고도 하고, 躑躅(척촉)이라고도 한다.(「簉箸, 雙聲連語字, 亦作躊躇, 與跦躑·跢跦·踶躕皆同, 又轉而爲蹢躅, 爲躑躅.」)"라고 하였다.(≪통훈정성≫)

②계복은 ≪설문해자≫에는 '箸'자가 없다고 하였고(≪의증≫), 단옥재는 "내 생각에, 箸는 마땅히 <죽부(竹部)>에 있는 箸(주)자에 의거해서, '箸의 생략형은 발음부분이다'라고 해야 한다.(「按: 箸當依<竹部>作箸, 云'省聲'.」)"라고 하였다(≪주≫).

81(6748) 怞 (밝을 추)

怞, 朗也.① 从心, 由聲. ≪詩≫曰: "憂心且怞."②
(「怞는 밝다는 뜻이다. 心은 의미부분이고, 由(유)는 발음부분이다. ≪시경(詩經)≫에 이르기를 "마음은 시름에 서글퍼지네."라고 하였다.」)

①'怞'가 '밝다'라는 뜻이라는 것에 대해서, 단옥재는 "들어본 적이 없다. 혹시 恨(한)자를 잘못 쓴 것이 아닌가 한다.(「未聞. 疑是恨也之誤.」)"라고 하였고(≪주≫), 계복은 알지 못한다[未詳(미상)]고 하였다(≪의증≫).
한편 엄가균(嚴可均)은 "朗(랑)은 마땅히 動(동)으로 써야한다. 형태가 비슷해서 잘못 쓴 것이다. <여부(女部)>에서 '妯(추)는 움직인다는 뜻이다'라고 하였으니, 이 역시 '움직인다'는 뜻이 분명하다.(「朗當作動. 形近而誤也. <女部>: '妯, 動也.' 明此亦動.」)"라고 하였다.(≪설문교의(說文校議)≫)
참고로 ≪옥편(玉篇)≫을 보면 "怞는 근심하고 두려워한다는 뜻이다.(「怞, 憂恐也.」)"라고 하였다.
②현재 전해지는 ≪시경·소아(小雅)·고종(鼓鐘)≫에서는 '怞'를 '妯(슬퍼할 추)'로 썼다.

82(6749) 㥈 (사랑할 모)

㥈, 㥈撫也.① 从心, 某聲. 讀若侮.
(「㥈는 (사랑하여) 어루만진다는 뜻이다. 心은 의미부분이고, 某(모)는 발음부분이

다. 侮(모)처럼 읽는다.」)

①≪계전≫과 ≪주≫에서는 '撫(무)'를 '憮(무)'로 썼다.

또 단옥재는 '撫'자 앞의 '慔'는 중복이므로 없애야 한다고 하였다.(≪주≫)

서개는 "어루만지며 사랑한다는 뜻이다.(「撫愛之也..」)"라고 하였다.(≪계전≫)

83(6750) 忞 (강인할 민; 어수선할 문)

忞, 彊也.① 从心, 文聲. <周書>曰: "在受德忞."② 讀若旻.

(「忞(민)은 강인(强靭)하다는 뜻이다. 心은 의미부분이고, 文(문)은 발음부분이다. <주서(周書)>에 이르기를 "주왕(紂王)은 왕에 즉위할 때 강폭(强暴)하였다."라고 하였다. 旻(민)이라고 읽는다.」)

①≪계전≫에서는 '彊(강)'을 '强(강)'으로 썼다.

한편 ≪주≫와 ≪구두≫에서는 ≪고금운회(古今韻會)≫에 의거하여 '彊'자 앞에 '自勉(자면, 스스로 힘쓴다는 뜻)' 두 글자를 보충하였다.

②현재 전해지는 ≪서경(書經)·주서·입정(立政)≫에서는 '忞'을 '暋(군셀 민)'으로 썼다.

84(6751) 慔 (힘쓸 모)

慔, 勉也. 从心, 莫聲.①

(「慔는 힘쓴다는 뜻이다. 心은 의미부분이고, 莫(막)은 발음부분이다.」)

①'慔'의 고음은 음성운(陰聲韻) *mwaɣ / muo(뭐→모)이고, '莫'의 고음은 입성운(入聲韻) *mwak / muak(뫽→막)과 *mrwak / muak(뫽→막) 그리고 음성운 *mwaɣ / muo 등 세 가지이다. 두 글자는 '莫'을 음성운 '모'로 읽을 경우에는 발음이 완전히 같고, 입성운 '막'으로 읽을 경우에도 첫소리는 [m-]으로 같고, 상고음(上古音)의 주모음(主母音) 역시 [a]로 같으며, 운미(韻尾)는 혀뿌리소리[설근음(舌根音)]인 [-ɣ]와 [-k]로 발음 부위가 같다. 그래서 '慔'자에서 '莫'이 발음부분이 될 수 있는 것이다. 고대에는 음성운과 입성운이 협운을 하기도 하였다.

85(6752) 愐 (힘쓸 면)

愐, 勉也. 从心, 面聲.

(「恜은 힘쓴다는 뜻이다. 心은 의미부분이고, 面(면)은 발음부분이다.」)

86(6753) 悘 (익힐 예·체)

悘, 習也. 从心, 曳聲.①
(「悘는 익힌다는 뜻이다. 心은 의미부분이고, 曳(예)는 발음부분이다.」)

①≪주≫와 ≪통훈정성≫에서는 ≪시경정의(詩經正義)·소아(小雅)·사월(四月)≫와 ≪경전석문(經典釋文)·모시음의(毛詩音義)·대아(大雅)·탕(蕩)≫에서 ≪설문해자≫를 인용한 것에 의거하여 "怷, 習也. 从心, 大聲.(「怷(사치할 태; 익힐 설)은 익힌다는 뜻이다. 心은 의미부분이고, 大(대)는 발음부분이다.」)"이라고 하였다.

또 ≪통훈정성≫에는 '習(습)'자 앞에 '狃(개 버르장머리 사나울 뉴, 익힐 뉴)'자가 한 글자 더 있다.

87(6754) 懋 (힘쓸 무)

懋, 勉也. 从心, 楙聲.① <虞書>曰: "時惟懋哉."② 忞, 或省.
(「懋는 힘쓴다는 뜻이다. 心은 의미부분이고, 楙(무)는 발음부분이다. <우서(虞書)>에 이르기를 "힘을 다해 주시오."라고 하였다. (6754-1) 忞는 혹체자(或體字)로 (林이) 생략된 형태이다.」)

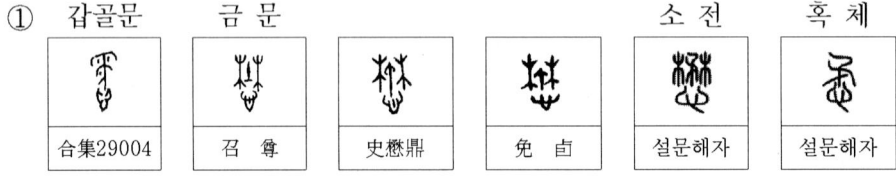

① 갑골문	금 문			소 전	혹 체
合集29004	召尊	史懋鼎	免卣	설문해자	설문해자

'懋'자는 갑골문 보면 '忞'로 썼는데, 이 자형은 ≪설문해자≫에 수록된 혹체자와 구성이 같다.

서주(西周) 금문과 소전의 자형은 모두 '心'과 '楙'로 이루어져 있다.

②현재 전해지는 ≪서경(書經)·우서·순전(舜典)≫에는 '惟時懋哉(유시무재)'로 되어 있다.

88(6755) 慕 (사모할 모)

慕, 習也.① 从心, 莫聲.②

(「慕는 익힌다는 뜻이다. 心은 의미부분이고, 莫(막)은 발음부분이다.」)

①단옥재는 "그 일을 (잘) 익히는 것은 반드시 마음에 들어 그것을 좋아한다.(「習其事者, 必中心好之.」)"라고 하였다.(≪주≫)

②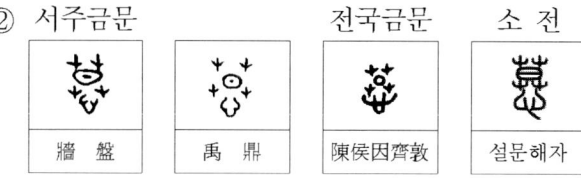

갑골문에는 '慕'자가 보이지 않는다.

금문과 소전의 자형은 모두 '心'과 '莫'으로 이루어져 있다. 현재는 '慕'로 쓴다.

'慕'의 고음은 음성운(陰聲韻) *mwaɤ / muo(뭐→모)이고, '莫'의 고음은 입성운(入聲韻) *mwak / muak(꽉→막)과 *mrwak / muak(꽉→막) 그리고 음성운 *mwaɤ / muo 등 세 가지이다. 두 글자는 '莫'을 음성운 '모'로 읽을 경우에는 발음이 완전히 같고, 입성운 '막'으로 읽을 경우에도 첫소리는 [m-]으로 같고, 상고음(上古音)의 주모음(主母音) 역시 [a]로 같으며, 운미(韻尾)는 혀뿌리소리[설근음(舌根音)]인 [-ɤ]와 [-k]로 발음 부위가 같다. 그래서 '慕'자에서 '莫'이 발음부분이 될 수 있는 것이다. 고대에는 음성운과 입성운이 협운을 하기도 하였다.

89(6756) 悛 (고칠 전, 그칠 전)

悛, 止也.① 从心, 夋聲.
(「悛은 그친다는 뜻이다. 心은 의미부분이고, 夋(준)은 발음부분이다.」)

①≪방언(方言)≫<권6>을 보면 "悛・懌(역)은 고친다는 뜻이다. 태산(泰山) 동쪽에서는 悛이라고 하기도 하고, 懌이라고 하기도 한다.(「悛・懌, 改也. 自山而東, 或曰悛, 或曰懌.」)"라고 하였다.

90(6757) 悷 (방자할 태)

悷, 肆也. 从心, 隸聲.①
(「悷는 방자(放恣)하다는 뜻이다. 心은 의미부분이고, 隸(이·태)는 발음부분이다.」)

①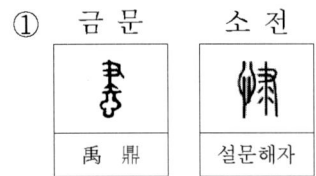

갑골문에는 '悚'자가 보이지 않고, 서주(西周) 금문과 소전의 자형은 모두 '心'과 '隶'로 이루어졌다.

91(6758) 悆 (공경할 여, 천천히 걸을 여)

悆, 趣步悆悆也.① 从心, 與聲.
(「悆는 빨리 달리면서도 여유가 있다는 뜻이다. 心은 의미부분이고, 與(여)는 발음부분이다.」)

①≪계전≫에는 '悆悆' 다음의 '也(야)'자가 없다.

단옥재는 "趣步悆悆(취보여여)는 빨리 달리면서도 여유가 있음을 일컫는다.(「趣步悆悆, 謂疾而舒也..」)"라고 하였다.(≪주≫)

92(6759) 愮 (기쁠 도)

愮, 說也.① 从心, 舀聲.
(「愮는 기쁘다는 뜻이다. 心은 의미부분이고, 舀(요)는 발음부분이다.」)

①고대에는 '悅(기쁠 열)'자가 없었기 때문에, '說(설)'자를 써서 표현하였다.

93(6760) 懕 (편안할 염)

懕, 安也. 从心, 厭聲. ≪詩≫曰: "懕懕夜飮."①
(「懕은 편안하다는 뜻이다. 心은 의미부분이고, 厭(염)은 발음부분이다. ≪시경(詩經)≫에 이르기를 "편안하게 밤에 술잔을 기울이네."라고 하였다.」)

①≪주≫에서는 '飮(음)'을 '歓'으로 썼다.

현재 전해지는 ≪시경·소아(小雅)·잠로(湛露)≫에는 '厭厭夜飮(염염야음)'으로 되어 있다.

94(6761) 憺 (편안할 담)

憺, 安也. 从心, 詹聲.
(「憺은 편안하다는 뜻이다. 心은 의미부분이고, 詹(첨)은 발음부분이다.」)

95(6762) 怕 (두려울 파)

怕, 無爲也.① 从心, 白聲.②
(「怕는 아무 일도 하지 않는다는 뜻이다. 心은 의미부분이고, 白(백)은 발음부분이다.」)

①《주》에서는 '爲(위)'를 '僞(위)'로 썼다. 즉 "인위적으로 하지 않는다"는 의미이다.

한편 《구두》에서는 《고금운회(古今韻會)》에 의거하여 이 글귀를 "靜也. 謂恬然寂靜也. 亦無爲自得也.(「조용하다는 뜻이다. 편안하면서 고요함을 일컫는다. 또 아무 것도 하지 않고 스스로 얻는다는 뜻이다.」)"로 고쳐 썼다.

②왕균은 "(怕의 발음은) 본래 匹白反(필백반, 즉 '백')인데, 《당운(唐韻)》에서는 또 葩亞切(파아절, 즉 '파')이라고도 하였다. 이것은 속음(俗音)이다.(「本匹白反, 《唐韻》又葩亞切, 則俗音也.」)"라고 하였고(《구두》), 단옥재는 "오늘날 사람들이 '怕는 두렵다는 뜻이다'라고 하는 것은 곧 迫(핍박할 박)자의 어전(語轉, 발음의 변화)이다.(「今人所云: 怕, 懼者, 乃迫之語轉.」)"라고 하였다(《주》).

96(6763) 恤 (근심할 휼)

恤, 憂也①, 收也.② 从心, 血聲.
(「恤은 근심한다는 뜻이다. (또) 거두어들인다는 뜻이다. 心은 의미부분이고, 血(혈)은 발음부분이다.」)

①《이아(爾雅)·석고(釋詁)》에 보인다.
②단옥재(《주》)와 계복(《의증》)은 《옥편(玉篇)》에 의거하여 '收(수)'는 '救(구)'로 써야 한다고 하였다.

97(6764) 忏 (요란할 간; 착할 한)

忏, 極也.① 从心, 干聲.②

(「忓은 極(극)을 뜻한다. 心은 의미부분이고, 干(간)은 발음부분이다.」)

①단옥재는 "極은 집의 높은 곳(즉 용마루)을 뜻한다. 干은 범(犯)한다는 뜻이다. 忓은 하극상(下剋上)의 의미이다.(「極者, 屋之高處. 干者, 犯也. 忓者, 以下犯上之意.」)"라고 하였다.(≪주≫)

또 계복은 "極이라는 풀이에 대해, ≪설문해자≫에서는 '憊(비)는 憝(두려울 계)이다'라고 하였고, ≪옥편(玉篇)≫에서는 '憊는 極이다', '憝는 極이다'라고 하였다. 내 생각에, 極은 피로하다는 뜻이다.(「極也者, 本書: '憊, 憝也.' ≪玉篇≫: '憊, 極也.', '憝, 極也.' 馥案: 極, 疲也.」)"라고 하였다.(≪의증≫)

또한 왕균은 "≪광운(廣韻)≫ 평성(平聲)에서는 이것(≪설문해자≫의 풀이)을 인용하고 있고, 거성(去聲)에서는 '착하다는 뜻이다'라고 하였다. ≪옥편≫에서는 '忓, (발음은) 고안절(古安切, 즉 안)이다. 요란(擾亂)하다는 뜻이다. 또 호안절(胡旦切, 즉 한)이다. 거스른다는 뜻이다, (또) 착하다는 뜻이다'라고 하였다. 여러 설이 모두 極과 부합하지 않는다.(「≪廣韻≫平聲引此, 去聲云'善也'. ≪玉篇≫: '忓, 古安切, 擾也; 又胡旦切, 抵也, 善也.' 諸說皆與極不合.」)"라고 하면서, 이어서 계복의 견해를 인용하였다.(≪구두≫)

② 금 문   소 전

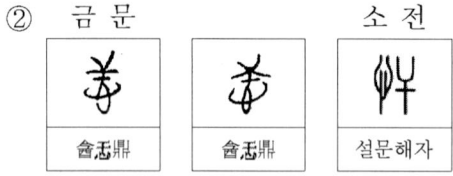

갑골문에는 '忓'자가 보이지 않고, 전국(戰國)시대 금문에서는 '忎'으로 썼다.

98(6765) 懽 (기뻐할 환)

懽, 喜歓也.① 从心, 雚聲.② ≪爾雅≫曰: "懽懽·惸惸, 憂無告也."③

(「懽은 기뻐한다는 뜻이다. 心은 의미부분이고, 雚(관)은 발음부분이다. ≪이아(爾雅)≫에 이르기를 "懽懽과 惸惸(요요)는 걱정은 되는데 하소연할 데가 없다는 뜻이다."라고 하였다.」)

①단옥재는 "歓(정성스러울 수)는 생각에 하고자 하는 바가 있다는 뜻이다. <흠부(欠部)>에 이르기를 '歡(환)은 기쁘고 즐겁다는 뜻이다'라고 하였다. 懽과 歡은 발음과 뜻이 모두 거의 같다.(「歓者, 意有所欲也. <欠部>曰: '歡者, 喜樂也.' 懽與歡音義皆略同.」)"라고 하였다.(≪주≫)

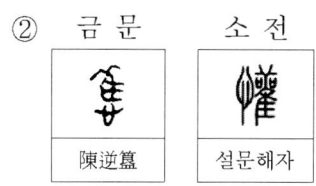

갑골문에는 '懽'자가 보이지 않고, 전국(戰國)시대 금문과 소전의 자형은 모두 '心'과 '藋'으로 이루어져 있다.

③≪이아(爾雅)·석훈(釋訓)≫에 나오는 글귀.

99(6766) 愚 (기쁠 우)

愚, 懽也. 琅邪朱虛有愚亭.① 从心, 禺聲.
(「愚는 기뻐한다는 뜻이다. 낭야군(琅邪郡) 주허현(朱虛縣)에 우정(愚亭)이 있다. 心은 의미부분이고, 禺(우)는 발음부분이다.」)

①낭야군 주허현은 지금의 산동성(山東省) 임구현(臨朐縣) 동부에 있었다.

100(6767) 惄 (허출할 녁)

惄, 飢餓也.① 一曰: 憂也. 从心, 叔聲.② ≪詩≫曰: "惄如朝飢."③
(「惄은 굶주렸다는 뜻이다. 일설에는 근심한다는 뜻이라고도 한다. 心은 의미부분이고, 叔(숙)은 발음부분이다. ≪시경(詩經)≫에 이르기를 "(보고 싶은)굶주림이 아침을 굶은 듯하네."라고 하였다.」)

①단옥재는 "餓(굶주릴 아)는 마땅히 意(의)로 써야 한다. ≪이아(爾雅)·석언(釋言)≫에 이르기를 '惄은 飢(굶주릴 기)이다'라고 하였는데, 이순(李巡)은 '惄은 사고나서 먹지 않은 배고픔을 의미한다'라고 하였다. ≪시경·주남(周南)≫ 진(傳)에 이르기를 '惄은 飢意이다'라고 하였는데, (이것이) 허신이 근거로 한 것이다.(「餓當作意. <釋言>曰: '惄, 飢也.' 李巡云: '惄, 宿不食之飢也.' <周南>傳曰: '惄, 飢意也.' 爲許所本.」)"라고 하였다.(≪주≫)

'愬'자는 갑골문을 보면 '心'과 '朿(숙)'으로 이루어져 있고, 춘추전국(春秋戰國)시대 금문의 자형은 모두 '心'과 '弔(조)'로 이루어져 있다.

③현재 전해지는 ≪시경·주남(周南)·여분(汝墳)≫에서는 '朝(조)'를 '調(조)'로 썼다.

≪주≫에서는 이인보(李仁甫) 본(本)에 의거하여 '朝'를 '輖(낮을 주)'로 썼다.

101(6768) 愶 (고달플 각; 피로할 극)

愶, 勞也. 从心, 卻聲.

(「愶은 피로(疲勞)하다는 뜻이다. 心은 의미부분이고, 卻(각)은 발음부분이다.」)

102(6769) 憸 (간사할 섬; 간사히 말할 험)

憸, 憸詖也.① 憸利於上, 佞人也. 从心, 僉聲.

(「憸은 간사하고 편파적으로 말한다는 뜻이다. 윗사람에게 간사하게 굴어 이득을 보는, 아첨을 떠는 사람을 뜻한다. 心은 의미부분이고, 僉(첨)은 발음부분이다.」)

①단옥재는 "憸은 아마 險(험)자의 잘못일 것이다. 詖(치우칠 피)는 頗(파)와 같다.(「憸葢險之字誤. 詖同頗.」)"라고 하였다.(≪주≫)

또 왕균은 "≪옥편(玉篇)≫에서는 (≪설문해자≫를) 인용하여 '詖也(피야)'라고 하여, 憸자가 없다. ≪광운(廣韻)≫ 譣(섬·험)자에서 말하기를 '譣詖'라고 하였다. 譣은 憸자와 통한다. ≪광아(廣雅)≫에서는 '譣은 詖이다'라고 하였다. 즉 憸詖는 연면사(連綿詞)라는 것이다. … 경전(經典)에서는 대부분 險詖라고 하는데, (이는) 즉 憸詖이다.(「≪玉篇≫引作'詖也', 無憸字. ≪廣韻≫譣下云: '譣詖.' 譣憸字通. ≪廣雅≫: '譣, 詖也.' 則憸詖固連語也. … 經典多言險詖, 卽憸詖也.」)"라고 하였다(≪구두≫)

103(6770) 愒 (쉴 게; 탐할 개; 공갈할 할)

愒, 息也.① 从心, 曷聲.②

(「愒는 쉰다는 뜻이다. 心은 의미부분이고, 曷(갈)은 발음부분이다.」)

①서현 등은 요즘 이 글자를 별도로 憩(게)로 쓰는데, 이는 틀린 것이라고 하였다.(대서본 ≪설문해자≫)

단옥재는 "여기서는 휴식의 息자이다. 위에서 息은 '숨쉰다는 뜻이다'라고 풀이했는데, 이것이 본뜻이다. 무릇 휴식이라는 훈은 인신의(引伸義)이다. … 憩는 愒의 속체(俗體)이다. … 叒 (≪이아(爾雅)≫)<석언(釋言)>에 이르기를 '愒는 탐(貪)한다는 뜻이다'라고 하였는데, 이 愒자는 곧 澉(목마를 갈)자의 가차(假借)이다.(「此休息之息. 上文息篆訓喘息, 其本義. 凡訓休息者, 引申之義也. … 憩者, 愒之俗體. … 又<釋言>曰: '愒, 貪也.' 此愒字乃澉之叚借.」)"라고 하였다.(≪주≫)

②'愒'의 고음은 음성운(陰聲韻) *k'ar / k'ɑi(캬이→개)와 *k'iar / k'iai(캬이→게) 그리고 입성운(入聲韻) *k'iat / k'iat(캳→갈→할) 등 세 가지이고, '曷'의 고음은 입성운 *gat / ɣɑt(갇→갈) 이다. 두 글자는 '愒'를 입성운 '할'로 읽을 때는 발음이 거의 같고, 음성운 '개' 또는 '게'로 읽을 때도 첫소리가 [k-] 계열로 비슷하고, 상고음(上古音)의 주모음(主母音)이 [a]로 같으며, 운미(韻尾)는 혀 끝 가운데 소리 [설첨중음(舌尖中音)]인 [-r]와 [-t]로 발음 부위가 같다. 그래서 '愒'자에서 '曷'이 발음부분이 될 수 있는 것이다. 고대에는 음성운과 입성운이 협운을 하기도 하였다.

104(6771) 懸 (잠들 할; 잠 깰 흘; 어리석을 찬)

懸, 精懸也.① 从心, 毳聲.②

(「懸은 꼼꼼하면서 어리석다는 뜻이다. 心은 의미부분이고, 毳(취)는 발음부분이다.」)

①단옥재는 "(精懸(정당)이라는 말은) 들어 보지 못했다. ≪옥편(玉篇)≫·≪광운(廣韻)≫ 등에서는 '잠이 푹 들었다는 뜻이다.(「寢熟也.」)'라고 하였다.(「未聞. ≪玉篇≫·≪廣韵≫云: '寢熟也.'」)"라고 하였다.(≪주≫)

주준성은 "≪광아(廣雅)·석고(釋詁) 4≫에서 '懸은 깨어났다는 뜻이다'라고 하였는데, 즉 㝹(홀)자와 같다고 일컫는 것이다.(「≪廣雅·釋詁四≫: '懸, 覺也.' 則謂與㝹同.」)"라고 하였다.(≪통훈정성≫)

참고로 제7편 하 <몽부(瘳部)> (4670) '㝹'자를 보면, "㝹, 臥驚也. 一曰: 小兒號㝹㝹. 一曰: 河內相評也. 从瘳省, 从言.(「㝹은 자다가 놀랐다는 뜻이다. 일설에는 아이가 훌쩍훌쩍 운다는 뜻이라고도 한다. 일설에 하내군(河內郡)에서는 서로 부른다는 뜻이라고도 한다. 瘳의 생략형과 言(언)은 (모두) 의미부분이다.」)"라고 하였다. 또 ≪광운≫에서는 "㝹은 깨어났다는 뜻이다.(「㝹, 覺也.」)"라고 하였고, ≪집운

(集韻)≫에서는 "寱은 ≪박아(博雅)≫에서 '깨어났다는 뜻이다'라고 하였다. 일설에는 자다가 놀랐다는 뜻이라고도 한다.(「寱, ≪博雅≫: '覺也.' 一曰: 臥驚.」)"라고 하였다.

왕균은 "≪집운≫에서는 '호골절(呼骨切, 즉 '홀')이다. 어리석다는 뜻이다'라고 하여, 精(정)자가 없다.(「≪集韻≫: '呼骨切. 戇也.' 無精字.」)"라고 하였다.(≪구두≫) ≪집운≫을 보면 이다음에 "일설에는 푹 잠들었다는 뜻이라고도 한다.(「一曰: 熟寐.」)"라는 글귀가 더 있다.

②단옥재는 "('憨'의 발음은) 천간절(千短切, 즉 '찬')이다. ≪옥편≫과 ≪광운≫에서는 呼骨切이라고 하였다.(「千短切. ≪篇≫·≪韵≫, 呼骨切.」)"라고 하였다.

'憨'의 고음은 입성운(入聲韻) *xwət / xuət(훨→홀)이고, '毳'의 고음은 음성운(陰聲韻) *tsʻriwar / tṣʻiuɛi(취에이→취)이다. 두 글자는 상고음(上古音)의 주모음(主母音)이 [ə]와 [a]로 발음 위치가 가깝고, 운미(韻尾)는 혀 끝 가운데 소리 [설첨중음(舌尖中音)]인 [-t]과 [-r]로 발음 부위가 같다. 그래서 약간 멀기는 하지만 '憨'자에서 '毳'가 발음부분이 될 수 있는 것이다. 고대에는 음성운과 입성운이 협운을 하기도 하였다.

105(6772) 悤 (섬)①

悤, 疾利口也.② 从心, 从冊.③ ≪詩≫曰: "相時悤民."④
(「悤은 빠르게 말을 잘한다는 뜻이다. 心과 冊(책)은 (모두) 의미부분이다. ≪시경(詩經)≫에 이르기를 "저 말재주 뛰어난 사람을 보라."라고 하였다.」)

①'悤'자는 ≪대한한사전(大漢韓辭典)≫에 보이지 않는다.
발음은 ≪광운(廣韻)≫에 따르면 '息廉切(식렴절)' 즉 '섬'이다.
②단옥재는 "疾(질)은 나쁘다는 뜻이다. 나쁘게 말을 잘 하는 사람을 일컫는다.(「疾, 惡也. 謂疾惡利口之人也.」)"라고 하였고(≪주≫), 왕균은 "곧 빠르고 기민한 입(말재주)을 뜻한다.(「乃捷疾便利之口也.」)"라고 하였다(≪구두≫).
③서개는 "(悤자는) 오늘날 모두 憸(간사할 섬)으로 쓴다. 冊은 말하는 바가 많다는 뜻이다.(「今皆作憸. 冊, 所言衆也.」)"라고 하였다.(≪계전≫)
≪계전≫에서는 "從心, 冊聲.(「心은 의미부분이고, 冊은 발음부분이다.」)"이라고 하였다.
④현재 전해지는 ≪시경≫에는 이러한 글귀가 없다.
≪구두≫에서는 '詩'를 '書(서)'로 썼다.

참고로 현재 전해지는 ≪서경(書經)·상서(商書)·반경(盤庚) 상(上)≫에서는 '愂'을 '憸'으로 썼다.

106(6773) 急① (급할 급)

急, 褊也.② 从心, 及聲.
(「㥬은 (마음이) 편협(偏狹)하다는 뜻이다. 心은 의미부분이고, 及(급)은 발음부분이다.」)

①'急'은 소전 '㥬'의 예서체이다. 왕균은 이 글자는 '伋'으로도 쓴다고 하였다. (≪구두≫)
②허신은 '急'을 '옷이 작다'는 뜻인 '褊(편)'으로 풀이하였는데, 이것은 일반적으로 '마음이 좁다'는 것을 의미한다.
≪이아(爾雅)·석언(釋言)≫을 보면 "褊은 急하다는 뜻이다.(「褊, 急也.」)"라고 하였는데, 이에 대해 곽박(郭璞)은 "급박하다는 뜻(「急狹」)"이라고 주를 하였다.
'急'자는 경전에서는 대부분 '급하다'라는 뜻으로 많이 쓰였다. 마음이 좁으면 성질이 급하기 마련이고, 여기에서 일반적인 '급하다'라는 뜻으로 의미가 확장된 것으로 생각된다.

107(6774) 辡 (근심할 변, 급할 변)

辡, 憂也. 从心, 辡聲. 一曰: 急也.①
(「辡은 근심한다는 뜻이다. 心은 의미부분이고, 辡(변)은 발음부분이다. 일설에는 급하다는 뜻이라고도 한다.」)

①≪주≫에서는 '急(급)'을 '㥬'으로 썼다.(이하 같음)
단옥재는 이 뜻으로는 잘 쓰이지 않는다고 하였다.
한편 왕균은 "辡자를 말하자면 곧 '급하다'라는 뜻의 정자(正字)이다. ≪이아(爾雅)·석언(釋言)≫에 '褊은 急하다는 뜻이다.(「褊, 急也.」)'라고 하였는데, (여기서의 褊자는) 곧 (辡자를) 빌린 글자이다.(「言辡乃褊急之正字也. ≪爾雅·釋言≫: '褊, 急也.' 乃借字.」)"라고 하였다.(≪구두≫)
또 계복은 '辡'은 '煸(좁을 편)'으로 쓰기도 한다고 하였다.(≪의증≫)

108(6775) 恎 (경망할 극)

恎, 疾也.① 从心, 亟聲. 一曰: 謹重皃.②
(「恎은 빠르다는 뜻이다. 心은 의미부분이고, 亟(극)은 발음부분이다. 일설에는 신중한 모습을 뜻한다고도 한다.」)

①≪주≫에서는 ≪고금운회(古今韻會)≫에 의거하여 "急性也.(「급한 성질을 뜻한다.」)"라고 하였다.

단옥재는 "恎과 急(급)은 쌍성(雙聲)으로 같은 뜻이다. 恎자는 경서(經書)에 보이지 않는다.(「恎與急雙聲同義. 恎字不見於經.」)"라고 하였다.(≪주≫)

'急'은 소전 '急'의 예서체이다.

②단옥재는 "이 뜻은 상반되면서 서로 보완적이다. 급하면 지체되기 쉽다.(「此義之相反而相成者也. 急則易遲.」)"라고 하였다.

109(6776) 懁 (급할 현; 성품 패려할 환)

懁, 急也.① 从心, 瞏聲.② 讀若絹.
(「懁은 급하다는 뜻이다. 心은 의미부분이고, 瞏(경)은 발음부분이다. 絹(견)이라고 읽는다.」)

①단옥재는 "≪논어(論語)≫(·자로(子路))≫에서의 狷(성급할 견)과 ≪맹자(孟子)≫(·진심(盡心) 하)≫에서 獧(성급할 견, 급할 환)으로 쓴 것은 사실 마땅히 懁으로 써야 한다.(「≪論語≫狷, ≪孟子≫作獧, 其實當作懁.」)"라고 하였다.(≪주≫)

②'懁'의 고음은 *grwan / ɤuan(관→환); *xjiwan / xiuæn(휘앤→환); *kewan / kiuɛn(귀엔→견→현) 등 세 가지이고, '瞏'의 고음은 *gjiweng / giuæng(귀앵→경)이다. 두 글자는 '懁'을 어떻게 읽던 상관없이 첫소리가 [k-] 계열로 비슷하고, 상고음(上古音)의 주모음(主母音)은 각각 [a]와 [e]로 발음 위치가 가까우며, 운미(韻尾) 역시 콧소리[비음(鼻音)]인 [-n]과 [-ng]으로 비슷하다. 그래서 '懁'자에서 '瞏'이 발음부분이 될 수 있는 것이다.

참고로 '瞏'자와 통용되는 '睘(경)'자의 고음을 알아보면 *ɤrjiwan / ziuæn(쥐앤→선)과 *gjiweng / giuæng 등 두 가지이다.

110(6777) 悭 (어긋날 형)

悭, 恨也.① 从心, 巠聲.
(「悭은 원망(怨望)한다는 뜻이다. 心은 의미부분이고, 巠(경)은 발음부분이다.」)

①단옥재는 '悭'은 ≪맹자(孟子)(·공손추(公孫丑) 하)≫에서의 '悻(성낼 행)'자라고 하였다.(≪주≫)

111(6778) 慈 (베 이름 현, 엄할 현)

慈, 急也. 从心, 从弦①, 弦亦聲.② 河南密縣有慈亭.③
(「慈은 (마음이) 급하다는 뜻이다. 心과 弦(현)은 (모두) 의미부분인데, 弦은 발음부분이기도 하다. 하남성(河南省) 밀현(密縣)에 현정(慈亭)이 있다.」)

①장순휘(張舜徽)는 "활의 현은 반드시 팽팽하게 잡아당긴 다음에야 화살을 쏠 수 있다. 그래서 弦자에도 급하다는 뜻이 있는 것이다.(「弓弦必繁而後能發矢, 故弦自有急義.」)"라고 하였다.(≪설문해자약주(說文解字約注)≫)
②≪계전≫에서는 "從心, 弦聲.(「心은 의미부분이고, 弦은 발음부분이다.」)"이라고 하였다.
③지금의 하남성 밀현 동남부에 옛 성터가 있다.

112(6779) 慓 (급할 표)

慓, 疾也. 从心, 票聲.①
(「慓는 빠르다는 뜻이다. 心은 의미부분이고, 票(표)는 발음부분이다.」)

①≪계전≫·≪주≫·≪의증≫·≪구두≫·≪교록≫ 등에서는 모두 '票'를 '熛'로 썼다. '票'는 '熛'의 예서체이다.

113(6780) 懦 (나약할 유; 잔약할 연; 부드러울 나)

懦①, 駑弱者也.② 从心, 需聲.③
(「懦는 나약(懦弱)한 사람을 뜻한다. 心은 의미부분이고, 需(수)는 발음부분이다.」)

①≪주≫에서는 '懦'를 '愞' 즉 '愞'로 썼다.

②≪주≫에는 '弱'자 다음의 '者(자)'자가 없다. 즉 "나약하다는 뜻이다"라는 의미이다.

단옥재는 "駑(둔할 노)는 마땅히 奴(노)로 써야 한다. ≪설문해자≫에는 駑자가 없다. 아마 단지 '노마(奴馬, 열등한 말)를 뜻한다'라고 하였을 것이다.(「駑當作奴. 許書無駑字. 蓋祇云: '奴馬也.'」)"라고 하였다.

또 왕균은 ≪설문해자≫에는 '駑'자가 없으므로, '駑'는 <여부(女部)>에 있는 '嫐(약할 유)'자로 써야 한다고 하였다.(≪구두≫)

③≪주≫에서는 '需'를 '耎(가냘플 연)'으로 썼다.

단옥재는 "이 글자는 다른 책에서는 懦로 쓰고, '心은 의미부분이고, 需는 발음부분이다. 발음은 人朱切(인주절, 즉 유)이다'라고 하였는데, (이것은) 잘 모르는 사람이 고친 것이다. 이제 바로 잡는다. 㦶과 <인부(人部)>의 偄(언약할 난)자는 발음과 뜻이 모두 같다. '약하다'라는 뜻이다. 본래 발음은 乃亂切(내란절, 즉 난)이다. (그런데) 발음이 변해서 乃過切(내과절, 즉 놔→나)가 되었다. ≪광운(廣韻)·선운(獼韵)≫에서 㦶의 발음은 而充切(이연절, 즉 연)이라고 하였고, <환운(換韵)>에서는 奴亂切(노란절, 즉 난)이라고 하였으며, <과운(過韵)>에서는 乃臥切(내와절, 즉 놔→나)이라고 하였다. ≪옥편(玉篇)·심부(心部)≫에서 㦶은 乃亂과 乃過 두 가지 발음이 있는데, 훈은 모두 '약하다'라고 하였다. 이 글자(즉 㦶)가 고대로부터 전해지는 틀림없는 글자인데, 글자 모양이 비슷해서 잘못 변하여 懦로 되었다.(「此篆各本作懦, '从心, 需聲. 人朱切.' 乃淺人所改. 今正. 㦶與人部偄音義皆同, 弱也. 本乃亂切, 音轉爲乃過切. ≪廣韵·獼韵≫㦶而充切, <換韵>㦶奴亂切, 過韵㦶乃臥切. ≪玉篇·心部≫㦶乃亂乃過二切, 皆訓弱也. 此自古相傳不誤之字也, 因形近或譌爲懦.」)"라고 하였다.

114(6781) 恁 (생각할 임; 이러할 님)

恁, 下齎也.① 从心, 任聲.②

(「恁은 심약(心弱)하다는 뜻이다. 心은 의미부분이고, 任(임)은 발음부분이다.」)

①서개는 "마음가짐이 저속하고 낮다는 뜻이다.(「心所齎卑下也.」)"라고 하였다. (≪계전≫)

장순휘(張舜徽)는 "≪광아(廣雅)·석고(釋詁) 3≫에서 '齎(재)는 가지고 있다는 뜻이다.(「齎, 持也.」)'라고 하였다. 마음가짐이 비하(卑下)하다는 것은 기가 빠지고 마음이 약하여 그 가운데 지키는 바가 없음을 일컫는 것이다.(「≪廣雅·釋詁三≫:

'齎, 持也.' 心所持者卑下, 謂氣餒心弱, 中無所守也..」)'라고 하였다.(≪설문해자약주(說文解字約注)≫)

단옥재는 "('下齎'라는 말은) 들어보지 못했다. 내 생각에, ≪후한서(後漢書)≫ 반고(班固)의 ≪전인(典引)≫에서 '또한 마땅히 신중하게 군사력을 고려해야 한다'라고 하였는데, 이현(李賢)은 주에서 ≪설문해자≫를 인용하여 '恁은 생각한다는 뜻이다.(「恁, 思也..」)'라고 하였다. 마땅히 이것을 근거로 바로잡아야 할 것이다. ≪광아(廣雅)≫에서는 '恁은 생각한다는 뜻이다.(「恁, 思也..」)'라고 하였고, ≪광운(廣韻)≫·≪옥편(玉篇)≫ 등에서는 '(恁은) 오랫동안 생각한다는 뜻이다.(「念也..」)'라고 하였다. 恁과 念은 첩운(疊韻)관계이다.(「未聞. 按: ≪後漢書≫班固≪典引≫: '亦宜勤恁旅力.' 李賢注引≪說文≫'恁, 念也.' 當用以訂正. ≪廣雅≫曰: '恁, 思也.' ≪廣韵≫·≪玉篇≫亦曰: '念也.' 恁念爲疊韵..」)"라고 하였다.(≪주≫)

≪통훈정성≫에서는 "思也.(「생각한다는 뜻이다..」)"라고 하였다.

② 춘추금문   전국금문   소 전

王孫鐘　　中山王壺　　설문해자

갑골문과 서주(西周) 금문에는 '恁'자가 보이지 않는다.
춘추전국(春秋戰國)시대 금문과 소전의 자형은 '恁'으로 같다.

115(6782) 忕 (어그러질 특)

忕, 失常也.① 从心, 代聲.②
(「忕은 정상(正常) 상태를 잃어버렸다는 뜻이다. 心은 의미부분이고, 代(대)는 발음부분이다..」)

①계복은 '忕'은 경전에서는 '忒(특)'자를 쓴다고 하였다.(≪의증≫)

왕균은 "≪옥편(玉篇)≫에서는 忕과 忒 두 글자를 나란히 놓고, 각각 ≪설문해자≫를 인용하고 있는데, 처음에는 한 글자라고 하지 않고, 경전(經典)에서는 忒자를 빌려 썼다고 하였다.(「≪玉篇≫忕忒二字相連, 各引≪說文≫, 初不謂爲一字, 而經典則借忒爲之..」)"라고 하였다.(≪구두≫)

②'忕'의 고음은 입성운(入聲韻) *tʻək / tʻək(턱→특)이고, '代'의 고음은 음성운(陰聲韻) *dəɣ / dəi(더이→대)이다. 두 글자는 첫소리가 [t-] 계열로 비슷하

고, 상고음(上古音)의 주모음(主母音)이 [ə]로 같으며, 운미(韻尾)는 혀뿌리소리[설근음(舌根音)]인 [-k]과 [-ɣ]으로 발음 부위가 같다. 그래서 '悆'자에서 '代'가 발음부분이 될 수 있는 것이다. 고대에는 음성운과 입성운이 협운을 하기도 하였다.

116(6783) 怚 (교만할 저)

怚, 矯也.① 从心, 且聲.
(「怚는 교만(驕慢)하다는 뜻이다. 心은 의미부분이고, 且(차)는 발음부분이다.」)

①《계전》·《주》·《의증》·《구두》·《통훈정성》·《교록》 등에서는 모두 '矯(바로잡을 교)'를 '驕(교만할 교)'로 썼다. 여기에서도 이에 따라 번역하였다.

117(6784) 悒 (답답할 읍)

悒, 不安也. 从心, 邑聲.①
(「悒은 불안하다는 뜻이다. 心은 의미부분이고, 邑(읍)은 발음부분이다.」)

①단옥재는 "邑은 사람들이 모이는 곳을 뜻한다. 그러므로 무릇 우울한 것이 쌓여 있다는 뜻을 따른 것이다.(「邑者, 人所聚也. 故凡鬱積之義从之.」)"라고 하였다. (《주》) 즉 발음부분인 '邑'에도 뜻이 있다는 의미이다.

118(6785) 悆 (기쁠 여)

悆, 忘也.① 噅也.② 从心, 余聲.③ <周書>曰: "有疾不悆."④ 悆, 喜也.
(「悆는 잊어버렸다는 뜻이다. (또) 꿀꺽 삼킨다는 뜻이다. 心은 의미부분이고, 余(여)는 발음부분이다. <주서(周書)>에 이르기를 "병이 나서 편안치 않으시다."라고 하였다. (여기에서의) 悆는 기쁘다는 뜻이다.」)

①단옥재는 "이 뜻은 들어보지 못했다. 아마 잘못 쓴 글자가 아닌가 한다.(「此義未聞. 恐有譌字.」)"라고 하였다.(《주》)
한편 계복(《의증》)과 왕균(《구두》)은 《광아(廣雅)》에 보인다고 하였다.
②단옥재는 "噅은 꿀꺽 삼킨다는 뜻이다. 꿀꺽 삼킨다는 것은 욕심이 많다는 것이다.(「噅者, 含深也. 含深者, 欲之甚也.」)"라고 하였다.

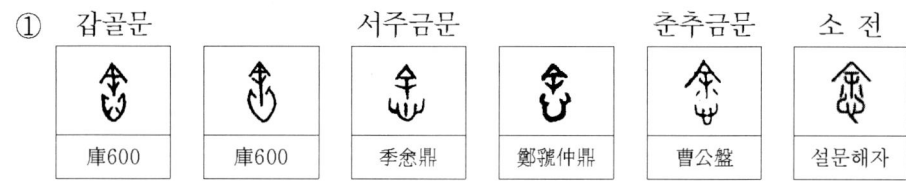

'念'자는 갑골문, 금문 그리고 소전 등의 자형이 모두 '念'로 같다.

④현재 전해지는 ≪서경(書經)·주서·금등(金滕)≫에는 '有疾弗豫(유질불예)'로 되어 있다.

119(6786) 忒 (어긋날 특)

忒, 更也.① 从心, 弋聲.②

(「忒은 바꾼다는 뜻이다. 心은 의미부분이고, 弋(익)은 발음부분이다.」)

①≪주≫에서는 '更(경)'을 '叚'으로 썼다. '更'은 '叚'의 예서체이다.

단옥재는 "내 생각에, <인부(人部)>에서 '代는 바꾼다는 뜻이다. 弋은 발음부분이다'라고 하였다. (弋은) 忒과 발음과 뜻이 같다. … 무릇 사람이 잘못이 있어서 정상상태를 바꾼 것을 忒이라고 한다. 본래 (≪설문해자≫에는) 悊(어긋날 특)자가 없었는데, 다른 책에는 悊자가 있다. (그리고 그) 해설에서 말하길, '정상 상태를 잃어버렸다는 뜻이다. 心은 의미부분이고, 代는 발음부분이다. 代는 또 弋(익)이 발음부분으로, 발음과 뜻이 모두 같다'라고 하였다. 이것은 대체로 잘 모르는 사람이 함부로 덧붙인 것일 것이다.(「按: <人部>: '代, 叚也. 弋聲.' 忒與音義同. … 凡人有過失改常謂之忒. 本無悊字, 各本有悊篆. 注云: '失常也。从心, 代聲. 代亦弋聲, 則音義皆同.' 此蓋淺人妄增.」)"라고 하였다.(≪주≫)

'忒'자는 갑골문과 소전의 자형이 '忒'으로 같다.

120(6787) 憪 (마음 고요할 한)

憪, 愉也. 从心, 閒聲.①

(「憪은 기쁘다는 뜻이다. 心은 의미부분이고, 閒(간)은 발음부분이다.」)

①≪계전≫·≪주≫·≪의증≫·≪구두≫·≪통훈정성≫·≪교록≫ 등에서는 모두 '閒'을 '閑(한)'으로 썼다. 소전체로 보면 이것이 맞다.

121(6788) 愉 (기뻐할 유; 구차할 투)

愉, 薄也.① 从心, 俞聲.② ≪論語≫曰: "私覿, 愉愉如也."③
(「愉는 엷다는 뜻이다. 心은 의미부분이고, 俞(유)는 발음부분이다. ≪논어(論語)≫에 이르기를 "사적(私的)인 만남에서는 즐거운 기색을 보이셨다."라고 하였다.」)

①단옥재는 "여기에서 薄(박)자는 마땅히 '薄樂(박락)'이라고 써야 하는데, 옮겨 쓸 때 樂자를 빠뜨린 것으로, (薄樂이란) 천박한 즐거움을 일컫는다.(「此 '薄也'當作 '薄樂也', 轉寫奪樂字, 謂淺薄之樂也..」)"라고 하였다.(≪주≫)

②
금문		소전

| 魯伯愈父匜 | 魯伯愈父扁 | 설문해자 |

갑골문에는 '愉'자가 보이지 않고, 춘추(春秋)시대 금문에서는 '愈'로 썼다.
③≪논어·향당(鄕黨)≫에 나오는 글귀.

122(6789) 懱 (업신여길 멸)

懱, 輕易也.① 从心, 蔑聲. <商書>曰: "以相陵懱."②
(「懱은 가볍고 쉽게 여긴다는 뜻이다. 心은 의미부분이고, 蔑(멸)은 발음부분이다. <상서(商書)>에 이르기를 "그렇게 해서 서로 업신여겼다."라고 하였다.」)

①≪구두≫에서는 현응(玄應)의 ≪일체경음의(一切經音義)≫에 의거하여 이다음에 "謂相輕傷也.(「서로 업신여긴다는 말이다.」)"라는 글귀를 보충하였다.

단옥재는 "易(이)는 마땅히 傷(업신여길 이)로 써야 한다. <인부(人部)>에 이르기를 '傷는 가볍게 여긴다는 뜻이다'라고 하였다. 懱은 사람을 업신여기고 멸시한다는 뜻이다.(「易當作傷. <人部>曰: '傷, 輕也.' 懱者, 輕易人蔑視之也..」)"라고 하였다.(≪주≫)

②현재 전해지는 ≪서경(書經)·상서≫에는 이러한 글귀가 없다.

123(6790) 愚 (어리석을 우)

愚, 戇也. 从心, 从禺.① 禺, 猴屬②, 獸之愚者.③
(「愚는 戇(어리석을 당)이다. 心과 禺(우)는 (모두) 의미부분이다. 禺는 원숭이의 일종으로, 짐승 중에 미련한 놈이다.」)

갑골문에는 '愚'자가 보이지 않고, 전국(戰國)시대 금문과 소전의 자형은 '愚'로 같다.
②≪주≫와 ≪구두≫에서는 ≪광운(廣韻)≫에 의거하여 '猴(후)'자 앞에 '母(모)'자 한 글자를 보충하였다. 즉 "큰 원숭이의 일종"이라는 뜻이다.
③왕균은 '愚'는 '禺'가 발음부분인 형성자이므로, 마땅히 "從心, 禺聲.(「心은 의미부분이고, 禺는 발음부분이다.」)"이라고 해야 한다고 하면서, 이다음 '禺'를 원숭이 운운 하면서 설명한 부분은 마땅히 삭제해야 한다고 하였다.(≪구두≫)

124(6791) 戇 (어리석을 당)

戇, 愚也.① 从心, 贛聲.②
(「戇은 愚(어리석을 우)이다. 心은 의미부분이고, 贛(공)은 발음부분이다.」)

①'戇'과 (6790) '愚'는 전주(轉注) 관계이다.
②'戇'의 고음은 양성운(陽聲韻) *xəm / xəm(혐→함)이고, '贛'의 고음 역시 양성운 *kəm / kəm(검→감)이다. 두 글자는 상고음(上古音)과 중고음(中古音)의 운모(韻母)가 [əm]으로 같다. 그래서 '戇'자에서 '贛'이 발음부분이 될 수 있는 것이다.

125(6792) 悈 (간악할 채)

悈, 姦也.① 从心, 采聲.
(「悈는 간사(奸邪)하다는 뜻이다. 心은 의미부분이고, 采(채)는 발음부분이다.」)

①왕균은 "≪옥편(玉篇)≫에서는 '원망하다, 급하다라는 뜻이다'라고 하였고, ≪광운(廣韻)≫에서는 '원망하다라는 뜻이다'라고 하여, 모두 '간사하다'라는 뜻은 없다. ≪집운(集韻)≫에서는 또 悋를 猜(시샘할 시)의 이체자라고 하였다. 내 생각에, 위아래 글자는 모두 '어리석다'라는 부류인데, 悋를 그 사이에 놓았으니 배열순서에 매우 어울리지 않는다.(「≪玉篇≫: '恨也, 急也', ≪廣韻≫: '恨也', 皆無姦義. ≪集韻≫又以悋爲猜之重文. 案: 上下文皆愚懨之類, 以悋廁其閒, 殊不次.」)"라고 하였다. (≪구두≫)

126(6793) 惷 (천치 용·창; 어리석을 충·장)

惷, 愚也. 从心, 春聲.①

(「惷은 어리석다는 뜻이다. 心은 의미부분이고, 春(용)은 발음부분이다.」)

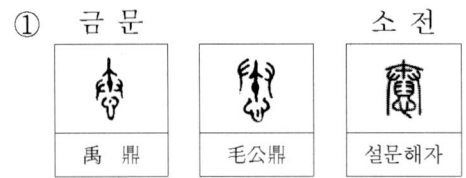

① 금 문		소 전
禹 鼎	毛公鼎	설문해자

갑골문에는 '惷'자가 보이지 않는다.

서주(西周) 금문의 자형은 '心'과 '春'에서 '臼(구)' 부분이 생략된 형태로 이루어져 있다.

127(6794) 懝 (놀랄 애)

懝, 騃也.① 从心, 从疑, 疑亦聲. 一曰: 惶也.②

(「懝는 어리석다는 뜻이다. 心과 疑(의)는 (모두) 의미부분인데, 疑는 발음부분이기도 하다. 일설에는 두려워한다는 뜻이라고도 한다.」)

①단옥재는 "騃(애)는 본래 말이 가는 모습이 멋지고 날렵하다는 뜻이다. 인신(引伸)하여 의심하여 서 있는 모습을 뜻한다. 또 인신하여, ≪방언(方言)≫(<권10>)에 이르기를 '癡(어리석을 치)는 騃이다'라고 하는 뜻으로 되었다. '懝는 騃이다'라고 한 것은 바로 ≪방언≫에서 '癡는 騃이다'라고 한 것(과 같은 뜻)이다.(「騃本訓馬行仡仡, 引申爲疑立之狀. 又引申之, 則≪方言≫曰: '癡, 騃也.' 懝騃卽≪方言≫之癡騃.」)"라고 하였다.(≪주≫)

②≪계전≫에는 '惶(두려워할 황)'자 다음의 '也(야)'자가 없다.

128(6795) 忮 (사나울 기)

忮, 很也.① 从心, 支聲.
(「忮는 말을 잘 듣지 않는다는 뜻이다. 心은 의미부분이고, 支(지)는 발음부분이다.」)

①단옥재는 "很(흔)은 말을 잘 듣지 않는다는 뜻이다.(「很者, 不聽从也.」)"라고 하였다.(≪주≫)

129(6796) 悍 (사나울 한, 날랠 한)

悍, 勇也. 从心, 旱聲.
(「悍은 용감(勇敢)하다는 뜻이다. 心은 의미부분이고, 旱(한)은 발음부분이다.」)

130(6797) 態 (모양 태)

態, 意也.① 从心, 从能.② 態, 或从人.
(「態는 (마음이 가는) 뜻이라는 뜻이다. 心과 能(능)은 (모두) 의미부분이다. (6797-1) 能는 혹체자(或體字)로 (心 대신) 人(인)을 썼다.」)

①서개는 "마음이 그 일에 대하여 잘 안 다음에야 (그에 대한) 태도가 있게 된다.(「心能於其事, 然後有態度.」)"라고 하여(≪계전≫), '心'과 '能'이 (모두) 의미부분이 되는 이유를 설명하였다.
≪주≫에는 '意(의)'자 다음에 '態'자 한 글자가 더 있다.
②뉴수옥은 "바땅히 '心은 의미부분이고, 能은 발음부분이다'라고 해야 한다. 후세 사람이 발음이 가깝지 않다고 의심하여 회의(會意)로 고쳤다.(「當是'从心, 能聲.' 後人疑聲不近, 改為會意.」)"라고 하였다.(≪교록≫)
≪구두≫에는 이다음에 "姿之餘也.(「자태(姿態)의 여유를 뜻한다.」)"라는 글귀가 더 있다.

131(6798) 怪 (기이할 괴)

怪, 異也. 从心, 圣聲.①

(「怪는 기이(奇異)하다는 뜻이다. 心은 의미부분이고, 圣(골)은 발음부분이다.」)

①'怪'의 고음은 음성운(陰聲韻) *krwəγ / kuɛi(궤이→괴)이고, '圣'의 고음은 입성운 *k'wət / k'uət(퀕→굳→골)이다. 두 글자는 첫소리가 [k-] 계열로 비슷하고, 상고음(上古音)의 주모음(主母音)이 [ə]로 같다. 그래서 '怪'자에서 '圣'이 발음부분이 될 수 있는 것이다. 고대에는 음성운과 입성운이 협운을 하기도 하였다.

132(6799) 憃 (탕)①

憃, 放也.② 从心, 象聲.
(「憃은 방탕(放蕩)하다는 뜻이다. 心은 의미부분이고, 象(상)은 발음부분이다.」)

①'憃'자는 《대한한사전(大漢韓辭典)》에 보이지 않는다.
발음은 《광운(廣韻)》에 따르면 '徒朗切(도랑절)' 즉 '당'→'탕'이다.
②왕균은 《화엄음의(華嚴音義)》를 인용하여 '憃'은 '愓(방탕할 탕)'의 고자(古字)라고 하였다.(《구두》)(다음에 나오는 (6811) '愓'자 참조)

133(6800) 慢 (게으를 만)

慢, 惰也. 从心, 曼聲. 一曰: 慢, 不畏也.
(「慢은 게으르다는 뜻이다. 心은 의미부분이고, 曼(만)은 발음부분이다. 일설에 慢은 두려워하지 않는다는 뜻이라고도 한다.」)

134(6801) 怠 (게으를 태)

怠, 慢也. 从心, 台聲.①
(「怠는 게으르다는 뜻이다. 心은 의미부분이고, 台(이·태)는 발음부분이다.」)

① 금문 / 소전 / 中山王壺 / 설문해자

갑골문에는 '怠'자가 보이지 않고, 전국(戰國)시대 금문과 소전의 자형은 '怠'로 같다.

135(6802) 懈 (게으를 해)

懈, 怠也.① 从心, 解聲.
(「懈는 게으르다는 뜻이다. 心은 의미부분이고, 解(해)는 발음부분이다.」)

①≪이아(爾雅)・석언(釋言)≫에 보인다.

136(6803) 惰 (게으를 타)

惰, 不敬也. 从心・墮省.① ≪春秋傳≫曰: "執玉惰."② 憜, 惰或省自. 媠, 古文.
(「惰는 공경하지 않는다는 뜻이다. 心과 墮(타)의 생략형은 (모두) 의미부분이다. ≪춘추전(春秋傳)≫에 이르기를 "옥을 받을 때 불경(不敬)한 기색을 나타냈다."라고 하였다. (6803-1) 憜는 惰의 혹체자(或體字)로 阜(부)를 생략하였다. (6803-2) 媠는 고문(古文)이다.」)

①≪계전≫과 ≪구두≫에서는 "從心, 隋聲.(「心은 의미부분이고, 隋(수)는 발음부분이다.」)"이라고 하였고, ≪주≫에서는 "从心, 墮省聲.(「心은 의미부분이고, 墮의 생략형은 발음부분이다.」)"이라고 하였다.
②현재 전해지는 ≪춘추좌전(春秋左傳)・희공(僖公) 11년≫에는 '受玉惰(수옥타)'로 되어 있다.

137(6804) 憽 (놀랄 종)

憽, 驚也. 从心, 從聲. 讀若悚.①
(「憽은 놀란다는 뜻이다. 心은 의미부분이고, 從(종)은 발음부분이다. 悚(송)처럼 읽는다.」)

①단옥재(≪주≫)・왕균(≪구두≫)・뉴수옥(≪교록≫) 등은 ≪설문≫에는 '悚(두려워할 송)'자가 없으므로 (이 글자는) 마땅히 '竦(공경할 송)'자로 써야 한다고 하였다.

138(6805) 怫 (불안할 비; 답답할 불)

怫, 鬱也.① 从心, 弗聲.
(「怫은 답답하다는 뜻이다. 心은 의미부분이고, 弗(불)은 발음부분이다.」)

①≪주≫와 ≪의증≫에서는 '鬱(막힐 울)'을 '鬱(울금초 울)'로 썼다.

단옥재는 "鬱은 다른 책에서는 鬱로 썼는데, 잘못된 것이다. 鬱은 향초를 쌓아서 그것을 삶는다는 뜻이다. 인신(引伸)하여 억울(抑鬱)하다는 명칭이 되었다.(「鬱各本作鬱, 誤. 鬱者, 芳艸築以煑之, 引申爲凡抑鬱之偁.」)"라고 하였다.(≪주≫)

139(6806) 忿 (근심 없을 개)

忿, 忽也. 从心, 介聲.① ≪孟子≫曰: "孝子之心, 不若是忿."②
(「忿는 잊었다는 뜻이다. 心은 의미부분이고, 介(개)는 발음부분이다. ≪맹자(孟子)≫에 이르기를 "효자의 마음에 이와 같은 소홀함이 있을 수 없다."라고 하였다.」)

갑골문에는 '忿'자가 보이지 않고, 전국(戰國)시대 금문과 소전의 자형은 '忿'로 같다.

②현재 전해지는 ≪맹자・만장(萬章) 상≫에서는 '忿'를 '恝(개)'로 썼다.

140(6807) 忽 (소홀히 할 홀, 잊을 홀)

忽, 忘也. 从心, 勿聲.①
(「忽은 잊었다는 뜻이다. 心은 의미부분이고, 勿(물)은 발음부분이다.」)

갑골문에는 '忽'자가 보이지 않고, 전국(戰國)시대 금문과 소전의 자형은 '忽'로 같다.

141(6808) 忘 (잊을 망)

忘, 不識也.① 从心, 从亡, 亡亦聲.②

(「忘은 기억을 못한다는 뜻이다. 心과 亡(망)은 (모두) 의미부분인데, 亡은 발음부분이기도 하다.」)

①단옥재는 "識(식)은 (마음속의) 뜻을 의미한다. 오늘날 이른바 지식(知識)이요, 기억(記憶)을 뜻한다.(「識者, 意也. 今所謂知識, 所謂記憶也.」)"라고 하였다.(≪주≫)

② 춘추금문   전국금문   소 전

| 蔡侯申鐘 | 吳王光鐘 | 自余鐸 | 中山王鼎 | 陳侯午敦 | 설문해자 |

갑골문에는 '忘'자가 보이지 않는다.

춘추전국(春秋戰國)시대 금문과 소전은 모두 '心'과 '亡'으로 이루어져 있다.

≪계전≫·≪주≫·≪구두≫ 등에서는 "從心, 亡聲.(「心은 의미부분이고, 亡은 발음부분이다.」)"이라고 하였다.

142(6809) 懑 (잊을 만)

懑, 忘也. 懑, 兜也.① 从心, 㒼聲.

(「懑은 잊었다는 뜻이다. 懑은 잊어버린 모습을 뜻한다. 心은 의미부분이고, 㒼(만)은 발음부분이다.」)

①단옥재는 "마땅히 '懑兜(만두)는 잊었다는 뜻이다'라고 해야 하지 않을까 한다. 懑兜는 아마 옛날말일 것이고, 잊어버린 모습을 뜻한다. 오늘날 사람들이 '어리석어 일을 잘 살피지 못한다'라는 뜻과 같다.(「疑當作'懑兜, 忘也.' 懑兜蓋古語, 忘之皃也. 猶今人曰糊塗不省事.」)"라고 하였다.(≪주≫)

한편 ≪구두≫에서는 ≪집운(集韻)≫에 의거하여 '懑'자 앞에 '一曰(일왈)' 두 글자를 보충하였다.

143(6810) 恣 (방자할 자)

恣, 縱也. 从心, 次聲.

(「恣는 방종(放縱)하다는 뜻이다. 心은 의미부분이고, 次(차)는 발음부분이다.」)

144(6811) 惕 (방탕할 탕; 빨리 갈 상)

惕, 放也.① 从心, 昜聲. 一曰: 平也.
(「惕은 방탕(放蕩)하다는 뜻이다. 心은 의미부분이고, 昜(양)은 발음부분이다. 일설에는 평탄하다는 뜻이라고도 한다.」)

①≪구두≫에서는 ≪화엄음의(華嚴音義)≫에 의거하여 '放'자 다음에 '恣(방자할 자)'자 한 글자를 보충하였다.

145(6812) 憧 (마음 동할 동, 그리워할 동)

憧, 意不定也.① 从心, 童聲.
(「憧은 (마음속의) 뜻이 정해지지 않았다는 뜻이다. 心은 의미부분이고, 童(동)은 발음부분이다.」)

①≪구두≫에서는 현응(玄應)의 ≪일체경음의(一切經音義)≫에 의거하여 '意(의)'자 앞에 '憧憧' 두 글자를 보충하였다.

146(6813) 悝 (근심할 리; 지껄일 회)

悝, 啁也.① 从心, 里聲. ≪春秋傳≫有孔悝② 一曰: 病也.③
(「悝는 조롱(嘲弄)한다는 뜻이다. 心은 의미부분이고, 里(리)는 발음부분이다. ≪춘추전(春秋傳)≫에 공리(孔悝)라는 사람이 있다. 일설에는 질병을 뜻한다고도 한다.」)

①≪계전≫에서는 '啁(지껄일 조)'를 '謿(조롱할 조)'로 썼다.
이에 대해 뉴수옥(≪교록≫)과 왕균(≪구두≫)은 '謿'는 속자(俗字)라고 하였다.
단옥재는 "啁는 곧 오늘날의 嘲자이고, 悝는 곧 오늘날의 詼(조롱할 회)자로, 조롱한다는 것을 일컫는다. 오늘날 詼嘲가 널리 쓰이면서 悝啁는 쓰이지 않게 되었다.(「啁卽今之嘲字, 悝卽今之詼字, 謂詼諧啁調也. 今則詼嘲行而悝啁廢矣.」)"라고 하였다.(≪주≫) 이에 따르면 '啁'와 '嘲'는 고금자(古今字)가 된다.

②≪춘추좌전(春秋左傳)·애공(哀公) 15년≫에 나온다.

③≪이아(爾雅)·석고(釋詁)≫를 보면 "悝는 근심한다는 뜻이다.(「悝, 憂也.」)"라고 하였고, 또 "㾐(리)는 병을 뜻한다.(「㾐, 病也.」)"라고 하였다.
이에 대해 단옥재는 "아마 근심과 병은 서로 관련이 있기 때문일 것이다. 悝와 㾐는 같은 글자이다.(「蓋憂與病相因。悝㾐同字耳.」)"라고 하였다.

147(6814) 憰 (속일 휼)(본음 결)

憰, 權詐也.① 从心, 矞聲.
(「憰은 권모술수(權謀術數)로 속인다는 뜻이다. 心은 의미부분이고, 矞(율)은 발음부분이다.」)

①단옥재는 "이 글자와 (제3편 상) <언부(言部)>의 (1662) 譎(속일 휼)자는 발음과 뜻이 모두 같다. 대체로 저것은 말을 가지고 하고, 이것은 마음을 가지고 한다.(「此與<言部>譎音義皆同. 蓋彼以言, 此以心.」)"라고 하였다.(≪주≫)

주준성은 "말로 속이는 것은 譎이라고 하고, 마음으로 속이는 것은 憰이라고 한다.(「言詐曰譎, 心詐曰憰.」)"라고 하였다.(≪통훈정성≫)

148(6815) 㹫 (거짓말할 광, 잘못될 광)

㹫, 誤也. 从心, 狂聲.
(「㹫은 잘못되었다는 뜻이다. 心은 의미부분이고, 狂(광)은 발음부분이다.」)

①≪주≫·≪의증≫·≪교록≫ 등에서는 '狂'을 '狌'으로 썼다.(이하 같음)

149(6816) 怳 (당황할 황)

怳, 狂之皃.① 从心, 況省聲.②
(「怳은 미친 모습을 뜻한다. 心은 의미부분이고, 況(황)의 생략형은 발음부분이다.」)

①≪구두≫에는 '皃(모)'자 다음에 '也(야)'자가 한 글자 더 있다.
소영(邵瑛)은 이 글자는 황홀(怳忽)이라고 할 때의 '怳'자라고 하였다.(≪군경정자(群經正字)≫) '怳忽'은 현재 '恍惚(황홀)'로 쓴다.
②≪주≫와 ≪통훈정성≫에서는 "兄聲.(「兄(형)은 발음부분이다.」)"이라고 하였다.
왕균도 마땅히 "兄聲"이라고 해야 한다고 하였다.(≪구두≫)

150(6817) 恑 (변할 궤)

恑, 變也.① 从心, 危聲.②
(「恑는 (마음이) 변한다는 뜻이다. 心은 의미부분이고, 危(위)는 발음부분이다.」)

①≪구두≫에서는 현응(玄應)의 ≪일체경음의(一切經音義)≫에 의거하여 '變(변)' 자 다음에 '詐(속일 사)'자 한 글자를 보충하였다.
현재 속인다는 뜻으로는 '詭(궤)'자를 많이 쓴다.
②'恑'의 고음은 *kiwa / kiue(귀에→궤)이고, '危'의 고음은 *ngiwa / ngiue(위에→위)이다. 두 글자는 첫소리가 [k-] 계열로 비슷하고, 운모(韻母)는 완전히 같다. 그래서 '恑'자에서 '危'가 발음부분이 될 수 있는 것이다.

151(6818) 㒰 (두 마음 먹을 휴)

㒰, 有二心也. 从心, 巂聲.
(「㒰는 두 마음을 가지고 있다는 뜻이다. 心은 의미부분이고, 巂(휴)는 발음부분이다.」)

152(6819) 悸 (두근거릴 계)

悸, 心動也. 从心, 季聲.
(「悸는 마음이 두근거린다는 뜻이다. 心은 의미부분이고, 季(계)는 발음부분이다.」)

153(6820) 憿 (요행 요)(고음 교)

憿, 幸也.① 从心, 敫聲.
(「憿는 운이 좋다는 뜻이다. 心은 의미부분이고, 敫(교)는 발음부분이다.」)

①≪주≫에서는 '幸(행)'을 '𡴘(행)'으로 썼다. '幸'은 '𡴘'의 예서체이다.
왕균은 "憿幸은 연면사(連綿詞)로, 두 글자는 같은 뜻이다.(「憿幸是連語, 兩字同義.」)"라고 하였다.(≪구두≫)
주준성은 "경전(經傳)에서는 모두 徼(요)로 쓰는데, 세간에서는 僥倖(요행)·憿倖(교행) 등으로 쓴다.(「經傳皆以徼爲之, 俗作僥倖·憿倖.」)"라고 하였다.(≪통훈정성≫)
한편 단옥재는 "세간에서는 僥倖·憿倖·徼倖 등으로 쓰는데, 모두 틀린 것이다.(「俗作僥倖·憿倖·徼倖, 皆非也.」)"라고 하였다.(≪주≫)

154(6821) 懖 (임의로 할 괄)

懖, 善自用之意也.① 从心, 銛聲.② <商書>曰: "今汝懖懖."③ 聑, 古文, 从耳.④
(「懖은 자기가 하고 싶은 대로 하기를 좋아한다는 의미이다. 心은 의미부분이고, 銛(섬)은 발음부분이다. <상서(商書)>에 이르기를 "지금 그대들은 마음대로 하고 있소."라고 하였다. (6821-1) 聑은 고문(古文)으로, (心 대신) 耳(이)를 썼다.」)

①≪주≫와 ≪통훈정성≫에서는 ≪경전석문(經典釋文)·상서음의(尙書音義)≫에 의거하여 '善(선)'자 앞에 '岠(막을 거)'자 한 글자를 보충하였다. 또 ≪구두≫에서는 '岠'를 '拒(막을 거)'로 썼다.
'岠'와 '拒'는 고금자(古今字)이다.

②≪계전≫·≪주≫·≪의증≫·≪통훈정성≫·≪구두≫·≪교록≫ 등에서는 모두 '銛'을 '銛(괄)'로 썼다.
참고로 소전의 '昏(입 막을 괄)'자는 예서에서 일률적으로 '舌(설)'자로 바뀌었다. 예를 들어 '括(묶을 괄)'·'刮(깎을 괄)'·'活(활)'·'姡(교활할 활)'·'話(화)' 등에서의 '舌' 부분은 모두 '昏'에서 온 것이다.

③현재 전해지는 ≪서경(書經)·상서·반경(盤庚) 상≫에서는 '懖'을 '聒(떠들썩할 괄)'로 썼다.

④계복은 "귀는 있으되 듣는 것이 없다는 뜻이다.(「有耳無聞.」)"라고 하였고(≪의증≫), 승배원(承培元)은 "다른 사람의 의견을 듣지 않는다는 뜻이다.(「不聽人意.」)"라고 하였다(≪설문인경증례(說文引經證例)≫).

155(6822) 忨 (탐할 완)

忨, 貪也. 从心, 元聲.① ≪春秋傳≫曰: "忨歲而㵣日."②
(「忨은 욕심을 낸다는 뜻이다. 心은 의미부분이고, 元(원)은 발음부분이다. ≪춘추전(春秋傳)≫에 이르기를 "세월을 탐하면서 시간의 짧음을 조급해하였다."라고 하였다.」)

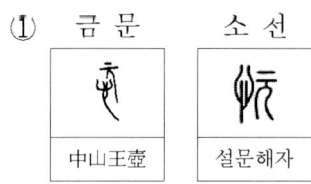

갑골문에는 '忨'자가 보이지 않고, 전국(戰國)시대 금문에서는 '忥'으로 썼다.
②현재 전해지는 《춘추좌전(春秋左傳)·소공(昭公) 원년(元年)》에는 '忨歲而愒日(완세이게일)'로 되어 있다.

156(6823) 惏 (탐할 람; 떨릴 림)

惏, 河內之北謂貪曰惏.① 从心, 林聲.
(「惏은 하내(河內) 북부 지역에서는 욕심을 내는 것을 일컬어 惏이라고 한다. 心은 의미부분이고, 林(림)은 발음부분이다.」)

①《계전》에는 '河'자 다음의 '內'자가 없다.
단옥재는 "內자는 쓸데없이 덧붙여진 글자이다. 소서본(小徐本)(즉 《계전》)에서는 '河之北'이라고 하였는데, (이것이) 곧 河內이다.(「內字衍. 小徐作河之北, 卽河內也.」)"라고 하였다.(《주》)
참고로 한(漢)나라의 하내군(郡)은 지금의 하남성(河南省) 황하 남북 양쪽 유역에 해당한다.
참고로 《방언(方言)》<권2>를 보면 "叨(도)·惏 등은 탐낸다는 뜻이다. 진(陳)과 초(楚) 지방에서는 惏이라고 한다.(「叨·惏, 殘也. 陳·楚曰惏.」)"라고 하였다.

157(6824) 懜 (부끄러울 몽; 속 캄캄할 맹)

懜, 不明也. 从心, 夢聲.
(「懜은 (마음이) 어둡다는 뜻이다. 心은 의미부분이고, 夢(몽)은 발음부분이다.」)

158(6825) 愆 (허물 건)

愆, 過也.① 从心, 衍聲. 寋, 或从寒省. 𧆎, 籒文.②
(「愆은 허물을 뜻한다. 心은 의미부분이고, 衍(연)은 발음부분이다. (6825-1) 寋은 혹체자(或體字)로 (衍 대신) 寒(한)의 생략형을 썼다. (6825-2) 𧆎은 주문(籒文)이다.」)

①서호(徐灝)는 "過(과)는 (뛰어)넘는다는 뜻이다. 그래서 인신(引伸)하여 과오(過誤)라는 뜻이 되었다.(「過者, 越也. 故引申爲過差.」)"라고 하였다.(《설문해자주전(說文解字注箋)》)

② 금문　소전　혹체　주문

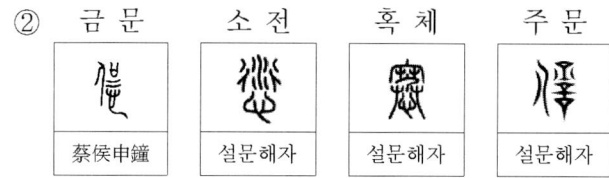

蔡侯申鐘　설문해자　설문해자　설문해자

갑골문에는 '愆'자가 보이지 않는다.

춘추(春秋)시대 금문은 '心'과 '侃(간)'으로 이루어져 있고, ≪설문해자≫에 수록된 주문의 자형은 '言(언)'과 '侃'으로 이루어져 있다. 주문에서는 '心'과 '言'은 서로 통용하였다.

단옥재는 "言은 의미부분이고, 侃은 발음부분이다. 허물은 말이 많은 데에 있다. 그래서 言을 의미부분으로 삼은 것이다.(「从言, 侃聲. 過在多言, 故从言.」)"라고 하였다.(≪주≫)

159(6826) 慊 (앙심먹을 겸; 족할 협·겹)

慊, 疑也.① 从心, 兼聲.

(「慊은 의심한다는 뜻이다. 心은 의미부분이고, 兼(겸)은 발음부분이다.」)

①단옥재는 "오늘날 이 글자는 嫌(혐)으로 많이 쓴다. 내 생각에 (제12편 하) <여부(女部)> (8246) 嫌자에서 '마음에서 평안하지 않다는 뜻이다. 일설에는 의심한다는 뜻이라고도 한다'라고 하였다. '마음에서 평안하지 않다'는 것이 嫌의 올바른 뜻이라면, 즉 '의심한다'라는 뜻의 글자는 慊이 정자(正字)이다. 오늘날 嫌자가 널리 쓰이면서 慊자는 쓰이지 않게 되었다. 또 慊을 歉(흉년 들 겸)으로 쓰기도 하는데, 틀린 것이다. 또 慊을 愍(해할 협)으로 쓰기도 하는데, 더욱 틀린 것이다. … 慊을 발음으로 뜻을 풀이하면 猒(물릴 염)이 된다. 무릇 '발음으로 뜻을 풀이한다'는 것은 모두 그 글자의 본음과 본뜻에서 약간 바뀐 것이다. '족하다'라는 것은 慊의 본뜻이 아니다.(「今字多作嫌. 按: <女部>嫌者, '不平於心也. 一曰: 疑也.' 不平於心爲嫌之正義, 則嫌疑字作慊爲正. 今則嫌行而慊廢. 且用慊爲歉, 非是. 又或用慊爲愍, 尤非是. … 慊之言猒也. 凡云之言者, 皆就字之本音本義而轉之. 猒足, 非慊之本義也.」)"라고 하였다.(≪주≫)

160(6827) 惑 (미혹할 혹)

惑, 亂也. 从心, 或聲.①

(「惑은 어지럽다는 뜻이다. 心은 의미부분이고, 或(혹)은 발음부분이다.」)

갑골문에는 '惑'자가 보이지 않고, 전국(戰國)시대 금문과 소전의 자형은 '惑'으로 같다.

161(6828) 怋 (민망할 민, 어지러울 민)

怋, 㥟也. 从心, 民聲.
(「怋은 어지럽다는 뜻이다. 心은 의미부분이고, 民(민)은 발음부분이다.」)

162(6829) 㚿 (어지러울 노)

㚿, 亂也. 从心, 奴聲. ≪詩≫曰: "以謹㦬㚿."①
(「㚿는 어지럽다는 뜻이다. 心은 의미부분이고, 奴(노)는 발음부분이다. ≪시경(詩經)≫에 이르기를 "어지러움을 조심하라."라고 하였다.」)

①≪시경·대아(大雅)·민로(民勞)≫에 나오는 글귀.
　≪주≫에서는 '㦬(혼미할 혼)'을 '怋(민망할 민, 어지러울 민)'으로 썼다.
　왕균도 '㦬'은 마땅히 '怋'으로 써야 한다고 하였다.(≪구두≫)

163(6830) 惷 (심란할 준)

惷, 亂也. 从心, 春聲. ≪春秋傳≫曰: "王室日惷惷焉."① 一曰: 厚也.
(「惷은 어지럽다는 뜻이다. 心은 의미부분이고, 春(춘)은 발음부분이다. ≪춘추전(春秋傳)≫에 이르기를 "왕실(王室)은 날로 어지러웠다."라고 하였다. 일설에는 두텁다는 뜻이라고도 한다.」)

①현재 전해지는 ≪춘추좌전(春秋左傳)·소공(昭公) 24년≫에는 "王室實蠢蠢焉.(「왕실은 실로 어지러웠다.」)"으로 되어 있다.

164(6831) 惛 (흐릴 혼, 혼미할 혼)

惛, 不憭也.① 从心, 昬聲.②
(「惛은 지혜롭지 않다는 뜻이다. 心은 의미부분이고, 昬(혼)은 발음부분이다.」)

①단옥재는 "憭는 지혜롭다는 뜻이다.(「憭, 慧也.」)"라고 하였다.(≪주≫)
②≪계전≫·≪주≫·≪의증≫·≪통훈정성≫·≪구두≫·≪교록≫ 등에서는 모두 '昬'을 '昏'으로 썼다.

165(6832) 忥 (고요할 희)

忥, 癡皃. 从心, 气聲.
(「忥는 어리석은 모습을 뜻한다. 心은 의미부분이고, 气(기)는 발음부분이다.」)

166(6833) 㦽 (잠꼬대할 위)

㦽, 寱言不慧也.① 從心, 衞聲.
(「㦽는 꿈속에서 하는 말로 (말뜻이) 불분명하다는 뜻이다. 心은 의미부분이고, 衞(위)는 발음부분이다.」)

①≪좌전(左傳)·애공(哀公) 24년≫에 이르기를 "이것은 䈴言(위언)이다.(「是䈴言也.」)"라고 하였는데, 이에 대해 ≪경전석문(經典釋文)≫에서 "≪자림(字林)≫에서는 㦽(잠꼬대 위)로 썼고, '꿈속에서 하는 말로, 의미가 불분명하다'라고 하였다.(「≪釋文≫曰: '≪字林≫作㦽, 云: 夢言, 意不慧也.'」)"라고 하였다.

167(6834) 憒 (심란할 궤)

憒, 亂也. 从心, 貴聲.
(「憒는 어지럽다는 뜻이다. 心은 의미부분이고, 貴(귀)는 발음부분이다.」)

168(6835) 忌 (미워할 기)

忌, 憎惡也. 从心, 己聲.①
(「忌는 증오한다는 뜻이다. 心은 의미부분이고, 己(기)는 발음부분이다.」)

①

갑골문에는 '忌'자가 보이지 않는다.
춘추전국(春秋戰國)시대 금문과 소전의 자형은 모두 '忌'로 같다.

169(6836) 忿 (분할 분)

忿, 悁也.① 从心, 分聲.
(「忿은 悁(분할 연)이다. 心은 의미부분이고, 分(분)은 발음부분이다.」)

①단옥재는 "忿과 憤(분)은 뜻이 다르다. 憤은 (노여운) 기가 가득 차 넘친다는 뜻이고, 忿은 (노여운 마음이) 급하게 끓어오른다는 뜻이다.(「忿與憤義不同. 憤以气盈爲義, 忿以狷急爲義.」)"라고 하였다.(≪주≫)

170(6837) 悁 (분할 연, 근심할 연; 조급할 견)

悁, 忿也.① 从心, 肙聲. 一曰: 憂也.② 悁, 籒文.
(「悁은 忿(분할 분)이다. 心은 의미부분이고, 肙(연)은 발음부분이다. 일설에는 근심한다는 뜻이라고도 한다. (6837-1) 悁은 주문(籒文)이다.」)

①'悁'과 (6836) '忿'은 전주(轉注) 관계이다.
②≪구두≫에서는 ≪문선(文選)≫ <동소부(洞簫賦)> 이선(李善)의 주에 의거하여 이 글귀를 "一曰: 悁邑, 憂皃.(「일설에 悁邑(연읍)은 우울한 모습을 뜻한다고도 한다.」)"라고 고쳐 썼다.

171(6838) 憼 (한할 리, 게으를 리·려)

憼, 恨也.① 从心, 黎聲. 一曰: 怠也.
(「憼는 원망한다는 뜻이다. 心은 의미부분이고, 黎(려)는 발음부분이다. 일설에는 게으르다는 뜻이라고도 한다.」)

①≪주≫·≪의증≫·≪교록≫ 등에서는 '恨(한)'을 '悢'으로 썼다.(이하 같음)

172(6839) 恚 (성낼 에)

恚, 恨也.① 从心, 圭聲.②
(「恚는 원망한다는 뜻이다. 心은 의미부분이고, 圭(규)는 발음부분이다.」)

①서개는 "분한 마음의 깊고 절실함을 뜻한다.(「忿之深切也..」)"라고 하였다. (≪계전≫)

≪주≫에서는 ≪시경정의(詩經正義)·대아(大雅)·면(綿)≫에 의거하여 '恨(한)'을 '怒(노)'로 썼다.

②'恚'의 고음은 *jiweɣ / iuI(위이→에)이고, '圭'의 고음은 *kweɣ / kiuei(귀에이→규)이다. 두 글자는 상고음(上古音)의 주모음(主母音)과 운미(韻尾)가 [eɣ]로 같다. 그래서 '恚'자에서 '圭'가 발음부분이 될 수 있는 것이다.

173(6840) 怨 (원망할 원)

怨, 恚也. 从心, 夗聲. 㤒, 古文.①
(「怨은 원망(怨望)한다는 뜻이다. 心은 의미부분이고, 夗(원)은 발음부분이다. (6840-1) 㤒은 고문(古文)이다.」)

①≪계전≫에서는 고문 '㤒'을 '㤦'으로 썼다. 즉 윗부분이 '亼'이 아닌 '曰'로 되어 있다.

단옥재는 "내 생각에, 이 글자체는 오류가 있는 것 같다. ≪집운(集韻)≫·≪유편(類篇)≫ 등에서는 '예전에는 㤦으로 썼다'라고 하였다. 또 ≪반마자류(班馬字類)≫와 ≪고금운회(古今韻會)≫에서 모두 ≪사기(史記)·봉선서(封禪書)≫를 인용하여 '백성들이 그 법을 원망하였다(「百姓㤦其法..」)'라고 하여, (원망한다는) 글자를 㤦으로 썼다. 지금의 ≪사기≫에는 이와 같은 글자가 없으니, 아마 옛글자체는 금방 없어진 것 같다.(「按: 此篆體蓋有誤. ≪集韻≫·≪類篇≫云: '古作㤦.' 又≪班馬字類≫·≪韵會≫皆引≪史記·封禪書≫: '百姓㤦其法.' 字作㤦. 今≪史記≫無有如此者, 蓋古字日卽於亡矣..」)"라고 하였다.(≪주≫)

174(6841) 怒 (성낼 노)

怒, 恚也. 从心, 奴聲.①
(「怒는 분노(憤怒)한다는 뜻이다. 心은 의미부분이고, 奴(노)는 발음부분이다.」)

①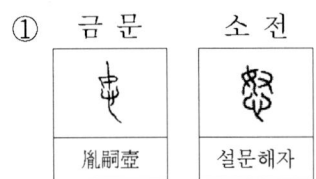

갑골문과 서주(西周) 금문에는 '怒'자가 보이지 않고, 전국(戰國)시대 금문에서는 '奴' 대신 '女(녀)'를 써서 '㤛'로 썼다.

175(6842) 憞 (원망할 대)

憞, 怨也. 从心, 敦聲.① <周書>曰: "凡民罔不憞."②

(「憞는 원망한다는 뜻이다. 心은 의미부분이고, 敦(돈·대)는 발음부분이다. <주서(周書)>에 이르기를 "무릇 백성이 원망하지 않을 수 없다."라고 하였다.」)

①《주》·《의증》·《구두》·《교록》 등에서는 '敦'을 '𣀦'으로 썼다. '敦'은 '𣀦'의 예서체이다.

'憞'의 고음은 음성운(陰聲韻) *dwər / duəi(뒈이→대)이고, '敦'의 고음은 양성운(陽聲韻) *twən / tuən(뒨→돈); *dwən / duən(뒨→돈); *dwan / duɑn(돤→돈)과 음성운 *twər / tuəi(뒈이→대) 등 네 가지이다. 두 글자는 '敦'이 음성운일 경우에는 발음이 거의 같고, '敦'이 양성운일 경우에도 첫소리가 [t-] 계열로 같거나 비슷하고, 상고음(上古音)의 주모음(主母音)이 [ə]로 같으며, 운미(韻尾)는 혀 끝 가운데 소리[설첨중음(舌尖中音)]인 [-t]와 [-n]으로 발음 부위가 같다. 그래서 '憞'자에서 '敦'이 발음부분이 될 수 있는 것이다.

고대에 음성운과 양성운이 협운을 하는 것은 흔하지는 않지만 전혀 없는 일은 아니다.

②현재 전해지는 《서경(書經)·주서·강고(康誥)》에는 "凡民自得罪, 寇攘姦宄, 殺越人于貨, 暋不畏死, 罔不憞.(「무릇 백성이 스스로 죄를 짓고, 도둑질과 약탈과 소란과 반란을 일삼으며, 재물 때문에 사람을 죽이고 억지를 쓰면서도, 죽음을 두려워하지 않으면 미워하지 않을 수 없다.」)"라고 되어 있다.

《주》·《구두》·《교록》 등에서는 '憞'를 '憝'로 썼다.

176(6843) 慍 (성낼 온)

慍, 怒也. 从心, 𥁕聲.①

(「慍은 화를 낸다는 뜻이다. 心은 의미부분이고, 昷(온)은 발음부분이다.」)

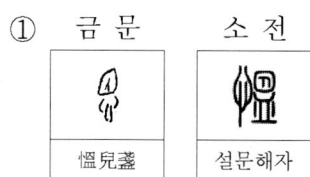

갑골문에는 '慍'자가 보이지 않고, 춘추(春秋)시대 금문에서는 '皿(명)'을 쓰지 않은 형태이다.

177(6844) 惡 (악할 악; 미워할 오, 어찌 오)

, 過也.① 从心, 亞聲.②
(「惡은 허물을 뜻한다. 心은 의미부분이고, 亞(아)는 발음부분이다.」)

①단옥재는 "사람이 잘못이 있는 것을 惡이라고 한다. 잘못이 있으면 사람들이 미워하게 되는데, 이 역시 惡이라고 한다. 본래는 ('악'과 '오'라는) 입성(入聲)과 거성(去聲)의 발음상 구별이 없었는데, 후세 사람들이 억지로 나누었다.(「人有過曰惡. 有過而人憎之, 亦曰惡. 本無去入之別. 後人強分之.」)"라고 하였다.(≪주≫)
②'惡'자에는 두 가지 발음이 있다. '나쁘다'라는 뜻으로 쓰일 때는 '악'(현대 중국어 발음 è, 어)으로 읽고, '미워하다'·'어찌' 등과 같은 뜻으로 쓰일 때는 '오'(wù(우): 미워하다·싫어하다; wū: 어찌)로 읽는다.

178(6845) 憎 (미워할 증)

, 惡也. 从心, 曾聲.
(「憎은 증오(憎惡)한나는 뜻이다. 心은 의미부분이고, 曾(증)은 발음부분이다.」)

179(6846) 怖 (성낼 패)

, 恨怒也. 从心, 市聲.① ≪詩≫曰: "視我怖怖."②
(「怖는 원망하며 화를 낸다는 뜻이다. 心은 의미부분이고, 市(불)은 발음부분이다. ≪시경(詩經)≫에 이르기를 "나를 보고 원망하며 화를 내시네."라고 하였다.」)

①'怖'의 고음은 음성운(陰聲韻) *p'jwar / p'iuɑi(퓌아이→패)와 입성운(入聲韻)

*pwat / puɑt(붇→불)과 *p'jwat / p'iuɑt(풔앋→퐡→불) 등 세 가지이고, '市'의 고음은 입성운 *pwat / puɑt 이다. 두 글자는 '怖'가 입성운일 경우에는 발음이 완전히 같거나 거의 같고, '怖'가 음성운일 경우에도 첫소리가 [p-] 계열로 비슷하고, 상고음(上古音)의 주모음(主母音)이 [a]로 같으며, 운미(韻尾)는 혀 끝 가운데 소리[설첨중음(舌尖中音)]인 [-r]와 [-t]으로 발음 부위가 같다. 그래서 '怖'자에서 '市'이 발음부분이 될 수 있는 것이다. 고대에는 음성운과 입성운이 협운을 하기도 하였다.

②≪한시(韓詩)·소아(小雅)·백화(白華)≫에 나오는 글귀.

180(6847) 忍 (성낼 의)

忍, 怒也. 从心, 刀聲.① 讀若顡.
(「忍는 화를 낸다는 뜻이다. 心은 의미부분이고, 刀(도)는 발음부분이다. 顡(의)처럼 읽는다.」)

①≪주≫에는 '刀'자 다음의 '聲(성)'자가 없다. 즉 '刀' 역시 의미부분이라는 것이다.
이에 대해 단옥재는 "마음속에 분노를 품은 것이 칼날을 품은 것과 같음을 일컫는 것이다.(「謂心中含怒如懷刃也.」)"라고 설명하였다.
참고로 '忍'의 고음은 *ngjar / ngiɑi(야이→의)이고, '刀'의 고음은 *taw / tɑu(다우→도)이다. 두 글자는 상고음(上古音)의 첫소리와 주모음(主母音)이 서로 다르다.

181(6848) 悇 (편치 않을 휴)

悇, 怨恨也.① 从心, 彖聲.② 讀若膎.
(「悇는 미워하며 원망한다는 뜻이다. 心은 의미부분이고, 彖(단)은 발음부분이다. 膎(해)처럼 읽는다.」)

①왕균은 "恨(한)은 다른 사람을 원망하는 낱말이고, 怨(원)은 자신을 원망하는 낱말이다. 그래서 반드시 연이어서 쓴다(「恨者, 怨人之詞; 怨者, 自怨之詞. 故必連言之.」)"라고 하였다.(≪구두≫)
②단옥재(≪주≫)와 계복(≪의증≫)은 '悇'자에서 '彖'은 '豪'를 잘못 쓴 것으로, '豪'의 발음은 弛(이)라고 하였다.

182(6849) 恨 (한할 한)

恨, 怨也. 从心, 艮聲.①

(「恨은 원망한다는 뜻이다. 心은 의미부분이고, 艮(간)은 발음부분이다.」)

①《주》·《의증》·《교록》 등에서는 '艮'을 '㫃'으로 썼다.

183(6850) 懟 (원망할 대)

懟, 怨也. 从心, 對聲.

(「懟는 원망한다는 뜻이다. 心은 의미부분이고, 對(대)는 발음부분이다.」)

184(6851) 悔 (뉘우칠 회)

悔, 悔恨也.① 从心, 每聲.②

(「悔는 후회하고 원망한다는 뜻이다. 心은 의미부분이고, 每(매)는 발음부분이다.」)

①단옥재는 '恨(한)'자 앞의 '悔'자는 정문(正文)을 다시 쓴 것으로 없어도 된다고 하면서, 《고금운회(古今韻會)》에도 '悔'자가 없는데 마땅히 이를 따라야 한다고 하였다.(《주》)

그런데 왕균은 "恨은 남을 원망한다는 낱말이고, 悔는 자기 자신을 원망한다는 낱말이다. 그러므로 (悔恨은) 반드시 연이어서 써야 한다.(「恨者, 怨人之詞; 悔者, 自怨之詞. 故必連言之.」)"라고 하였다.(《구두》)

②'每'는 [m-]과 [x-]라는 두 가지 성모(聲母) 계통을 갖고 있는 글자이다. 예를 들어 '梅(매)'·'挴(탐할 매)'·'痗(앓을 매)'·'脢(등심 매)'·'苺(나무딸기 매)'·'酶(술밑 매)'·'鋂(사슬고리 매)'·'霉(매우(霉雨) 매)'·'黣(검게 그을 매)' 등은 [m-] 계통의 글자들이고, '海(해)'·'悔(회)'·'晦(그믐 회)'·'烠(말릴 회)'·'誨(가르칠 회)' 등은 [x-] 계통의 글자들이다.

185(6852) 悐 (약간 성내고 말 체)

悐, 小怒也. 从心, 豈聲.

(「悐는 약간 화를 낸다는 뜻이다. 心은 의미부분이고, 豈(주)는 발음부분이다.」)

186(6853) 怏 (앙심먹을 앙)

怏, 不服懟也.① 从心, 央聲.②
(「怏은 (마음이) 불복(不服)하며 원망한다는 뜻이다. 心은 의미부분이고, 央(앙)은 발음부분이다.」)

①≪구두≫에서는 현응(玄應)의 ≪일체경음의(一切經音義)≫에 의거하여 '不(불)'자 앞에 '心'자 한 글자를 보충하였다.

②

갑골문에는 '怏'자가 보이지 않고, 전국(戰國)시대 금문에서는 '悫'으로 썼다.

187(6854) 懣 (번거로울 문; 답답할 만)

懣, 煩也.① 从心, 从滿.②
(「懣은 답답하다는 뜻이다. 心과 滿(만)은 (모두) 의미부분이다.」)

①단옥재는 "煩(번)은 열이 나서 머리가 아프다는 뜻이다. 인신(引伸)하여 무릇 마음이 답답한 것을 모두 煩이라고 한다.(「煩者, 熱頭痛也. 引申之, 凡心悶皆爲煩.」)"라고 하였다.(≪주≫)

②≪계전≫·≪주≫·≪구두≫ 등에서는 "从心, 滿聲.(「心은 의미부분이고, 滿은 발음부분이다.」)"이라고 하였고, ≪통훈정성≫에서는 "从心, 从滿. 會意. 滿亦聲.(「心과 滿은 의미부분이다. 회의(會意)이다. 滿은 발음부분이기도 하다.」)"이라고 하였다.

188(6855) 憤 (분할 분)

憤, 懣也.① 从心, 賁聲.
(「憤은 답답하다는 뜻이다. 心은 의미부분이고, 賁(분)은 발음부분이다.」)

①계복은 ≪일체경음의(一切經音義)≫를 인용하여 "분노의 기가 가득 차 넘친다는 뜻이다.(「憤怒氣盈盛也.」)"라고 하였다.(≪의증≫)

189(6856) 悶 (민망할 민, 속 답답할 민)

悶, 懣也.① 从心, 門聲.
(「悶은 답답하다는 뜻이다. 心은 의미부분이고, 門(문)은 발음부분이다.」)

①장순휘(張舜徽)는 "근심이 마음속에 맺혀있는 것을 일컬어 悶이라고 한다.(「憂結於心謂之悶.」)"라고 하였다.(≪설문해자약주(說文解字約注)≫)

190(6857) 惆 (실심(失心)할 추)

惆, 失意也. 从心, 周聲.
(「惆는 의욕을 잃었다는 뜻이다. 心은 의미부분이고, 周(주)는 발음부분이다.」)

191(6858) 悵 (실심(失心)할 창)

悵, 望恨也.① 从心, 長聲.
(「悵은 바라다가 원망한다는 뜻이다. 心은 의미부분이고, 長(장)은 발음부분이다.」)

①단옥재는 "그 귀환을 바라다가 오지 않자 원망한다는 뜻이다.(「望其還而不至爲恨也.」)"라고 하였다.(≪주≫)

192(6859) 愾 (성낼 개, 한숨 쉴 개·희)

愾, 大息也.① 从心, 从氣, 氣亦聲. ≪詩≫曰: "愾我寤歎."②
(「愾는 한숨 쉰다는 뜻이다. 心과 氣(기)는 (모두) 의미부분인데, 氣는 발음부분이기도 하다. ≪시경(詩經)≫에 이르기를 " '휴우~'하고 자다 깨어 탄식하네."라고 하였다.」)

①≪계전≫·≪의증≫·≪교록≫ 등에서는 '大(대)'를 '太(태)'로 썼다.
한편 ≪주≫에서는 '也(야)'를 '皃(모)'로 썼다.
그리고 단옥재는 "예전에 '太息'을 이어서 쓴 예는 없다. 잘 모르는 사람이 이렇게 한 것이다.(「古無太息連文者. 淺人爲之也.」)"라고 하였다.
②현재 전해지는 ≪시경·조풍(曹風)·하천(下泉)≫에서는 '歎(탄)'을 '嘆(탄)'으로 썼다.

193(6860) 慅 (근심할 조)

慅, 愁不安也.① 从心, 喿聲. ≪詩≫曰: "念子慅慅."②
(「慅는 걱정이 되어 (마음이) 편하지 않다는 뜻이다. 心은 의미부분이고, 喿(소)는 발음부분이다. ≪시경(詩經)≫에 이르기를 "그대 생각에 마음이 불안하네."라고 하였다.」)

　①≪경전석문(經典釋文)≫에서는 (≪설문해자≫에서) "愁不申也.(「걱정이 되어 (마음이) 풀리지 않는다는 뜻이다.」)"라고 하였다고 인용하고 있고, ≪고금운회(古今韻會)≫에서는 "慅慅, 愁也.(「慅慅로, 걱정한다는 뜻이다.」)"라고 하였다고 인용하였다. 단옥재는 마땅히 ≪고금운회≫를 따라야한다고 하였고(≪주≫), 뉴수옥은 ≪고금운회≫가 틀린 것 같다고 하였다(≪교록≫).
　②≪한시(韓詩)・소아(小雅)・백화(白華)≫에 나오는 글귀.

194(6861) 愴 (슬플 창)

愴, 傷也. 从心, 倉聲.
(「愴은 속상해한다는 뜻이다. 心은 의미부분이고, 倉(창)은 발음부분이다.」)

195(6862) 怛 (놀라울 달, 슬플 달)

怛, 憯也. 从心, 旦聲. 悬, 或从心在旦下. ≪詩≫曰: "信誓悬悬."①
(「怛은 (마음이) 아프다는 뜻이다. 心은 의미부분이고, 旦(단)은 발음부분이다. (6862-1) 悬은 혹체자(或體字)로 心을 旦 아래에 쓴 형태(의 회의자)이다. ≪시경(詩經)≫에 이르기를 "믿음으로 하는 맹세, 정성스럽고 간곡하네."라고 하였다.」)

　①현재 전해지는 ≪시경・위풍(衛風)・맹(氓)≫에서는 '悬悬'을 '旦旦'으로 썼다.
　승배원(承培元)은 "이것은 ≪시경≫을 인용하여 다른 뜻을 증명한 것이다. ≪시경≫에서의 悬悬은 정성스럽고 간곡하다는 의미로, 憯(슬퍼할 참)의 뜻과는 같지 않다.(「此引≪詩≫證異義也. ≪詩≫之悬悬則披誠瀝血之意, 不與憯義相同也.」)"라고 하였다.(≪설문인경증례(說文引經證例)≫)

196(6863) 憯 (슬플 참)

憯, 痛也. 从心, 朁聲.

(「憯은 (마음이) 아프다는 뜻이다. 心은 의미부분이고, 朁(참)은 발음부분이다.」)

197(6864) 慘 (슬플 참, 혹독할 참)

慘, 毒也. 从心, 參聲.

(「慘은 혹독(酷毒)하다는 뜻이다. 心은 의미부분이고, 參(삼·참)은 발음부분이다.」)

198(6865) 悽 (슬플 처)

悽, 痛也. 从心, 妻聲.

(「悽는 (마음이) 아프다는 뜻이다. 心은 의미부분이고, 妻(처)는 발음부분이다.」)

199(6866) 恫 (슬플 통; 뜻 같지 않을 동)

恫, 痛也. 一曰: 呻吟也.① 从心, 同聲.

(「恫은 (마음이) 아프다는 뜻이다. 일설에는 신음한다는 뜻이라고도 한다. 心은 의미부분이고, 同(동)은 발음부분이다.」)

①≪계전≫·≪주≫·≪구두≫ 등에서는 이 글귀가 문장 맨 뒤에 있다. 단옥재는 "내 생각에, 앞의 해설이 뒤의 해설을 포함할 수 있다. 이 구절은 후세 사람이 삽입한 것 같다.(「按: 前說可包後說. 此等恐皆後人入也.」)"라고 하였다.(≪주≫)

200(6867) 悲 (슬플 비)

悲, 痛也.① 从心, 非聲.

(「悲는 (마음이) 아프다는 뜻이다. 心은 의미부분이고, 非(비)는 발음부분이다.」)

①단옥재는 "내 생각에, 憯은 아픔이 깊은 것이고, 恫(통)은 아프기만 한 것이며, 悲(비)는 아픔이 위로 올라가는 것을 뜻한다. 각자 그 발음을 따라서 뜻을 얻은 것이다.(「按: 憯者, 痛之深者也. 恫者, 痛之專者也. 悲者, 痛之上騰者也. 各從其聲而得之.」)"라고 하였다.(≪주≫)

201(6868) 惻 (슬플 측)

惻, 痛也. 从心, 則聲.①

(「惻은 (마음이) 아프다는 뜻이다. 心은 의미부분이고, 則(칙)은 발음부분이다.」)

갑골문에는 '惻'자가 보이지 않고, 전국(戰國)시대 금문은 '憸'으로 썼다.

202(6869) 惜 (아까울 석)

惜, 痛也. 从心, 昔聲.①

(「惜은 (마음이) 아프다는 뜻이다. 心은 의미부분이고, 昔(석)은 발음부분이다.」)

①≪통훈정성≫에서는 '昔'을 '㫺'으로 썼다.

203(6870) 愍 (슬플 민)

愍, 痛也.① 从心, 敃聲.

(「愍은 (마음이) 아프다는 뜻이다. 心은 의미부분이고, 敃(민)은 발음부분이다.」)

①≪옥편(玉篇)·심부(心部)≫를 보면 "愍은 슬프다는 뜻이다.(「愍, 悲也.」)"라고 하였다.

204(6871) 慇 (은근할 은)

慇, 痛也.① 从心, 殷聲.

(「慇은 (마음이) 아프다는 뜻이다. 心은 의미부분이고, 殷(은)은 발음부분이다.」)

①단옥재는 "(≪시경·패풍(邶風)≫)<백주(柏舟)>에서 '耿耿不寐, 如有隱憂.(마음이 뒤숭숭 잠 못 이루니, 깊은 근심 있는 듯하네.)'라고 하였는데, 전(傳)에 이르기를 '隱(은)은 아프다는 뜻이다'라고 하였다. 이것은 隱은 즉 慇의 가차(假借)임을 일컫는 것이다. 痛憂(통우)는 (여기에서는) 重憂(중우, 근심이 겹친 것)와 같다. <대아(大雅)·상유(桑柔)>에서 '憂心慇慇.(「근심하는 마음 더욱 절실하네.」)'라고

하였는데, (≪이아(爾雅)≫)<석훈(釋訓)>에 이르기를 '慇慇은 근심한다는 뜻이다'라고 하였는데, 근심의 절실함을 일컫는 것이다. 무릇 경전(經傳)에서 隱을 '아프다'로 풀이하는 것은 모두 <柏舟>시의 예이다.(「<柏舟>: '耿耿不寐, 如有隱憂.' 傳曰: '隱, 痛也.' 此謂隱卽慇之叚借. 痛憂猶重憂也. <桑柔>: '憂心慇慇.' <釋訓>: '慇慇, 憂也.' 謂憂之切者也. 凡經傳隱訓痛者, 皆<柏舟>詩之例.」)"라고 하였다.(≪주≫)

205(6872) 悘 (의)①

悘②, 痛聲也. 从心, 依聲. ≪孝經≫曰: "哭不悘."③
(「悘는 아파하는 소리이다. 心은 의미부분이고, 依(의)는 발음부분이다. ≪효경(孝經)≫에 이르기를 "곡(哭)을 하되 그 소리가 너무 애통해 하지 않도록 한다."라고 하였다.」)

①'悘'자는 ≪대한한사전(大漢韓辭典)≫에 보이지 않는다.
발음은 ≪광운(廣韻)≫에 따르면 '於希切(어희절)' 즉 '의'이다.
②≪주≫에서는 이 글자의 소전체를 '悘'로 썼다.
③현재 전해지는 ≪효경·상친장(喪親章)≫에서는 '悘'를 '偯(울 의)'로 썼다.
단옥재는 '偯'는 '悘'의 속자(俗字)라고 하였다.(≪주≫)

206(6873) 簡 (간)①

簡, 簡存也.② 从心, 簡省聲. 讀若簡.
(「簡은 있다는 뜻이다. 心은 의미부분이고, 簡(간)의 생략형은 발음부분이다. 簡이라고 읽는다.」)

①'簡'자는 ≪대한한사전(大漢韓辭典)≫과 ≪광운(廣韻)≫에 보이지 않는다.
발음은 대서본 ≪설문해자≫·≪주≫·≪의증≫·≪구두≫·≪교록≫ 등에서는 모두 '古限切(고한절)' 즉 '간'이라고 하였다.
②≪주≫에서는 "簡簡, 在也.(「簡簡으로, 있다는 뜻이다.」)"라고 하였다.
단옥재는 "≪이아(爾雅)·석훈(釋訓)≫에 이르기를 '簡簡, 在也'라고 하였다. 허신은 이를 근거한 것이다.(「<釋訓>曰: '簡簡, 在也.' 許本之.」)"라고 하였다.
참고로 현재 전해지는 ≪이아·석훈≫을 보면 "存存(존존)·萌萌(맹맹), 在也"라고 하였다.

단옥재는 또 "≪옥편(玉篇)·초부(艸部)≫에서 ≪이아≫를 인용하여 '存存, 萌萌(맹맹) 등은 있다는 뜻이다. 발음은 막경절(莫耕切, 즉 녕→맹)이다'라고 하였다. 또 이르기를 '䒢은 萌과 같은데, 혹은 萌으로도 쓴다'라고 하였다. 내 생각에, 萌과 箘은 비슷하지만, 竹(죽)과 艸가 다르다. 또 후세 사람의 반절음(反切音)과 箘자의 독음은 크게 다르다. 아마 萌은 箘의 오류이고, 竹은 잘못해서 艸가 되었을 것이다.("≪玉篇·艸部≫引≪爾雅≫: '存存, 萌萌, 在也. 音莫耕切.' 又曰: '䒢同萌, 或作萌.' 玉裁按: 萌與箘相似, 而竹艸不同. 又後人音切與讀箘大異. 蓋萌者, 箘之譌, 竹誤而爲艸也.")"라고 하였다.

한편 ≪통훈정성≫에는 '存'자 앞의 '箘'자가 없다.

207(6874) 慅 (소동(騷動)할 소; 수고로울 초)

慅, 動也.① 从心, 蚤聲. 一曰: 起也.
(「慅는 (마음이) 움직인다는 뜻이다. 心은 의미부분이고, 蚤(조)는 발음부분이다. 일설에는 일어난다는 뜻이라고도 한다.」)

①계복은 경전에서는 이 뜻으로 '騷(떠들썩할 소)'자를 쓴다고 하였다.(≪의증≫)
단옥재는 "이것은 騷는 곧 慅의 가차자(假借字)임을 일컫는 것이다. 두 글자는 뜻이 비슷하다. 오늘날 騷자가 널리 쓰이면서 慅자는 쓰이지 않게 되었다.(「此謂騷卽慅之叚借字也. 二字義相近. 騷行而慅廢矣.」)"라고 하였다.(≪주≫)

208(6875) 感 (감동할 감)

感, 動人心也.① 从心, 咸聲.②
(「感은 사람의 마음을 움직인다는 뜻이다. 心은 의미부분이고, 咸(함)은 발음부분이다.」)

①단옥재는 "허신의 책에는 感자는 있지만 憾(한할 감)자는 없다. ≪좌전(左傳)≫·≪한서(漢書)≫에서 憾자는 대부분 感으로 썼다. 대체로 憾은 원망이나 분노보다는 약해서, 단지 마음에서 움직임이 있는 정도일 뿐이다.(「許書有感無憾. ≪左傳≫·≪漢書≫憾多作感. 蓋憾淺於怨怒, 才有動於心而已.」)"라고 하였다.(≪주≫)

전점(錢坫)은 "(허신이) '사람의 마음을 움직이다'라는 풀이는 '감동(感動)하다'와 '서운하다'는 두 가지 뜻이 모두 있는 것이다. 오늘날 '서운하다'라는 의미의 感자는 여기에 心을 하나 더하였다.(「訓爲動人心, 則感動·感恨兩義皆備, 今於感恨之

感更加立心.」)라고 하였다.(≪설문해자각전(說文解字斠詮)≫)

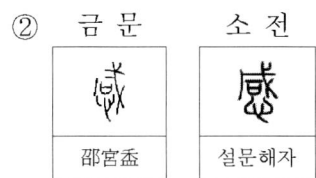

② 금문   소전
邵宮盉   설문해자

갑골문에는 '感'자가 보이지 않고, 전국(戰國)시대 금문과 소전의 자형은 '感'으로 같다.

209(6876) 忧 (마음 동할 우)

忧, 不動也.① 从心, 尤聲.
(「忧는 (마음이) 움직이지 않는다는 뜻이다. 心은 의미부분이고, 尤(우)는 발음부분이다.」)

①≪주≫에서는 "心動也.(「마음이 움직인다는 뜻이다.」)"라고 하였다.
단옥재는 ≪옥편(玉篇)≫에서는 이렇게 풀이하고 있고, ≪광운(廣韻)≫에서는 "動也(동야)"라고만 하였다고 하였다.

210(6877) 㤹 (원망할 구)

㤹, 怨仇也.① 从心, 咎聲.②
(「㤹는 원망하며 미워한다는 뜻이다. 心은 의미부분이고, 咎(구)는 발음부분이다.」)

①≪주≫에서는 '仇(구)'를 '㤹(구)'로 썼다.
이에 대해 단옥재는 "다른 책에서는 '怨仇也(원구야)'라고 하고 있는데, 이제 바로 잡는다. ≪廣韻≫에서도 '怨㤹'라고 하였다. 원망하며 미워함을 일컫는다.(「各本作'怨仇也', 今正. ≪廣韻≫亦作'怨㤹'. 謂怨惡之也.」)"라고 하였다.
②단옥재는 형성(形聲)을 들어 회의(會意)를 품었다고 하였다. 즉 발음부분에도 뜻이 있다는 것이다.

211(6878) 惲 (근심할 운)

惲, 憂皃.① 从心, 員聲.
(「惲은 근심하는 모습을 뜻한다. 心은 의미부분이고, 員(원)은 발음부분이다.」)

①≪주≫에서는 '憂(우)'를 '惪'로 썼다.(이하 같음)

단옥재는 "이하 惪자는 22번 출현하는데, 위에서 이미 4번 출현했다. 다른 책에서는 모두 憂로 썼는데, 잘 모르는 사람이 세간에서 유행하는 글자를 써서 고친 것이다. 허신이 이 책을 만들 때 형태에 의거하여 풀이를 하였는데, 결단코 이 형태에 저 뜻, 소머리에 말 육포 같은 스스로 모순됨을 만들지 않았다. 惪는 근심한다는 뜻이고, 憂는 화기애애하게 간다는 뜻이다. 현재의 판본처럼 쓴다면, 이 20여 글자를 '화기애애하게 간다'라고 풀이해야 한다는 말인가? 다른 책에서는 가차자(假借字)를 써도 무방하지만, 허신 자신의 책에서는 가차자를 써서는 안 된다.(「以下惪字卄二見, 幷上文四見. 各本皆作憂, 淺人用俗行字改之也. 許造此書, 依形立解, 斷非此形彼義. 牛頭馬脯, 以自爲矛盾者. 惪者, 愁也; 憂者, 和行也. 如今本, 則此卄餘篆將訓爲和行乎? 他書可用叚借, 許自爲書不可用叚借.」)"라고 하였다.(≪주≫)

≪계전≫과 ≪구두≫에는 '皃(모)'자 다음에 '也(야)'자가 한 글자 더 있다.

212(6879) 怮 (근심할 유)

怮, 憂皃. 从心, 幼聲.
(「怮는 근심하는 모습을 뜻한다. 心은 의미부분이고, 幼(유)는 발음부분이다.」)

213(6880) 忦 (근심하고 두려워 할 개)

忦, 憂也.① 从心, 介聲.
(「忦는 근심한다는 뜻이다. 心은 의미부분이고, 介(개)는 발음부분이다.」)

①단옥재는 "이 글자와 위에 介가 있고 아래에 心이 있는 글자(즉 㤏)와는 뜻이 다르다.(「此與上介下心之字義別.」)"라고 하였다.(≪주≫)(앞에 나온 (6806) '㤏(근심 없을 개)'자 참조)

214(6881) 恙 (근심할 양)

恙, 憂也.① 从心, 羊聲.②
(「恙은 근심한다는 뜻이다. 心은 의미부분이고, 羊(양)은 발음부분이다.」)

①≪이아(爾雅)·석고(釋詁)≫에 보인다.

② 갑골문   소 전

合集8877   설문해자

'羌'자는 갑골문과 소전의 자형이 '羌'으로 같다.

215(6882) 惴 (두려워할 췌)

惴, 憂懼也.① 从心, 耑聲.② ≪詩≫曰: "惴惴其慄."③
(「惴는 근심하고 두려워한다는 뜻이다. 心은 의미부분이고, 耑(단)은 발음부분이다. ≪시경(詩經)≫에 이르기를 "두려워 덜덜 떨었다네."라고 하였다.」)

①≪이아(爾雅)·석훈(釋訓)≫을 보면 "惴惴는 두려워한다는 뜻이다.(「惴惴, 懼也..)라고 하였다.

②'惴'의 고음은 음성운(陰聲韻) *tjiwa / tɕiuɪ(취이→췌)와 양성운(陽聲韻) *t'jiwan / tɕ'iuæn(취앤→천) 두 가지이고, '耑'의 고음은 *twan / tuɑn(돤→단)이다. 두 글자는 '惴'가 양성운일 경우에는 발음이 거의 같고, '惴'가 음성운일 경우에도 첫소리가 [t-]로 같고, 상고음(上古音)의 주모음(主母音)은 [a]로 같다. 그래서 '惴'자에서 '耑'이 발음부분이 될 수 있는 것이다. 고대에 음성운과 양성운이 협운을 하는 것은 흔하지는 않지만 전혀 없는 일은 아니다.

③≪시경·진풍(秦風)·황조(黃鳥)≫에 나오는 글귀.

216(6883) 惃 (근심할 순)

惃, 憂也. 从心, 鈞聲.
(「惃은 근심한다는 뜻이다. 心은 의미부분이고, 鈞(균)은 발음부분이다.」)

217(6884) 怲 (근심할 병)

怲, 憂也. 从心, 丙聲. ≪詩≫曰: "憂心怲怲."①
(「怲은 근심한다는 뜻이다. 心은 의미부분이고, 丙(병)은 발음부분이다. ≪시경(詩經)≫에 이르기를 "마음의 시름 그지없네."라고 하였다.」)

①≪시경·소아(小雅)·규변(頍弁)≫에 나오는 글귀.

218(6885) 惔 (속탈 담, 근심할 담)

惔, 憂也. 从心, 炎聲.① ≪詩≫曰: "憂心如惔."②
(「惔은 근심한다는 뜻이다. 心은 의미부분이고, 炎(염)은 발음부분이다. ≪시경(詩經)≫에 이르기를 "마음의 시름 타는 듯하네."라고 하였다.」)

①단옥재는 형성(形聲)으로 회의(會意)를 충족(充足)하게 했다[賅(해)]고 하였다.(≪주≫) 즉 발음부분에도 뜻이 있다는 의미이다.
②≪시경·소아(小雅)·절피남산(節彼南山)≫에 나오는 글귀.
주준성은 "이 글자는 뒤에 나온 것으로, (원래는) 곧 炎자이다. 만약 훈을 '근심하다'라고 한다면, ≪시경≫의 두 如(여)자는 뜻이 통하지 않게 된다. 후세 사람들이 <절남산(節南山)>의 '憂心(우심)'이라는 구절 때문에 心방(傍)을 더한 것이다.("此字後出, 即炎字也. 若訓憂, 則≪詩≫兩如字不可通, 後人正因<節南山>'憂心'而加心傍耳.")"라고 하였다.(≪통훈정성≫)

219(6886) 惙 (근심할 철; 성미 급할 체)

惙, 憂也. 从心, 叕聲. ≪詩≫曰: "憂心惙惙."① 一曰: 意不定也.
(「惙은 근심한다는 뜻이다. 心은 의미부분이고, 叕(철)은 발음부분이다. ≪시경(詩經)≫에 이르기를 "마음의 시름 그지없네."라고 하였다. 일설에는 마음을 정하지 못하였다는 뜻이라고도 한다.」)

①≪시경·소남(召南)·초충(草蟲)≫에 나오는 글귀.

220(6887) 愓 (근심할 상)

愓, 憂也. 从心, 殤省聲.①
(「愓은 근심한다는 뜻이다. 心은 의미부분이고, 殤(상)의 생략형은 발음부분이다.」)

①≪주≫에서는 '殤'을 '傷(상)'으로 썼다.

221(6888) 愁 (근심 수)

愁, 憂也. 从心, 秋聲.①
(「愁는 근심한다는 뜻이다. 心은 의미부분이고, 秋(추)는 발음부분이다.」)

①≪주≫와 ≪의증≫에서는 '秋'를 '煁'로 썼다. 소전체로 보면 이렇게 쓰는 것이 맞다.

222(6889) 惄 (근심할 닉)

惄, 憂皃. 从心, 弱聲. 讀與怒同.
(「惄은 근심하는 모습을 뜻한다. 心은 의미부분이고, 弱(약)은 발음부분이다. 발음은 怒(녁)자와 같다.」)

223(6890) 悐 (근심할 감)

悐, 憂困也. 从心, 臽聲.
(「悐은 근심하며 괴로워한다는 뜻이다. 心은 의미부분이고, 臽(함)은 발음부분이다.」)

224(6891) 悠 (멀 유)

悠, 憂也. 从心, 攸聲.①
(「悠는 근심한다는 뜻이다. 心은 의미부분이고, 攸(유)는 발음부분이다.」)

① 금 문   소 전

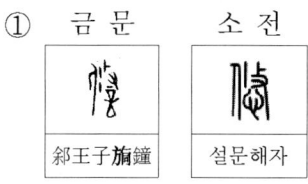

邾王子旃鐘   설문해자

갑골문에는 '悠'자가 보이지 않고, 춘추(春秋)시대 금문에서는 '心' 대신 '言(언)'을 썼다.

225(6892) 悴 (근심할 췌, 파리할 췌)

悴, 憂也. 从心, 卒聲.① 讀與≪易·萃卦≫同.
(「悴는 근심한다는 뜻이다. 心은 의미부분이고, 卒(졸)은 발음부분이다. 발음은 ≪주역(周易)·췌괘(萃卦)≫의 萃자와 같다.」)

①'悴'의 고음은 음성운(陰聲韻) *sjiwər / siuIi(쉬이→췌)이고, '卒'의 고음은 입성운(入聲韻) *tswət / tsuət(쥘→졸)이다. 두 글자는 상고음(上古音)의 주모음

(主母音)이 [ə]로 같고, 운미(韻尾)는 혀 끝 가운데 소리[설첨중음(舌尖中音)]인 [-r]와 [-t]으로 발음 부위가 같다. 그래서 '悴'자에서 '卒'이 발음부분이 될 수 있는 것이다. 고대에는 음성운과 입성운이 협운을 하기도 하였다.

226(6893) 㥶 (근심할 흔)

㥶, 憂也. 从心, 圂聲. 一曰: 擾也.
(「㥶는 근심한다는 뜻이다. 心은 의미부분이고, 圂(혼·환)은 발음부분이다. 일설에는 어지럽다는 뜻이라고도 한다.」)

227(6894) 㤕 (근심할 리)

㤕, 楚・潁之間謂憂曰㤕.① 从心, 㹏聲.
(「㤕, 초(楚)와 영수(潁水) 사이에서는 근심하는 것을 㤕라고 한다. 心은 의미부분이고, 㹏(리)는 발음부분이다.」)

①《이아(爾雅)・석고(釋詁)》를 보면 '㤕'를 '悷(근심할 리)'로 썼다.

228(6895) 忓 (경계할 우)

忓, 憂也. 从心, 于聲.① 讀若吁.
(「忓는 근심한다는 뜻이다. 心은 의미부분이고, 于(우)는 발음부분이다. 吁(우)처럼 읽는다.」)

① 춘추금문　전국금문　소 전

| 悍距末 | 悍距末 | 설문해자 |

갑골문에는 '忓'자가 보이지 않고, 춘추전국(春秋戰國)시대 금문에서는 '悍'로 썼다.

《주》와 《의증》에서는 '于'를 '亏(우)'로 썼다.

229(6896) 忡 (근심할 충)

忡, 憂也.① 从心, 中聲. ≪詩≫曰: "憂心忡忡."②
(「忡은 근심한다는 뜻이다. 心은 의미부분이고, 中(중)은 발음부분이다. ≪시경(詩經)≫에 이르기를 "근심하는 마음 두근두근하네."라고 하였다.」)

　①단옥재는 '也(야)'는 마땅히 '皃(모)'로 써야 한다고 하였다.(≪주≫)
　②≪시경≫ <소남(召南)·초충(草蟲)>과 <소아(小雅)·출거(出車)>에 나오는 글귀.
　서개는 "(忡忡은) 근심하면서 가슴이 뛴다는 뜻이다.(「憂而心動也.」)"라고 하였다.(≪계전≫)

230(6897) 悄 (근심할 초)

悄, 憂也.① 从心, 肖聲. ≪詩≫曰: "憂心悄悄."②
(「悄는 근심한다는 뜻이다. 心은 의미부분이고, 肖(초)는 발음부분이다. ≪시경(詩經)≫에 이르기를 "근심하는 마음 축 가라앉네."라고 하였다.」)

　①단옥재는 '也(야)'는 마땅히 '皃(모)'로 써야 한다고 하였다.(≪주≫)
　②≪시경·패풍(邶風)·백주(柏舟)≫에 나오는 글귀.
　서개는 "(悄悄는) 근심하는 생각으로 (마음이) 축 처진다는 뜻이다.(「憂思低下也.」)"라고 하였다.(≪계전≫)

231(6898) 慽 (근심할 척)

慽, 憂也. 从心, 戚聲.
(「慽은 근심한다는 뜻이다. 心은 의미부문이고, 戚(적)는 발음부분이다.」)

232(6899) 𢝊 (근심 우)

𢝊, 愁也.① 从心, 从頁.②
(「𢝊는 근심한다는 뜻이다. 心과 頁(혈)은 (모두) 의미부분이다.」)

　①현재 이 뜻으로는 '憂(우)'자를 쓴다.
　앞의 (6888) '愁(추)'자에서 "愁, 憂也"라고 하였으니, '愁'와 '憂' 즉 '𢝊' 두 글

자는 전주(轉注)관계이다.

난옥재는 "위에서는 '愁, 憂也'라고 하였고, 여기에서는 '憂, 愁也'라고 하였으니, 두 글자는 서로 훈을 한다. 언제 잘 모르는 사람이 허신 책의 憂자를 바꾸었는지 모르겠다. 허신은 <夊部>에서 이르기를 '憂는 화기애애하게 간다는 뜻이다. 夊는 의미부분이고, 愯는 발음부분이다'라고 하였다. 화기애애하게 간다는 뜻이 아니면 夊를 의미부분으로 쓸 수 없다.(「上文云: '愁, 憂也.' 此云: '憂, 愁也.' 二篆互訓. 不知何時淺人盡易許書憂字. 許於<夊部>曰: '憂, 和行也.' 从夊, 愯聲. 非和行則不得从夊矣..」)"라고 하였다.(≪주≫)

② 금 문   소 전

中山王鼎 胤嗣壺 설문해자

갑골문에는 '憂'자가 보이지 않고, 전국(戰國)시대 금문과 소전의 자형은 '憂'로 같다.

≪계전≫과 ≪구두≫에서는 "頁聲.(「頁은 발음부분이다.」)"이라고 하였다.

단옥재는 '頁'을 의미부분이라고 분석하면서, 그 아래에 "서개본(즉 ≪계전≫)에는 頁 다음에 聲(성)자가 쓸데없이 덧붙어 있는데, 이는 틀린 것이다.(「鍇本下衍聲字. 非.」)"라고 하였다.

참고로 '憂'의 고음은 음성운(陰聲韻) *ʔjəw / ʔiəu(여우→우)이고, '頁'의 고음은 입성운(入聲韻) *get / ɣiɛt(겓→겯→혈)이다. 두 글자는 상고음(上古音)이나 중고음(中古音)의 발음이 협운을 하기에는 서로 비슷하지 않다.

또한 ≪계전≫과 ≪주≫에는 이다음에 "愯心形於顏面, 故從頁.(「근심하는 마음이 얼굴에 나타났다는 뜻이다. 그래서 頁이 의미부분으로 쓰인 것이다.」)"라는 글귀가 더 있다. 단옥재는 ≪고금운회(古今韻會)≫에서 ≪설문해자≫를 인용한 부분에도 이렇게 되어 있다고 하였다.

233(6900) 患 (근심 환)

患, 憂也. 从心上貫吅, 吅亦聲.① 㭣, 古文从關省. 㦬, 亦古文患.②
(「患은 근심한다는 뜻이다. 心 위로 吅(훤)을 관통(貫通)하는 형태(의 회의자)이다. 吅은 발음부분이기도 하다. (6900-1) 㭣, 고문(古文)에서는 (吅 대신) 關(관)의 생략

형을 썼다. (6900-2) 悹도 역시 患의 고문이다.」)

①단옥재는 "(从心(종심)에서 亦聲(역성)까지) 이 여덟 글자는 잘 모르는 사람이 고친 것이다. 옛날 책에는 마땅히 '从心, 毌聲.(「心은 의미부분이고, 毌(관)은 발음부분이다.」)'이라는 네 글자로 되어 있었을 것이다. 毌과 貫은 고금자(古今字)이다. 옛날 글자들의 형태는 가로로 쓰는 것과 세로로 쓰는 것이 일정하지 않았다. 예를 들어 目(목)자는 부수로 쓸 때는 罒으로 쓴다. 患자에서 윗부분은 毌자를 쓴 것인데, 이것을 만약에 옆으로 쓰면 申이 되고, 또 이것이 나뉘어 두 개의 中자 형태가 된 것이다.(「此八字乃淺人所改竄, 古本當作'从心, 毌聲'四字. 毌・貫, 古今字. 古形橫直無一定, 如目字偏旁皆作罒. 患字上从毌, 或橫之作申而又析爲二中之形.」)"라고 하였다.(≪주≫)

②≪한어고문자자형표(漢語古文字字形表)≫에서는 '患'자의 서주(西周) 금문으로 '圂'(<장반(牆盤)>)과 같은 글자를 수록하고 있다.

234(6901) 恇 (겁낼 광)

恇, 怯也.① 从心・匡, 匡亦聲.②
(「恇은 겁낸다는 뜻이다. 心과 匡(광)은 (모두) 의미부분인데, 匡은 발음부분이기도 하다.」)

①≪주≫에서는 '怯(겁낼 겁)'을 '㹤(겁낼 겁)'으로 썼다.
②≪주≫에서는 두 개의 '匡'을 모두 '匡'으로 썼다.
또한 단옥재는 '匡亦(광역)' 두 글자를 덧붙여진 것이라고 하였다. 즉 '匡'은 단순히 발음부분이라는 의미이다.
≪구두≫에서는 '匡亦' 두 글자에 '□'를 씌워 단옥재와 같은 의사를 밝히고 있다.
≪통훈정성≫에서는 "从心, 匡聲.(「心은 의미부분이고, 匡은 발음부분이다.」)"이라고 하였다.

235(6902) 悏 (생각할 협)

悏, 思皃.① 从心, 夾聲.
(「悏은 생각하는 모습을 뜻한다. 心은 의미부분이고, 夾(협)은 발음부분이다.」)

①왕균은 "≪중경음의(衆經音義)≫에서는 (≪설문해자≫를) 인용하여 '恐息也.

(「두려워하며 숨을 쉰다는 뜻이다.」)'라고 하였다. 내 생각에는, 대체로 두려워하면서 숨을 헐떡이는 것을 말하는 것 같다. (이래야) 위아래의 여러 글자들과 뜻이 비슷해진다.(「≪衆經音義≫引作'恐息也.' 案: 蓋謂恐懼而喘息也. 與上下文諸字義相類..」)"라고 하였다.(≪구두≫)

236(6903) 懾 (무서울 섭)

懾, 失气也. 从心, 聶聲. 一曰: 服也.①
(「懾은 기운을 잃었다는 뜻이다. 心은 의미부분이고, 聶(녑·섭)은 발음부분이다. 일설에는 복종(服從)한다는 뜻이라고도 한다.」)

①≪주≫와 ≪구두≫에서는 현응(玄應)의 ≪일체경음의(一切經音義)≫에 의거하여 '服'자 앞에 '心'자 한 글자를 보충하였다.

237(6904) 憚 (수고로울 탄, 꺼릴 탄)

憚, 忌難也. 从心, 單聲.① 一曰: 難也.②
(「憚은 꺼리며 어려워한다는 뜻이다. 心은 의미부분이고, 單(단)은 발음부분이다. 일설에는 한다는 뜻이라고도 한다.」)

① 금 문   소 전
中山王鼎   설문해자

갑골문에는 '憚'자가 보이지 않고, 전국(戰國)시대 금문에서는 '愳'으로 썼다.
②단옥재는 "마땅히 '難之也(난지야)'로 써야 한다. 여기서의 難은 거성(去聲)으로 읽는다.(「當作'難之也'. 難讀去聲.」)"라고 하였다.(≪주≫)
참고로 '難'을 거성으로 읽으면 '걱정'·'근심'·'재난' 등과 같은 뜻이 되는데, 이를 동사로 쓰면 '걱정하다'·'근심하다'·'재난을 당하다'→'걱정하게 만들다'·'책망하다'라는 뜻이 된다.

238(6905) 悼 (슬퍼할 도)

悼, 懼也. 陳·楚謂懼曰悼.① 从心, 卓聲.②

(「悼는 두려워한다는 뜻이다. 진(陳)과 초(楚) 지방에서는 두려워하는 것을 일컬어 悼라고 한다. 心은 의미부분이고, 卓(탁)은 발음부분이다.」)

①≪방언(方言)≫<권1>을 보면 "悷(릉)·憮(무)·矜(긍)·悼·憐(린) 등은 슬프다는 뜻이다. 제(齊)와 로(魯) 사이에서는 矜이라고 하고, 진(陳)과 초(楚) 사이에서는 悼라고 하고, 조(趙)·위(魏)·연(燕)·대(代) 지방 사이에서는悷이라고 하고, 초 북부 교외 지역부터는 憮라고 하고, 진(秦)과 진(晉) 사이에서는 矜이라고 하거나 또는 悼라고 한다.(「悷·憮·矜·悼·憐, 哀也. 齊·魯之間曰矜, 陳·楚之間曰悼, 趙·魏·燕·代之間曰悷, 自楚之北郊曰憮, 秦·晉之間或曰矜, 或曰悼.」)"라고 하였다.

단옥재는 "≪방언≫(의 내용)은 매우 명확하다. 허신은 哀(애)를 懼(구)로 바꾸었는데, (그 까닭은) 모르겠다.(「按: ≪方言≫甚明了. 許易哀爲懼, 未詳.」)"라고 하였다.(≪주≫)

②'悼'의 고음은 음성운(陰聲韻) *daw / dɑu(다우→도)이고, '卓'의 고음은 입성운(入聲韻) *trawk / ṭok(독→탁); *t'rawk / ṭ'ok(톡→탁); *t'awk / ṭ'ɑk(탁) 등 세 가지이다. 두 글자는 첫소리가 [t-] 계열로 비슷하고, 상고음(上古音)의 주모음(主母音)이 [aw]로 같다. 그래서 '悼'자에서 '卓'이 발음부분이 될 수 있는 것이다. 고대에는 음성운과 입성운이 협운을 하기도 하였다.

239(6906) 恐 (두려울 공)

𢋚, 懼也.① 从心, 巩聲. 𢙤, 古文.②
(「恐은 두려워한다는 뜻이다. 心은 의미부분이고, 巩(공)은 발음부분이다. (6906-1) 㤨은 고문(古文)이다.」)

①앞에 나온 (6737) '懼(구)'자에서 "懼, 恐也"라고 하였으므로, '懼'와 '恐' 두 글자는 전주(轉注) 관계이다. 그런데 ≪설문해자≫에서 전주 관계의 두 글자는 나란히 앞뒤로 있거나, 떨어져 있더라도 가까운 곳에 배치하는데, 이 두 글자는 무려 170자 차이가 난다. ≪설문해자≫에서 이러한 경우는 매우 이례적이다.

② 금 문　　소 전　　고 문　　예 서

| 中山王鼎 | 설문해자 | 설문해자 | 復民租碑 |

갑골문과 서주(西周) 금문에는 '恐'자가 보이지 않는다.
전국(戰國)시대의 금문과 ≪설문해자≫에 수록된 고문의 자형은 '㤟'으로 같다.
소전에서는 '恐'으로 썼는데, '恐'은 이 글자의 예서체이다.

240(6907) 慴 (두려울 접)

慴, 懼也.① 从心, 習聲. 讀若疊.
(「慴은 두려워한다는 뜻이다. 心은 의미부분이고, 習(습)은 발음부분이다. 疊(첩)처럼 읽는다.」)

①≪계전≫·≪주≫·≪의증≫·≪구두≫·≪통훈정성≫·≪교록≫ 등에서는 모두 '懽(기뻐할 환)'을 '懼(두려울 구)'로 썼다. 여기에서도 이 견해에 따라 번역하였다.

241(6908) 忧 (두려워할 출)

忧, 恐也. 从心, 尤聲.
(「忧은 두려워한다는 뜻이다. 心은 의미부분이고, 尤(출)은 발음부분이다.」)

242(6909) 惕 (공경할 척, 두려워할 척)

惕, 敬也.① 从心, 易聲.② 悐, 或从狄.③
(「惕은 공경(恭敬)한다는 뜻이다. 心은 의미부분이고, 易(역)은 발음부분이다. (6909-1) 悐은 혹체자(或體字)로 (易 대신) 狄(적)을 썼다.」)

①≪구두≫에서는 현응(玄應)의 ≪일체경음의(一切經音義)≫에 의거하여 '敬(경)'을 '驚(놀랄 경)'으로 고쳐 썼다.

② 금 문   소 전   혹 체

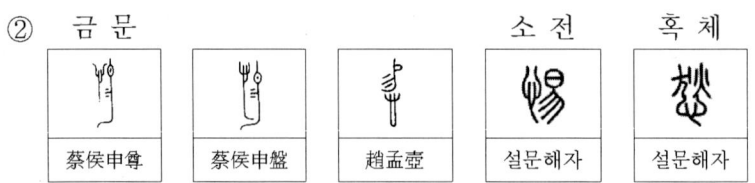

| 蔡侯申尊 | 蔡侯申盤 | 趙孟壺 | 설문해자 | 설문해자 |

갑골문과 서주(西周) 금문에는 '惕'자가 보이지 않는다.
춘추(春秋)시대 금문과 소전의 자형은 모두 '心'과 '易'으로 이루어져 있다.
③≪계전≫와 ≪구두≫에는 '狄'자 다음에 '作(작)'자가 한 글자 더 있다.

243(6910) 恐 (떨 공)

恐, 戰慄也.① 从心, 共聲.
(「恐은 (벌벌) 떤다는 뜻이다. 心은 의미부분이고, 共(공)은 발음부분이다.」)

①≪주≫에서는 '慄(율)'을 '栗(율)'로 썼다.
왕균도 '慄'은 마땅히 '栗'로 써야 한다고 하였다.(≪구두≫)

244(6911) 恞 (괴로워할 해)

恞, 苦也. 从心, 亥聲.
(「恞는 괴로워한다는 뜻이다. 心은 의미부분이고, 亥(해)는 발음부분이다.」)

245(6912) 惶 (두려울 황)

惶, 恐也. 从心, 皇聲.
(「惶은 두려워한다는 뜻이다. 心은 의미부분이고, 皇(황)은 발음부분이다.」)

246(6913) 怖 (두려울 포)

怖, 惶也. 从心, 甫聲. 怖, 或从布聲.①
(「怖는 두려워한다는 뜻이다. 心은 의미부분이고, 甫(보)는 발음부분이다. (6913-1) 怖는 혹체자(或體字)로 (甫 대신) 布(포)를 발음부분으로 썼다.」)

①≪계전≫에서는 '聲(성)'자가 없다.

247(6914) 慹 (두려워할 집)

慹, 怖也. 从心, 執聲.
(「慹은 두려워한다는 뜻이다. 心은 의미부분이고, 執(집)은 발음부분이다.」)

248(6915) 㦎 (두려울 계)

㦎, 悑也. 从心, 毄聲.①
(「㦎는 悑(두려울 비)이다. 心은 의미부분이고, 毄(격)은 발음부분이다.」)

①'㦎'의 고음은 음성운(陰聲韻) *k'eɣ / k'iei(케이→계)이고, '毄'의 고음은 입성

운(入聲韻) *k'iek / k'iɛk(켹→격)이다. 두 글자는 첫소리가 [k'-]로 같고, 상고음(上古音)의 주모음(主母音) 역시 [e]로 같으며, 운미(韻尾)는 혀뿌리소리[설근음(舌根音)]인 [-ɣ]과 [-k]으로 발음 부위가 같다. 그래서 '憋'자에서 '毄'이 발음부분이 될 수 있는 것이다. 고대에는 음성운과 입성운이 협운을 하기도 하였다.

249(6916) 惫① (두려울 비)

惫, 憋也.② 从心, 葡聲. 痛, 或从疒.③
(「惫는 憋(두려울 계)이다. 心은 의미부분이고, 葡(비)는 발음부분이다. (6916-1) 痛는 혹체자(或體字)로 (心 대신) 疒(녁)을 썼다.」)

①소영(邵瑛)은 오늘날 경전(經典)에서는 '儴'로 쓴다고 하였다.(≪설문군경정자(說文羣經正字)≫)
②'惫'와 (6915) '憋'는 전주(轉注) 관계이다.
③≪계전≫와 ≪구두≫에는 '疒'자 다음에 '作(작)'자가 한 글자 더 있다.

250(6917) 惎 (독할 기)

惎, 毒也. 从心, 其聲. <周書>曰: "來就惎惎."①
(「惎는 독하다는 뜻이다. 心은 의미부분이고, 其(기)는 발음부분이다. <주서(周書)>에 이르기를 "오고 가는 것이 독하다."라고 하였다.」)

①현재 전해지는 ≪서경(書經)·주서≫에는 이러한 글귀가 없다.
단옥재(≪주≫)와 계복(≪의증≫)은 <주서·진서(秦誓)>에 있는 "未就予忌.(「나를 이루어주지 않는다고 미워하였다.」)"가 아닌가 생각한다고 하였다.

251(6918) 恥 (부끄러워할 치, 욕될 치)

恥, 辱也. 从心, 耳聲.
(「恥는 치욕(恥辱)스럽다는 뜻이다. 心은 의미부분이고, 耳(이)는 발음부분이다.」)

252(6919) 悛 (부끄러워할 전)

悛, 青·徐謂慙曰悛.① 从心, 典聲.
(「悛은 청주(青州)와 서주(徐州) 지방에서는 부끄러워하는 것을 悛이라고 한다. 心

은 의미부분이고, 典(전)은 발음부분이다.」)

①≪방언(方言)≫<권6>을 보면 "恧·忸(뉵)은 부끄럽다는 뜻이다. 형주(荊州)·양주(揚州)·청주(靑州)·서주(徐州) 사이에서는 恧이라고 하고, 양주(梁州)·익주(益州)·진(秦)·진(晉) 사이에서는 마음속으로 부끄러워한다는 말이다. 산동(山東)과 산서(山西) 지역에서는 스스로 부끄러워하는 것을 恧이라고 하고, 조(趙)와 위(魏) 사이에서는 恥(치)라고 한다.(「恧·忸, 慙也. 荊·揚·青·徐之間, 曰恧; 若梁·益·秦·晉之間, 言內心慙矣; 山之東西, 自愧曰恧; 趙·魏之間, 謂之恥..」)"라고 하였다.

참고로 한(漢)나라 때의 청주는 지금의 산동(山東)반도에 해당하고, 서주는 강소성(江蘇省)과 안휘성(安徽省)의 북부와 산동성의 남부 일대를 가리킨다.

253(6920) 忝 (욕될 첨)

忝, 辱也. 从心, 天聲.①

(「忝은 치욕(恥辱)스럽다는 뜻이다. 心은 의미부분이고, 天(천)은 발음부분이다.」)

①단옥재는 "(발음은) 타전절(他典切, 즉 '천')이다. 내 생각에 天이 발음부분이므로, 고음(古音)은 틀림없이 12부(部)에 속한다. 아마 惉(전)의 혹체자일 것이다. ≪자림(字林)≫부터 타념절(他念切, 즉 '첨')로 읽으면서 그 본래의 발음을 잃어버렸다.(「他典切. 按: 从天爲聲, 則古音必在十二部. 蓋或惉之或體耳. 自≪字林≫讀他念切, 而失其本音矣..」)"라고 하였다.(≪주≫)

254(6921) 慙 (부끄러울 참)

慙, 媿也. 从心, 斬聲.

(「慙은 부끄럽다는 뜻이다. 心은 의미부분이고, 斬(참)은 발음부분이다.」)

255(6922) 恧 (부끄러울 뉵)

恧, 慙也.① 从心, 而聲.②

(「恧은 부끄럽다는 뜻이다. 心은 의미부분이고, 而(이)는 발음부분이다.」)

①≪방언(方言)≫<권6>을 보면 "恧(전)·恧은 부끄럽다는 뜻이다. 형주(荊州)·양주(揚州)·청주(靑州)·서주(徐州) 사이에서는 恧이라고 하고, 양주(梁州)·익주

(益州)·진(秦)·진(晉) 사이에서는 마음속으로 부끄러워한다는 말이다. 산동(山東)과 산서(山西) 지방에서는 스스로 부끄러워하는 것을 恧이라고 하고, 조(趙)와 위(魏) 사이에서는 이를 일컬어 恥(치)라고 한다.(「悑·恧, 慙也. 荊·揚·靑·徐之間, 曰悑; 若梁·益·秦·晉之間, 言內心慙矣. 山之東西, 自愧曰恧, 趙·魏之間, 謂之恥.」)"라고 하였다.

②'恧'의 고음은 입성운(入聲韻) *niək / niek(넉→뉵)이고, '而'의 고음은 음성운(陰聲韻) *njiəɣ / ńi(니→이)이다. 두 글자는 첫소리가 [n-]으로 같고, 상고음(上古音)의 주모음(主母音) 역시 [ə]로 같으며, 운미(韻尾)는 혀뿌리소리[설근음(舌根音)]인 [-ɣ]과 [-k]으로 발음 부위가 같다. 그래서 '恧'자에서 '而'가 발음부분이 될 수 있는 것이다. 고대에는 음성운과 입성운이 협운을 하기도 하였다.

256(6923) 怍 (부끄러울 작)

怍, 慙也. 从心, 作省聲.①
(「怍은 부끄럽다는 뜻이다. 心은 의미부분이고, 作(작)의 생략형은 발음부분이다.」)

① 금문 소전
曾侯乙方鑑 설문해자

갑골문에는 '怍'자가 보이지 않고, 전국(戰國)시대 금문에서는 '悊'으로 썼다.
≪계전≫·≪주≫·≪구두≫ 등에서는 "乍聲.(「乍는 발음부분이다.」)"이라고 하였다.

참고로 '怍'의 고음은 입성운(入聲韻) *dzak / dzɑk(작)이고, '乍'의 고음은 음성운(陰聲韻) **dzraɣ / dẓa(자→사)이다. 두 글자는 첫소리가 [dz-]로 같고, 상고음(上古音)의 주모음(主母音) 역시 [a]로 같으며, 운미(韻尾)는 혀뿌리소리[설근음(舌根音)]인 [-k]과 [-ɣ]으로 발음 부위가 같다. 따라서 '怍'자에서 '乍'는 발음부분이 될 수 있다. 또 고대에는 음성운과 입성운이 협운을 하기도 하였다. 그러므로 ≪계전≫·≪주≫·≪구두≫ 등에서 '怍'자에서 '乍'가 발음부분이라는 풀이는 근거가 있는 것이다.

257(6924) 憐 (불쌍할 련)

憐, 哀也. 从心, 粦聲.①
(「憐은 불쌍하다는 뜻이다. 心은 의미부분이고, 粦(린)은 발음부분이다.」)

①《주》·《의증》·《교록》 등에서는 '粦'을 '㷠'으로 썼다.

258(6925) 㦁 (눈물 흘릴 련)

㦁, 泣下也. 从心, 連聲. 《易》曰: "泣涕㦁如."①
(「㦁은 소리 없이 눈물을 흘린다는 뜻이다. 心은 의미부분이고, 連(련)은 발음부분이다. 《주역(周易)》에 이르기를 "눈물을 흘리며 울다."라고 하였다.」)

①현재 전해지는 《주역·둔괘(屯卦)》에는 '泣血漣如(읍혈련여)'로 되어 있다.

259(6926) 忍 (참을 인)

忍, 能也.① 从心, 刃聲.②
(「忍은 참는다는 뜻이다. 心은 의미부분이고, 刃(인)은 발음부분이다.」)

①서개(《계전》)·단옥재(《주》)·계복(《의증》)·왕균(《구두》) 등은 '能(능)'은 '耐(내)'의 뜻이라고 하였다. 여기에서도 이에 따라 번역하였다.

단옥재는 "무릇 행함에서 결단성이 있는 것이 能인데, 요즘 세간에서 이른바 '유능하다'라고 하는 것이다. 멈춤에서 결단성이 있는 것 역시 能인데, 요즘 세간에서 이른바 '참을성 있다'라고 하는 것이다. 能과 耐는 본래 한 글자인데, 세간에서 그 발음을 달리하였고, '참는다'는 뜻 역시 같이 쓰이는 것이 멈추었다. 살인을 함에 결단성이 있는 것을 일컬어 忍이라고 하는데, 요즘 세간에서 이른바 '해치우다'라고 하는 것이다. 살인을 하지 않는 것에서 결단성이 있는 것 역시 이를 일컬어 忍이라고 하는데, 요즘 세간에서 이른바 '忍耐하다'라고 하는 것이다. 그것이 能인 것은 한가지이다.(「凡敢於行曰能, 今俗所謂能榦也. 敢於止亦曰能, 今俗所謂能耐也. 能·耐本一字, 俗殊其音, 忍之義亦兼行止. 敢於殺人謂之忍, 俗所謂忍害也. 敢於不殺人亦謂之忍, 俗所謂忍耐也. 其爲能一也.」)"라고 하였다.(《주》)

갑골문에는 '忍'자가 보이지 않고, 전국(戰國)시대 금문과 소전의 자형은 '忍'으로 같다.

260(6927) 㥭 (그칠 미, 힘쓸 미·면)

㥭, 厲也. 一曰: 止也. 从心, 弭聲. 讀若沔.

(「㥭은 (돌을 갈듯이) 힘쓴다는 뜻이다. 일설에는 그친다는 뜻이라고도 한다. 心은 의미부분이고, 弭(미)는 발음부분이다. 沔(면)처럼 읽는다.」)

261(6928) 㣻 (징계할 애)

㣻, 懲也.① 从心, 乂聲.

(「㣻는 懲(징계할 징)이다. 心은 의미부분이고, 乂(예)는 발음부분이다.」)

①이 뜻으로 경전(經傳)에서는 '乂(벨 예)' 또는 '艾(쑥 애)'자를 가차(假借)해서 많이 쓴다.

262(6929) 懲 (징계할 징)

懲, 㣻也.① 从心, 徵聲.

(「懲은 㣻(징계할 애)이다. 心은 의미부분이고, 徵(징)은 발음부분이다.」)

①'懲'과 (6928) '㣻'는 전주(轉注) 관계이다.

263(6930) 憬 (깨달을 경)

憬, 覺寤也.① 从心, 景聲. ≪詩≫曰: "憬彼淮夷."②

(「憬은 깨달았다는 뜻이다. 心은 의미부분이고, 景(경)은 발음부분이다. ≪시경(詩經)≫에 이르기를 "깨달았도다, 저 회수(淮水) 땅의 오랑캐들."이라고 하였다.」)

①≪주≫에서는 '寤(깰 오)'를 '悟(깨달을 오)'로 썼다.

②≪시경・노송(魯頌)・반수(泮水)≫에 나오는 글귀.

　　단옥재는 "憬자는 대체로 ≪삼가시(三家詩)≫에서 나오는데, 잘 모르는 사람이 ≪모시(毛詩)≫에서 취한 것으로 고쳤다. 허신의 책에는 아마 본래 이 글자가 없었는데, 여기에 덧붙인 것이 아닌가 한다.(「憬葢出≪三家詩≫, 淺人取以改毛. 許書葢本無此篆, 或益之於此.」)"라고 하였다.(≪주≫)

文二百六十三, 重二十二.①
(「정문(正文) 263자, 중문(重文) 22자.」)

　①≪구두≫와 ≪교록≫에서는 '중문 23자'라고 하였는데, 실제 세어보면 23자가 맞다.

新1(6931) 慵 (게으를 용)

慵, 嬾也. 从心, 庸聲.
(「慵은 게으르다는 뜻이다. 心은 의미부분이고, 庸(용)은 발음부분이다.」)

新2(6932) 悱 (뜻은 알고 있으나 말 못할 비)

悱, 口悱悱也. 从心, 非聲.
(「悱는 말로 표현을 못한다는 뜻이다. 心은 의미부분이고, 非(비)는 발음부분이다.」)

新3(6933) 怩 (겸연쩍을 니, 부끄러워할 니·닐)

怩, 忸怩慙也. 从心, 尼聲.
(「怩는 겸연쩍어한다는 뜻이다. 心은 의미부분이고, 尼(니)는 발음부분이다.」)

新4(6934) 惉 (불화(不和)할 첨)

惉, 惉懘, 煩聲也. 从心, 沾聲.
(「惉은 惉懘(첨체)로, 소리가 조화롭지 않다는 뜻이다. 心은 의미부분이고, 沾(첨)은 발음부분이다.」)

新5(6935) 憏 (가락 맞지 않을 체)

憏, 㥱憏也. 从心, 滯聲.

(「憏는 㥱憏(첨체, 소리가 조화롭지 않다는 뜻)이다. 心은 의미부분이고, 滯(체)는 발음부분이다.」)

新6(6936) 懇 (정성 간)

懇, 悃也. 从心, 狠聲.

(「懇은 정성스럽다는 뜻이다. 心은 의미부분이고, 狠(간)은 발음부분이다.」)

新7(6937) 忖 (헤아릴 촌)

忖, 度也. 从心, 寸聲.

(「忖은 헤아린다는 뜻이다. 心은 의미부분이고, 寸(촌)은 발음부분이다.」)

新8(6938) 怊 (슬플 초)

怊, 悲也. 从心, 召聲.

(「怊는 슬프다는 뜻이다. 心은 의미부분이고, 召(소)는 발음부분이다.」)

新9(6939) 慟 (서럽게 울 통)

慟, 大哭也. 从心, 動聲.

(「慟은 크게 운다는 뜻이다. 心은 의미부분이고, 動(동)은 발음부분이다.」)

新10(6940) 惹 (이끌 야, 어지러울 야)

惹, 亂也. 从心, 若聲.①

(「惹는 어지럽다는 뜻이다. 心은 의미부분이고, 若(약)은 발음부분이다.」)

①'惹'의 고음은 음성운(陰聲韻) *njiaɤ / nio(뇨→야)이고, '若'의 고음은 입성운(入聲韻) *njak / ńiak(냑→약)과 음성운 *njiaɤ / nio 등 두 가지이다. 두 글자는 '若'이 음성운일 경우에는 발음이 완전히 같고, '若'이 입성운일 경우에도 첫소리가 [n-]으로 같고, 상고음(上古音)의 주모음(主母音) 역시 [a]로 같으며, 운미(韻尾)

는 혀뿌리소리[설근음(舌根音)]인 [-ɣ]과 [-k]으로 발음 부위가 같다. 그래서 '惹'자에서 '若'이 발음부분이 될 수 있는 것이다. 고대에는 음성운과 입성운이 협운을 하기도 하였다.

新11(6941) 恰 (흡족할 흡)

恰, 用心也. 从心, 合聲.
(「恰은 마음을 쓴다는 뜻이다. 心은 의미부분이고, 合(합)은 발음부분이다.」)

新12(6942) 悌 (부드러울 제, 공경할 제)

悌, 善兄弟也. 从心, 弟聲. 經典通用弟.
(「悌는 형제에게 잘한다는 뜻이다. 心은 의미부분이고, 弟(제)는 발음부분이다. 경전(經典)에서는 弟자와 통용된다.」)

新13(6943) 懌 (기뻐할 역)

懌, 說也.① 从心, 睪聲. 經典通用釋.
(「懌은 기뻐한다는 뜻이다. 心은 의미부분이고, 睪(역)은 발음부분이다. 경전(經典)에서는 釋(석)자와 통용된다.」)

①'說(설)'은 '悅(기쁠 열)'의 뜻이다. 고대 경전에서 '說'과 '悅'은 통용되었다.

文十三. 新附
(「정문(正文) 13자. 신부자(新附字)」)

제409부 【惢】 부

1(6944) 惢 (의심낼 솨; 꽃술 쇄; 착할 지)

惢, 心疑也. 从三心.① 凡惢之屬皆從惢. 讀若≪易≫: "旅瑣瑣."②
(「惢는 마음으로 의심한다는 뜻이다. 세 개의 心(심)으로 이루어졌다. 무릇 惢부에 속하는 글자들은 모두 惢를 의미부분으로 삼는다. ≪주역(周易)·여괘(旅卦)≫에서 "여행자는 의심이 많다"라고 할 때의 瑣(쇄)자처럼 읽는다.」)

①단옥재는 "오늘날 세간에서는 의심하는 것을 일컬어 '많은 마음'이라고 한다. 회의(會意)이다. 오늘날 '꽃술'이라는 뜻의 蕊(예)자는 마땅히 이 글자를 써야 한다. 蕋과 橤(꽃술 예)자는 모두 속자(俗字)이다.(「今俗謂疑爲多心. 會意. 今花蕊字當作此. 蕋·橤皆俗字也..」"라고 하였다.(≪주≫)
②≪주역·여괘(旅卦)≫에 나오는 글귀.

2(6945) 繠① (드리울 예)

繠, 垂也.② 从惢, 糸聲.③
(「繠는 드리운다는 뜻이다. 惢는 의미부분이고, 糸(멱·사)는 발음부분이다.」)

①이 글자는 현대 자전에서는 '糸'부 12획에서 찾는다.
②≪계전≫·≪구두≫·≪교록≫ 등에서는 '垂(수)'를 '坙'로 썼고, ≪주≫와 ≪의증≫에서는 '巫'로 썼다.
③≪주≫에는 '糸'자 다음의 '聲(성)'자가 없다. 즉 '惢'와 '糸'가 모두 의미부분인 회의자(會意字)라는 것이다.
단옥재는 "糸는 이것으로 묶어서 드리운다는 의미이다. <糸부>에 넣지 않은 것은 惢를 중시한 것이다. 惢는 발음부분이기도 하다.(「糸者, 所以系而垂之也. 不入<糸部>者, 重惢也. 惢亦聲..」)"라고 하였고, 왕균은 "아마도 系(계)가 발음부분일 것이다. 소전과 해설이 모두 ノ 부분을 생략하였다.(「疑是系聲. 篆說皆挩ノ也..」)"라고 하였다(≪구두≫).
참고로 '繠'의 고음은 음성운(陰聲韻) *njiwa / ńiuI(뉘이→예)와 *njiwər / ńiuIi(뉘이→예) 등 두 가지이고, '糸'의 고음은 입성운(入聲韻) *mek / miɛk(멱→멱)과 음성운 *sjieɣ / si(시→사) 등 두 가지이다. 두 글자는 서로 협운을 하기에는 발음상 거리가 멀다.

文二.
(「정문(正文) 2자..」)

음순 색인 | 373

설문해자 제10편 음순 색인

괄호 안의 글자는 중문(重文)이고, 약간 작은 글씨로 (=)라고 한 것은 통용 글자를 가리키며, (→)라고 한 것은 중복된 글자를 수정하여 나타낸 것이다.

가

가 駕(㱃)(25), 麚(54)　**각** 騅(43), 㱿(278), 客(298), 㤱(312)

간 騜(204), 忓(309), 簡(349), 懇(370)　**갈** 駒(33), 猲(77), 竭(261)

감 玂(81), 駼(119), 驖(180), 㮣(226), 感(350), 悇(355)　**갑** 猲(77)　**강** 犺(90), 忼(283)

개 騎(39), 夰(212), 尬(227), 愷(279), 慨(283), 愒(312), 忢(328), 憸(345), 忾(352)

건 騫(36), 愆(寒罟)(334)　**검** 黔(184)　**겁** 犮(怯)(90)　**게** 愒(312)

격 狊(79)　**견** 麤(56), 犬(74), 玃(91), 獧(111), 薰(183), 悁(慉)(338)

결 駃(45), 臭(69), 奊(218)　**겸** 黔(182), 慊(335)　**겹** 慊(335)

경 駉(23), 驚(36), 駉(44), 麠(麖)(60), 頸(136), 炅(166), 煛(劓)(189), 竟(249), 憼(287), 慶(292), 憬(368)

계 烓(141), 契(213), 恓(291), 悸(332), 憨(363)

고 熇(137), 皋(246), 臭(252)　**곡** 熇(168)　**곤** 悃(284)　**골** 㷻(225)

공 恭(287), 恐(忎)(361), 恅(363)

과 騧(騙)(12), 夸(209)　**관** 爟(桓)(169), 悹(297)　**괄** 懖(聶)(333)

광 獷(85), 狂(悭)(100), 光(熒火)(164), 竟(249), 廩(291), 懬(331), 恇(359)　**괴** 騩(8), 怪(325)

교 驍·驕(19), 驕(51), 狡(76), 獟(82), 獥(100), 炵(137), 敎(139), 喬(222), 交·絞(224), 恔(285)

구 駒(6), 驅(敺)(33), 瞀(60), 狗(75), 㲋(107), 齁(118), 灸(149), 畁(248), 竘(261), 懼(愳)(300), 愁(351)　**국** 廨(38), 籟(敊)(238)

음순 색인

권 獧(84)　**계** 悗(331), 憒(337)　**귀** 騩(8)

규 騤(29), 麈(62), 奎(207), 規(257)　**균** 麏(麇)(59)

극 㥛(312), 恆(316)　**글** 契(213)　**금** 黅(182)　**급** 急(315)

기 騏(7), 驥(18), 駃(23), 騎(25), 麒(56), 麘(麂)(59), 忯(289), 忮(325), 忌(337), 惎(364)

나

나 愞(317)　**난** 麎(55), 煖·煗(166), 赧(202), 戁(281)

녁 怒(311)　**념** 念(280), 恬(287)　**녑** 㤔(233)

노 獳(77), 玃(81), 怓(336), 怒(339)

누 㺜(87)　**뉴** 狃(88)　**뉵** 忸(365)

능 能(122)

니 怩(369)　**닉** 㥾(355)　**닐** 怩(369)　**님** 恁(318)

다

단 驙(38), 端·耑(259)　**달** 獺(109), 怛(125), 悬(180), 怛(悬)(346)

담 騪(15), 羑(137), 燂(159), 甜(173), 馱(184), 黮(186), 黵(189), 憺(309), 惔(354)

당 黨(185), 戇(323)

대 駾(187), 大(206), 亣(251), 憨(340), 懟(343)

덕 悳(惪)(276)

도 駼·駼(47), 夲(243), 慆(308), 悼(360)　**독** 篤(29), 獨(94), 黷(185)

돈 焞(159), 黗(181), 惇(282)　**동** 駧(35), 䵔(201), 憧(330), 恫(347)

등 騰(43)

라

라 贏(驪)(45), 爐(228), 贏(262)　　**락** 駱(10), 駘(116), 烙(171)　　**란** 爛(爛)(147)

람 惏(334)　　**랑** 狼(107)

래 騋(20)

려 驪(7), 驢(46), 麗(而朩)(63), 戾(94), 慮(271), 黎(338)　　**련** 煉(149), 憐·憪(367)

렬 裂(34), 戾(94), 烈(131), 矤(218)　　**렴** 獫(78), 爊(154)　　**렵** 獵(95), 巤(267)　　**령** 麢(62)

로 驢(179)　　**록** 鹿(54), 逯(262)　　**론** 惀(296)

료 獠(96), 竂(128), 熮(134), 燎(154), 燎(200), 炧(227), 憭(285), 憀(298)

류 騮(9), 類(101), 騥(117)

름 噤(174)

리 驪(7), 逮(258), 悝(330), 黎(338), 悥(356)　　**린** 麟(55), 麐(57), 獜(90), 閵(135), 粦(176)

림 惏(334)　　**립** 立·逮(258)

마

마 馬(影影)(3)　　**막** 貊(279)　　**만** 獌(108), 慢(326), 懑(329), 濛(344)　　**망** 忘(328)

맥 驀(25)　　**맹** 猛(90), 懜(334)

면 恤(305), 悛(368)　　**멸** 懱(322)

모 悚(304), 慔(305), 慕(306)　　**몽** 驇(46), 懜(334)

무 鶩(34), 憮(301), 懋(忞)(306)　　**묵** 默(79)　　**문** 駇(22), 忞(305), 濛(344)

미 麋(56), 麋(58), 爢(147), 黴(186), 悛(368)　　**민** 忞(305), 怋(336), 悶(345), 愍(348)

바

박 駁(14), 駮(44), 貊(108), 爆(146)　　**반** 婏(71), 盤(187), 扶(257), 竝(265)

발 犮(93)　**방** 駹(12), 尨(76), 竝(265)

번 猵(84), 轠(115), 燔(130), 蟠(199)　**범** 騷(33), 犯(89)　**법** 灋(法仚)(52)

변 駢(26), 猵(84), 辡(315)　**별** 炦(139)　**병** 軿(117), 炳(160), 竝(265), 怲(353)

보 報(237)　**복** 䍷(262)　**봉** 夆(169)

부 駙(27), 蠢(71), 烰(133), 夫(256), 忢(280)

분 馩(盼)(116), 焚(=棥)(153), 奔(223), 忿(338), 憤(344)　**불** 炎(132), 怫(134), 奞(213), 怫(327)

비 馸(13), 騑(17), 騑(26), 羆(羆)(124), 怫(134), 麤(254), 㽙(264), 妣(268), 怫(327), 悲(347), 憊(痛)(364), 悱(369)　**빙** 馮(31), 騁(34)

사

사 駟(27), 麖(63), 魯(68), 猭(112), 䶰(117), 炧(151), 奢(奓)(239), 竢(竢)(260), 思(270)

삭 猏(85), 爍(171)　**산** 姍(83), 狻(102)　**삼** 㟱(82), 炶(174)　**삽** 馺(31)

상 狀(85), 想(296), 惕(330), 傷(354)

색 㥶(294)

서 鼠(115), 恕(忞)(288), 惰(303)　**석** 麚(56), 䶰(117), 夾(216), 惜(348)

선 獌(䝤)(95), 燹(127), 燌(134), 煽(171), 愃(293)　**설** 蓺(129), 契(213)

섬 燂(159), 爓(164), 夾(216), 憸(312), 思(314)　**섭** 瓢(31), 燮(175), 懾(360)

성 騂(=騂)(49), 猩(80), 性(274)

소 騷(39), 燒(131), 愯(350)　**손** 孫(294)　**송** 竦(260), 愯(299)

솨 忢(372)　**쇄** 忢(372)

수 獀(75), 狩(96), 頦(竬)(262), 愗(296), 愁(354)　**숙** 倏(91), 儵(188)

순 馴(37), 焞(159), 奄(213), 恂(295), 愻(353)

쉬 焠(152)

습 騽(16), 熠(161)　**승** 騬(39)

음순 색인

시 駛(48), 猜(87), 猜(89), 忯(289), 恃(300) **식** 熄(140), 息(273)

신 駪(44), 震(58), 燊(198), 囟(䏔出)(267), 愼(㥶)(277) **심** 煁(141), 燖(159), 鱏(189), 心(272)

아

아 騀(28), 猗(79) **악** 鴶(29), 惡(341) **안** 騂(13), 䵷(135) **알** 猰(111)

암 驫(62), 猪(79), 黯·黤(179), 黭(181), 黯(189), 黯(190) **압** 狎(87) **앙** 馴(24), 怏(344)

애 駼(31), 忢(懝)(302), 礙(324), 忩(368)

야 惹(370) **약** 爚(136) **양** 驤(24), 煬(146), 煬(180), 恙(352)

어 圉(236) **억** 薏(䔬)(297) **언** 㷒(253) **엄** 奄(208)

에 恚(339)

여 驢(63), 悇(308), 忞(320) **역** 驛(42), 馘(188), 亦(216), 睪(234), 懌(371)

연 驧(16), 狿(99), 然(爇)(128), 煙(烟室㷔)(157), 焴(253), 悁(317), 悁(悁)(338)

열 焆(157), 熱(165) **염** 爛(164), 炎·燄(173), 黶(179), 黯(190), 焱(197), 懕(308) **엽** 爗(163)

예 奰(61), 黳(180), 瘱(286), 悢(306), 縶(372)

오 驁(18), 獒(86), 熬(鏊)·裒(144), 燠(166), 吳(㕦)(219), 臬(248), 悟(憝)(301), 惡(341)

옥 獄(113) **온** 熅(158), 慍(340)

와 厼(210) **완** 忨(333) **왕** 兊(徨)(225)

왜 騧(驣)(12) **외** 猥(81), 煨(140)

요 獶(100), 燿(162), 夭(221), 旭(226), 憿(332) **욕** 狺(95) **용** 馼(120), 惷(324), 慵(369)

우 麌(麢)(65), 㹽(228), 偶(311), 愚(323), 忧(351), 忤(356), 憂(357)

욱 煜(101), 燠(166), 馘(188) **운** 煇(162), 奈(211), 壼(230), 惲(282), 惲(351)

울 驖(182) **웅** 熊(124)

원 冤(71), 查(210), 愿(284), 怨(㣻)(339) **월** 狘(110)

위 尉(=熨)(148), 煒(160), 燹(170), 覂(224), 慰(303), 懬(337)

유 猶(104), 鼬(119), 煣(152), 勯(181), 惟(295), 懊(317), 愉(322), 怮(352), 悠(355)

윤 靭(245)　**율** 驈(11)　**융** 駥(48)

은 狺(84), 獻(93), 狺(112), 裵(144), 恩·懃(290), 㥯(292), 慇(348)

음 衉(174)　**읍** 悒(320)　**응** 應(276)

의 猗(79), 狋(84), 懿(231), 意(275), 忍(342), 偯(349)

이 黟(190), 夷(214), 怡(288), 慮(289)　**익** 謚(謚)(118)　**인** 駰(11), 忍(367)

임 恁(318)　**일** 馹(35), 馺(42), 逸(70), 壹(231)

자

자 齜(120), 羡(138), 炙(鍊)(199), 赭(204), 慈(289), 恣(329)

작 灼(149), 焯(160), 爝(169), 碏(263), 怍(366)　**잠** 嶜(梣)(175)

장 駔(41), 犟(60), 獎(83), 狀(85), 奘(86), 奘(251), 痮(324)

재 烖(灾抁灾)(156)

저 狙(106), 奋(212), 怚(320)

적 駒(14), 猵(92), 狄(101), 炪(158), 炙(鍊)(199), 赤(堡)(201), 矢(218)

전 煎(143), 驒(189), 靦(259), 恮(290), 悛(307), 悢(364)　**절** 㶳(131)

점 羡(137), 玷(174), 點(181)　**접** 愲(慦)(362)

정 桱(楨矴)·洴(汫)(203), 竫·靖(260), 情(273)

제 騠(45), 狾(100), 齋(142), 鞮(227), 懠(290)

조 熸(155), 照(160), 燥(167), 懆(346)

졸 猝(80)　**종** 駿(48), 慫(歅)(118), 惊(286), 懂(300), 慫(327)

좌 旌(226)

주 驛(15), 駐(37), 麈(61), 狟(79), 煮(169), 鼇(236), 奏(屏殳)(246), 籀(303)

준 鵕(72), 燇·焌(127), 竣(262), 恂(295), 惷(336)　**중** 憧(282)

즐 騭(4)　**증** 烝(132), 曾(145), 矰(264), 憎(281), 憎(341)

지 駂(23), 鷙(38), 志(274), 恉(275), 忯(289), 慾(372)

진 駗(37), 塵(麤)(=塵)(67), 袗(151)　**질** 戩(211)　**집** 執(235), 熱(363)　**징** 懲(368)

차

차 嵯(21), 韢(239)　**착** 龜(名)(68)　**찬** 猭(83), 燦(171), 竁(313)　**찰** 篸(182)

참 驂(27), 毚(68), 毿(181), 憯·慘(347), 慙(365)

창 囪(窗囟)(195), 憥(324), 悵(345), 愴(346)

채 悿(323)

처 狙(106), 悽(347)　**척** 慼(357), 惕(惖)(362)　**천** 薦(51), 燀(141)

철 驖(13), 悊(286), 悊(354)　**첨** 燂(159), 炶(365), 惉(369)

체 替(普替)(265), 愧(306), 懥(343), 憏(354), 懘(370), 悌(371)

초 燋(138), 熊(148), 焦(焦)(155), 燼(169), 憔(350), 悄(357), 怊(370)

촉 燭(150)　**촌** 忖(370)　**총** 聰(11), 熜(150), 恩(195)

최 狶(84)

추 雛(10), 騶(42), 麤(67), 怞(304), 惆(345)

출 炪(131), 黜(187), 怵(362)　**충** 燼(171), 忠(278), 憃(324), 忡(357)

췌 惴(353), 悴(355)　**취** 驈(騽)(19), 驟(32), 臭(97), 炊(142), 愍(303)

측 惻(348)

치 馳(34), 鴟(=鴟)(50), 炵(161), 熾(戠)(165), 恥(364)

짐 駸(30), 忱(205)　**집** 馽(縶)(40)

카

쾌 獪(77), 快(279)

타

타 馱(49), 惰(惰婧)(327)　탄 驒(46), 炭(138), 憚(360)　탐 黮(189)
탑 猺(87)　당 像(326), 愓(330)
태 駾(35), 駘(41), 炱(140), 悵(307), 態(325), 怠(326)
토 駼(28), 兎(70)　통 恫(347), 慟(370)　퇴 焞(159), 㶞(258)
투 愉(322)
특 忒(319), 忒(321)

파

파 駊(28), 尬(226), 怕(309)　팔 馯(6)
패 猈(79), 狽(92), 怖(341)　팽 駍(24)
편 猵(獱)(110)　폐 獘(獘)(98)
포 廗(60), 炮(144), 奅(211), 暴(244), 怖(怖)(363)　폭 爆(146)
표 驫(12), 驫(47), 麃(60), 焱(110), 駒(119), 熛(136), 奧(154), 標(317)
풍 馮(31)
픽 穮(麃)(145), 愊(284)　필 馝(23), 煏(132)　핍 愊(284)

하

하 騢(9), 椵(205)　학 騅(43), 貈(116), 熇(137)

한 騆(7), 韓(17), 犴(35), 狠(83), 熯(134), 忓(309), 㦖(321), 悍(325), 恨(343)

할 愒(312), 戁(313)　**항** 亢(頏)·䶘(241)

해 騔(28), 駭(36), 騱(47), 㜾(212), 奚(252), 懈(327), 侅(363)　**행** 悻(222)

허 驗(21)　**헌** 獻(98), 憲(281)　**헐** 猲(77)　**험** 獫(78), 憸(312)

혁 馘(188), 焱(197), 赫(204), 艐(205), 奕(251)　**현** 駽(8), 獧(91), 炫(164), 懁(316), 弦(317)

혈 威(167), 奊(218)　**혐** 獫(80), 䶘(119)　**협** 夾(208), 厭(280), 慊(335), 恊(359)

형 炯(163), 熒(197), 悙(317)

혜 鼷(118), 慧(285)

호 狐(108), 壺(229), 皋(246), 斦(248), 昦(249), 怙(300)

혹 㝅(107), 熇(137), 爴(146), 縠(202), 惑(335)

혼 鼲(120), 焜(162), 焜(163), 忶(282), 惛(337)　**홀** 㮊(243), 忽(328)　**홍** 烘(142)

화 火(125), 燊(198), 䙅(261)　**확** 獲(103)

환 馬(5), 驩(21), 莧(73), 狟(92), 煥(172), 輐(204), 查(210), 懽(310), 懁(316), 患(閿懇)(358)

활 鴱(210)　**황** 駸(36), 煌(163), 怳(331), 惶(363)

회 獪(77), 灰(140), 黬(179), 恢(287), 懷(296), 悝(330), 悔(343)　**획** 獲(97)

효 驍(19), 獢(78), 熇(137)

후 猴(106), 煦(133)　**훌** 㮊(243)

원 狟(92), 愃(293)

훼 燬·燬(126)　**휘** 獋(110), 煇(162)

휴 鵂(21), 㰤(228), 懏(332), 憏(342)　**휵** 慉(297)　**휼** 恤(309), 㤜(331)

흑 黑(178)　**흔** 恩(356)　**흘** 戁(313)　**흡** 恰(371)

희 熹(143), 熙(170), 忥(337), 憘(345)

힐 黠(183)

설문해자역주 <제10편>

인 쇄 | 2021년 2월 1일
발 행 | 2021년 2월 1일

지은이 | 이 병 관
발행인 | 박 상 규
발행처 | **도서출판 보성**

주 소 | 대전광역시 동구 태전로126번길 6
전 화 | (042) 673-1511
팩 스 | (042) 635-1511
E-mail | bspco@hanmail.net
등록번호 | 61호
ISBN 978-89-6236-206-0 94720
      978-89-6236-166-7 (세트)

정가 25,000원